U0856783

山东财经大学外国语言文学系列学术专著出版资助项目

类型学视角下的英汉时—体研究

时—体共性与ERS时—体结构

于秀金◎著

中国社会科学出版社

图书在版编目（CIP）数据

类型学视角下的英汉时—体研究：时—体共性与 ERS 时—体结构/于秀金著．—北京：中国社会科学出版社，2019.7

ISBN 978-7-5203-4688-7

Ⅰ.①类…　Ⅱ.①于…　Ⅲ.①英语—对比研究—汉语　Ⅳ.①H31②H1

中国版本图书馆 CIP 数据核字(2019)第 136329 号

出 版 人　赵剑英
责任编辑　郭晓鸿
特约编辑　王　潇
责任校对　李　莉
责任印制　戴　宽

出　　版　中国社会科学出版社
社　　址　北京鼓楼西大街甲 158 号
邮　　编　100720
网　　址　http://www.csspw.cn
发 行 部　010-84083685
门 市 部　010-84029450
经　　销　新华书店及其他书店

印　　刷　北京明恒达印务有限公司
装　　订　廊坊市广阳区广增装订厂
版　　次　2019 年 7 月第 1 版
印　　次　2019 年 7 月第 1 次印刷

开　　本　710×1000　1/16
印　　张　24.75
插　　页　2
字　　数　353 千字
定　　价　108.00 元

凡购买中国社会科学出版社图书，如有质量问题请与本社营销中心联系调换
电话：010-84083683

内容提要

时与体一直是当代语言学中的热门话题和研究难点，相比时的研究，学界对体的研究和争论更多，学者们对体研究中的核心问题并没有达成共识。体的概念被用来解释不同语法层次的成分或结构所表达的时间特征或现实中的各种情形，动词（或动宾短语）层面的如动词体、词汇体以及情状体，句子层面的如语法体和视点体，前者是对动词或动宾短语的时间语义特征或内在情状的描写，后者则是句子层面不同语法手段所表达的现实情状的进程或状态。

国外学者主要从认知语言学、语言类型学、体的理论系统、形式语义学以及 ERS 时间理论等几个方面对时或体进行了探讨，但大多数学者所构建的体系统中的子类存在重叠现象，并未形成较严格的体对立，体系统缺乏逻辑性，即使是英语，时与体也未得到逻辑系统化。国内学者的研究主要集中在现代汉语是否有时与体范畴以及时与体系统的建立方面，学者们所建立的时—体系统各不相同，同时也存在从英语和俄语中搬用时—体概念的现象。总体来看，以往的一般时—体研究以及采用 ERS 时—体理论的研究仍不完善，学界至今尚未建立起一个具有跨语言普适性的 ERS 逻辑模型。这些问题主要与时与体的定义差异、没有区分不同体类型的语言，以及时—体系统构建缺乏较严格的逻辑框架等原因有关。

本书将时与体定义为句子层面的语义范畴，采用功能和形式相结合的研究范式，以求描写和解释的全面性。本书取得了一些创新，具体为以下几点。

第一，时—体的跨语言编码方式主要包括词缀、功能词、助动词、音调、非词缀语素以及逆被动态，尽管时—体的跨语言编码呈多样性，但从编码方式与时—体意义的关系来看，象似性原则尤其是顺序象似很大程度上起了促进作用。从世界语言的时类型角度来看，英语和汉语均是非典型的二分时和三分时，但都有过去时、现在时和将来时的表达手段。从语法化程度来看，英语的时是“过去/非过去”的对立，汉语的时是“将来/非将来”的对立。从世界语言的体类型角度来看，英汉语的体均是基于时间视点的“现实体/非现实体”对立，斯拉夫语族的俄语、波兰语以及捷克语中的体是基于空间视点的“完整体/非完整体”对立。

第二，在时与体的关系上，英语、汉语、缅甸语、曼尼普尔语以及图康伯西语遵循“将来时蕴含非现实体”的逻辑关系，俄语、波兰语以及捷克语遵循“现在时蕴含非完整体”的逻辑关系，这两条逻辑蕴含关系中分别出现“将来时—现实体”和“现在时—完整体”不合法的“四缺一”格局。英、汉语和俄语的体类型差异以及时—体蕴含关系可归因于不同的时间认知模式。英、汉语属于自我移动模式或上行时间语言，俄语属于时间移动模式或下行时间语言。

第三，英语、汉语及俄语的时—体系统均可用 ERS 关系加以刻画，这三种语言的基本 ERS 时—体结构全部在 ERS 逻辑模型中。根据本书的描写，英、汉语时—体意义所实现的 ERS 关系均为 33 种，这是英、汉语时—体表达的一种语义共性。俄语的时—体组配数量与时—体 ERS 关系数量远远少于英、汉语，原因在于，英、汉语现实体/非现实体的对立与 RE 关系无关，RE 关系只对下位体义起单一限制作用，而俄语完整体/非完整体以及各自下位体义均由 RE 关系决定，RE 关系同时影响上位体义和下位体义，起双重限制作用，从而排除了不符合要求的 ERS 关系。

第四，英语和汉语简单句中的时间状语在 ERS 上有共性也有差异。在语义共性方面，英、汉时间状语与时均无直接关系，时间状语本质上是一个修饰参照时间 R 或事件时间 E 的修饰语。在语义差异方面，英语句首时间状语倾向于修饰 R，句尾的则可修饰 R 或 E；而汉语由于语序限制，句首时间状语可修饰 R 或 E。“结构同构原则”不是汉语中制约算子取域的绝对普适性原则，因为逆序辖域解读方式在汉语中有时也是允许的。当不同类型的算子在同一逻辑式中共现时，逻辑式有两个限制：时算子、句子体算子和动词体算子的辖域总会构成一个从宽域到窄域的等级；辖域等级上的相邻算子需遵守“语义兼容性原则”。

本研究具有语言类型学和普通语言学的理论意义。一方面，所构建的英汉时—体系统填补了可见文献中英、汉语时—体系统没有同步统一解释的空白，时—体蕴含关系的发现既弥补了学界以往对时与体关联性研究不足的缺憾，也丰富了时—体的类型学成果。另一方面，本书基于事件时间 E 和参照时间 R 均可为时点和时段的描写方法，建立了一个具有跨语言普适性的 ERS 时—体逻辑模型，既完善了 ERS 理论，也为时—体的个性和共性研究提供了理论框架。

本研究也具有一定的应用价值，时—体与 ERS 的语义关联探讨澄清了以往传统语法中有关时与体的疑惑和难题，可为英语教学、汉语教学、计算机自然语言处理以及对外汉语教学等领域提供一些理论指导。

目　　录

图目录

表目录

缩写词

ABS	absolutive（通格）
ALL	allative（向格）
DET	determiner（限定词）
FEM	feminine（阴性）
FUT	future tense（将来时）
IMPRFV	imperfective aspect（非完整体）
IRREAL	irrealis（非现实）
LOC	locative（方位）
MAS	masculine（阳性）
NEU	neutral（中性）
NONFUT	non - future（非将来时）
NONPST	non - past（非过去时）
OBJ	object（宾语）
PRF	perfect aspect（完成体）

续 表

PRFV	perfective aspect（完整体）
PRG	progressive aspect（进行体）
PROX	proximate past（近过去时）
PRS	present（现在时）
PST	past tense（过去时）
REAL	realis（现实）
SUBJ	subject（主语）
PL	plural（复数）
SG	singular（单数）

第1章 绪论

1.0 问题的提出

时与体（tense & aspect）一直是语言学研究的热点，也是语言学研究中的难题。相关文献浩如烟海，然而学界无论是对英语还是对汉语的时—体系统，或是对时与体的关系以及在世界语言时—体系统中的类型学定位，至今尚未得到令人满意的具有普遍意义的统一描述和解释。或者说，目前可见的文献尚无法给我们清晰地展现出英汉语的时与体系统以及语言类型学意义上的时—体类型。

我们已知，事件时间 E（event time）、参照时间 R（reference time）以及说话时间 S（speech time）的区分是时—体范畴研究中的一个重要理论，也即 ERS 时间理论。说话时间 S 和参照时间 R 的关系可以用来刻画不同时的状态，参照时间 R 和事件时间 E 的关系则可以用来刻画体的不同样式。说话时间 S 和事件时间 E 的关系对时—体没有贡献（Johnson，1981；金立鑫，2008a）。然而 ERS 理论仍不完善，学界至今尚未根据 ERS 的关系建立起一个具有跨语言普适性的逻辑模型。本书在语言类型学的视野下尝试对 ERS 时间理论进行修正和拓展，以此构建英、汉语的时与体系统，并探求跨语言的时—体蕴含共性，为世界语言时—体表达的个性和共性研究提供理论和方法。

传统语法一般将时与体归入语法范畴。从跨语言研究的角度看，人类语言对某些范畴的表达在语法化的进程上并不一致，同一意义范畴有些语言具有语法形态的表达，而有些语言并没有完全的语法形态。根据“从范畴到形式”的类型学研究思路，本书将时与体定位为句子层面的语义范畴，并不局限于语言中表示时—体的特定形态，它可以是词汇或句法手段，甚至是特定的语音形式。只有从表达范畴出发才能较为全面地考察和描述某些语言在时和体的表达方面的形式和特征。例如：英语传统语法中只有“时态”的概念而没有体的概念，但实际上时与体均有形态标记，但有时融合在一起，有时分开标记；汉语缺乏时的系统形态标记，俄语既有时也有体的形态标记，缅甸语也缺乏时的显性形态标记，时的意义需要从表达情态的标记和时间副词中推导出来，各种语言互不相同。但无论如何，每种语言都具有时与体的语义范畴，因此本书选择从范畴到形式的处理方法既有利于时—体的跨语言研究，也有助于对特定语言的时—体表征作出描写和解释。

1.1 研究对象和范围

本书的研究目标是揭示人类语言时—体语义范畴的本质，试图建立具有普遍意义的、描写解释人类语言时—体范畴的方法——ERS 逻辑模型。虽然本书具体的语言样本选择的主要是英语和汉语，但不可避免地会涉及其他语言的时—体表征方式。

本书研究时—体意义的样本主要是简单句。两个不相关 ERS 关系组合的句子，如并列句及定语从句；以及一些特殊用法，如叙述一系列过去的事实或历史叙事中用一般现在时表示一般过去时（narrative present or historical present）等①，均不在本书探讨范围内。为方便英汉时—体系统的建立，根据

① Klein（1994：134—136）列举了话语或语篇中八种非典型时的用法：叙事现在时（现在时表过去时）；时间旅行（现在时表将来时）；想象事件（现在时表将来时）；过去事实列举（现在时表过去时）；史诗中的过去时（可能未发生的假想事件，常见于德语中）；重述事件（现在时表过去时）；过去事件想象成现在（现在时表过去时）；重新验证过去事实（过去时表现在时）。

科学研究中从“简单到复杂”的一般程序，本书以简单句为主要研究样本，复合句暂不在探讨范围内①。下面简要阐释一下原因，首先看以下英语句子。

（1）a. John said that he had come.

b. John said that he would come.

c. John said that he was coming.

d. John said that he is coming.

e. John said that he will come.

Noonan（2007：98—99）曾区分了“主要时”（primary tense）和“次级时”（secondary tense），主要时与说话时间相关，而次级时与句子中或语境中的另一时间相关，次级时与说话时间没有直接关系，如（1a）和（1b）中主句的过去时是主要时，从句使用次级时，分别为“次级过去时”（secondary past）和“次级将来时”（secondary future），这种主从句中使用不同时的现象被称为“时拷贝”（tense copying）。然而这种处理方法一方面混淆了时与体，所谓次级时应属于体的范畴，另一方面主从句中并非总是存在时拷贝现象，如（1c）—（e）中并不存在次级时，主要时也存在于从句中，也与说话时间相关。用传统语法的术语讲，例（1）中间接引语作宾语从句，宾语从句的时态并非是一成不变的，很大程度上受语境因素的影响，但是例（1）中主句的时却都是与说话时间相关的过去时。还有一点值得注意，时拷贝现象不仅仅出现在宾语从句中，也可出现在含有时间状语从句的复合句的主句中，如（2a）—（b）；但在含有时间状语从句的复合句中也并非必然存在时拷贝，如（2c）；然而在含有时间状语从句的复合句中，主句的时却是受限的，如（2d）—（e）。

（2）a. John had come when Peter left.

---

① 在第五章验证ERS逻辑模型的普适性时会涉及包含时间状语从句复合句的ERS关系讨论，含有其他从句类型的复合句不考虑。

b. John would come when Peter left.

c. John was coming when Peter left.

* d. John is coming when Peter left.

* e. John will come when Peter left.

其实（2d）—（e）之所以不合法，主要原因在于，主句和从句分别隐含一个ERS关系，但主句的参照时间R与从句的另一参照时间R发生了冲突。从以上可以看出，时—体研究一旦涉及复合句将会变得更加复杂，不同类型的从句也会有不同的情况，宾语从句的时不是固定的，即不受主句的时的限制，而含有时间状语从句的复合句中主句的时却受到从句的时的限制。更重要的一点是，英语复合句的主句和从句均负载时与体意义，那么建立英语的时—体系统是考虑主句还是从句的时—体？其实无论主句还是从句的时—体意义均不可能超出传统语法中的16种时态，而这16种时态均可在简单句中得以表征，当然主从句之间的时—体表达会受到不同类型复合句的限制是另一个方面的问题，本书暂不讨论。在英语简单句中，非限定性动词如不定式、动名词和分词不携带时意义，但可携带体意义，如以下句子中的状语。

（3） a. Having written his essay, the boy was allowed to go home.

b. He lay on his back, his hands crossed under his head.

相比英语，汉语缺乏狭义上的形态标记，其时—体长期以来一直是一个棘手的问题。就句式来讲，汉语单句和复句的区分没有像英语简单句和复合句的区分那么明显，如单句中的特殊句式——“连动句”和复句中的特殊句式——缺乏关联词的“紧缩句”，尽管单句中的连动句和复合句中的紧缩句的谓语都是由两个动词或动词短语构成的，但句子类型不同，如下列句子。

（4） a. 他唱着歌进了教室。

b. 我们吃了/过饭开会。

c. 那个小孩哭不淌眼泪。

d. 同学们迟到罚站。

(4a)—(b) 是单句中的连动句，(4c)—(d) 是复句中的紧缩句，两者的区别在于，连动句的两个谓语之间通常具有先后、目的以及方式等的关系，而紧缩句则一般为条件或假设等关系。在本书的时—体研究中，复句 (4c)—(d) 不予考虑，但是否需考虑 (4a)—(b)？尤其是，是否考虑这类特殊单句中助词“着”和“了”的句法位置和时—体表达功能？从可类比的角度讲，(4a) 中的“唱着歌”和 (4b) 中的“吃了/过饭”分别相当于英语中的方式状语和时间状语。而在英语简单句中，这两类状语如果含有动词，那么动词是非限定性动词，不具有表达时意义的功能。那么可以以相同的思路来看待汉语，(4a) 和 (4b) 中的第二个动词短语可看作核心谓语，(4a) 所表达的“已发生事件”由第二个动词短语中的助词“了”标示，与第一个动词短语中的“着”无关。(4b) 所表达的“尚未发生事件”由第二个无任何标记的动词短语和第一个动词短语的句法结构关系及其所表达的先后语义关系决定的，而与词尾“了/过”无关。假如 (4a) 中“进了教室”删除词尾“了”，(4b) 中“开会”添加词尾“了”，“已发生事件”和“尚未发生事件”均无法表达。再看下列例子。

(5) a. 我们吃了/过饭将要开会。

b. 我们将要吃了/过饭开会。

*c. 我们将要吃了/过饭。

d. 我们将要吃饭/开会。

在 (5a)—(b) 中，表将来的时间副词“将要”既可位于第一个动词短语后、第二个动词短语前，也可位于第一个动词短语前，两个位置的“将要”均与尚未发生事件“开会”兼容，然而在常规单句 (5c) 中，“将要”与词尾“了/过”不兼容，这说明 (5a)—(b) 中第一个动词短语中的词尾时间助词“了/过”与时的表达无关，但可表达体意义。

通过以上对英语复合句和汉语特殊单句“连动结构”的分析，我们进一步限定了本书研究英汉语时—体系统的样本，即不包含任何特殊结构的简单句。相比较具有形态屈折变化的英语而言，汉语的时—体表达更具隐性特点，这也与汉语常规单句、特殊单句以及各种类型的复句有时需从语义上区分有关。英语复合句中不论主句和从句采用何种时—体表达法，总不会超出传统语法中的16种时态；同理，汉语特殊单句和复句不论表达何种时—体意义，都不会超出常规单句所能表达的时—体意义。

1.2 时与体的概念

时和体均有各自的语义理据，从理论建立的需要上看，时与体应该区分清晰，但实际语言中它们之间常相互交织，并可能都与某一参照时间有关，以下简要阐释。

1.2.1 时范畴

时间是运动存在的方式，在我们所生活的物理世界中，时间具有一维的从将来到现在到过去的不可逆性。在时间研究中，我们可以通过一条一维的时间轴上的时间点来刻画时间位置。人类语言由于表达事件的需要，不可避免地需要表达运动事件所发生的时间位置，甚至需要表达对象存在的时间位置（如索马里语中名词具有时间属性）。因此，时间，尤其是事件发生的时间位置成为语言表达的重要范畴，也因此它也成为语言研究中的重要问题。

语言中的时范畴是语言所表达的一种时间概念，并不限定为语法化了的形态范畴。如果将时定义为“时间定位的语法化表达”（Comrie，1985：9），这种定义从跨语言对时的概念的表达和研究来说有失偏颇。从时的意义来看，一般认为时是指所表述的事件与说话时间之间的先后关系，或者将一个事件或状态定位于相对于说话时间的某一时间点或时间段上。《中国大百科全书·语言文字》（1988：471）将时范畴定义为“表示动作（或状态）的时间”，不少国外学者也持类似观点（Lyons，1968；Hornstein，1981；Soga，1983；Comrie，1985；Higginbotham，2006，2009），如 Lyons（1968：305）认为时范畴的基本特征是"其将动作、事件或状态的时间与说话时间联系起来"。Comrie（1985）所提出的"绝对时"（absolute tense）将说话时间作为"现在"指示中心（deictic center），只考虑事件时间和说话时间的关系，即"现在时"为事件时间和说话时间重叠，"过去时"为事件时间先于说话时间，"将来时"为事件时间后于说话时间。Higginbotham（2006，2009）在其"时照应理论"（Anaphoric Theory of Tense）中也将时看作事件时间 $\tau(e)$ 与说话时间 $\tau(u)$ 之间的关系，如将来时被描述为事件时间发生在说话时间之后，表示为"$\tau(e)>\tau(u)$"。

以上学者将时或绝对时看作事件时间和说话时间的先后关系的观点貌似合理，但如果深究却存在问题。下面我们以英语传统语法中的"过去将来时"为例来说明这个问题，如句子"He would do his work"并不能明确事件时间和说话时间究竟处于何种关系。如果用形式语义学的方法将时看作句子算子，或更能说明问题。比如过去时算子为"PAST"，那么带有过去时算子的句子可表述为："当φ为一个句子，PAST（φ）在时间 t 上为真，当且仅当有一个时间 t′满足于 t′<t 且φ在 t′上为真。"（Enc，1987：633）[①] 假如φ为一般将来时句子"He will do his work"，那么 PAST（φ）为"He would do his work"，φ在 t′上为真，则 PAST（φ）在后于 t′的所有说话时间 t（记作 t_S）上为真，如图 1-1 所示。

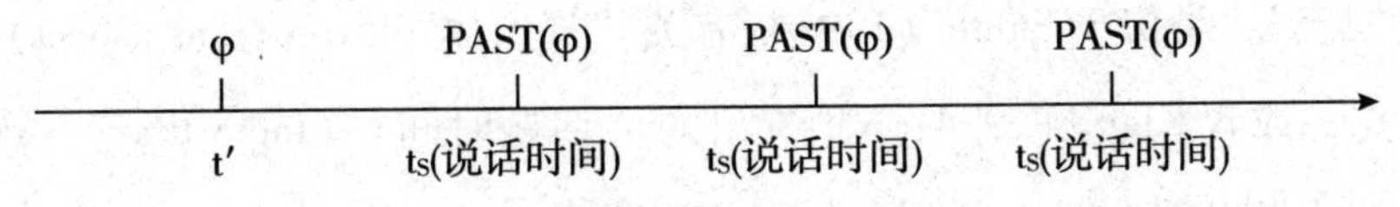

图 1-1 t′和说话时间 t_S 的位置关系

因为φ"He will do his work"在 t′上为真，如果假设事件"do his work"为

① 本书时间关系符号"<"与"="分别表示"前于"和"重叠"。

ψ，那么ψ在后于 t′的所有事件时间 t（记作 t_E）上为真，如图 1－2 所示。

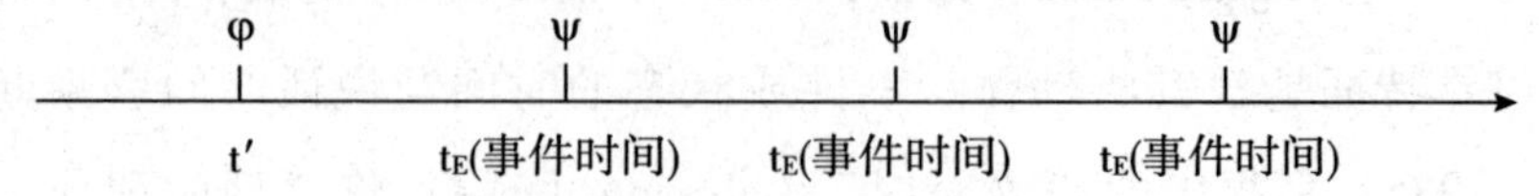

图 1－2　t′和事件时间 t_E 的位置关系

通过对图 1－1 和图 1－2 的比较可以发现，如果“He will do his work”在 t′上为真，那么“He would do his work”为真需要满足两个条件：说话时间 t_S 后于 t′($t' < t_S$)，且事件时间 t_E 后于 t′($t' < t_E$)。这样一来，说话时间 t_S 和事件时间 t_E 的关系从逻辑上讲共有三种，如图 1－3 所示。

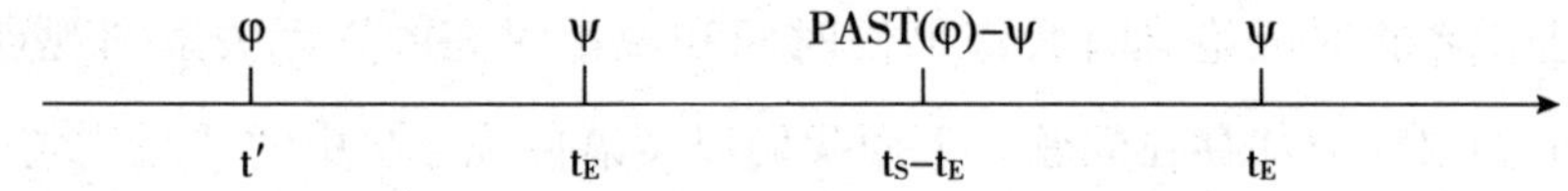

图 1－3　说话时间 t_S 和事件时间 t_E 的位置关系

图 1－3 表明，“过去将来时”的说话时间和事件时间之间的位置关系可能为：$t_E < t_S$，$t_E = t_S$，$t_S < t_E$。也就是说，“He would do his work”中说话时间和事件时间的关系并不确定，这说明用说话时间和事件时间之间的先后关系来定义时是不准确的，那么问题出在哪里？其实以上图示中的时间 t′起了关键作用，它既决定了“过去”，也决定了“将来”，是一个专门用来相比较的时间，我们不妨称之为“参照时间”，参照时间相当于说话者观察时间轴上事件的“视点”，类似于 Smith（1991）有关“视点体”（viewpoint aspect）中的时间视点；或者 Klein（1994：3）提出的“话题时间”（topic time），即讨论某一事物或做出某个断言所参考的时间；或者 Timberlake（2007：282）所言的“语境时刻”（contextual occasion），即说话者将听话者引导到能够观察或透视某一事件的时间上。

“过去”用参照时间先于说话时间来定义，将说话时间作为“现在”参照，而传统英语语法中“过去将来”中的“将来”与说话时间无关，但与参照时间和事件时间有关，重要的是它并没有指示说话时间的“现在”在哪个位置，那么“将来”就不应看作“时”的意义。“过去将来”相当于Comrie（1985）的“绝对—相对时”（absolute - relative tense）。“将来”表达的是以参照时间为视点来观察将要发生的事件，这应该归入体的意义（将行体）。

以上分析说明三个问题。第一，时由说话时间和参照时间的关系决定，而非取决于说话时间和事件时间之间的关系；第二，体取决于参照时间和事件时间之间的关系，说话时间与事件时间之间的关系对时和体的表达没有贡献；第三，英语传统语法中的“时态”其实是时与体的混合名称。前两个问题已有学者提出（Johnson，1981；金立鑫，2008a），我们只是进一步予以验证。其实德国哲学家Reichenbach（1947：297）建立的时模型就是以事件时间（event time，E）、参照时间（reference time，R）及说话时间（speech time，S）三个参数进行定义的①，虽然他并没有提出体的概念，并且时模型仍不完善，但参照时间的引入使我们对时与体的本质有了更深的理解。关于Reichenbach时的模型，我们留待下文对ERS时间理论进行系统评述时再讨论。至此，我们可以对“时”作如下定义。

时是以说话时间作为“现在”指示时间，表示说话时间与参照时间在时间轴上的先后关系。②

---

① 汉斯·赖兴巴赫（H. Reichenbach）（1891—1953），德国哲学家，逻辑实证主义柏林学派的重要代表人物。代表作为（1947）（《符号逻辑基础》*Elements of Symbolic Logic*）与*The Rise of Scientific Philosophy*（1951）（《科学哲学的兴起》），在前者中奠定了语言学中ERS时间理论的基础。根据赖兴巴赫的叙述，ERS三个时间都是在句子层面上讲的；另外，事件时间E中的“事件”是一个广义概念，包括现实中的各种事态和情状，而非指事态类型或情状类型中狭义上的“事件”。

② 需说明的是，本书将说话时间（编码时间）与解码时间视作全部重叠，这是一种无标记（unmarked）的情况。在话语或语篇的时间研究中，也存在不少说话时间（或编码时间）与解码时间不重叠的有标记（marked）情况。Declerck（1991：15—16）列举了7种解码时间后于说话时间的情况：便条中的信息说明（I am in room 2114）；新闻报纸中的报道（Yesterday X died）；信件中编码时间上尚未发生但解码时间上已经发生的事件（I hope you had a nice Christmas）；提前录制的节目（The program you are now listening to was recorded last Tuesday）；书中作者的有关陈述（You have already read a good thirty pages and you begin to take to the story）；旅行指南或说明（Today the train takes us to London）；舞台上剧目的指导词（Hamlet finds it necessary to deny the reality of his past romance with emphasis and even harshness）。以上情况也可将解码时间当作说话时间。

世界语言的时系统，无论是在语义范畴的内部小类上还是在形式表达上都不是一致的，因语言而异，在时分类的不同数量上尤为明显（Dowing and Locke，2002：353）。在 Dahl（1985）的 64 种语言样本中，大部分语言具有将来时和过去时两个范畴，然而有些语言根据参照时间距离说话时间的远近对将来和过去又进一步划分，比如肯尼亚卡姆巴语（Kamba）将过去时分为"即时过去"（immediate past）、"近时过去"（recent past）及"远时过去"（far past），分别表示说话时间的"同一天早些时候""前一天"及"大约一个月前"，将来时则有"现在延续""一般将来"及"远时将来"，分别表示说话时间的"现在及之后 24 小时内" "24 小时后"以及"几个月后"[①]。Hymes（1975）发现，美国俄勒冈州哥伦比亚河流域的基施特语（Kiksht）中有两组表示时的语素，交互使用可产生至少七种过去时[②]。然而一种语言中不论包含多少种时，过去时总是由参照时间 R 先于说话时间 S 定义的，而将来时则是由参照时间 R 后于说话时间 S 定义的。其中参照时间 R 根据距离说话时间的远近可进一步划分为 R_1、R_2、$R_3 \cdots R_n$，由于我们探讨的是包含一个 ERS 关系的句子（有时是两个，如含有时间状语从句的复合句，但两个 S 是重叠的，两个 R 通常重叠或者具有相交点，仍然具有一个 ERS 关系原型），距离说话时间远近的 R_1、R_2、$R_3 \cdots R_n$ 只能体现在不同句子中，一个句子中只能有一个 S 和 R 的关系，只是根据距离说话时间的远近需要进一步明确是近时还是远时的过去时或将来时。

1.2.2 体范畴

根据 Binnick（1991：135—136），"aspect"（"体"）在英语中首次出现是在 1853 年，是来自斯拉夫语的一个借词译名（如俄语的 вид），表示"视域或视界"，又根据 Lyons（1977：705），"体"由斯拉夫语先译为法语

---

① 原文出自 Whiteley & Muli（1962），转引自 Dahl（1985：121—122）。
② 转引自 Dahl（1985：122—123）。

而后才为英语所借用①。体起初在斯拉夫语中的研究主要是动词形态所承载的体意义，即“完整体和非完整体”（perfective and imperfective），Dahl（1985：89）将完整体和非完整体看作“语法化的词汇范畴”，而 Lyons（1977）称之为“语法化体”（grammaticalized aspect），比如动词“打开”的非完整体为“крывать”，完整体则为“открывать”，完整体比非完整体多了一个前缀“от -”。

在斯拉夫语的体研究领域，“aktionsarten”（kinds of action）是一个重要概念，这是个德语词，有学者译为“动相”（左思民，2006，2009）以及“行为类型”（金立鑫，2008b），我们在论述时采用后者。行为类型需要与斯拉夫语的完整体和非完整体所表达的体意义加以区分，瑞典的斯拉夫语研究学者 Sigurd Agrell 于 1908 年在其博士论文中研究波兰语动词时用到“Aktionsarten”（或 Aktionsart）这个术语，以区分不同的“Aspekt”（aspect）（Brown，2006：131）。Forsyth（1970：19）将行为类型称为“过程化成分”（procedural），在俄语中主要由动词的前缀承载（有时通过异干手段），此类前缀不改变动词的基本词汇意义，改变的是该词汇所表达的行为或动作的过程或阶段以及行为或动作的状态或程度等，如非完整体“говорить”意义为“说”，而添加前缀的完整体“заговорить”则表示起始的“开始说”；非完整体“гореть”意思为“燃烧”，添加前缀的完整体“догореть”则表示终止的“燃烧完”；非完整体“спать”义为“睡觉”，而完整体“поспать”则为表持续的“睡一会儿觉”。可以说，俄语动词的行为类型比体更复杂，那么行为类型与体的区别是什么？我们认为，行为类型属于动词内在的时间语义特征，属于词汇语义范畴，或者词汇体，而体则是句子层面的语义范畴，只不过俄语中的体已经完全词汇化或语法化了，由动词承载。俄语完整体和非完整体动词有前缀、后缀以及异干等形态差异，由于俄语缺乏统一的体差异形态手段，俄语的体究竟属于形态手段还是词汇手段仍然有争议（赵国栋，2008：

① Klein（1994：27）持相同观点，N. I. Grech（1787—1867）于 1827 年在其 *Russian Grammar* 中首次使用“вид”，而后先作为“aspect”译为法语。

38)。我们认为，俄语句子的体主要取决于其词汇手段，完整体和非完整体动词在词库中已经区分开来，无须在句子层面额外添加表示不同体意义的形态成分。

Smith（1991）曾提出“情状类型”（situation type）这个概念，也称为“情状体”（situation aspect），分为状态（state）、活动（activity）、达成（accomplishment）、单活动（semelfactive）以及成就（achievement）五类，与句子层面的“视点体”（viewpoint aspect）共同构成二分体系统。情状类型与行为类型是不同的两个概念，在英汉语的体研究领域，情状类型既适用于动词或动宾短语的分类，也适用于现实情状的分类，而俄语的动词行为类型则是指动词本身对某一现实情状的不同分类。

金立鑫（2013，课件）根据影响句子体意义的权重成分将语言分为三种类型：一是主要取决于动词体的语言，如俄语和德语；二是主要取决于短语情状类型的语言，如英语；三是主要取决于短语或小句之间关系的语言，如汉语。俄语的例子我们在上文已经简要介绍过。英汉语的“sing/唱”是活动情状类型动词，它表达活动的现实情状，但一旦它与宾语构成短语“sing a song/唱一首歌”，该短语就是一个达成情状（accomplishment）。

在动词的行为类型凸显的语言中，行为类型要比短语情状类型语言在动词词汇层面上的表现力丰富得多。例如：俄语动词“петь”（唱）可通过添加前缀或者改变词干的方式表达“唱”的各种阶段或进程，如 запеть（开始唱）、попеть（唱一会儿）、допеть（唱完）以及 попевать（常常唱）。因此俄语的动词行为类型比英汉语中的情状类型更细致。

英汉语中不同情状类型的动词如何影响句子的体意义，俄语动词的不同行为类型如何影响动词所负载的句子体意义，我们在以后章节中具体讨论。

在体的跨语言研究领域，体的概念和分类很多，总结起来，主要有“词汇体”（lexical aspect）（Olsen，1994；Mani，2005）、“动词体”（verb aspect）（Dowty，1977）、“动词时间图式”（verb of time schemata）（Vendler，1967），以及“情状体”（situation aspect）和“视点体”（viewpoint aspect）（Smith，

1991）。概念术语的繁杂也是影响时—体问题研究的原因之一。此外，学者们在研究英语的体时所使用的“动词时间图式”“动词体”及“情状体”并没有完全局限于光杆动词，还涉及包括内部论元的动词短语。因而“动词体”和“词汇体”与斯拉夫语中由动词承载的完整体/非完整体的概念大相径庭。出于研究的需要，我们将国外一些较有影响的学者在体研究领域中所使用的术语概括如下，见表1－1。

表1－1　　体研究的语法层次及术语对立

学　者	动词（或短语）层面	句子（或话语）层面
Agrell（1908）①	行为类型（Aktionsarten）	—
Kruisinga（1931）；Comrie（1976）	—	体（aspect）
Vendler（1967）	动词时间图式（verb of time schemata）	—
Forsyth（1970）	过程化成分	体（aspect）
Dowty（1977）；Bache（1985）	动词体（verb/verbal aspect）	—
Lyons（1977）	语法化体（grammaticalized aspect）	—
Hopper（1979，1982）；Vet & Vetters（1994）	—	完整体/非完整体（perfective/imperfective）
Dahl（1981）	客观体（objective aspect）	主观体（subjective aspect）
Langacker（1987，2002，2008）	完整体/非完整体（perfective/imperfective）	—
Thelin（1990）	—	事件体（event aspect）
Travis（1991）	内部体（inner aspect）	外部体（outer aspect）

① 转引自Brown（2006：131）。

续 表

学　者	动词（或短语）层面	句子（或话语）层面
Smith（1991）	情状体（situation aspect）	视点体（viewpoint aspect）
Dik（1997）	事态类型（type of state of affairs）	体（aspect）
Olsen（1994）；Mani *et al.*（2005）	词汇体（lexical aspect）	语法体（grammatical aspect）
de Swart（1998）	体类（aspectual class）	—
Filip（1999）	事态类型（eventuality type）	体（aspect）
Croft（2012）	体义潜势（aspectual potential）	—

表 1－1 中不包括影响不太大的学者，如此繁多的术语或概念足以表明，不同学者对体具有不同的理解或采取迥异的研究视角。众所周知，在任何研究领域都应尽量避免使用过多的术语或晦涩难懂的概念，用一个名称代替另一个名称的做法并非解决问题的有效途径，比如英汉语体研究中常用的动词体、词汇体以及情状体这些概念其实本质上都指动词或动宾短语的内在时间属性，之所以冠以“体”，使用这些概念的学者很大程度上受到俄语等斯拉夫语中动词带有体形态标记的影响，然而他们却忽视了俄语等斯拉夫语中动词的体意义形态标记实际上为的是表示句子的体意义，而并非是动词的内在时间属性，这一点英汉语和俄语显然不同。本书所言的“体”是指句子层面的体。在俄语中，动词携带的句子体义与动词的内部时间结构是两个系统，我们在论述中会做出区分。在英汉语中，句子的体义不可避免地会受到动词的内在时间属性或者不同情状类型动词的影响，但动词并非决定句子体义的唯一因素，其他语法成分也会影响句子体义，如下列例子。

(6) a. 黑板上写了一个字。

b. 李明写了一个字。

c. The tourists had been discovering that secret cave during the whole summer.

整个夏季中游客们持续不断地发现那个秘密的洞穴。

d. He played basketball in twenty minutes.

他二十分钟打完了篮球。

(6a)—(b) 尽管使用同一个动词“写”，但两句由于主语不同，句子体义也可能不同，(6a) 表持续体或完成体，而 (6b) 表完成体。(6c) 中的“discover”是成就情状类型的动词，通常与完成体兼容，然而句子“持续不断”的意义还与施事的更迭以及持续性时间状语有关，光杆动词不能决定句子的进行体意义。(6d) 中的“play basketball”属于活动情状类型的动宾短语，但句子的完成体义却受到完结性时间状语的影响。

以往学者根据各自的理解或理论背景对体给出了各种各样的定义，具有相似性的定义如“对于特定情状内部时间区域的不同观察方式”(Comrie，1976：3)，“事件在时间进程中的不同时间阶段”(Johnson，1981：152)，“观察时间进程中的事件构成的方式”(戴耀晶，1997：5) 等，这几个定义均隐含了事件或情状与时间的不可分性。我们在论述时范畴时也证明了体本质上是参照时间（观察视点）和事件时间之间的关系。这里涉及两个问题：其一为何说是“关系”，其二为何说是“参照时间和事件时间”的关系。

之所以说是“关系”，是因为脱离观察视点来叙述一事件是不可能的，即相对于观察视点来看待事件的进程或所处的状态；至于说“参照时间和事件时间”的关系，是因为时间表现为一维空间，观察视点和事件进程或状态均为一维时间轴上的时间点或时间段。这是以时间为视点的观察方式，然而人类对现实世界中的一事件进行观察可以有时间视点和空间视点两种观察视点，那么以空间为视点的观察方式（如斯拉夫语中的完整体和非完整体）是否也能说体是参照时间和事件时间之间的关系？其实时间和空间须臾不可分离，时间是一维的，空间是三维的，一切事件均处在四维时空之中。由于时间可看作事件不断发展变化所经历的过程，那么三维空间中的任何事件均能以点或段的方式在一维时间轴上得以刻画，因此即使以空间为视点对一事件完整与否进行描述，观察视点和事件也可呈现在具有一维空间属性的时间轴上。在时间轴上来看空间视点体的表达，完整体要求事件时间 E 等于或包含于参照时间 R(E⊆R)，非完整体则要求事件时间 E 不能等于或包含于参照时间 R(¬ E⊆R)，通常是 E 大于 R。因此空间视点体最终也可体现为参照时间和事件时间的关系。时间视点体和空间视点体由此可以在具有一维空间属性的时间轴上得到统一解释，这也是我们假设 ERS 时间理论可对跨语言中不同的体类型进行解释的原因。由此我们对体作如下定义。

体是客观情状被嵌入观察视点后进行语言编码的主观性概念，是句子层面的语义范畴，表现在时间轴上指参照时间和事件时间的关系。①

1.3 研究目的、意义与方法

综观以往对时与体的研究，国外学者所使用的与时—体相关的术语或概念异常繁多，如时、体、情状、事态、行为类型、情状类型及事态类型等，对于国外学者的研究，如果要问英语的时与体全貌是怎样的，目前可见文献无法提供一个明确的答案。不少国内学者尝试构建汉语的时系统或者体系统（龚千炎，1995；戴耀晶，1997；左思民，1997；李铁根，1999；尚新，2007；陈前瑞，2008；李志岭，2010；李明晶，2013），但所建立的时—体系统各不相同，如果进一步深究，在区分汉语时与体的情况下，能否对汉语的

① 需说明的是，本书在阐释句子层面时—体的 ERS 关系时，“事件时间 E”中的“事件”是一个广义概念，指各种现实情状或者事态，即包括 Bach（1986）所言的“状态”“过程”和狭义的“事件”，为避免术语混乱，也不使用 Declerck（1991）和 Klein（1994）曾提出过的“情状时间”（time of situation）。另一个问题是，此处的“体”是指句子层面的具体的体意义，如“起始、进行、完成”等，对于第三章所提出的抽象的体意义“现实体/非现实体”（体现为说话时间 S 和事件时间 E 的关系）并不适用。

时和体同时进行研究，汉语的时与体之间有何关系，现有文献中尚未见到类似的研究成果。

根据 Dahl（1985）的研究，人类语言中的时、情态及体（tense - mood - aspect，TMA）三个范畴之间在语言编码上并非具有明显的界限，也就是说，同一个语言编码可能负载了这三个范畴中的两个或两个以上的范畴，是一种较为典型的多功能形式。这需要我们在研究中逐一剥离，既不能混为一谈，也不能只论及一个范畴而忽视另一个范畴，时与体并论的好处或许在于能清晰地观察同一形式是如何表现不同多种功能的，最大限度地寻求语言形式与意义之间的关系。

因此本书的研究目的是，采取时与体统一研究模式，在语言类型学的视野下，通过对英汉语时—体全貌的个案研究，展示我们建立的可用于普通语言层面上时—体研究的范式，英汉语时—体系统明确的类型学定位是本书的样本效应。

本书着力考察三个宏观方面的问题。第一，世界语言的时—体表达究竟使用哪些编码手段或方式，这些表达手段背后隐藏着什么共性？第二，以英汉语时—体为例探讨时—体表达有何规律，时与体之间具有什么样的密切关系？第三，英汉语时—体系统在世界语言时—体表达系统中属于何种类型？

在具体研究过程中，我们将在语言类型学的视野下针对英语的时与体系统、汉语的时与体系统、英汉语时与体系统的共性和差异，英汉语时与体的关系，以及英汉语时—体系统的语言类型学定位等几个方面进行探讨，我们希望通过本书的研究，提出一些新思想和新见解，在发现英汉语时—体表达规律的基础上探究人类语言的时—体类型，试图寻求时与体的跨语言蕴含共性，丰富时—体的类型学研究成果，为当代语言学中时—体研究的进一步深化提供有益的启示和借鉴，这也是本书研究的理论意义所在。

在应用方面，本研究将为英语教学、汉语教学或对外汉语教学以及英汉语互译中所遇到的时—体难题提供解释，澄清以往传统语法中存在的一些误导现象，如英语的“am/is/are going to do”和汉语的助动词“要/快要”在不含有其他时间词的简单句中不表示“将来时”而表示“现在时”等诸多问题。

本书基本观点有三个。第一，时与体是语义范畴，是在句子层面才能得以解读的概念，跨语言的时—体编码具有多种手段，不能仅仅将时与体定义为某一种编码方式，如屈折语素，否则在跨语言的时—体研究中将非屈折编码方式的语言全部排除了，而非屈折编码方式的语言的数量远远多于以屈折语素为时—体编码语言的数量，不利于时—体的类型学研究。第二，人类语言的时—体具有不同的类型，多种多样的时—体编码形式中隐含着共性，英汉语的时—体表达只是世界语言时—体表达共性下的具体落实；对于英语和汉语而言，尽管英汉语的时—体编码方式迥异，但英汉语均属于“现实体/非现实体”对立的时间视点体类型语言，有别于以俄语为代表的斯拉夫语中“完整体/非完整体”对立的空间视点体语言①，“现实体/非现实体”和“完整体/非完整体”是非斯拉夫语和斯拉夫语中句子层面的上位体意义，它们均有各自的下位体意义，这种跨语言体类型的差异具有时空认知差异的理据。第三，ERS 时间理论是刻画时与体的有效工具，在充分完善和修正它的基础上，既能够辅助建立英汉语的时—体系统，也能够对具体问题作出有效解释，可为跨语言时—体表达的共性和个性研究提供理论框架。

概言之，本书以语言类型学为视角，以 ERS 时间理论为研究工具，以英汉时—体系统构建为目的，充分运用当代语言学的已有理论假设，力求对时—体表达做出较有说服力的描写和解释。

在此需对本书涉及的理论或假设作一补充说明，除了 ERS 时间理论作为本书的核心工具外，本书中涉及的其他理论并不局限于某一特定的理论或假设，而是在语言类型学的视域下，采取功能与形式相结合的较为实用的研究路子。当代语言学本体研究中，几乎没有任何一种理论假设或研究范式能对所有语言现象做出全面的描写和解释。本书研究涉及语言类型学、

① 时间视点体和空间视点体分别相当于金立鑫（2009：336；2011：229）提出的时间进程体和事件界限体。

认知语言学、形式语义学以及生成语法中的有关工具、理论或假设。语言类型学的研究对象是人类语言之间的共性和个性，个性差异的限制也体现了语言的共性，蕴含共性是命题逻辑在类型学中的应用，即相关语言要素或语言特征的四分表分析及其空格的发现，人类语言的时—体表达同样存在蕴含共性。换言之，句子层面时意义与体意义的搭配并非任意，具有不可逾越的限制性，这是时与体在语义层面上的共性。人类语言的时—体在形式与意义的关系上也应存在共性。即使人类语言时—体的编码方式具有个性差异，但编码方式与时—体意义之间也并非毫无理据，而应有规律可循。

当代语言类型学的研究方法包括统计分析与归纳、理论假设与演绎验证两种范式，语言类型学尽管有自己的研究对象和研究范式，但并不隔离功能主义和形式主义，因此本书在阐述具体语言的时—体问题时也会采用形式语义学中的有关理论如算子及辖域，以及生成语法中的某些理论假设，还会牵涉认知语言学中的象似性原则以及人类对时间的认知方式的解释等，功能与形式相结合的好处是能最大限度地追求解释的全面性。

在具体研究技术上，本书用到以下几种：描写与解释相结合，在对语言事实做出充分描写（主要是分布描写）的基础上进行解释。归纳和演绎并重，对语言事实进行充分描写所得出的结果是从个别到一般，即归纳，解释时所提出的理论假设并加以验证的过程是从一般到个别，即演绎。本书所提出的时—体蕴含共性就是遵循归纳和演绎并重的结果。比较法，对不同语言之间的时—体系统进行比较研究是发现个性和共性的前提，是建立人类语言时—体类型的基础。综合法，定性和定量相结合，以定性为主，定量为辅，探求英汉俄时—体的编码方式是定性描写，三种语言时与体的组配数量与 ERS 关系的实现数量比较是定量分析，目的是寻求结论的可靠性。

本书尽量以朴素的眼光，避免使用过多的概念，对英汉语的时—体进行类型学意义上的共时研究。需说明的是，在对其他语种进行共时考察时涉及的语料大部分是原文直接引用，文中对所有语料的引用都作了明确标注；对于英汉语的语料，除了明确标示来源外，没有标示的都来自笔者内省或日常会话。

1.4 本书的结构

全书共分七章。

第一章为本章绪论。本章提出研究的问题，界定研究对象和研究范围，并对研究对象时与体的概念进行扼要阐释，指出时与体的语义范畴本质，并对本书的研究目的、研究意义、基本观点以及研究方法等做简要说明。

第二章为国内外时—体研究综述。从时与体研究的功能—类型、形式语义以及 ERS 时间理论三个视角对主要研究成果进行述评，指出以往研究存在的问题或尚需完善的理论假设，从而进一步明确本书的研究目的和意义所在。

第三、四、五章是本书的核心部分。这三章旨在语言类型学的视角下建立英汉语的时与体系统，并构建跨语言普适性的 ERS 逻辑模型。第三章首先概述世界语言时与体的编码方式，寻求跨语言编码方式与时—体意义之间的共性，然后对英语的时—体相关争论予以澄清，并对汉语时与体的表达规律以及俄语的时—体表达限制进行详细描写，提出两条跨语言时—体表达的蕴含共性，即以英汉语为代表的非斯拉夫语中的“将来时蕴含非现实体”，以俄语为代表的斯拉夫语中的“现在时蕴含非完整体”。第四章首先探讨世界语言的时分类，从而明确英汉语的时类型，为英汉语的基本 ERS 时—体结构建立做准备，然后澄清情状、体以及语言编码层次之间的关系。基于不同情状类型的动词分类，在“将来时蕴含非现实体”的限制下，构建英汉语的基本 ERS 时—体结构，即英汉语简单句的时—体系统及其 ERS 关系。第五章首先指出形式语义解释模型与时态算子以及 Reichenbach 时模型的局限性，然后基于参照时间R和事件时间E均可为时点和时段的情况，构建一个ERS时—体逻辑模型，并对英汉语的时—体ERS关系在模型中的分布加以分析，然后以英语中包含时间状语从句的复合句和英汉语中包含时间状语的简单句的ERS关系以及俄语的基本ERS时—体结构为例对ERS逻辑模型的普适性进行检验，检验的同时分析英汉简单句中时间状语的功能和本质属性，尝试提出英汉俄不同的体类型以及时—体蕴含关系的认知理据。

第六章是ERS的应用。运用ERS理论阐释汉语时间词“刚刚/刚/刚才”的时间语义差异及其隐性时—体表征功能；基于ERS的组合—映射模型构建与“V了/过+数量名”结构的时—体意义；英汉语中体强制与情状迁移的本质，通过这三个问题的阐释展示ERS的有效性和解释力。

第七章为本书结论。总结本书研究的主要发现和创新点，指出本书研究的局限性，提出今后进一步的研究方向和研究前景。

第 2 章　时和体研究综述

2.0　引言

时与体研究几乎渗透到语言学各个分支，Binnick（2012）所收集的时与体论文涉及形态学、句法学、语义学、语用学、历时语言学、社会语言学、语言接触以及语言习得等分支学科，时与体已成为语言学的重要研究领域。同时带来的问题是，时与体相关概念铺天盖地，理论假设汗牛充栋，观点莫衷一是，然而世界语言时与体的普遍共性与差异探求未必能够得以解决。语言类型学家 Dahl（2000：3）认为，时与体的类型学研究成果并非很丰富的主要原因在于，时与体本质上是语义范畴，构建一个普遍的时—体研究的理论框架以便对跨语言的时—体系统进行比较研究尚有一定难度。然而这并非不可能的工作，对以往的理论模型加以修正或完善也是一个可靠路径。限于篇幅，我们从以往时—体研究的功能—类型、形式语义以及 ERS 时间理论三个视角对主要研究成果作一述评。

本章内容安排如下。2.1 节从语用和认知、语言类型学及体的理论系统三个视角概述国外时—体的功能—类型研究，并对国内时—体研究的四种主要观点及成果作一叙述；2.2 节简要评述时—体的形式语义研究及局限性；2.3 节回顾 ERS 时间理论研究，指出 ERS 时间理论进一步完善的必要性；2.4 节是本章内容小结。

2.1　时一体的功能一类型研究

2.1.1　国外研究

2.1.1.1　语用和认知视角

Hopper（1979，1982）、Wallace（1982）、Thelin（1990）以及 Vet & Vetters（1994）主张将体纳入话语或语篇中进行研究，而非局限于探讨句子层面上体的事件语义表征功能。通常认为完整体和非完整体的差异在于，前者将事件概念化为一个整体，而后者表示不完整的事件（Comrie，1976：16），但 Hopper（1979：217）认为这些体意义差异其实应归入不同的话语功能，体意义的差异并非表现为话语中现成的表达手段，换言之，体意义并非事先就存在的。话语可分为前景（foreground）和背景（background），所谓前景是指叙述中最重要的事件、事件过程中最重要的步骤、阐述中的关键点或者主要人物或事物；背景正好相反，指叙述中不重要的事件、次要人物或事物（Wallace，1982：208）。在话语中，完整体和非完整体分别与前景和背景相关，完整体提供叙述的情节主线或主要系列事件，通常与瞬时性的动态动词相关；非完整体则提供支持性的或附属性的背景信息，通常与持续性的静态动词相关（Hopper，1979：213—216，1982：5—6；Wallace，1982：208—209）。因而可以说，完整体和非完整体在一定程度上语法化为话语中的设景（grounding）功能。

Thelin（1990）是 Hopper（1982）的姊妹版，所收集的论文进一步论述了体意义的话语功能及基本认知—语用条件，所涉及语言包括英语、俄语、保加利亚语、立陶宛语、法语以及芬兰语。论文集显示，体意义编码并非总是表现在纯语法层面，话语层面的体意义表达受话语内容或语境的影响，俄语中表达“一般事实”常用非完整体，而表达“具体事实”常用完整体。Chvany（1990：222）认为Hopper（1979）关于俄语体与前景和背景的联系过于严格，不赞成俄语体与设景功能存在绝对的语法化倾向，因为在某些话语中，完整体可能与背景有关，而非完整体则可能与前景相关。决定“话语凸显”（discourse saliency）程度的因素很多，体意义只是众多参数中的一个，完整体和非完整体与前景和背景的多种搭配现象一方面说明话语因素影响体的编码，另一方面也说明纯粹语法层面上体的研究是不充分的。Vet & Vetters（1994）也赞同很多时—体意义取决于语境因素或者语篇类型，某一时—体形式可能会表达多种时—体意义，比如英语传统语法中的现在进行时既可表达进行体也可表示将行体；某一时—体意义也可能由多种时—体形式来表达，如“已行”（anteriority）在荷兰语和德语中可由一般过去时和现在完成时表达，而在法语中则由两种不同的一般过去时表达，并且很多语言有两种或两种以上的时—体形式可以表达将来发生的事件。

在认知视角下探讨时—体的学者有Langacker（1987，2002，2008）和Dickey（2000）。认知语言学中将体意义看作概念化过程中语义极的内容。Langacker（1987）对体的理解局限于动词体或词汇体，认为动词是表示“过程”（process）的象征性表达，过程的概念化（conceptualization）伴随着观察情状的时间进展，因此从时间角度讲，过程的概念化包括两个方面，一是表示过程中不同阶段的系列连续状态，二是过程中不同阶段之间的系列时间点。观察过程所涉及的时间跨度就是过程的时间侧重（temporal profile），侧重状态用持续性动词表达，侧重时间点则用非持续性动词表达，因而不同时间属性的动词隐含了不同的过程。动词所隐含过程的差异表明不同动词具有不同的体意义，总体上动词可表示完整体过程和非完整体过程，完整体过程侧重时间变化，在述谓辖域内是有界的，表征时间轴上离散的线状分割，而非完整体过程侧重时间上的持续状态，在述谓辖域内是无界的，表征时间轴上完全相同的持续状态。隐含不同体意义或过程的动词在传统语法中的时态应用上具有限制性，非完整体动词用于一般现在时无须特别解读，而完整体动词

用于一般现在时则需要做惯常解读；完整体动词由于本身隐含变化可用于现在进行时，而非完整体动词由于本身已经隐含持续状态，通常不能用于现在进行时，因为现在进行时也是表达持续状态，二者之间产生了重复，但如果添加表示变化的语法成分，非完整体动词则可用于现在进行时。Langacker（2002：87）还认为完整体和非完整体之间的差异与可数名词和不可数名词之间的差异相似，过程的组成部分（侧重关系）与名词的组成部分（侧重区域）具有可类比性。完整体过程与可数名词相似，两者内部均是异质的，并且都是有界的且具可重复性，因而重复的完整体相当于反复体（iterative aspect）；非完整体过程则与不可数名词相似，两者的内部组成部分均是同质的，完整体/非完整体动词过程与可数/不可数名词的关系如图2－1所示（Langacker，2008：153）。

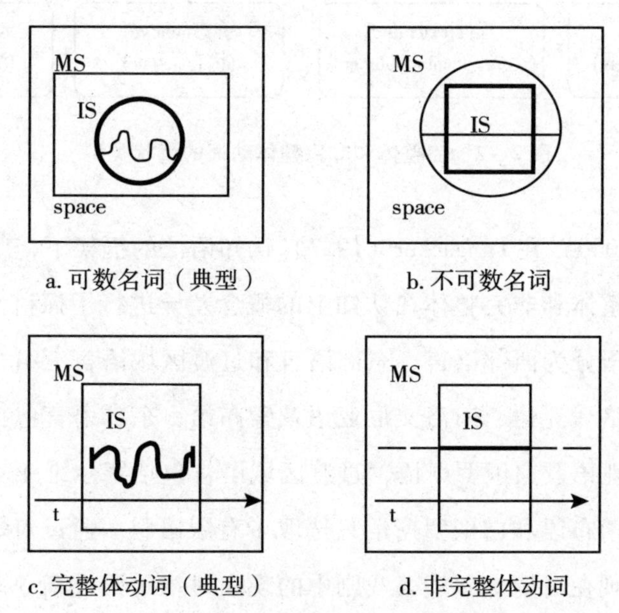

a. 可数名词（典型）　b. 不可数名词

c. 完整体动词（典型）　d. 非完整体动词

图2－1　完整体/非完整体动词与可数/不可数名词

“最大辖域”（Maximal Scope，MS）相当于观察的背景，“直接辖域”（Immediate Scope，IS）则相当于观察的视点。对一句子而言，前者是句中各语法成分激活的全部内容，后者则是句子表达的核心内容，比如“John is running”中，最大辖域包括“参与者”“运动”以及“场所”等，直接辖域则是观察正进行的动作的视域，这一视域正是“-ing”所激活的内容。Langacker 的完整体和非完整体动词过程分类与情状类型纠缠在一起，并未对体与情状作出区分，图 2-2 所示是 Evans & Green（2006：637）总结的 Langacker（2002）的体系统与 Vendler（1967）的四种动词分类之间的关系。

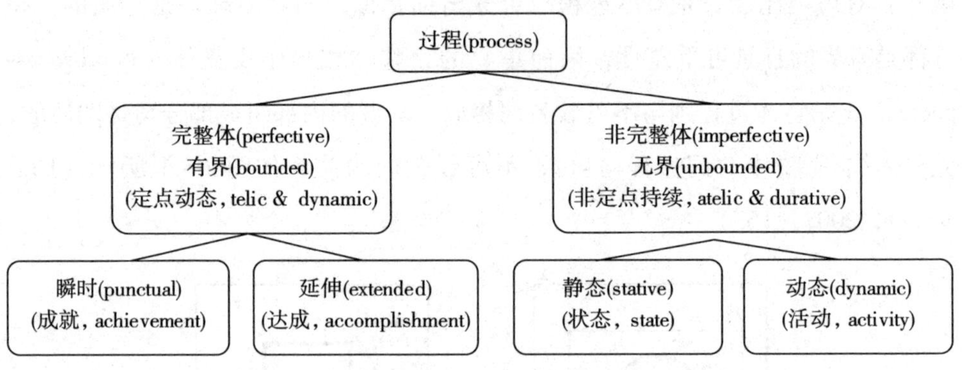

图 2-2　完整体和非完整体动词的情状类型

Dickey（2000）在 Langacker（1987）认知语法的框架下，对不同区域斯拉夫语中的完整体和非完整体在认知上的概念差异进行了探讨。Dickey 将所涉及的斯拉夫语分为西部语言、东部语言和过渡区域语言三组，西部语言包括捷克语、斯洛伐克语、斯洛文尼亚语及索布语，东部语言包括俄语、乌克兰语、保加利亚语及白俄罗斯语，过渡区域语言包括塞尔维亚克罗地亚语和波兰语，其中索布语和白俄罗斯语只选取了有限语料。通过对惯常事件、过去动作断言、现在时历史叙述、戏剧中的现在时指示语或指令语、说话和动作行为同现的施为言语、序列事件，以及事件性名词七个参数中不同体的研究发现，三组语言中体的语义差异形成了体特征的“同言线”（aspect isogloss），“完整性”（totality）和“时间确定性”（temporal definiteness）是斯拉夫语中体的核心语义特征，完整体指将情状看作一个完整的不可分的格式塔式整体，不涉及情状内部时间，时间确定性指将情状看作时间轴上单独定位的一个整体，是相对于相邻不同情状而言的（也即时间序列性）。在完整体的语义表现方面，西部语言的完整体倾向于凸显完整性，东部语言的完整体倾向于凸显时间确定性，过渡区域中两种语言的完整体包含完整性和时间确定性两种语义特征，但塞尔维亚克罗地亚语的完整体更凸显西部语言的完整性，而波兰语则更凸显东部语言的时间确定性。在非完整体的语义表现方面，西部语言的非完整体具有非确定性定量时间的特征，即所表达的情状在时间轴上可有多个时间点定位，而东部语言的非完整体具有非确定性时间的特征，即所表达情状在时间轴上没有形成一个独立的时间点定位。

2.1.1.2 语言类型学视角

语言类型学视角下的时—体研究代表成果有 Comrie（1976，1985）；Dahl（1985，2000）；Bybee（1985a，1985b）；Bybee、Perkins & Pagliuca（1994）；Bhat（1999）；以及 Hengeveld（2011）。

Comrie（1976，1985）被学界普遍认为是研究时与体的经典。Comrie（1985）将时分为“绝对时”（absolute tense）、“相对时”（relative tense）及“绝对—相对时”（absolute - relative tense）。绝对时指将说话时间作为“现在”指示中心（deictic center），只考虑事件时间和说话时间的关系，即现在时为事件时间和说话时间重叠，过去时为事件时间先于说话时间，将来时为事件时间后于说话时间。相对时指以语境中某个时间为参照时间，只考虑事件时间和参照时间之间的关系，相对现在时是事件时间和参照时间重叠，相对过去时是事件时间先于参照时间，相对将来时是事件时间后于参照时间。绝对—相对时指某一事件时间涉及说话时间和参照时间，比如在传统语法的过去完成时（Pluperfect）语句“John had arrived by six o' clock yesterday”中，绝对时是事件时间先于说话时间，相对时则是事件时间先于参照时间。我们在第一章已经证明，绝对时只考虑事件时间和说话时间的关系存在问题，另外相对时对于说话时间不具有时间指示性，实际涉及的是体概念，我们在下文论述 ERS 关系时再谈。

Comrie（1976：3）将体定义为“对于特定情状内部时间区域的不同观察方式”，对完整体和非完整体对立进行了重点阐述，图 2－3 为体对立系统（1976：25）。

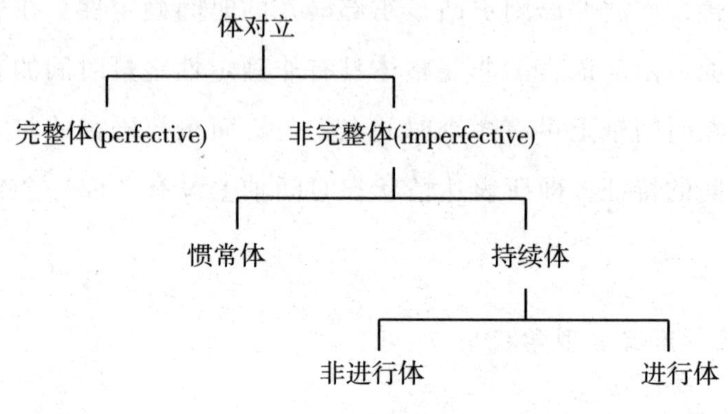

图 2－3　体对立系统

Comrie（1976）并没有对完成体和未完成体（perfect－imperfect）的对立进行充分探讨，认为完成体并非典型的体类别，因为完成体在很多语言中可以与完整体/非完整体中的体类别进行自由搭配。例如：英语中的完成体和进行体搭配，保加利亚语中的完成体与非完整体搭配，俄语的完整体和非完整体均可与表示完成意义搭配。显然，Comrie 并没有对跨语言中的体类型加以系统区分。

Dahl（1985）与 Comrie 的时—体分离研究思路不同。Dahl 试图在 64 种语言样本的基础上勾勒出人类语言的时与体系统。通过对语言样本中时—体范畴的编码方式考察，Dahl 认为人类语言的时、情态及体范畴（tense－mood－aspect，TMA）之间在语言编码上并非具有明显的界限，但某一语法成分具有原型（prototypical）意义，即基本意义和次要意义之分，比如有些语言中的完整体编码可能具有“完整性”和“过去时间指称”的双重意义，但“完整性”是比“过去时间指称”更稳定的语义表征，对于该语法成分，完整体是比过去时更接近原型的语义范畴。

Dahl（1985：189—190）总共发现三类体范畴，最为典型的第一类是完整体/非完整体的对立以及进行体，进行体通常用迂回（periphrastic）的方式表达，而完整体/非完整体一般采用形态标记方式且与过去时范畴交织在一起，然而斯拉夫语的完整体/非完整体则与过去时没有必然联系；第二类是表达惯常意义的范畴，包括一般惯常体（habitual - generic）及过去惯常体（habitual - past），但它们一般不被认为是独立的范畴且通常缺乏独立而系统的标记；第三类是完成体（perfect）、结果体（resultative）、经历体（experiential）及过去完成体（pluperfect），它们之间的语义关系非常复杂，结果体和经历体与严格意义上的完成体并非一回事。对于时范畴，将来时具有预测（predictive）和预期（prospective）两个边缘子类，将来时比过去时更倾向于使用迂回表达手段，过去时则有时间远近的差异，比如完成时和过去完成时。可以看出，Dahl 采取的是时—体统一的研究观，但所勾勒的时—体系统中时与体并未做出严格区分，这符合一些语言的实际情况，但由于过于注重对时—体编码方式及特定时—体语义的探讨，时—体系统尚不明晰且需进一步细化。

Dahl（2000：7）用“语法语素”（gram，grammatical morpheme）代替了“范畴”（category），认为时、体及情态是语法、语素、语义内容的刻画方式，这种观点实际上将时—体看作语义范畴。世界语言时—体的语法语素可分类为相当有限的几种类型，即“跨语言语法语素类型”（crosslinguistic gram type），每种语法语素类型都有典型的表达方式，与它们在语法化过程中的位置直接相关。时—体的语法语素根据其语法化程度差异可分为核心语法语素类型（core gram type）和迂回语法语素类型（peripheral gram type），前者主要以形态曲折方式表达，包括非完整体、完整体、过去时和将来时；后者以迂回方式表达，包括完成体、结果体、惯常体、反复体以及进行体。Dahl（2000：15）对时—体的语法语素类型刻画如图 2 – 4 所示。

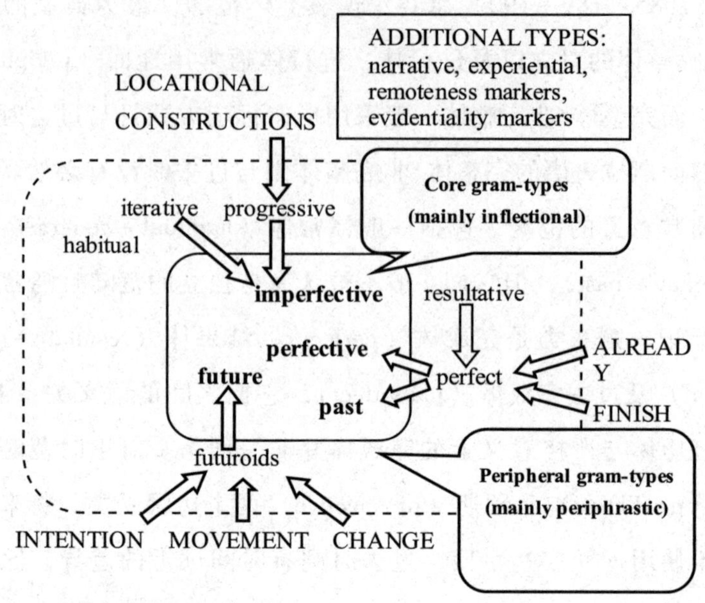

图 2 –4　时—体的主要语法语素类型

图 2 –4 是建立在时—体语法语素的语法化程度、方向以及相互关系基础上的，为时—体的跨语言共性探求提供了一个研究思路，然而时—体语法语素的语法化程度及方向尚需扩大语言样本进行验证，比如进行体倾向于迂回表达而将来时倾向于形态表达。另外，Dahl（2000：17）认为俄语的体系统与跨语言类型学中的典型体系统不同，完整体与时间指称并没有必然联系，体系统很大程度上与动词内在语义即行为类型有关，然而体与行为类型是两个不同层次的概念，两个不同的系统，主要体现为主观与客观的差异，将体与行为类型混同不利于俄语体系统的研究，俄语体与时之间的关系也需进一步研究。

Bybee（1985）和 Bybee、Perkins & Pagliuca（1994）与 Dahl（1985，2000）的研究比较相似，这表现在两个方面，一是主要考察时—体的形式标记和意义之间的关系以及时—体标记的语法化倾向，二是都持时—体统一研究观。很多语言时—体的形式标记并不是离散的，某一形式标记可能同时承载时与体意义，另外一些语言中的时—体意义包含在动词词汇语义中，可用标记理论解释，如无标记动态动词（unmarked dynamic verb）表示完成体—过去时，而无标记状态动词（unmarked stative verb）表示未完成体—现在时（Bybee，2011：136、143）。这表明在跨语言研究中，严格区分时和体有时也不现实，但这并非意味着可将时与体混为一谈。Bybee（1985a：34—35；1985b：25—26）建立了一个屈折词缀离动词词干远近距离等级“配价 < 语态 < 体 < 时 < 情态 < 人称或数标记”，等级上从左向右离动词词干越来越远，这说明动词词干和屈折词缀之间在意义和形式上存在“图式象似性”（diagrammatic iconicity），某一意义范畴离动词词干关系越远，句法编码上就越远，该等级上，体标记比时标记更靠近实义动词词干，如果将体看作情状的内在时间表达，时便是相对于说话时间的外在时间定位，那么在意义表达上体比时更靠近动词。这可以看作人类语言在时—体表征方面的共性。

Bybee（1985a）考察了50种语言的时—体形态表达手段，将时与体看作语法范畴，确切地讲是用屈折形态来表达的语法范畴。在这些语言样本中，尽管完整体/非完整体的编码包括屈折、派生以及词汇等手段，但更倾向于使用屈折手段，属于非完整体子类的惯常体和进行体倾向于使用屈折或自由的语法语素（如助动词），起始体和反复体倾向于使用派生手段。通过对现在、过去、将来以及“已行”（anterior）或“完成”（perfect）的考察，时的表达则极少使用派生手段，因为派生形态不大可能成为时的屈折表达手段的来源，后者通常来源于体的屈折手段以及迂回结构的语义或语音缩减。

Bybee（1985a）对时—体的定义过于严格，以致将用派生手段表达的起始体和反复体排除于体的范畴，并且用自由语法语素如助动词或功能词表达的惯常体和进行体也被排除，因而就出现了Bybee（1985a：153）所提出的疑问或问题：起始体和反复体究竟是否可归于体范畴；同时也缺乏足够的证据表明起始体和反复体分别与完整体和非完整体具有相关性。在时的问题上他排除了用迂回手段或其他非屈折的语法语素表达的时范畴，另外，将“已行或完成”归入时范畴也不合逻辑。

Bybee、Perkins & Pagliuca（1994）通过共时分析及历时语法化分析考察了76种语言中表达时、体及情态意义的语法语素的词汇来源和演变路径。根据时—体语法语素所表达意义的相似性，将过去时和完整体归为一类，非完整体及现在时归为另一类。在过去时和完整体的语法语素类型中，尽管过去时和完整体在与非完整体及其他时的搭配方面以及语法化程度方面有差异，但两者有一个共同的语法化路径：由结束义的词汇演变而来的完结义（completive）标记和由结果性结构演变而来的结果性（resultative）标记进一步演变为“已行或完成”（anterior/perfect）标记，而已行或完成标记继续演变为过去时和完整体标记。完整体还有两个来源，一是斯拉夫语中具有有界意义的副词，类似于英语中的“up/down/over”等；二是由非完整体演变而来的，即零形标记。在非完整体及现在时类型中，非完整体及现在时标记来源于进行体标记，而进行体标记则来源于动态谓词以及定位性（locative）词汇等。

Bybee、Perkins & Pagliuca（1994：301）的研究验证了三个问题：一是相同或相似类型的语法语素可承载不同的意义，其原因在于语法化来源差异；二是相同或相似类型的语法语素可能处于同一个语法化路径中的不同阶段；三是这些语法语素可能在同一个语义域内相互作用或竞争，从而产生后来的共存或者优胜劣汰的现象。Bybee、Perkins & Pagliuca 的共时和历时相结合的研究方法为人类语言时—体共性探求及特定语言时与体的关系探讨提供了新视野，尤其对时与体某一范畴凸显的语言如英汉语的时—体研究提供了启示，因为某一语法成分可能同时承载时与体的意义。

Bhat（1999）与 Dahl 及 Bybee 等持类似观点，语言中时、体及情态在表达手段上不可能完全剥离，但不同语言在三个范畴表达上会有所侧重。Bhat（1999）主要以印度境内的语言为语料考察了时、体及情态三个范畴的编码手段以及相互关系（包括少部分印度境外语言，如南岛语系的语言），三个范畴在语言表达上通常不会均衡凸显（prominent），理想情况下最凸显的范畴已经语法化了，如语法化为动词词缀等；不凸显的范畴则倾向于使用迂回手段，如助动词等。三个范畴根据其在语言中的语法化程度（degree of grammaticalization）、强制性（obligatoriness）、系统性（systematicity）以及泛在性（pervasiveness）可将语言分为时凸显（如达罗毗荼语，Dravidian）、体凸显（如旁遮普语，Punjabi）及情态凸显（如卡尔迪尔语，Kayardild）三个理想化的语言类型，这四个参数与范畴凸显度正相关。

Bhat（1999）关于时、体和情态三个范畴分别凸显的语言类型分类过于理想化，人类语言中也可能出现任意两个范畴均凸显的情况，因而需要扩大语料进一步考察。Bhat 的指示时（deictic tense）和非指示时（non - deictic tense）对应于 Comrie（1985）的绝对时和相对时，后者与体意义有关；Bhat 体的概念借用了 Dik（1989）的完整体/非完整体、阶段体（phasal aspect）以及定量体（quantificational aspect）三种区分。另外，Bhat 也未指出体的类型学差异。

Hengeveld（2011）以功能话语语法（Functional Discourse Grammar）中的语义层级（layer）概念为着眼点考察了时与体的语法化路径。从与谓词的关系来看，体、时及情态的辖域由低到高或由里到外构成一个语义层级，例如下列（1a）中希多特萨印第安语（Hidatsa）中体、时及情态的显性标记离动词由近至远①，辖域构成如（1b）的层级。

（1） a. Wíra i ápúari ki stao ski.

tree it grow INGR REM. PST CERT

The tree must have begun to grow a long time ago.

b. certainty {remote past [ingressive (predicate + arguments)]}

（1b）语义层级符合 Bybee（1985a，1985b）提出的承载体、时及情态意义的屈折词缀离动词词干远近距离等级。从语法化倾向来看，体、时及情态的演变遵循从低辖域到高辖域的方向，而不会相反（Hengeveld，1989：142）。体、时及情态的辖域关系用五个不同的参数进行定义，这五个参数距离谓词由近到远构成一个语义层级：谓词属性 > 情状概念 > 事态 > 序列

① 原文出自 Matthews（1965），转引自 Hengeveld（2011）。

性事件 > 命题内容[①]。也就是说，语法化路径遵循语义层级上从左向右的方向，比如英语"will"的语法化路径是动词 > 义务/意图（情状概念）> 将行标记（事态）> 将来时（序列性事件）> 推测（命题内容），因此时—体的总体语法化趋势由体标记向时标记演变，已经证实的由体向时的演变有以下三种路径，如图 2 – 5 所示。

a. 结果—已行—过去	b. 进行—同时—现在	c. 预期—将行—将来
E R	E R E	R E
阶段 1 ------------ ● 结果	阶段 1 ------- ● -------进行	阶段 1 ● ------------预期
↓ E R	↓ E R E	↓ R E
阶段 2 ● ------------已行	阶段 2 ● ------------ ● 同时	阶段 2 ------------ ● 将行
↓ E S	↓ E S E	↓ S E
阶段 3 ● ------------过去	阶段 3 ● ------------ ● 现在	阶段 3 ------------ ● 将来

图 2 – 5　时—体的演变路径

图 2 – 5 中时—体的演变路径与 Bybee（1985a）所提出的语法化倾向假设是一致的，即语法成分在演变过程中与动词越来越不相关。然而 Hengeveld（2011）将时看作事件时间 E 和说话时间 S 之间的关系，在这一点上并未给出语法化过程中的证据。

2. 1. 1. 3　体的理论系统建构

相对于时，体更引起学者们的关注，不少学者试图构建体的理论体系，这一点可从体的各种命名中窥见一斑。"行为类型"（Aktionsart、Agrell，1908；引自 Brown，2006）常被用来指斯拉夫语（如俄语、德语）中由动词所承载的表事件或状态的不同阶段；动词时间图式（verb of time schemata，Vendler，1967）、词汇体（lexical aspect，Olsen，1994；Mani，2005）、动词体（verb aspect，Dowty，1977）及情状体（situation aspect，Smith，1991）等

---

① 原英文为 predicate property > situational concept > state – of – affairs > episode > propositional content。

概念则被用来描写动词或动词短语（含论元）的时间属性或者所隐含的各种内在情状特征，这些概念不一定指光杆动词的时间特征；视点体（viewpoint aspect，Smith，1991）和语法体（grammatical aspect，Olsen，1994；Mani，2005）则指句子层面所表达的体意义。显然，由于学者们的理论体系不同，所采用的概念也不同。

在体研究上采取理论系统构建视角的代表学者有 Smith（1991）、Dik（1997）、Michaelis（1998）以及 Croft（2012）。

Smith（1991）提出的情状体（situation aspect）和视点体（viewpoint aspect）二分体系统对后来的体研究影响深远。情状体其实是基于 Vendler（1967）动词时间图式的情状类型分类，各情状类型的时间特征见表 2－1。

表 2－1　　情状类型及其时间特征

情状	静态（static）	持续（durative）	定点（telic）
状态（state）	[+]	[+]	[－]
活动（activity）	[－]	[+]	[－]
达成（accomplishment）	[－]	[+]	[+]
单活动（semelfactive）	[－]	[－]	[－]
成就（achievement）	[－]	[－]	[+]

情状体的语法表征主要是动词簇（verb constellation），由动词和论元组成。视点体是二分体系统中的核心内容，其功能像一个对各种情状进行摄拍的照相机镜头，在语法表征上主要由动词的语法语素承载。从语言编码特征上看，情状体是隐性的，视点体则是显性的。视点体包括完整体、非完整体和中性体，完整体将一情状看作一个整体，包括起始点和终止点；非完整体则聚焦于情状的一部分，不包括起始点和终止点；中性体的视点比较灵活，包括起始点和部分阶段，在语言表征上缺乏表示视点体的语法语素。

Smith（1991：2、62）声称情状体和视点体是两个互不相干的范畴，视点体独立于情状体。总体来看，二分体系统在一定程度上展示了体意义与语言表征之间的关系，尤其是视点体揭示了体本质上是一个主观语义概念，从这个角度讲，所有的体都是视点体，只是语言编码不同而已。然而二分体系统存在缺憾，主要表现在以下四个方面。

第一，情状体其实是动词或动宾短语的内在时间属性或内在情状特征，情状体的命名容易使研究者陷入情状与体相混淆的困境，情状指现实中的一切静态与动态的客观情形，情状本身不能有体意义。用 Croft（2012：32）的话说，“事件本身并没有内在的体意义，因为事件可从不同的角度或视点进行观察”。

第二，不应将情状体和视点体看作两个独立的系统，在讨论情状体时，其实在论述情状的“静态”“持续”及“定点”三个时间语义特征。然而情状体的讨论不可能脱离视点体，即情状的语言表达离不开视点，正如 Smith（1991：1）也承认，情状体其实也涉及“视点”（point of view）。

第三，视点体中的中立体其实是非现实句，不应纳入体范畴。

第四，忽视了完成体/未完成体和完整体/非完整体的跨语言差异。

Dik（1997）将“体貌”（aspectuality）这个术语作为“事态类型”（type of States of Affairs）和体的概括性名称，事态类型不属于体的范畴，前者指基于事态内在语义的分类，属于词汇语义范畴；后者指事态的语法表达手段，属于语法范畴。事态类型又称行为类型（Aktionsart，mode of action），包括五个语义参数：动态性（[±dynamic]）、定点性（[±telic]）、瞬时性（[±momentaneous]）、可控性（[±control]）以及体验性（[±experience]），这些语义参数的语言表征差异体现为不同词汇手段的应用。基于动态性、可控性及定点性三个参数，事态类型可划分为情状和事件两个大类，前者进一步分为状态（state）和定位（position），后者则分为过程（process）和动作（action），过程又进一步细分为动态（dynamism）和变化（change），动作则细分为活动（activity）和达成（accomplishment）。这些事态类型的语言表达如下

（Dik，1997：114）。

（2）a. John kept his money in an old sock.　　　　（定位）
b. John's money is in an old sock.　　　　（状态）
c. John was reading a book.　　　　（活动）
d. The clock was ticking.　　　　（动态）
e. John ran the marathon in three hours.　　　　（达成）
f. The apple fell from the tree.　　　　（变化）

各种体意义的对立则是在事态类型的基础上作出的，即以各事态类型作为观察对象而产生的体意义，见表 2-2。

表 2-2　　体貌与体对立系统

不同视点	体貌（aspectuality）	具体体对立（aspect）
内外视点（完整性）	（非）完整体貌	完整体/非完整体（perfectivity/imperfectivity）
内部阶段视点	阶段体貌（phasal）	起始（ingressive）、进行（progressive）、持续（continuous）、完结（egressive）
外部时间指称视点	透视体貌（perspectival）	将来（prospective）、即时将来（immediate prospective）、近时完成（recent perfect）、完成（perfect）
量表达视点	定量体貌（quantificational）	单活动（semelfactive）、反复（iterative）、惯常体（habitual）、分布体（distributive）（包含不同参与者的雷同事件多次发生）

Dik 的事态类型相当于 Smith 的情状类型。Dik 试图对各种体对立进行统一解释，但仍然存在问题。一是事态类型分类问题，定位和状态、活动和动态、达成和变化的分类均存在交叉现象。二是 Dik 虽然将事态类型定义为词汇语义范畴，却将事态类型的语言表征定位在句子层面，句子层面的事态类型表达不可能将体的意义完全剥离出去，其实这种处理方法与 Smith（1991）

的二分体系统类似，但 Dik 的处理更极端一些，将事态类型从体中剔除出去。但是体与现实情状有密切关系，而现实情状又可划分为不同的事态类型，也就是说，基于事态类型分类的现实情状与体有密切关系。实际上，体研究的关键在于，事态类型适用于哪些语法层次，这些不同层次的语法成分如何组合以表征句子体意义。三是体的划分及关系问题，透视体貌混淆了时与体，阶段体貌和定量体貌两者与（非）完整体貌也具有密切关系，不应截然分开。

Michaelis（1998）在 Smith（1991）和 Dik（1997）的基础上提出三分体系统：情状体、阶段体、视点体（或语法体）。情状体是一个理想化的情状类型，包括事件和状态两类。阶段体涉及参照时间与事件或状态的发展进程之间的关系，因而阶段体本质上是一个关系范畴，展示了与时间相关的“背景情状”（background situation），比如进行体构式“was + V – ing”既触发一个前于说话时间的参照时间，也表达一事件的进行状态；阶段体包括起始、进行、终结、预期等意义。视点体则与外部视点和内部视点相关，完整体触发外部视点而非完整体触发内部视点，视点体由动词屈折词缀编码（如俄语的完整体形态标记）。体与时相互作用，表示事件完结的体意义通常隐含事件发生的时间位于说话时间之前，因而结果性完成体与过去时都表示相对于说话时间来讲事件是已行的（anteriority）。Michaelis（1998）的三分体系统仍存在问题。一是同 Smith（1991）一样将视点体局限于完整体和非完整体，而斯拉夫语中的完整体和非完整体编码与英语显然不同；二是阶段体和视点体的区分没有必要，阶段体本质上也是视点体；三是将情状体与行为类型混同，后者在斯拉夫语中有形态（动词词缀）标记，而英语则没有。

Croft（2012）在共时视角下以动词为核心探讨体意义，认为难以给语法体（Olsen，1994；Mani，2005）下一个明确的定义，因为语法体的跨语言编码异常复杂，因而其对体的讨论仅限定在词汇体或动词体层面。Croft 认为同一动词具有不同的体意义表达潜势（aspect potential），比如有些状态动词和成就动词也能以达成动词的身份出现在句子中，对动词或动词短语按照不同的体意义表达潜势进行了重新分类，见表 2 – 3（Croft，2012：57—65）。

表2-3　词汇体类型

词汇体类型	子类型	举例
状态(state)	内在性恒定状态(inherent permanent state)	be polished
	获得性恒定状态(acquired permanent state)	be cracked
	暂时性状态(transitory state)	be ill, be standing
	点性状态(point state)	be 5 o' clock, be on time
活动(activity)	定向性活动(directed activity)	cool, sink, age
	非定向性活动(undirected activity)	run, walk
成就(achievement)	可逆性成就(reversible achievement)	open, close
	不可逆性成就(irreversible achievement)	die, die out
达成(accomplishment)	—	write(a letter)
循环性成就(cyclic achievement)	—	cough, squeak, knock
趋向性成就(run-upachievement)	—	be dying, be reaching

上述不同体意义潜势动词的分类显然受了 Vendler（1967）的影响，但没有区分体意义与情状类型的差异，即 Croft 所言的体意义实际上是动词或动词短语的不同情状类型分类，但是这种分类又混淆了动词的内在客观情状与体意义所表达的主观情状的差异，前者如不可逆成就动词“die”，后者如趋向成就动词短语“be dying”。

Croft（2012）采用二维时空图式的方法对词汇体意义做了重新解读，二维时空图式包含表示时间（t）的横轴和表示词汇所隐含事件的性质状态的纵轴（q）。需说明的是，这种二维时空图式并非严格意义上的平面直角坐标系，平面直角坐标系中的第二、第三及第四象限在表征中均阙如，词汇体意义只呈现在第一象限中，并且表征中并没有标明原点以及纵横轴上的单位刻度，但是这种时空表征直观地解析了时间和性状空间中的词汇体意义。时间轴是连续的，而性质状态轴可能是连续的也可能不是连续的，取决于事件的性质状态是否被解释为具有连续性。比如动词“see”在不同句子中具有“看见的状态”和“没见到看见的瞬间状态改变”两个意义，前者归入暂时性状态动词，后者则属于可逆性成就动词，（3a）、（b）可刻画为图 2－6。

（3）a. I see Mount Tamalpais.

b. I reached the crest of the hill and saw Mount Tamalpais.

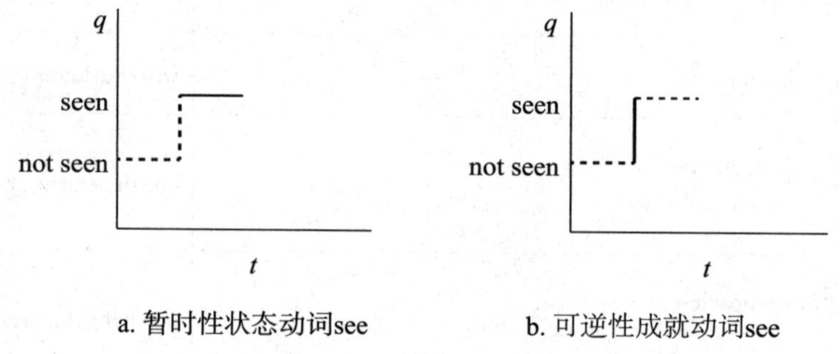

图 2－6　see 的不同体意义

图 2－6 中的实线表示语句中动词“see”的体意义，虚线表示“see”的潜在体意义，潜在体意义在语句中没有表达出来。图 2－6a 中暂时性状态动词“see”在时间轴 t 上表现为持续段，而在性状轴 q 上则为点，说明暂时性状态动词“see”的性状没有变化但在时间上持续的体意义；图 2－6b 中可逆性成就动词“see”则正好相反，在时间轴 t 上表现为点，而在性状轴 q 上则

为持续段，表明可逆性成就动词“see”的性状有变化但时间上是非持续的。需说明的是，图2-6b中性状变化表现为一个持续段符合二元逻辑①，假设“没看见”为α，则“看见”为¬α，但是两个性状之间找不到一个表示性状变化意义的点β，因为通常思维模式中的离散性状点β实际上无穷接近于α和¬α。具有不同体意义表达潜势的动词或动词短语在二维时空图式中的表征也有差异，按照图2-6中的刻画思路，表2-3中不同词汇体类型可分别如图2-7所示。

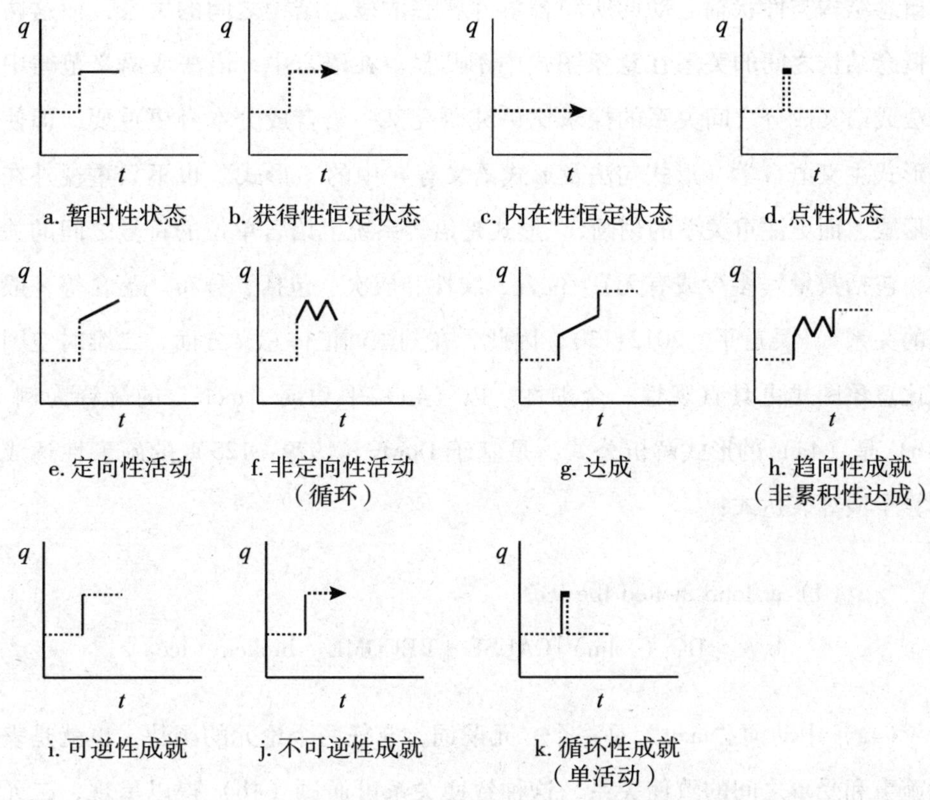

图2-7　不同词汇体类型的二维时空图式

可以看出，二维时空图式类似于Langacker（2008）刻画完整体/非完整

① 通常的二元逻辑思维模式，即非此即彼的状态。如果上升到三元逻辑或多元逻辑就不是这个结果。

体动词过程的意象图式，意象图式表示法将动词的过程特征在时间轴上和直接辖域中展现出来，而二维时空图式则将直接辖域替换为性质状态轴，时间轴保持不变，这样刻画的优势在于将二维时空图式凸显为一种二维平面几何结构，而意象图式则不那么明显。二维时空图式在刻画词汇体意义时也有优点，其将词汇体意义刻画为几何结构，也就是说，时间轴上的动词过程与性状轴上的动词所隐含的事件状态构成几何结构，而这种几何结构正是词汇体的意义所在。从认知语言学角度来说，词汇体意义体现为时间轴上动词过程的概念结构与性状轴上动词所隐含事件状态的概念结构之间的关系，而这两个概念结构之间的关系在意象图式中不凸显。在语言中，语法或语义范畴中语法或语义成分之间关系的探求比单纯研究某一语言成分本身更重要，即使是形式主义语言学（形式句法及形式语义等）中的“形式”也不只重视外在的形式，而更注重关系的刻画，“形式是语言系统上语言单位的符号之间的关系，包括数量（多少或有无）、位置、线性、层次、包括、分布、蕴含等一般化的关系”（吴道平，2012：3）。因此，在刻画词汇体意义方面，二维时空图式比意象图式更具直观性、合理性。以（4a）中动词“melt”的解释为例，（4b）是（4a）的形式解析公式，是基于 Dowty（1979：125）的施事性达成体算子演算表达式：

（4） a. John melted the ice.

b. [[DO (John)]CAUSE [BECOME [broken (ice)]]]

（4a）中动词“melt”是一个二元谓词，充任两个论元的函数，也就是表示施事和受事之间的致使关系，这种致使关系可通过（4b）得以呈现，二元谓词“melt”的语义被分解为两个基元，一个是体算子“DO”，另一个是“ice”的谓词“broken”，而这两个基元分别承载了“非定向性活动”和“达成”的体意义，“非定向性活动”是“达成”的充分条件。如果用 Langacker（2008：357）的“行为链”（action chain）意象图式和 Croft（2012：7）的二维时空图式来刻画这两个体意义之间的致使关系，如图 2－8 所示。

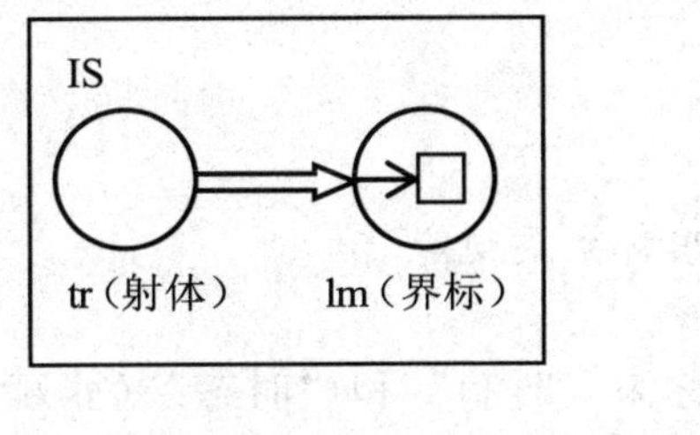

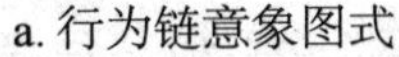
a. 行为链意象图式

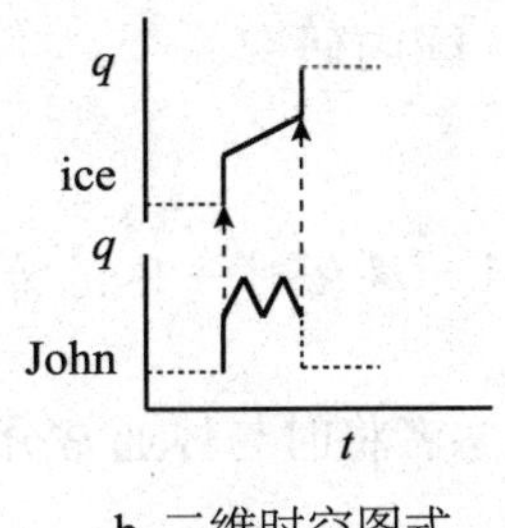

b. 二维时空图式

图2-8　melt的意象图示与二维时空图式比较

在刻画方式上，意象图式和二维时空图式均将致使关系分解为两个语义成分，但前者与时间无关；在意义解读上，行为链意象图式展示的是能量传递链，将致使关系凸显为传递关系，而二维时空图式则将致使关系凸显为同构关系，即施事的“非定向性活动”事件和受事的“达成”事件是同步进行的。二维时空图式类似于 Krifka（1989，1992）运用格理论（lattice）所定义的受事名词和事件之间的动态同构关系，或者 Landman & Rothstein（2010）所言的物量和事件量之间具有渐变同质性（incrementalhomogeneity），需注意的是，渐变同质性是渐变事件的特征，非渐变事件不具有这种特征。

总体来看，用二维时空图式方法来表示词汇体展示了意象图示及逻辑表达式无法呈现的部分意义。然而与 Langacker 相同，Croft（2012：57—65）也将体概念局限于动词体，将动词体分成11种，但动词体的语法形式却包括动词、动宾短语和 be 动词短语等，并非局限于光杆动词，显然受了 Vendler（1967）的影响。这种分类貌似全面，却混淆了动词本身的时间属性和体的语法表达具有组合性特点。Croft 试图将句子的体转到这11种动词体上，然而由于句子体义的多变性，这11种分类却又不足以涵盖句子体意义的所有可能。同一动词的不同体义潜势并非动词本身固有的，而是句子所赋予的。换言之，句子的体义是开放的，体义本质上是组合性的，至少需在句子层面才能得以解读，这是11种动词无法承担的。因此，除了动词的内在情状特征外，其他语法成分如论元、状语及补语等也会影响句子体意义的变化。

2.1.2 国内研究

2.1.2.1 汉语时—体范畴的四种主要观点

汉语界学者将时与体通常分别称为“时制”和“时态”（张斌、胡裕树，1988；陈平，1988；龚千炎，1991，1995；顾阳，2008），后者也被称为“情貌”（王力，1985）或“体貌”（陈前瑞，2008）。王力（1985：151）认为，人们对于事情和时间的关系，第一，着重在事情是何时发生的，不甚问其所经过时间的远近或长短；第二，着重在事情所经过时间的长短，及是否开始或完成，不甚追究其在何时发生。前者以印欧语系（法语、意大利语、西班牙语等）为代表，后者以汉语为代表。这两种时间概念实际上分别指时和体。对于汉语中的时—体表现，主要有以下四种观点。

第一，有体无时范畴论。

这一观点以王力（1985）和高名凯（1986）为代表。高名凯（1986：189）认为，“汉语语法构造，则没有时间，而有体”；张斌、胡裕树（1988：178）则将“动词时态范畴的出现”作为现代汉语同古代汉语在词类上的差异表现之一。显而易见，这种观点认为现代汉语只有“体”的语法范畴而无“时”的语法范畴（龚千炎，1991：252）。朱德熙（1982：69）并没有明确汉语是否有时的语法范畴，不过从其观点来看似乎支持无时范畴论：印欧语动词过去时表示说话以前发生的事，汉语的“了”只表示动作处于完成状态，跟动作发生的时间无关，既可用于过去发生的事，也可以用于将要发生的或假想中发生的事。持类似观点的学者还有石毓智（1992）、戴耀晶（1997）及尚新（2007）。石毓智（1992：200）认为“了”“着”“过”分别表示实现体、持续体和终结体，可与三个助词搭配的词语所指必须是发生在时轴上的某一位置，这个位置可以是过去、现在或将来；戴耀晶（1997：32）则认为“了”“着”已经承担了事件构成“体”这一语法范畴的形式，无法同时承担时间构成“时”这一语法范畴的形式，因而现代汉语里有体范畴而无时范畴；

尚新（2007：72）提出汉语不存在时制语法范畴，但有时制的概念意义。

第二，有时有体范畴论。

这种观点认为时和体在汉语中有各自的标记系统。黎锦熙（1992：125—129）基于与英语语法的比照，认为汉语动词有时制变化，依靠时间副词和"了""着"以及"来着"等助动词的参与活用；吕叔湘（1982：219—222）则全面讨论了汉语的时制，并强调汉语中用词汇手段表达时制的作用。持类似观点的学者有宋玉柱（1981）和李临定（1990）。宋玉柱（1981：271）将"了""着""过"称为体态助词，指明动作或过程所处的状态，相当于体的意义，现代汉语也有指明时的助词，比如表示过去时的时间助词"的"和"来着"。李临定（1990：12、31、33）认为汉语有"绝对三时"（以现在为时间基点）和"相对三时"（以过去或将来为时间基点），是通过不同的分析形式和动词的零形式来体现的，前者是通过附加和时间相关的助词、副词等来显示时间关系，后者则是通过动词本身（不附加任何助词等）来显示时间关系。汉语动词的体主要包括开始继续体、持续体、过去延续体、将来继续体、完成体和惯常体，主要体现在动词加各种表体助词上。

第三，时—体范畴混合论。

时—体范畴混合论认为现代汉语时与体共用一个标记，持类似观点的学者有张济卿（1998）、左思民（1999）、李铁根（1999，2002）以及陈立民（2002）。张济卿（1998a：20）认为汉语中的体总是跟时制结合在一起，汉语时—体形式除了一部分句子直接通过词汇意义（如时间词等）来表示之外，基本上是通过三方面因素有机地结合在一起而构成的，如"将""会""要""在""了""过""着"等语法标记；以将来时与非将来时的对立为中心的排他式解析方式；谓词语义中所包含的体因素。左思民（1999：19）比较了汉语与英汉的时与体表示法，认为英语的体采用分析的方法，其时与体是通过不同的词语实现的；俄语的体采用屈折方法，其时与体是通过不同的语素实现的；而汉语则是把时与体综合在一个虚词之上实现的，如助词"了"可以标记实现体和先时。李铁根（2002：1、6）认为汉语表示时制意义的语法成分往往附带有表“态”或表语气的意义，很多都不是单一的表时标记。绝对时制和相对时制在现代汉语中均有所反映，绝对时制可分为“已然”和“未然”，相对时制可分为“同时”和“异时”，“了”“着”“过”都是既能表“态”（即体）又能表“时”的语法成分。作为绝对时标记，它们都表“已然”，不表“未然”；作为相对时标记，“着”表“同时”，“了”“过”表“异时”。陈立民（2002：14）将汉语时和体混合所表达的意义称为时态，表示一个事件的存在方式在不同时域中的变化，认为“了”“着”“过”“在”等语言形式既表示态（即“体”）的意义，也表示时的意义，因此它们不属于态的范畴（同时也不属于时的范畴），而属于时态范畴，它们是一种时态成分。

第四，时—体均无形态范畴论。

徐烈炯（1988：471）认为汉语中没有时与体的形态范畴，汉语中的“着”和“了”除了可分别表示进行体意义和完成体意义外，还可表达多种情状意义，如“台上坐着主席团”中的“着”表达一种静态持续情状，而“开着窗户睡觉”和“开了窗户睡觉”中的“着”与“了”几乎表达同一意义。

汉语是一种典型的无形态变化的语言，从跨语言的时—体编码方式来看，汉语显然缺乏时与体的狭义语法范畴或形态范畴，那么汉语是否有广义语法范畴上的时—体范畴？答案是肯定的。时与体范畴本质上是语义范畴，如词尾助词“过”在默认状态下的最简结构①中表示过去时，但在更多情况下，时是通过语境以及时间副词来加以确认的，可以说汉语中时的语法形式表达并不凸显，但不能说没有。我们认为，在默认状态下或中性语境的最简结构中，一些时间助词确实同时承载时和体的意义，即时间助词“着”“了”“过”可看作广义语法范畴上的时—体标记。

---

① 本书所言的最简结构是指由观察对象为常项（必要语法成分）所构成的最小且自足的结构，删除其他任何一个变项所得到的结构不能自足。如以“了”“过”为观察对象，那么“他吃了一碗饭”和“他吃过红米饭”为最简结构。

2.1.2.2　主要研究成果

汉语的时—体系统及相关问题讨论大致从以下三个方面展开。

一是情状类型的定位及其与时—体的关系。陈平（1988）与龚千炎（1995）系统地分析了汉语句子的时相（phase）、时制以及时态问题，将情状类型定位在句子层面，即时相结构，详细探讨了以动词为核心的语法词汇表达手段。顾阳（2008）则借用了情状体的概念，将情状类型定位在动词及动词短语层面，将表达不同情状特征的动词归入不同的体类型。

二是谓词性成分的时间性以及体的分类与表达手段。郭锐（1993，1997）分别阐释了动词的内在时间性与谓词性成分的过程和非过程两种外在时间类型，将体看作过程时状，而非过程句（非现实句）相当于情状类型，即没有时和体；戴耀晶（1997）在完整体和非完整体的分类下对汉语中体的语法词汇表达手段进行了详细探讨；左思民（1997）提出了体标记的鉴别标准，将汉语体分为表现性体和实施性体，后者是指由以言行事动词标志出的以言行事行为处于实施状态或进行状态；金立鑫（1998，2002，2003）对汉语体标记词尾和句尾"了"的时—体意义做了详细刻画；陈前瑞（2008）则借鉴国外体理论，试图在类型学的视野下构建汉语的四层级体系统。

三是体的类型学差异与时—体的时间关系。这个问题对于体的本质认识及如何刻画时—体系统至关重要。张家骅（2004）对俄语的动词体做了细致描述，认为动词体的意义与用法受词汇意义、相关语法意义、句法结构以及语境等因素的影响和制约；金立鑫（2004，2008b）在类型学视角下明晰了时—体范畴的形式与意义的关系，并提出了"动词行为类型 > 动词短语情状类型 > 句子体类型"三个层次的概念，不同语言中句子层面体的实现受制于不同因素。对于时—体的时间关系刻画较为突出的是金立鑫（2008a），对 Reichenbach（1947）的时理论进行了扩充，以期建立人类语言普遍的时—

体模型。

总体来看，汉语时—体研究主要集中在功能领域，但仍存在需要继续探讨的问题。其一，对于情状的本质认识和体的意义定位不一致；其二，体的分类和语法标记手段方面尚未达成共识；其三，体的类型学差异和时—体的时间关系仍有进一步研究的空间，类型学视野下的时—体共性探求及解释方面还需要进一步研究。

2.2 时—体的形式语义研究

不少学者基于 Vendler（1967）的动词或动词短语分类对不同情状类型进行了形式语义刻画（Dowty，1979；Rappaport Hovav & Levin，1998；Van Valin，2005）。Dowty（1979）所说的体演算（aspect calculus）实际上是一阶谓词逻辑式外加一些体谓词或体算子，不同情状类型可通过体谓词或体谓词的组合加以形式化。在体演算式中，α_i 和 β_i 代表任意个体常项，π_n和ρ_n代表任意 n 元谓词，ϕ 和 ψ 代表任意原子公式或复合公式，举例如下（Dowty，1979：124—125）。

（5）状态

a. 一般状态：$\pi_n(\alpha_1, \cdots, \alpha_n)$

John knows the answer.

b. 致使性状态：$[\pi_m(\alpha_1, \cdots, \alpha_m)$ CAUSE $\rho_n(\beta_1, \cdots, \beta_n)]$

John's living nearby causes Mary to prefer this neighborhood.

（6）活动

a. 一般活动：DO} α_1, {$\pi_n(\alpha_1, \cdots, \alpha_n)$]}

John is walking.

b. 施事致使性活动：[DO（α_1, [$\pi_m(\alpha_1, \cdots, \alpha_m)$]）CAUSE ρ_n $(\beta_1, \cdots, \beta_n)$]

He is housing his antique car collection in an old barn.

（7）成就

a. 一般成就：BECOME［$\pi_n(\alpha_1, \cdots, \alpha_n)$］

John discovered the solution.

b. 活动起始性成就：BECOME［DO（α_1，［$\pi_n(\alpha_1, \cdots, \alpha_n)$］）］

John began to walk.

c. 达成起始性成就：BECOMEϕ

John began to build a house.

（8）达成

a. 非施事性达成：［［BECOMEϕ］CAUSE［BECOMEψ］］

The door's opening causes the lamp to fall down.

b.（非意图）施事性达成：［［DO（α_1，［$\pi_n(\alpha_1, \cdots, \alpha_n)$］）］CAUSE［BECOME $\rho_m(\beta_1, \cdots, \beta_m)$］］

John broke the window.

c. 带次级施事的施事性达成：［［DO（α_1，［$\pi_n(\alpha_1, \cdots, \alpha_n)$］）］CAUSE［DO（$\beta_1$，［$\rho_m(\beta_1, \cdots, \beta_m)$］）］］

John forced Bill to speak.

d.（意图）施事性达成：DO（α_1，［DO（α_1，$\pi_n(\alpha_1, \cdots, \alpha_n)$）CAUSE$\phi$］）

John murdered Bill.

基于 Dowty（1979），Rappaport Hovav & Levin（1998）对这四种情状类型进行了重新刻画，在逻辑式中，状态（STATE）和行为方式（$ACT_{<MANNER>}$）作为常项，表示各种静态和动态的情状，逻辑式中也包含体谓词 CAUSE 和 BECOME，如（9）；Van Valin（2005：45）则用 predicate '表示状态的谓词，用 do '表示活动的谓词，逻辑式中包含体谓词 INGR（起始）、BECOME 及表示单活动的 SEML，如（10）。

(9) a. 活动：$[x \ \mathrm{ACT}_{<\mathrm{MANNER}>}]$

b. 状态：$[x < \mathrm{STATE} >]$

c. 成就：$[\mathrm{BECOME}\ [x < \mathrm{STATE} >]]$

d. 达成：$[[x \ \mathrm{ACT}_{<\mathrm{MANNER}>}] \ \mathrm{CAUSE}\ [\mathrm{BECOME}\ [y < \mathrm{STATE} >]]]$

or $[x \ \mathrm{CAUSE}\ [\mathrm{BECOME}\ [y < \mathrm{STATE} >]]]$

(10) a. 状态：predicate′(x) or (x, y)

b. 活动：do′(x, [predicate′(x) or (x, y)])

c. 成就：INGR predicate′(x) or (x, y) or INGR do′(x, [predicate′(x) or (x, y)])

d. 达成：BECOME predicate′(x) or (x, y) or BECOME do′(x, [predicate′(x) or (x, y)])

e. 单活动：SEML (x) or (x, y) or SEML do′(x, [predicate′(x) or (x, y)])

f. 活动性达成：do′(x, [predicate′(x) or (x, y)]) & INGR predicate′(x) or (x, y)

从以上体演算可以看出，学者们将各类情状以谓词逻辑式的形式加以刻画，因为体谓词只有几个，因而事件结构的数量非常有限，这实际上是语义分析法，有助于明晰不同情状之间的关系。然而这种分析法也有缺憾，体谓词或体算子本身无法得以进一步刻画，只能局限于几种情状类型的形式化，无法对各种体意义进行系统描写，因为体意义的数量要远远超出情状类型的数量。

事件语义学仍然是基于一阶谓词逻辑的形式描写，Davidson（1967）将事件看作谓词除常规论元外的另一个论元，即事件论元 e，从而奠定了事件语义学的分析方法；Parsons（1990）进一步发展了 Davidson 的理论，一般称为新 Davidson 方法，在表达式中将事件论元处理为谓词的唯一论元，其他常规论元及各种语法关系被处理为事件论元和个体之间的关系，这种关系以次级谓词（secondary predicate）来体现，如施事表示为 Agent，客体表示为 Theme

等。新旧 Davidson 分析法的差异如下。

（11） a. He gave a book to me.

b. ∃e［Gave（he，a book，me，e）］（Davidson 方法）

c. ∃e［Gave（e）& Agent（he，e）& Theme（a book，e）& Recipient（me，e）］（Parsons 方法）

后来学者的研究基本是在新 Davidson 法的基础上加以拓展（Landman，2000；Rothstein，2004），Rothstein（2004）对“进行成就情状”（progressive achievement）和“结果性述谓”（resultative predication）进行了详细刻画，展示了体意义的组合性特点，不过其所谓“进行成就情状动词”其实在句子中已经转变为达成动词，例如下列（12a）；而（13a）中活动动词在结果性补语的作用下，句子表示完结的体意义，体现为达成情状。

（12） a. Mary is arriving at the station.

b. $\exists e [PROG (e, \lambda e'. \exists e_1 \exists e_2 [e' =^S (e_1 \cup e_2) \wedge (DO (\alpha)) (e_1) \wedge ARRIVE\ AT\ THE\ STATION (e_2) \wedge TH (e_2) = MARY \wedge Cul (e') = e_2])]$

（13） a. John hammered the mental flat.

b. $\exists e \exists e_1 \exists e_2 [e =^S (e_1 \cup e_2) \wedge HAMMERED (e_1) \wedge AG (e_1) = JOHN \wedge TH (e_1) = THE\ MENTAL \wedge FLAT (e_2) \wedge ARG (e_2) = THE\ MENTAL]$

（12b）和（13b）分别是（12a）和（13a）的形式描写，都使用了事件语义解析的方法来刻画。（12b）的意思是，有一个进行事件 e，它是事件 e′的子事件，而 e′由事件 e_1 和事件 e_2 组成，事件 e_1 表示事件 e_2 之前的达成活动，事件 e_2 则表示完结情状，即事件 e_2 是事件 e′的累积完结事件。可以看出，事件 e 既不是事件 e_1 也不是事件 e_2，却是事件 e_1 和事件 e_2 合成事件 e′的子事件。不过严格来讲事件 e 应该是事件 e_1 的子事件，因为其表示的情状并未达成，仍处于达成活动阶段。（13b）则不同，事件 e 由事件 e_1 和事件 e_2 组成，事件 e_1 表示达成活动，事件 e_2 表示达成完结。

在事件语义分析中，体标记如斯拉夫语中动词的完整体标记以及汉语中的“了”“着”“过”经常被处理为体算子。汉语中不同情状类型的动词与体算子“了”搭配时具有限制性，举例如下。

（14）a. 她唱了一首歌。

b. 我读了这本书。

* c. 她像了她妈妈。

* d. 我喜欢了这本书。

Carlson（1977）、Kratzer（1989）及 Pustejovsky（1995）所提出的阶段性谓词（stage－level predicate）和个体性谓词（individual－level predicate）的区分可以解释上述现象。“唱”“读”是阶段性谓词，具有暂时性属性，隐含情状变量；而“像”“喜欢”是个体性谓词，具有内在恒定性属性，不隐含情状变量。根据 Pan（1993）及胡建华、石定栩（2006）的研究，“了”作为体算子需要约束一个情状变量，否则违背“空约束禁止律”（prohibition against vacuous binding，PVB）（Kratzer，1991；de Swart，1993），即所有算子或量化语必须约束一个变量。（14c）和（14d）不合法是因为个体性谓词不隐含情状变量，那么体算子“了”就无变量可约束。

上述解释是动词的时间属性影响了体算子“了”能否出现，然而体算子“了”也能影响动词的时间属性，如“我认识了她”中个体谓词“认识”在“了”的作用下变为阶段谓词，动词与体算子相互影响。Krifka（1989：76）提出作为论元的名词短语的属性对谓语的时间属性有影响，带量化修饰语的名词（quantized）使得谓语具有定点特征（telic），而累积性（cumulative）名词使得谓语具有非定点特征（atelic）。

（15）a. Mary drank beer（for ten minutes）/（ * in ten minutes）.

b. Mary drank a glass of beer (*for ten minutes)/(in ten minutes) .

冠词及限定性量词等各种量化表达都具有量化名词的作用。但 Filip (1994) 认为，带有量化语的论元对动词时间属性的影响并非绝对的，动词也会对论元有影响，在斯拉夫语中如捷克语并没有冠词，然而不同体意义的动词（由动词前缀承载）对光杆名词论元的解读有影响，完整体动词要求处于直接宾语位置的不可数以及可数名词论元做有界意义解读，因而 Filip (1994) 提出承载体意义的动词前缀应看作量化修饰语或体算子，其辖域包含了名词论元，句子的体意义本质上是动词的行为类型与名词论元共同作用而产生的。

这里还有个问题，不少学者用表完结性的时间状语 “in some time” 和表持续性的时间状语 “for some time” 来测试谓语或句子所表达的情状是否是定点的或有终止点的 (Dowty, 1979; Hinrichs, 1985; Borik, 2002), 举例如下。

(16) a. He ate apples for ten minutes.

他吃了十分钟（的）苹果。 （非定点）

b. He ate the apples in ten minutes.

他十分钟吃了这些苹果。 （定点）

c. He ate an apple in ten minutes.

他十分钟吃了（一）个苹果。（定点）

* d. He ate apples in ten minutes.

*他十分钟吃了苹果。 （不合法）

其实包含 “in some time” 的句子有时所表达的情状并非一定完结，如：“He has sung two songs in five minutes.” 这说明体意义依赖于观察视点，与客观情状没有必然联系，即体意义并非能真实反映客观情状。根据 Verkuyl (1972, 1993), (16a)—(c) 句是否有定点与体的语义组合有关，(16d) 不合法可归因于谓语或句子的无界持续情状与表时点的时间短语间的错位搭配。体意义具有组合派生性观点是对 Vendler（1967）基于时间图式动词分类的拓展。Verkuyl（1993：22）借用了句法生成树来表示体语义组合的层阶性，如图 2－9 所示。

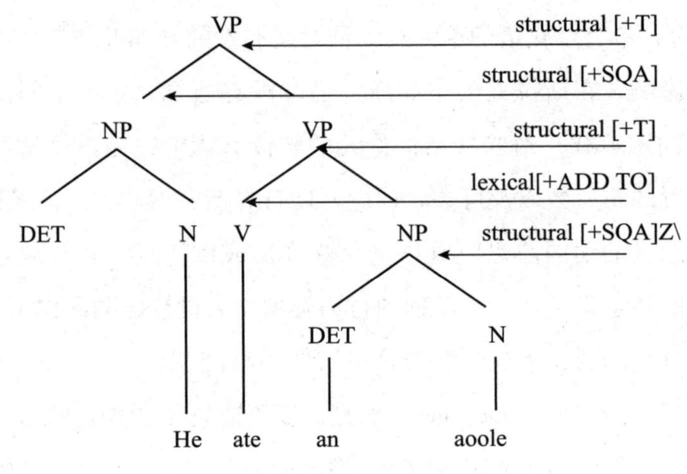

图 2－9　体的语义组合

在图 2－9 中，［＋SQA］表示特定量化的论元（specified quantity of argument），如由数词或冠词与名词组合的 NP，而光杆单数或复数名词则为［＋SQA］；动词被区分为动态的和静态的，动态动词表示为［＋ADD TO］，静态动词则为［－ADD TO］，ADD 即 additivity，是指动词的时间语义是否具有可分性。内部宾语论元和外部论元的［SQA］与动词的［ADD TO］是否取正值决定了整个句子的体是否有定点（［＋T］），任何负值都会导致句子没有定点（［－T］）。因此（16a）—（d）可表示如下。

(17) a. $[_{VP}$He$[_{VP}$ ate$[_{NP}$ apples]]]

$[-T_S[[+SQA][-T_{VP}[[+ADD\ TO][-SQA]]]]]$ = durative　(for ten minutes)

b. $[_{VP}$He$[_{VP}$ ate$[_{NP}$ the apples]]]

$[+T_S[[+SQA][+T_{VP}[[+ADD\ TO][+SQA]]]]]$ = terminative(in ten minutes)

c. [$_{VP}$He[$_{VP}$ ate[$_{NP}$ an apple]]]

[+ T_S[[+ SQA] [+ T_{VP}[[+ ADD TO] [+ SQA]]]]] = terminative(in ten minutes)

d. [$_{VP}$He[$_{VP}$ ate[$_{NP}$ apples]]]

[− T_S[[+ SQA] [− T_{VP}[[+ ADD TO] [− SQA]]]]] = durative　(* in ten minutes)

(17d) 的非定点持续情状无法用表示时点的时间状语 in ten minutes 进行限定，出现了时点与时段的错配，因而不合法。然而 Verkuyl (1972，1993) 有关体的语义组合刻画方式不适用于活动动词与具有 [+ SQA] 特征的量化论元或名词短语的搭配，如 "he pushed a cart for ten minutes" 仍然是非定点的，也无法解释斯拉夫语中完整体动词要求处于直接宾语位置的不可数以及可数名词论元作有界意义解读这一现象。

2. 3　ERS 时间理论研究

时与体在事件时间 (event time，E)、参照时间 (reference time，R) 及说话时间 (speech time，S) 三个参数上的表现是时—体研究的重要语义理论，SR 关系表达时，RE 关系则表达体，SE 关系对时—体没有贡献 (Johnson，1981；金立鑫，2008a)。熊仲儒 (2004，2005) 将 SR 关系称为抽象时制 (abstract tense) 或主要时制 (primary tense)，RE 关系称为次级时制 (secondary tense)①，其实前者是时而后者是体。ERS 理论起源于德国哲学家 Reichenbach (1947：297) 的 13 种 ERS 时模型，由于其忽略了事件时间 E 和参照时间 R 均可为时点和时段，只能刻画英语传统语法中的 7 种时态，见表 2 – 4。

① 陈平 (1988：418) 和邹崇理 (2000：372) 将 "primary tense" 和 "secondary tense" 分别称为 "初级时制" 和 "次级时制"。

表 2-4 Reichenbach 的 ERS 时模型

ERS 关系	Reichenbach 时名称	英语传统时名称	例句
E < R < S	过去已行(Anterior past)	过去完成(Past perfect)	He had run.
E = R < S	一般过去(Simple past)	一般过去(Simple past)	He ran.
R < E < S R < S = E R < S < E	过去将行(Posterior past)	过去将来(Future in - the - past)	He would run.
E < S = R	现在已行(Anterior present)	现在完成(Present perfect)	He has run.
S = R = E	一般现在(Simple present)	一般现在(Simple present)	He runs.
S = R < E	现在将行(Posterior present)	一般将来(Simple future)	He will run.
S < E < R S = E < R E < S < R	将来已行(Anterior future)	将来完成(Future perfect)	He will have run.
S < R = E	一般将来(Simple future)	一般将来(Simple future)	He will run.
S < R < E	将来将行(Posterior future)	一般将来(Simple future)	He will run.

后来国内外学者尝试对 ERS 时间理论进行修正或拓展（Comrie，1985；Declerck，1991；Hornstein，1993；Olsen，1994；Klein，1994；陈平，1988；陶寰，1995；尚新，2007；金立鑫，2008a），讨论主要集中在 ERS 三个时间概念或其他类似时间概念之间关系的刻画及其与时或体的关系。一定程度上明晰了时与体的时间本质及其与 ERS 的关联。然而从人类语言时—体表达的系统性角度讲，ERS 关系刻画仍需进一步细化，才能对人类语言时—体的 ERS 关联做出全面描写。以下对国内外一些有影响的并且一脉相承的 ERS 理论模型及相关理论予以评述。

2. 3. 1　Comrie 的三分时理论

Comrie（1985）试图发展 ERS 关系，提出了“绝对时”“相对时”及“绝对—相对时”概念。“绝对时”是指将说话时的“现在”时间作为指示时间，只考虑事件时间 E 和说话时间 S 的关系，即现在时为 E = S，过去时为E < S，将来时为 S < E。“相对时”指以语境中某个时间为参照时间，只考虑事件时间 E 和参照时间 R 之间的关系，即相对现在时 E = R，相对过去时 E < R，相对将来时 R < E。例如：在“on the next day，John looked out of his bedroom window”中（Comrie，1985：56），“on the next day”作为参照时间 R，事件时间 E 以这个参照点为依据。首先，这种相对时概念对于时间轴上时的定位无意义；其次，“the next day”并非参照时间 R，而只是参照时间 R 的“框架状语”（frame adverbial）（Bennett & Partee，1972；转引自 Smith，1991：113）。“绝对—相对时”指某一事件时间涉及说话时间和参照时间，比如英语传统语法的过去完成时（Pluperfect）句子“John had arrived by six o' clock yesterday”，可用 E < R < S 表示。Comrie（1985：65）声称，对于说话时间来讲，在过去设置一个参照时点（绝对时），事件发生在过去的过去（相对时）。相对时其实应纳入体范畴讨论。Comrie（1985：70）将实际为完成体的语法形式纳入完成时讨论，考虑了 S 和 E 的关系，其实是没有意义的，如在“将来完成”中对事件时间 E 和说话时间 S 不同关系的讨论，如图 2 – 10、2 – 11、2 – 12 所示。

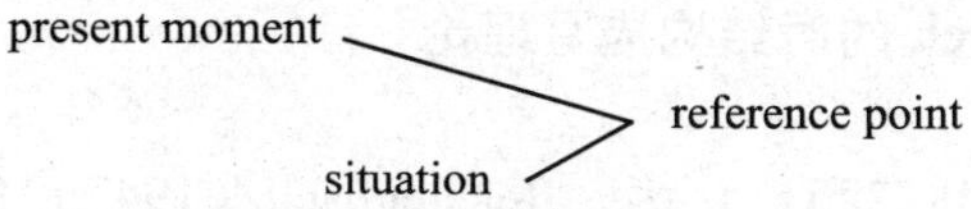

图 2 – 10　“事件后于现在”的将来完成

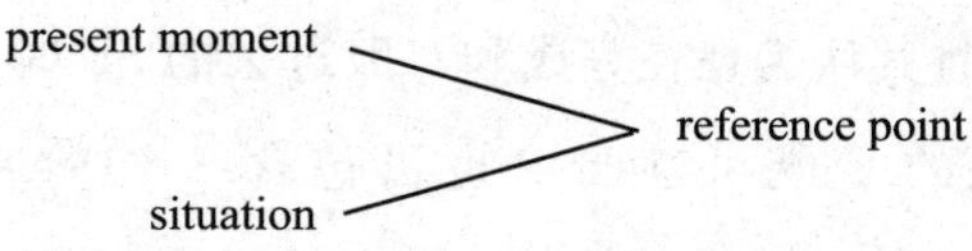

图 2 – 11　“事件位于现在”的将来完成

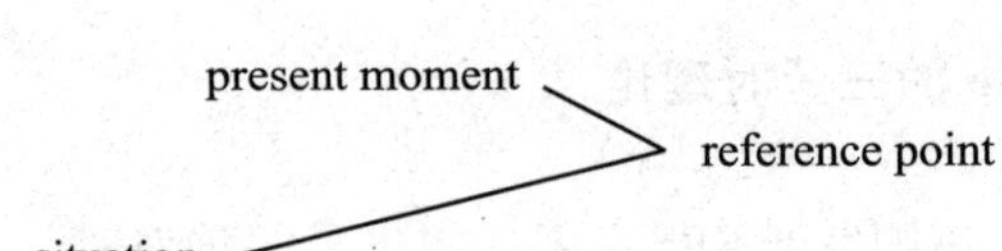

图 2－12 “事件前于现在”的将来完成

上述三图可分别用“John will have finished tomorrow”“＊John will have finished at this moment”“＊John will have finished yesterday”表示，Comrie 并没有解释后两句为何不合法。此处时间状语其实是参照时间的框架状语，即参照时点（reference point）必须在时间状语所表示的时间范围内。“John will have finished tomorrow”其实只是聚焦于事件结束，整个事件起始和持续阶段不在参照时点内，只需用将来时—完成体（S < R & E < R）表示。但是“将来完成”不能用表示时间点的时间状语修饰，如“＊John will have finished at eight o' clock tomorrow”，“将来完成”表示在某一参照时间之前已经完成，“tomorrow”是框架状语，而“eight o' clock”同时充当了参照时间和事件完成时间，“eight o' clock”在“eight o' clock”之前显然有悖于逻辑。这也表明，“将来完成”不允许 E = R，由于“将来”由 S < R 承载，也说明 S 和 E 的关系对时和体的表达均无关。总之，Comrie 的相对时概念实际上涉及的是体范畴，即 E 和 R 的关系，其对 ERS 理论的修正很大程度上混淆了时与体的本质。

2.3.2 Declerck 的时结构描写理论

Declerck（1991：225）认为，Reichenbach（1947）的时模型既忽略了 E 和 R 可为时段的情况，也产生了冗余 ERS 组配（如将来完成），而 Comrie（1985）的三分时理论只考虑了动词的时形式，忽略了时间状语和语境在时表达中的作用，并且其认为现在完成和一般过去的 SE 时间关系相同也是不准确的，现在完成的 E 既可前于 S 也可包含 S（Declerck，1991：234—238），因而有必要建立一个全面的时结构“描写性理论”（descriptive theory of tense）。对于时，Declerck 采取了 Lyons（1977：68）的定义，即“时是句子所表达的情状时间和指示语境中的时间零点（temporal zero - point）之间关系的语法化”。所谓时间零点是指说话时间（编码时间）或者解码时间，通俗地讲，如果只考虑说话时间，那么Lyons的时就是情状时间和说话时间之间关系的语法化表达。时结构理论涉及几个时间概念，以图2-13为例说明。

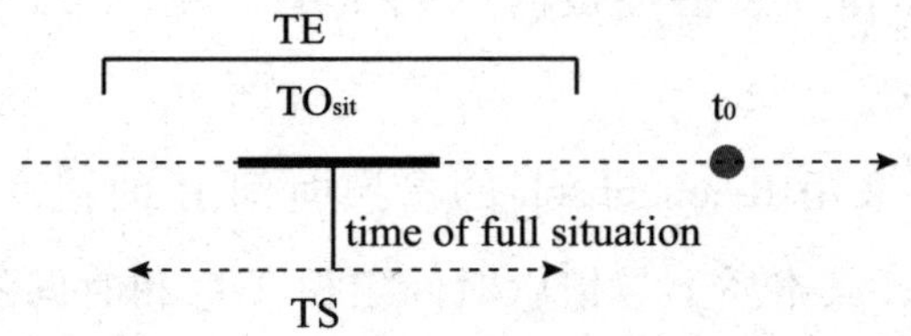

图2-13　John was in the kitchen this afternoon的时结构

（18）t_0：时间零点（temporal zero - point），说话时间（编码时间）或解码时间。

TS：情状时间（time of situation），句子所指称的情状时间。

TO_{sit}：情状时间定位（situation time of orientation），句子所指称的情状时间在时间轴上的定位。

TE：确定的时间（established time），由时间状语确定。

Time of full situation：完整情状时间，现实情状的时间。

时间零点t_0是指句子中所涉及的各种时间关系的时间基点，句子所指称的各种情状的时间都直接或间接与其相关，时间零点不依赖于其他时间而存在（Lyons，1977：278）。情状时间TS指句子本身所指称的那部分情状的时间，它可以是现实完整情状的时间，也可以是现实完整情状的时间的一个阶段，比如现实完整情状可能是“约翰在句子编码之前就在厨房中，甚至在时间零点t_0上还在厨房中”，而TS只指称说话时间之前“约翰在厨房”的那一段情状时间，由句子本身决定。情状时间定位TO_{sit}则是情状时间TS在时间轴上的定位，因而TO_{sit}和TS是同步的或一致的。确定的时间TE是指由时间状语“this afternoon”所确定的时间。时间零点t_0和确定的时间 TE 有两种关系，一是 t_0真包含于 TE，二是 t_0后于 TE。情状时间 TS 和情状时间定位 TO_{sit}则真包含于 TE。句子中的过去时是由情状时间定位 TO_{sit}前于时间零点 t_0决定的。对于以上几个时间来讲，“时间定位”（time of orientation，TO）则被作为一个广义的时间概念，时间零点 t_0和情状时间定位 TO_{sit}都属于时间定位 TO 的范畴，TO 也可以是除了以上几个时间之外的其他时间定位，比如在“过去完成时”句子中存在一个后于情状时间定位 TO_{sit}的时间定位 TO。

Declerck 没有采用 Reichenbach 的参照时间 R 的概念，而是将其看作一种时间定位 TO，其本质上与情状时间定位 TO_{sit}和时间零点 t_0相同，但 t_0是基本的 TO（记作 TO_1）。在不包含时间状语的句子中存在一个隐性 TO（记作 TO_2），如图 2－14、2－15 所示对将来完成和过去完成的时间关系刻画。

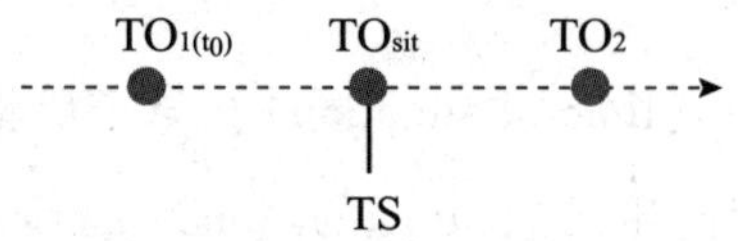

图 2－14　he will have arrived 的时结构

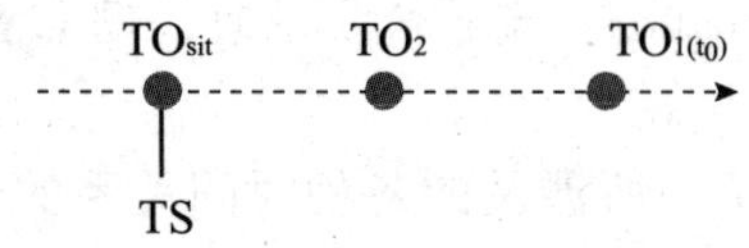

图 2－15　he had arrived 的时结构

Declerck 对于图 2－14、2－15 中隐性 TO_2 的来源并未作出明确说明，只是声称“have 或 had”要求存在一个隐性时间定位 TO_2，TO_2 对 TO_{sit}前于 TO_2 进行约束。在包含时间状语的句子中，TO_2 通常由时间状语进行定位，如图 2－16、2－17 中的“the day before”和“when we arrived”。

基于以上思路，Declerck 对含有时间状语句子的 8 种时进行了刻画。Declerck（1991）的时结构描写理论有助于明晰情状时间定位 TO_{sit}和时间

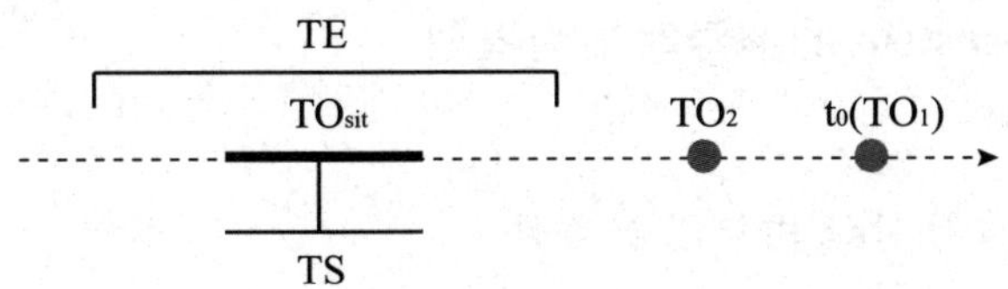

图 2－16　the day before he had been there for a while 的时结构

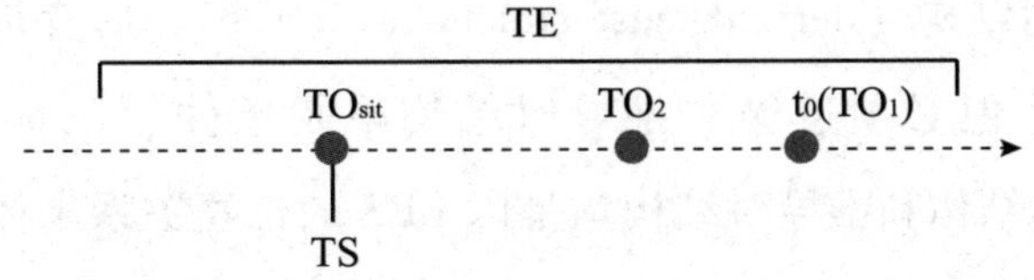

图 2－17　today he had left when we arrived 的时结构

零点 t_0这两个时间与时间状语所确定的时间 TE 之间的关系，然而该理论存在不少问题。一是没有区分时与体，并且对时的定义有误，即认为时是由情状时间定位 TO_{sit}和时间零点 t_0（t_0可认为是说话时间和解码时间重叠的时间）之间的先后关系决定的，既然 TO_{sit}来源于情状时间 TS，但 TS 的来源又没有说明，TS 与完整情状时间之间的关系刻画也比较含糊，显然忽略了观察视点或参照时间这个概念，从而导致其他时间定位 TO 究竟从何而来也令人费解；二是句子本身所指称的情状时间 TS 和其在时间轴上的情状时间定位 TO_{sit}实际是同一个概念，没有必要区分；三是只解释了英语中含有时间状语句子的 8 种时，假如解释不含有时间状语的句子，而 TS 和 TO_{sit}又是同一个时间，那么这种描写性的时结构理论在时间轴上的刻画上只剩下时间零点 t_0和情状时间 TS，而将时间零点 t_0分为编码时间与解码时间重叠或不重叠两种情况其实对时系统的构建不起作用。在对时的解释方面，即使编码时间与解码时间不重叠，也可将解码时间看作一种说话者潜意识中的说话时间，那么这种描写性的时结构理论只包含说话时间（编码时间）和情状时间两个概念，显然该理论有将简单问题复杂化或故弄玄虚的嫌疑。

2.3.3 Hornstein 的推导时结构模型

2.3.3.1 推导时结构与限制条件

Hornstein（1993）认为，语言中时的语法系统应具有普遍的形式特征或普遍原则。时的语法系统在语义上包含基本时结构（basic tense structures，BTSs）和推导时结构（derived tense structures，DTSs），后者是在前者的基础上推导出来的，但必须遵循“推导时结构限制条件”（Constraint on DTS，CDTS），基本时结构和推导时结构均是以 ERS 的位置关系来体现的。含有时间副词、多重时间副词、时间状语从句的句子是否合法本质上取决于由基本时结构推导出的推导时结构的 ERS 关系转换是否遵守“推导时结构限制条件”。Hornstein（1993：15）认为，英语的基本时结构有六种，如下（“,”表示“重叠”，“_ ”表示“前于”）。

（19）a. S，R，E　现在　　　d. E_ S，R—现在完成
　　　b. E，R_ S　过去　　　e. E_ R_ S—过去完成
　　　c. S_ R，E　将来　　　f. S_ E_ R—将来完成

其他所有时结构都是在以上六种基本结构的基础上推导而出的，推导时结构其实是 ERS 位置关系经转换而形成的新位置关系。不论以何种方式产生的推导时结构必须遵守以下“基本时结构保持”的限制条件。

（20）X 与 Y 关联 $=_{def}$ X 与 Y 用逗号分离（重叠）。
基本时结构（BTS）被保持当且仅当：
a. 基本时结构（BTS）中不关联的时点在推导时结构（DTS）中也不关联；
b. 推导时结构（DTS）中时点的线性顺序必须与基本时结构（BTS）中时点的线性顺序相同。

推导时结构限制条件（Constraint on DTS，CDTS）：推导时结构必须保持基本时结构。

基本时结构和推导时结构两者关系的维系建立在 ERS 三个时点的“关联或共时”及“线性顺序”两种关系的基础上，“基本时结构保持”条件也即“推导时结构限制”条件。第一条是说，基本时结构中时点不关联（重叠）是推导时结构中时点不关联的充分条件，反之不然；第二条意思为，基本时结构中时点的顺序是推导时结构中时点顺序的充分条件，反之不然。推导时结构因不同原因而产生，时间副词与基本时结构的搭配是其中一个方面。具有基本时结构的简单句与不同时间副词的搭配是否合法本质上归因于 ERS 关系转换是否遵守 CDTS，或者说，时间副词引发的推导时结构需要遵守该限制条件，违背任何一条就会导致不合法语句。Hornstein（1993）考察了六种基本时结构在英语中分别与时间副词“yesterday/now/tomorrow”搭配后产生的推导时结构，该推导时结构是否遵守 CDTS 是语句是否合法的决定因素。举例如下。

（21）a. John left yesterday.
　　*b. John left now.
　　*c. John left tomorrow.

（22）a. John is leaving now.
　　b. John is leaving tomorrow.
　　*c. John is leaving yesterday.

（23）a. John will leave tomorrow.
　　*b. John will leave now.
　　*c. John will leave yesterday.

上述三例的基本时结构分别由动词（left）、系动词（is）及助动词（will）的形态决定，但由于时间副词不能出现空关联，即必须与参照时间 R 或事件时间 E 关联，因而时间副词可能引发 ERS 位置关系的调整，即推导时结构。

(21)—(23) 的基本时结构和推导时结构分别表示如如 (24)—(26)。

（24）a. E，R_ S　E，R_ S（yesterday）

　　＊b. E，R_ S　E，R，S（now）

　　＊c. E，R_ S　S_ R，E（tomorrow）

（25）a. S，R，E　S，R，E（now）

　　b. S，R，E　S_ R，E（tomorrow）

　　＊c. S，R，E　E，R_ S（yesterday）

（26）a. S_ R，E　S_ R，E（tomorrow）

　　＊b. S_ R，E　S，R，E（now）

　　＊c. S_ R，E　E，R_ S（yesterday）

上述（24）—(26) 中前项为基本时结构，后项为由时间副词所引发的推导时结构，可以看出，(21)—(23) 中不合法句子是由于其所对应的（24）—(26) 中的推导时结构违背了 CDTS。(24b)、(24c) 分别违背第一条和第二条，(25c) 违背第二条，(26b)、(26c) 也分别违背第一条和第二条。

CDTS 不仅限制简单句中的推导时结构，也限制含有时间状语从句的主从复合句中的时关系。主从复合句中的主句和从句各有一套 ERS 关系，但说话时间 S 一般被认为是重叠的，主句和从句的 E - R 分别记作 $E_1 - R_1$ 和 $E_2 - R_2$。那么主句和从句的参照时间 R_1 和 R_2 是何关系？对于这个问题，Reichenbach（1947：293）提出“参照时间恒定性”原则（permanence of the reference point），即主句和从句的参照时间也需要重叠，基于这个观点，Hornstein（1993：43）提出复合句中的“时间连词规则”（rule of temporal connectives，RTC），主句和从句的时分别记作 TNS_1 和 TNS_2，可表述如下。

（27）a. [s…TNS_1…$_{[adjunct]}{}^{TC}$s • TNS_2…]，其中 TC 为时间连词，如 when 或 after 等。

b. 时间连词规则（RTC）：分别写出 TNS_1 和 TNS_2 的基本时结构（BTS），先将 S 重叠，再将 R_2 移位至 R_1 以使 R 重叠，

最后将 E_2 加以定位。

c. R_2 移位至 R_1 必须遵守 CDTS。

简单地说，RTC 是指从句的基本时结构按照主句的基本时结构进行投射，投射后得到的 ERS 关系实际上与主句的 ERS 关系相同，所得到的时结构需要保持从句的基本时结构，即遵守 CDTS。例如下列（28a）、（28b）可分别分析为（29a）、（29b）。

（28）a. John will leave after Mary arrives.

* b. John will leave after Mary arrived.

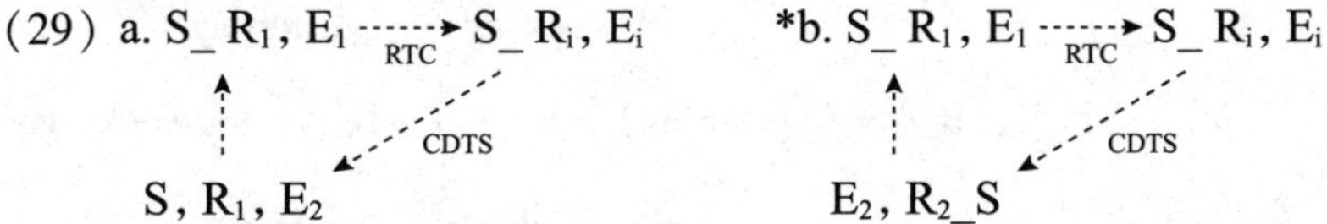

（28a）主句和从句的基本时结构分别为"S_ R_1，E_1"和"S，R_2，E_2"，（28b）主句和从句的基本时结构则分别为"S_ R_1，E_1"和"E_2，R_2_ S"。根据 RTC 规则进行投射，（29a）中由"S，R_2，E_2"投射为"S_ R_i，E_i"，遵守了 CDTS；而（29b）中由"E_2，R_2_ S"投射为"S_ R_i，E_i"，显然违背了 CDTS 中的线性顺序限制条件。因此（28a）合法而（28b）不合法。

2.3.3.2　扩展的基本时结构与存在的问题

为完善时的语法系统并扩大 CDTS 的解释力，Hornstein 试图对基本时结构数量进行扩充，重点考察了含有两个具有前后关系时间状语句子的推导时结构情况。Hornstein（1993：103—104）提出，基本时结构的 ERS 关系具有"弱排序"（weakly ordered）和"强排序"（strongly ordered）的区分，弱排序指 ERS 关系中重叠的（用逗号分离）时间点可自由排序而不影响时意义，如"S_ R，E"和"S_ E，R"是一般将来时的等值表达；强排序指 ERS 关系中重叠的（用逗号分离）时间点不可再调换位置，顺序不同表达的时意义也不同，强排序需遵守 CDTS 条件，而弱排序则不必。下面分析包含两个时间状语的例子（30）。

（30） a. Yesterday, John left for Paris a week ago.

* b. A week ago, John left for Paris yesterday.

（30a）合法而（30b）不合法，原因在于，（30a）中由“yesterday”所触发的推导时结构遵守了 CDTS，而（30b）中由“a week ago”所触发的推导时结构违背了 CDTS，（30）的时结构推导过程分别表示如下。

（31） a. E, R_ S（a week ago）------> E_ R_ S（yesterday）
| |
a week ago yesterday

b. E, R_ S（yesterday）------> * R_ E_ S（a week ago）
| |
* a. week ago yesterday

可以看出，（30b）违背了 CDTS 中的线性顺序限制条件，因而也不合法。如果按照弱排序即重叠的（用逗号分离）时间点可自由排序的原则，将（31）中的基本时结构替换为“R, E_ S”，那么（30）的时结构推导过程表示如下。

（32） a. R, E_ S（a week ago）------> * E_ R_ S（yesterday）
| |
a week ago yesterday

b. R, E_ S（yesterday）------> R_ E_ S（a week ago）
| |
* a week ago yesterday

（32）出现了问题，（32a）的推导时结构违背了 CDTS 中的线性顺序限制条件，但是所表达的句子却合法；（32b）的推导时结构合格，但所表达的句子却不合法。这种错配现象说明一般过去时的基本时结构应为“E, R_ S”，而不是“R, E_ S”。同理，一般将来时的基本时结构是“S_ R, E”，而不是“S_ E, R”，如下列合法句子（33a）的推导时结构（34a）合格，而不合法句子（33b）的推导时结构（34b）不合格。如果一般将来时的基本时结构假设是“S_ E，R”，也产生了类似一般过去时假设为“R，E_ S”的错配现象，如（34c）、（34d）。

（33）a. Tomorrow，John will leave in a week.
　　＊b. In a week，John will leave tomorrow.

（34）a. S_ R，E（in a week）------> S_ R_ E（tomorrow）
　　　　　　　　　　　　　　　　　　　|　|
　　　　　　　　　　　　　　tomorrow　in a week

b. S_ R，E（tomorrow）------> ＊S_ E_ R（in a week）
　　　　　　　　　　　　　　　　　　　|　|
　　　　　　　　　　　　　　＊tomorrow　in a week

c. S_ E，R（in a week）------> ＊S_ R_ E（tomorrow）
　　　　　　　　　　　　　　　　　　　|　|
　　　　　　　　　　　　　　tomorrow　in a week

d. S_ E，R（tomorrow）------> S_ E_ R（in a week）
　　　　　　　　　　　　　　　　　　　|　|
　　　　　　　　　　　　　　＊tomorrow　in a week

基于以上推导思路，Hornstein 考察了其他几种时形式中含有两个具有前后关系时间状语的句子，在 CDTS 的限制下，句子及其推导时结构均需合法，确定了其他几种时形式中 ERS 关系的强排序情况，从而将初始的 6 种基本时结构扩展为以下 11 种。

（35）一般现在：S，R，E、E，R，S　将来完成：(S_ R) & (E_ R)
　　一般过去：E，R_ S　过去完成：E_ R_ S
　　一般将来：S_ R，E　过去将来：(R_ S) & (R_ E)
　　现在完成：E_ S，R、E_ R，S　近时将来：S，R_ E、R，S_ E

其实（30a）合法而（30b）不合法的原因并不复杂，在包含两个时间状语的简单句中，句首时间状语倾向于关联参照时间 R，而句尾时间状语倾向于关联事件时间 E。以“昨天”为参照时间 R 来观察“昨天之前的一周前”发生的事件，用一般过去时表达显然合理，但以“一周前”为参照时间 R 来观察“昨天”发生的事件就不能用一般过去时表达，逻辑上需用一般过去将来时来表达。（33a）合法而（33b）不合法的原因类似于（30），在（33a）

中，以“明天”为参照时间R来观察“明天之后的一周内”发生的事件，用一般将来时表达合理；而在（33b）中，以说话时间后的“一周内”为参照时间R来观察“明天”将发生的事件，就不能用一般将来时，逻辑上需要用将来完成时。那么Hornstein对于包含两个时间状语句子合法性与否归因于其推导时结构是否遵守CDTS的处理是否合理呢？可发现，在确定一般过去时和一般将来时的基本时结构时，两个时间状语在时轴上存在明显的前后关系，假如两个时间状语并不存在前后关系，如包含关系，那么推导过程又是何种情况？如下例。

（36）a. Yesterday，John left for Paris at six o' clock.

* b. At six o' clock，John left for Paris yesterday.

（36a）合法而（36b）不合法，这表明“yesterday”只能修饰参照时间R，“at six o' clock”则修饰事件时间E。假设一般过去时的基本时结构是“E，R_ S”，那么（36）的时推导过程如下。

（37）a. E，R_ S（at six o' clock）→ E，R_ S（yesterday）

| |

at six o' clock yesterday

b. E，R_ S（yesterday）→ * R，E_ S（at six o' clock）

| |

* at six o' clock yesterday

（37a）的推导时结构遵守CDTS且句子合法，而（37b）的推导时结构违背CDTS且句子不合法，这似乎验证了CDTS具有较强的阐释力。然而如果假设一般过去时的基本时结构是“R，E_ S”，那么（36）的时推导过程如下。

（38）a. R，E_ S（at six o' clock）→ R，E_ S（yesterday）

| |

yesterday at six o' clock

b. R，E_ S（yesterday）→ * E，R_ S（at six o' clock）

| |

* yesterday at six o' clock

显然（38a）的推导时结构遵守 CDTS 且句子合法，而（38b）的推导时结构违背 CDTS 且句子不合法。因为“yesterday”和“at six o' clock”并不存在时间前后关系，那么在这种情况下可以说，一般过去时的基本时结构应为“E，R_ S”或者“R，E_ S”。对于一般将来时，如果参照时间 R 和事件时间 E 也不存在时间前后关系，也会出现这种推理过程，即一般将来时的基本时结构既可以是“S_ R，E”也可以是“S_ E，R”，如下列（39）。

（39）a. Tomorrow，John will leave at six o' clock.

* b. At six o' clock，John will leave tomorrow.

（39a）合法而（39b）不合法，假如基本时结构是“S_ R，E”，那么（39）的时推导过程分别为（40a）、（40b），如果基本时结构是“S_ E，R”，（39）的时推导过程则分别为（40c）、（40d）。

（40）a. S_ R，E（at six o' clock）------→ S_ R，E（tomorrow）
　　|　|
　　tomorrow　at six o' clock

b. S_ R，E（tomorrow）------→ * S_ E，R（at six o' clock）
　　|　|
　　* tomorrow　at six o' clock

c. S_ E，R（at six o' clock）------→ S_ E，R（tomorrow）
　　|　|
　　at six o' clock　tomorrow

d. S_ E，R（tomorrow）------→ * S_ R，E（at six o' clock）
　　|　|
　　* at six o' clock　tomorrow

（40a）、（40d）表明，由于“tomorrow”和“at six o' clock”没有构成时间前后关系，合法句子（39a）的时推导过程（40a）和（40c）均遵守 CDTS，而不合法句子（39b）的时推导过程（40b）和（40d）均违背 CDTS。因而一般将来时的基本时结构是“S_ R，E”或者“S_ E，R”。

以上分析说明，在含有两个具有明确前后关系时间状语的句子中，其基本时结构中两个重叠的时间在推导时结构中不允许重叠，且基本时结构只有一种 ERS 关系，基本时结构中两个重叠的时间具有强排序特征，不能调换位置；而在含有两个具有包含关系时间状语的句子中，其基本时结构中两个重叠的时间在推导时结构中仍然重叠，且基本时结构有两种 ERS 关系，基本时结构中两个重叠的时间具有弱排序特征，可以调换位置。因此强排序和弱排序的概念存在问题：一是既然认为两个重叠时间点存在强排序，那么两个所谓重叠的时间点就应该有时间前后顺序，就不能再用弱排序的绝对重叠来测试相关语句的 ERS 关系；二是没有必要对重叠的两个时间点再进行排序，即没有必要区分弱排序和强排序。更重要的是，这说明 Hornstein（1993：117）根据“强排序”建立的 11 种 ERS 组合也存在问题：在含有多重时间状语的句子中，时间状语之间的时间关系不同会导致对于某一时形式得出不同数量的基本时结构，那么 ERS 基本时结构数量就不止 11 种。

2.3.3.3 CDTS 的局限性

也许 Hornstein 为了维护 CDTS 而忽略了对含有多重时间状语句子中时间状语之间的时间关系进行全面考察。虽然 Hornstein 没有得出正确的基本时结构数量，但以上分析也说明了 CDTS 具有一定的解释力，然而也存在 CDTS 无法解释的现象，有时句子的推导时结构没有违背 CDTS 条件中的任何一条，但语句仍不合法，试比较以下例子及其 ERS 时结构关系。

（41）a. He has arrived now.

* b. He has arrived tomorrow.

（42）a. E_ S，R　E_ S，R（now）

b. E_ S，R　E_ S_ R（tomorrow）

合法句子（41a）的时结构（42a）是合格结构，但不合法句子（41b）的时结构也没有违背任何 CDTS 条件。Hornstein（1993：23—24）给出了两个可能原因。一是归于语用因素，认为（41b）所表达的时间意义是语用误导，与时无关，时间副词“tomorrow”对参照时间 R 的说明缺乏信息性；二是认为“现在完成时”表达从事件时间 E 延伸至说话时间 S 的状态信息，而 S 与 R 重叠，但是这样也无法解释为何“现在完成时”不能延伸至将来的“tomorrow”。Hornstein 本人也承认，自己与其所参考的前人文献都无法解释。

其实（41b）不合法的原因并非很复杂，关键在于其参照时间 R 与说话时间 S 重叠，并且体现为时间点，而“tomorrow”则又提供了后于说话时间的另一个参照时间 R。一个单句中出现两个不相关的参照时间，在单句中是不允许的。发话者已将参照时间重叠在说话时间的位置上，不可能再额外增加一个参照时间，这也是（41b）中“现在完成时”不能延伸至将来的原因所在。推导时结构限制条件也不能解释“过去完成”和“将来完成”的歧义现象，如（43）。

（43） a. He had left the room at 5 o' clock.

a_1. 他 5 点之前已经离开了屋子。

a_2. 他 5 点已经离开了屋子。

b. He will have finished the work at 5 o' clock.

b_1. 他 5 点之前将已完成工作。

b_2. 他 5 点将会完成工作。

（43a）的基本时结构和推导时结构均为“E_ R_ S”，（43b）的基本时结构和推导时结构均为“S_ E_ R”，显然 CDTS 无法解释这种 ERS 相同的歧义现象。其实歧义的原因在于，时间状语“at 5 o' clock”是修饰参照时间 R 还是事件时间 E，修饰参照时间 R 得到（$43a_1$）和（$43b_1$），修饰事件时间 E 得到（$43a_2$）和（$43b_2$）。

CDTS 也无法解释包含时间状语从句的某些复合句中的 ERS 时结构。可发现，在（35）中扩展的基本时结构中，将来完成和过去将来均以 SR 和 ER 的关系组合来体现，将来完成是“（S_ R）&（E_ R）”，过去将来为“（R_ S）&（R_ E）”，这说明 SE 的关系不确定，但如果考虑 ERS 三者的关系，逻辑上的将来完成和过去将来都有三种 ERS 搭配，如（44）；假如将来完成和过去将来都是主句的时结构，如（45）。

（44）a. 将来完成（S_ R）&（E_ R）：E_ S_ R、S_ E_ R、S，E _ R

b. 过去将来（R_ S）&（R_ E）：R_ E_ S、R_ S，E、R_ S _ E

（45）a. He will have left when you arrive.

b. He would leave when you arrived.

（45a）、（44b）均合法。先看（45a），主句是将来完成，从句是一般现在，根据（35），一般现在有“S，R，E”和“E，R，S”两种时结构；（45b）主句是过去将来，从句是一般过去，同样根据（35），一般过去只有“E，R_ S”一种时结构。那么根据“时间连词规则”（RTC），（45a）和（45b）中从句的 E_2-R_2-S 分别向主句的 E_1-R_1-S 投射，（45a）有 $2\times3=6$ 种投射，（45b）有 $1\times3=3$ 种投射，如下所示。

（46）

a. S，R_2，E_2 ------→ { E_1_ S_ R_1 ------→ E_i_ S_ R_i ; S_ E_1_ R_1 ------→ S_ E_i_ R_i ; S，E_1_ R_1 ------→ S，E_i_ R_i }

b. E_2，R_2，S ------→ { E_1_ S_ R_1 ------→ E_i_ S_ R_i ; S_ E_1_ R_1 ------→ S_ E_i_ R_i ; S，E_1_ R_1 ------→ S，E_i_ R_i }

c. E_2，R_2_ S ------→ { R_1_ E_1_ S ------→ R_i_ E_i_ S ; R_1_ S，E_1 ------→ R_i_ S，E_i ; R_1_ S_ E_1 ------→ R_i_ S_ E_i }

（46a）、（45b）是（45a）从句的两种一般现在时结构分别向主句将来完成时结构投射后所得到的时结构，（46c）是（45b）从句的一种一般过去时结构向主句过去将来时结构投射后所得到的时结构。通过观察可发现，所得

到的时结构全部违背了 CDTS 中的线性顺序限制条件，即根据 RTC 所得出的复合时结构都不合格，但（45a）、（45b）却均是合法句子，显然 CDTS 无法解释。

Hornstein 的推导时结构模型从基本时结构到推导时结构限制条件 CDTS，再到根据强排序所建立的 11 种扩展的基本时结构具有一定的解释力，但存在不少问题，主要体现为以下五点。一是在包含多重时间状语的句子中，由于忽略了状语之间的包含关系而导致扩展的基本时结构数量不准确，总数应超过 11 种；二是存在很多 CDTS 无法解释的句子，如推导时结构不合格而句子合格以及歧义现象；三是没有必要区分弱排序和强排序，既然是重叠的时间点就不会有前后关系；四是没有考察事件时间 E 和参照时间 R 均可为时间段的情况，如果 E 和 R 体现为时间段，无法从基本时结构得出推导时结构；五是没有区分时和体，主要以英语为语料，推导时结构理论的普适性有待验证。总之，ERS 关系刻画仍不全面，该理论仍需进一步完善。

2.3.4　Olsen 的时间相交模型

Olsen（1994）试图将 Comrie（1985）的绝对时和相对时分别从语义和语用两方面进行统一解释，语义时相当于绝对时，语用时相当于相对时，语义时和语用时都是指示时间和参照时间 R 的关系，语义时的指示时间是说话时间 S，语用时的指示时间是语境中的某一时间 C，如（47）、（48）。

（47）语义时

TIME　---------- | S | --------->

R<S　R=S　S<R

Tense：…past | present | future…

（48）语用时

TIME　---------- | C | --------->

R<C　R=C　C<R

Tense：…past | present | future…

值得注意的是，Olsen 对语用时描写用语境指示时间 C 代替了说话时间 S，比如对“after Harry has arrived，John will leave”的刻画如（49）所示。

（49）语用时中的 S 和 C

TIME ------ (S) ------ | C | ---------->

Present tense： after（S）

$R_1 = C$

[has arrived]$_1$

Future tense： C（$= R_1$）$< R_2$

[will leave]$_2$

时间 C 是语境驱动的结果，是一个语用时间定位。在（48）中，从句表达现在时—完成体，而主句表达将来时—将行体，由于主从句所表达的事件在现实说话时间上都没发生，因而只有主句的时与现实说话时间有关，而从句的时与现实说话时间无关。从句之所以使用现在时—完成体，是因为说话者潜意识中实际将时间 C 看作另一个说话时间，时间 C 对主从句的时—体意义起了决定作用，假设从句事件为 E_1，主句事件为 E_2，我们将（49）简化如图 2－18 所示。

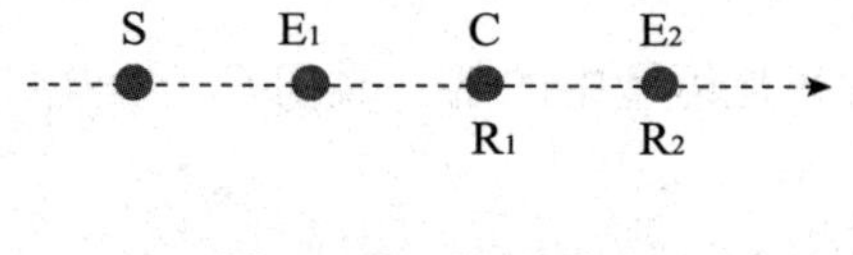

图 2－18　语用时 C

时间 C 是说话者潜意识中的预设说话时间，本质上是透视事件 E_1 和事件 E_2 的一个时间点。从句中的现在时—完成体取决于 $C = R_1$ 且 $E_1 < R_1$，主句中的将来时—将行体则取决于 $C < R_2$ 且 $E_2 = R_2$。从图 2－18 可看出，如果从现实说话时间 S 来透视 E_1 和 E_2，主句仍是将来时—将行体（$S < R_2$ 且 $E_2 = R_2$），而从句的时意义则变为将来时（$S < R_1$），完成体保持不变（$E_1 < R_1$），因此如果要求从句的时也与现实说话时间有关，需改写为“after Harry will

have arrived”。对时的研究我们一般只考虑主句的时意义，通常情况下只有主句的时才能真实反映其表达事件在现实中的时间定位，从句更多情况下凸显其所表达的体意义。从这个角度讲，用 C 代替 S 意义不大。

对体的分析，Olsen（1994）以参照时间 R 和事件时间 E 相交的位置来确定表达何种语法体，语法体以词汇体为基础，即词汇体嵌入参照时间后产生语法体。对词汇体的定义采用正值“单值对立”（privative opposition），而非正负“二值对立”（equipollent opposition），正值（有标记）是语义的，负值（无标记）是语用的，因此负值在语境中可取消，正值则无法取消。词汇体的三个正值特征“终结点、动态、持续”作为输入项，语法体（完整体和非完整体）则为词汇体提供了视点或参照时间 R，完整体使参照时间 R 与 E 的结尾阶段（coda）相交，非完整体则提供视点使参照时间 R 与 E 的核心阶段（nucleus）相交，如（50）所示。

（50）语法体中的 E 和 R 相交

a. 非完整体：［E∩R］@ nucleus

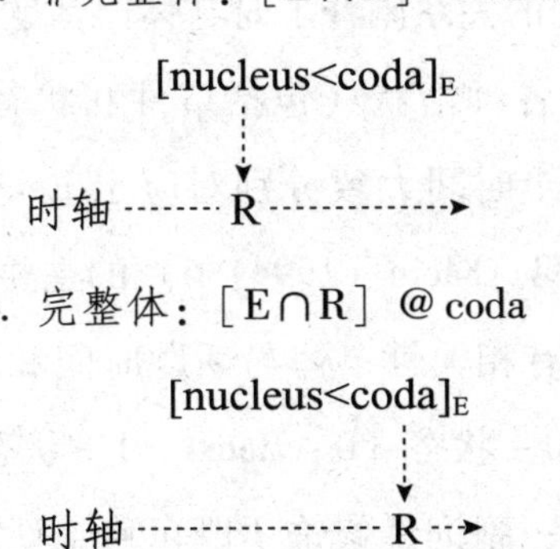

Olsen（1994）探讨了词汇体的三个正值参数“终结点、动态、持续”在完整体和非完整体中的实现。非完整体要求事件时间 E 和参照时间 R 相交于核心阶段，因此“动态和持续”是非完整体常见的输入项，“终结点”参数在非完整体中只适用于具有内在终结点的成就情状。完整体要求事件时间 E 和参照时间 R 相交于结尾，三个正值参数中只有“终结点”是完整体常见的输入项，“动态和持续”由于不在结尾的视点内，因而不是完整体的主要特征。

Olsen 对体的分析仍存在问题。其一，没有对客观情状进行细致划分，忽略了不同情状各个阶段的体实现可能性，即没有探讨参照时间 R 在不同情状不同阶段的嵌入而产生的体实现可能性；其二，没有考虑参照时间 R 的时点和时段双重身份，即 E 和 R 的关系刻画过于笼统，参照点只聚焦于核心和结尾，仅仅从 $E \cap R$ 的关系来看，一方面遗漏了相交的其他阶段（如起始阶段等），另一方面也遗漏了 $E \cap R = \varnothing$ 的情况；其三，在时—体搭配方面，只建立了［过去，现在，将来，$\varnothing$］和［非完整，完整，非完整 + 完整，$\varnothing$］的搭配共 $4 \times 4 = 16$ 种模式，由于 E 和 R 在时轴上均可为时点和时段，C 与 R、E 和 R 的关系搭配显然有遗漏。

2.3.5 Klein 的话题时间理论

在 Reichenbach（1947）和 Comrie（1985）的基础上，Klein（1994）用话题时间（topic time，TT）、情状时间（time of situation，TSit）和说话时间（time of utterance，TU）三者之间的关系阐释了时与体。话题时间指作出某个断言所参照的时间，情状时间指各种情状（包括事件和状态）发生的时间，说话时间也即发话的时间，这三个时间大致分别对应于 Reichenbach（1947）的参照时间、事件时间和说话时间。Klein（1994：6）的主要观点包括四个方面：时与话题时间和说话时间具有相关性；体与话题时间和情状时间具有相关性；对于时与体分析，应区分 0 – 状态（0 – state）、1 – 状态（1 – state）以及 2 – 状态（2 – state）三种情状；副词性修饰语既可修饰话题时间也可修饰情状时间。话题时间是一个关键概念，其与时和体都相关，Klein（1994：25）认为 Reichenbach（1947）将参照时间看作另一事件发生时间的观点不准确，因为尽管有时候参照时间可为一个事件的发生时间，如（51），但很多情况下并非如此，如（52）。

（51）a. When Mary came to the party，John had left.

b. Mary looked pale. She had been very ill.

（52） a. At nine o' clock，Mary had left the building.

b. Tomorrow at four o' clock，I will have finished this paper.

其实参照时间和话题时间都相当于说话者作出一断言所参考的时间，或者说是观察情状的视点在时间轴上的位置。Klein（1994）将情状称为“词汇内容”（lexical content），或称“n－状态词汇内容”（n＝0，1，2）。“0－状态”是指话题时间不论在时间轴上哪个位置都会用同一个语言形式来表达，不能区分不同状态，这种情况一般表达恒定不变的情状，如（53）；“1－状态”是表达暂时性情状，话题时间在时间轴上的一个时间段上只能用一种语言形式来表达，话题时间如果超出这个时间段，就会用意义相反的语言形式来表达，因而两个不同位置的话题时间形成了“外部对比”（outside contrast），如（54）；“2－状态”是指话题时间形成“内部对比”（inside contrast），此时语言表达隐含了两种状态，同时涉及两个不同位置的话题时间，这种情况适用于表达从一种状态改变为另一种状态，前者被称为“源状态”（source state），后者被称为“目标状态”（target state），如（55）。

（53） a. The book was in Russian. （0－状态）

b. The pen was red. （0－状态）

（54） a. The book was on the table. （1－状态）

b. Peter was asleep. （1－状态）

（55） a. Burton left Mecca. （2－状态）

b. Clive found a nugget. （2－状态）

对于时的意义，Klein（1994）用大量例子来证明说话时间和话题时间的关系决定时，而说话时间和情状时间的关系与时无关；体则由话题时间和情状时间的关系决定。总体来讲，英语有三种时，四种体。

（56） 现在时：TU_{INCL} TT （说话时间被真包含于话题时间）

过去时：TU_{AFTER} TT （说话时间位于话题时间之后）

将来时：TU $_{BEFORE}$ TT（说话时间位于话题时间之前）

（57）非完整体（imperfective）：TT $_{INCL}$ TSit（话题时间被真包含于情状时间）

完整体（perfective）：TT $_{AT}$ TSit（话题时间真包含或非真包含情状时间）

完成体（perfect）：TT $_{AFTER}$ TSit（话题时间位于情状时间之后）

将行体（prospective）：TT $_{BEFORE}$ TSit（话题时间位于情状时间之前）

如果用“－－－”表示源状态，“[ ]”表示话题时间，“＋＋＋”表示目标状态，（57）中四种体可分别刻画如下。

（58）a. 非完整体：John was sleeping. ------[------]------

b. 完整体：John slept. -------------[----]

c. 完成体：John had slept. ------------------[ ]

d. 将行体：John was going to sleep. [ ]++++++++++++

基于 0－状态、1－状态以及 2－状态三种情状，Klein（1994）对以上四种体的不同语言表达进行了进一步刻画，如下。

（59）a. John has slept. ++++++++++++[ ]

b. The window was closed. ----[--++]+++ 或者 ----++[++]++

（58c）和（59a）情状时间和话题时间的位置关系相同，区别在于图示中“状态”的性质不同，前者凸显源状态，后者凸显目标状态，显然这种刻画比较粗糙，情状时间和话题时间的位置关系应作为主要凸显对象；（58b）和（59b）的刻画方式不同，原因在于动词的情状类型不同，但 Klein 未能给出解释。总体上看，Klein（1994）对时与体的解释具有不少启发意义，其对时和体的时间关系论证比较充分，将情状（词汇内容）、时及体进行了严格区分，并且将话题时间的概念扩展到时间段，没有局限于时间点。但仍然存在问题：一是情状类型只有三种，1－状态和2－状态应进一步细分，从而对体的描写就会更细致；二是时间关系刻画过于粗糙，话题时间、情状时间以及说话时间三者之间的关系基本是以时间段之间的关系体现的，遗漏了时间点与时间段、时间点与时间点之间的关系，从而没能建立起基于三个时间之间关系的英语时—体系统；三是在体的命名中有非完整体和完整体的对立，却没有完成体和非完成体的对立，体系统缺乏同一性，另外完整体的刻画方式存在问题，虽然是完整体，却没有包含起始点和持续段。

综上所述，尽管学者们所使用的时间概念不尽相同，但这些概念其实都与ERS相关，争论主要集中在这些时间概念之间关系的刻画及其与时或体的关系。在时—体概念上，有学者只用时，也有的用时与体，这几个有影响的理论模型及特点可总结见表2－5。

表2－5　　不同的理论模型及其特点

理论模型	时或体	涉及的ERS	时点或时段
Reichenbach的时模型	时	ERS	时点
Comrie的三分时理论	时	SE	时点
Declerck的时描写理论	时	SE	时点和时段
Hornstein的推导时结构模型	时	ERS	时点
Olsen的时间相交模型	时与体	ERS	时点和时段
Klein的话题时间理论	时与体	ERS	时段

其他学者在各自的研究领域也或多或少涉及对ERS理论的探讨（McGilvray，1991；Borik，2002；Thompson，2005；Vet，2007；Verkuyl，2008；Kibort，2009；Guajardo，2010），限于篇幅及其影响力不大不再一一评述。不过

需指出的是，事件时间 E 和参照时间 R 均可为时点和时段两种情况都没有得以全面刻画，比如 Verkuyl（2008）从形式语义着眼所提出的“二元时”（binary tenses）对立仅仅能处理 8 种时形式；Thompson（2005）从生成句法角度进行了分析，但没有对参照时间 R 进一步研究，没有给出时间状语所修饰对象具有限制性的原因。总之，学者们所提出的 ERS 理论以及相关模型不足以对英语乃至世界语言的时—体表达做出系统性描写。

2.3.6 国内学者的 ERS 理论研究

国内学者对 ERS 理论也有所探讨，主要有陈平（1988）、陶寰（1995）、尚新（2007）以及金立鑫（2008a）。

陈平（1988）将现代汉语的时间系统分为三个部分：句子的时相结构（phase）、句子的时制结构（tense）以及句子的时态结构（aspect）。时相是句子纯命题意义内在的时间特征，时制被定义为情状的发生时间、说话时间和时轴上的另外一个时间（参照时间）三者在时轴上的相互关系，时态则表现情状在某一时刻所处的特定状态。在讨论时制时，SR 关系是初级时制（primary tense），包括现在时、将来时和过去时，ER 关系是次级时制（secondary tense），包括先事时（anterior）、简单时（simple）及后事时（posterior）[①]。陈平的分析有两个问题：一是对时的定义受了 Reichenbach 的影响，其中 ER 关系实际是体，与其所讨论的“时态”有交叉；二是 ERS 关系在汉语中的表现讨论尚不全面。

陶寰（1995）将事件 E 在时点上的一个表现称为事件 E 的一个相（phase），最重要的三个相是事件的起始相、持续相和终结相，相可以对事件进行划分，也可对动词进行划分。体（aspect）是对事件相的表达，即在一个句子中事件的哪一个相得到了表述。时（tense）不是由 Reichbach 三个时点

① 李临定（1990：13）将以“现在”（说话时刻）为时间基点划分的现在、过去和将来称为“绝对三时”，而以过去或将来的某个时间为基点划分的相对基点时、相对基点前时和相对基点后时分别称为“过去相对三时”和“将来相对三时”。

同时决定的，时只决定 S 和 R 之间的关系，在简单时制中 R 和 E 总是同一的，所以时是 S 和 E 的相对位置的表述。说话时间 S 也应看作一个事件（Es），Es 在句子中没有表达，但在时间轴上有它的位置。这样时可定义为 Es 和 E 之间的相对关系。进一步考虑相对三时，可以把时看成两个事件之间的相对时间关系，即 E_1 和 E_2 之间的时间关系。绝对三时只不过是相对三时的一种特殊形态而已。在汉语里，用相对三时对句子进行分析显得更为有效。位（status）指的是 R 和 E 之间的相对关系。其实在时与体的研究中，“位”在时—体研究中应不予考虑，“相”就是情状，情状类型既适用于对句子表达的现实情状分类，也适用于对动词或动词短语的分类。时是 SR 关系，体是 RE 关系，相对时是体。

尚新（2007）在 Olsen（1994）的基础上提出了“体义相交理论”，对英汉体范畴进行了对比研究，然而仍有两个问题需继续探讨。一是客观情状需要进一步分类并明确不同情状的特征；二是不同情状与参照视点的相交点不局限于情状的“核心”（nucleus）和“结尾”（coda）两个阶段，体的表达应该具有更详细的分类，也就是说，E 和 R 的关系刻画尚需细化。

金立鑫（2008a）将时和体定位为概念意义上的，而不是语法范畴上的，认为 Reichenbach 的模型在时的定义上是成功的，但是在体的定义上却是粗疏的，很多语言中实际存在的体类型远远超出了它的解释力，因此根据事件时间 E 的内部视点及参照时间 R 的时长具有非限定性建立了包含 29 种 ERS 组配的时—体逻辑模型。最后指出，这种思路虽然大大拓宽了 ERS 时间模型的解释力，但还是不够的，因为对于事件内部运行的状态，人类语言可能还有更为细致的分类，因而理论模型需要有足够的弹性，这种弹性主要体现在参照时间 R 内部以及事件 E 内部的划分上。那么参照时间 R 和事件时间 E 内部如何进一步划分？ERS 的关系如何详细刻画才能体现时—体的互动关系？这也是本书研究的主要问题之一。

2.4 小结

在国外时—体“功能—类型”研究领域，体的研究成果远远多于时的研究成果，或许这可能是“时”问题相对简单导致的。尽管如此，人类语言时—体系统的统一性解释以及类型问题并未完全解决，主要体现在以下几个方面。

第一，体的概念被应用于动词、动词短语、句子、话语或语篇等不同语法层次，体意义与语法表达形式之间关系的系统性和规律性并未得以明晰。

第二，体具有跨语言的类型学差异，不能将完整体/非完整体应用于所有语言，Zandvoort（1962：19）曾认为体从斯拉夫语到德语再到英语的研究过程本质上是错误的，尽管其观点比较极端，但说明不同语言的体类型是有差异的；另外，视点体和阶段体应是包含和被包含的关系，而非对立关系。

第三，体与情状类型（事态类型）的关系模糊，探讨情状类型（事态类型）的语言表征时不可能脱离语法表达手段，也不可能脱离体（视点体）的意义，比如“he is building a house”既表示达成情状，也表达进行体。体、情状类型（事态类型）以及语言编码三者没有有机结合起来。

第四，概念之间存在混用现象，不同学者有不同理解，Smith（1991：1）和 Michaelis（1998：4）认为行为类型就是情状类型，是还未上升到视点体或阶段体层面的概念；而 Binnick（1991：194—207）则提出行为类型也可从时间阶段（temporal phase）进行定义，行为类型包括以动词派生词缀表达的体意义以及词汇体意义。

第五，时—体系统构建缺乏更具说服力的理论框架，大多数学者构建的体系统中的子类存在重叠现象，并没有形成严格的体对立，体系统还缺乏逻辑性。

从时—体的语义范畴本质来看，所有语言都具有时与体的语义范畴，当然也包括汉语，关键是看汉语的时—体语义范畴如何进行编码，汉语是否有基本的时—体结构，汉语的基本时—体结构与英语的基本时—体结构有何共性和差异。这也是本书所要解决的问题之一。

对于时—体的形式语义研究，体演算只局限于对几种情状类型进行形式化，无法全面描写句子体意义。事件语义学描写方法在一定程度上刻画或解释了体意义和语法结构之间的关系，然而事件论元 e 的设置过于单一，没有区分事件和状态，如果能够进一步区分不同的情状类型，解释力将会增强。体的语义组合观点揭示了体意义的本质，但无法解释活动动词，也无法解释斯拉夫语中完整体动词与光杆名词论元搭配时具有的定点性现象。

ERS 时间理论是时—体研究的重要语义理论，但该理论仍不完善。Reichenbach 的时模型只能刻画英语传统语法中的 7 种时；Comrie 的三分时理论忽视了时与体的区别；Declerck 的时描写理论由于没有区分时与体，无法说明情状时间和其他时间定位的来源；Hornstein 的推导时结构模型由于推导过程单一且忽略参照时间可为时段的情况，无法解释有关语句的不合法及歧义现象；Olsen 的时间相交模型由于事件时间和参照时间的位置设置单调，对时—体类型刻画过于笼统；Klein 的话题时间理论由于将情状类型只分为三类，体的描写及时间关系刻画不细致。

相比而言，国内学者金立鑫（2008a）的研究成果是目前可见文献中刻画时—体表达形式最多的 ERS 理论模型，尽管如此，他的 ERS 模型在内部逻辑关系上仍需进一步细化，以满足更细致的时—体刻画的需要。我们将时与体定位为句子层面的语义范畴，若要对人类语言的时与体进行比较研究，建立一个细致的 ERS 时—体逻辑模型是必要的，但前提是该逻辑模型具有更强的阐释力和更强的跨语言普适性。

第 3 章　时和体的跨语言编码与蕴含共性

3.0　引言

从以往的研究成果来看，由于学者们对时与体的定义不同以及理论背景差异，所建立的时与体系统各不相同。我们将时与体定义为语义范畴，目的是寻求跨语言时—体表达的共性和差异。从语言类型学的角度来看，人类语言的时—体编码呈多样性，但多样性中隐含着共性，那么问题是，人类语言中的时—体编码可归结为哪些手段？这些手段背后是否有理据存在？本章拟进一步考察跨语言的时—体编码手段及其倾向性和共性，明晰时—体的语义范畴本质，与此同时考察英汉语的时—体表达特点与规律，在人类语言普遍时—体系统中给英汉语时—体一个明确的定位，在研究中寻求跨语言时—体表达的蕴含共性。

本章结构安排如下。3.1 节讨论时与体的跨语言编码方式，试图寻求时—体编码方式与时—体意义之间可能存在的对应关系。3.2 节和 3.3 节在类型学的视野下将时—体定义为语义范畴，3.2 节澄清英语中两个有争议的问题，即将来时和“be - 结构”问题；3.3 节是本章的重点内容，着力探讨现代汉语中时间名词、时间副词、助动词以及时间助词的时—体表达功能，寻求汉语的时—体表达规则。3.4 节探求跨语言的时—体蕴含共性，并对英汉语的时—体进行类型学定位。3.5 节对本章内容进行小结。

3.1　时与体的跨语言编码方式

首先看人类语言一般的时与体编码方式，对此有大致了解后，对时—体的意义以及时—体分类体系或许会有更深的理解。吴福祥（2005）对世界语言的时—体表达方式及语法化程度差异做了细致的介绍，也从语法化和语言类型学的角度阐释了汉语体标记“了”“着”的语法身份和汉语体的形态句法范畴本质。Dryer（1992：98）认为，人类语言普遍采用词缀、时—体助动词（auxiliary）及时—体功能词（particle）三种编码方式，但根据 Dahl（1985）按照地理—谱系对 64 种语言的时—体系统考察，人类语言的时—体编码方式除上述三种外，还包括动词与一些非词缀语素的融合、逆被动态（antipassive voice）以及音调（tone）等方式。

人类语言无论采用何种时—体编码手段，所表达的时—体概念意义却大致相似，这对时—体的类型学研究颇有意义。如果将时—体定义为表达时间概念的语法手段，那么需要考察人类语言表达时—体的所有语法手段才能给出恰当的定义，我们将时与体限定为语义范畴也是基于这个原因，假如对时的定义仅仅采取 Comrie（1985：9）的“时间定位的语法化表达”，那么人类语言中时的非语法化表达就被排除了，这显然不利于时—体的跨语言研究。我们考察了 10 个语系的 27 种语言（其中 2 种语言的语系未定），对这些语言的时—体编码手段总结见表 3-1。

表 3-1　跨语言时—体编码方式

语言	语系	涉及的时—体编码方式	时—体编码所关联的词类
爱内多瓦语(Anywa)	尼罗-撒哈拉语系	过去时前缀	动词
兰戈语(Lango)	尼罗-撒哈拉语系	时—体音调	动词

续 表

语言	语系	涉及的时—体编码方式	时—体编码所关联的词类
哈拉尔奥罗莫语(Harar Oromo)	闪-含语系	未完成体后缀	动词
索马里语(Somali)	闪-含语系	时后缀	动词和冠词
斯瓦希里语(Swahili)	尼日尔-科尔多瓦语系	过去时-进行体前缀	动词
约鲁巴语(Yoruba)	尼日尔-科尔多瓦语系	完成体功能词	副词
玛士语(Mashi)	尼日尔-科尔多瓦语系	时—体音调	动词
基西语(Kisi)	尼日尔-科尔多瓦语系	时—体音调	动词
雅格迪语(Yag Dii)	尼日尔-科尔多瓦语系	时后缀	代词
雅浦语(Yapese)	南岛语系	将来时功能词	副词
查莫罗语(Chamorro)	南岛语系	逆被动态(反复体)	动词
印度尼西亚语(Indonesian)	南岛语系	时功能词和反复体后缀	副词和动词
图康伯西语(Tukang Besi)	南岛语系	体前缀	动词
马达加斯加语(Malagasy)	南岛语系	时前缀	动词、介词、副词及述谓形容词
毛利语(Maori)	南岛语系	时功能词	介词

续　表

语言	语系	涉及的时—体编码方式	时—体编码所关联的词类
英语(English)	印欧语系	过去时后缀、内部屈折及助动词	动词、助动词及系动词
俄语(Russian)	印欧语系	过去时后缀、体前缀及内部屈折	动词
汉语(Mandarin)	汉藏语系	时—体功能词及时间名词	助词、副词和名词
越南语(Vietnamese)	南亚语系	时—体功能词及时间名词	副词和名词
日语(Japanese)	语系未定	时—体后缀	动词
巴斯克语(Basque)	语系未定	现在时和过去时助动词	助动词
土耳其语(Turkish)	阿尔泰语系	时—体后缀	动词
因纽特语(Inuit)	爱斯基摩 - 阿留申语系	非词缀语素和逆被动态	动词
基奥瓦语(Kiowa)	印第安语系	未完成体后缀	动词
尤卡坦语(Yucatec)	印第安语系	逆被动态和体后缀	动词
瓜拉尼语(Guaraní)	印第安语系	时后缀	动词和名词
西里奥诺语(Sirionó)	印第安语系	体后缀	动词和名词

可以发现，尽管时—体编码呈多样性，并且有的语言采用多种手段，但时—体编码的手段仍具有倾向性。首先，有 17 种语言的时—体表达包含了词缀的编码方式，占 63%；采用功能词、助动词、音调、逆被动态以及非词缀语素来表达时—体意义的仅占 37%。从跨语言的普遍性角度讲，在这些编码

方式中应当有个倾向性问题，WALS①上 Dryer 的统计结果与我们所得出的倾向性一致②，在 1132 种语言中采用词缀来表达时—体意义的语言比例高达 72.5%，见表 3 – 2。

表 3 – 2　　WALS 上跨语言时—体编码方式倾向

时—体编码方式	语言数量	百分比(%)
时—体前缀(Tense – aspect prefixes)	153	13.5
时—体后缀(Tense – aspect suffixes)	668	59
时—体音调(Tense – aspect tone)	13	1.2
时—体编码混合类型(Mixed type)	146	12.9
时—体无屈折(No tense – aspect inflection)	152	13.4
语言总数	1132	100

表 3 – 2 表明，时—体表达采用后缀的语言最多，而采用音调的最少，采用前缀、混合以及无屈折方式的语言数量大体相当。而表 3 – 1 中我们的语言样本显示，使用时—体词缀的 17 种语言中有 12 种语言采用后缀，占 71%，这似乎是一种压倒性的倾向，这个结果与 Haspelmath（2006）与 Dryer（2009）所总结的“人类语言不论 VO 还是 OV 语序语言，时—体词缀语素倾向于使用后缀形式”的结论一致。采用时—体功能词的语言涵盖尼日尔—科尔多瓦语系、南岛语系、汉藏语系以及南亚语系四个语系，而采用时—体助动词的语言则只涉及印欧语系的英语和俄语以及语系未定的巴斯克语，而巴斯克语主要分布在西班牙东北部和法国西南部，据此可做一个推测，时—体功能词可能比时—体助动词的使用在人类语言中更具普遍性，且时—体功能

① *The World Atlas of Language Structures*，网站地址为 http：//wals. info。

② 源自 http：//wals. info/feature/69A。

词比时—体助动词在不同类型语言中的使用受到的语法等方面的限制更小，这一推测其实也符合 Haspelmath（2006）与 Dryer（2009）所做的总结，即时—体功能词无论是在 VO 语言还是 OV 语言中都倾向前置于动词，而时—体助动词的使用则受到更多的限制，在 VO 语言中倾向前置于动词，在 OV 语言中倾向于后置于动词；此外，时—体功能词在样本中涉及副词、介词以及助词等，相对于助动词而言，这些词类的跨语言使用应该更广泛。时—体的跨语言编码尽管复杂多样，但编码方式与时—体意义之间也隐含着共性。时—体功能词由于涉及的词类广泛，在样本中用非词缀语素来表示时—体的语言只涉及因纽特语，它们究竟能表达哪些时—体意义，目前尚未总结出规律，暂且不论，因此下面只讨论采用后缀、助动词、逆被动态以及音调来表达时—体的共性。

首先看后缀。在采用后缀来表达时—体的 12 种语言中只有雅格迪语使用将来时后缀，而其他 11 种语言在时意义上表示过去时或现在时，且过去时居多，在体意义上可表示未完成体或完成体，但未完成体表达进行、反复以及惯常的体义，没有表达尚未发生的动作行为，那么这些语言中时—体后缀的意义可抽象提升为过去或现在的各种“现实”或“存在”，而雅格迪语的将来时实际是“非现实”或“非存在”，这显然也形成了压倒性倾向，时—体后缀在我们的样本中倾向于表达“现实”，而不是“非现实”。那么时—体后缀与现实的时—体意义之间存在何种关系？金立鑫、于秀金（2012）曾认为人类语言的时—体词缀语素倾向于使用后缀这一现象与“高可别度领先原则”（陆丙甫，1998）有关，词汇语类的可别度比功能语类的可别度高，时—体词缀语素置于词干后是词干的高可别度领先原则的作用。我们在此做进一步抽象，用象似性来解释跨语言时—体编码与时—体意义的关系。在语言编码上，词汇语类附加时—体后缀，前者是实义语法成分，后者是功能属性语法成分。在时—体意义表达上，现实中先有动作行为，后有动作行为完成与否及其时间定位的属性。也就是说，后缀表示现实动作行为进行的状况和阶段，所表示的时—体意义是现实动作行为的附带意义，语言编码的顺序与时—体意义表达的顺序具有象似性。

样本中共有三种语言涉及时助动词，巴斯克语使用现在时和过去时助动词，但需注意的是，同英语类似，巴斯克语有一般时和复合时之分，所谓复合时就是现在时/过去时与完整体/非完整体的搭配，现在时和过去时助动词只能出现在复合时中，一般现在时采用零形态，而一般过去时和一般将来时采用后缀。英语和俄语使用一般将来时助动词，一般现在时和过去时没有专门的助动词，这一点在德语、冰岛语、挪威语、葡萄牙语等印欧语系的语言中普遍存在。可作出一个预测，一般时助动词倾向于表达将来时，那么这个预测是否也与象似性有关？英俄是SVO语序语言，巴斯克语是SOV语序语言，时—体助动词和动词的顺序与VO－OV语序语言相关，在OV语言中时—体助动词后于动词，在VO语言中时—体助动词前于动词（Haspelmath，2006；Dryer，2009），时—体助动词属于高层谓词，其相对于动词的位置与动词相对于宾语论元的位置是一致的，也就是说，时—体助动词和动词的关系与动词V和宾语O的关系是平行的。可以说，在语言编码上时—体助动词相对于一般动词总是以核心身份出现的。在时—体意义上，助动词表将来时，一般动词表尚未发生的动作行为，将来时和尚未发生的动作行为都是“非现实”。但在非现实中，将来时是核心，先有将来时后有尚未发生的动作行为，在人类的认知逻辑中不可能先对尚未发生的动作行为进行描述而后用将来时加以时间限定，在这一点上与时后缀的情况正好相反。那么助动词与一般动词的位置关系编码与它们所表达的时—体意义也存在象似性。

逆被动态用来表示体意义也与象似性有关，施格语言的常用及物结构可看作强制性的被动结构（Hale，1970），而被动态通常用来表达完整体或完成体；英汉语也是如此。那么完整体或完成体的逆向转换一定是非完整体或未完成体；尤卡坦语的逆被动态是通过动词的元音延长来表达时间上延续的进行体或惯常体（Krämer & Wunderlich，1999：458）；因纽特语中的逆被动态通过增加额外标记“－*saq*”来表达反复体（Spreng，2012：28），这些编码手段也形象地映射了体意义。

很多非洲语言如班图语用音调来表达时—体意义也与象似性有关，音调的高低或重音和非重音的交替与时—体意义的更替也遵守顺序象似。这里需要对音高和音强作一简单说明。音高和音强是语音学上描述声波的物理学属性的两个重要要素，音高与发音体振动的频率成正比，音强与发音体的振动幅度成正比。对于同一音位的清音和浊音，相比较而言，清音的频率高、音调高、振幅小、音强小，浊音的频率低、音调低、振幅大、音强大。但是对于同一音位的不同浊音来讲，高音调或重音的频率高、振幅大、发音体的受力大，而低音调或非重音的频率低、振幅小、发音体的受力小。发音体的受力与肺内气体的冲击力成正比，因而从同一个人的发音能量消耗来看，高音调/重音与低音调/非重音在发音的物理消耗量上是不同的，高音调或重音的能量消耗大，低音调或非重音的能量消耗小。

从非洲有些语言用音调的高低或重音/非重音来表示时—体意义的情况来看，低音调/非重音通常表示过去时、近时、未完成体，而高音调/重音则表示将来、远时、完成体，那么从低音调/非重音到高音调/重音的顺序就是从过去到将来、从近时到远时、从未完成体到完成体的顺序。更进一步讲，低音调/非重音到高音调/重音在发音能量消耗程度上是一个由少量到多量的顺序，同时在时—体表达上，从过去时、近时和未完成体分别到将来时、远时及完成体的实现所需消耗的物理能量也遵循从少量到多量的顺序。

用音调的变化来表达体意义在现代汉语的一些方言中也存在，李仕春、艾红娟（2008：396）发现山东莒县方言中时间助词“了”的合音变调应用非常广，普通话中单音动词加“了”的地方，莒县方言全能用合音变调表示，即“了”丢失音节身份和所有音段，“了”的轻声调与前面的动词合音，通常表示有成果达成或动作行为终结的完成体或终结体。那么我们可理解为，莒县方言句子中的光杆单音动词可能有原音调和合音调两个音调，包含原音调光杆单音动词的句子要么不合法，要么表未完成体或非终结体；而合音调光杆单音动词表完成体或终结体，完成体和终结体在语义上指述谓主体与受事或动作行为的融合完成或终结，因此单音动词与“了”的合音变调与其所表达的体意义是象似的。其实上古汉语词根辅音清浊交替与动词体意义的表达也存在顺序象似。吴安其（1997，2002）认为上古汉语的体范畴表现为完成体与未完成体的对立，读清辅音声母的是未完成体动词，读浊辅音声母的是完成体动词；金理新（2005：89—90）则进一步指出，上古汉语词根辅音声母的清浊交替不局限于名词和动词之间的词性转换，也包括动作行为和动作行为结果以及动作对象之间的转换，其中动作行为为清辅音，而动作行为结果或对象为浊辅音，读浊辅音声母的完成体动词是由读清辅音声母的未完成体动词派生出来的，清辅音代表原生辅音，而浊辅音代表的往往是派生辅音。换言之，上古汉语词根辅音声母清浊交替表达不同的动词体，是一种内部屈折形态①，因而动词词根辅音清浊交替的顺序与动词未完成体到完成体的顺序存在象似性。

3.2 英语的将来时和“be－结构”问题

3.2.1 将来时的争论

学者们对于英语时的编码及其分类长期以来一直争论不休，甚至对于英语有几种时也没有达成共识。不少学者认为英语只有“过去/非过去”（past/non－past）两种时的对立，因为只有过去时有屈折形态变化，非过去时在概念意义上尽管包含现在和将来，但都采用现在时的零形态编码方式，英语没有将来时。Cygan（1972：9）声称“英语中的将来根本不是时，而是语气或式（mode）”；Lyons（1977：815）认为“将来表达是一种主观情态化，是一种预测而非陈述”；Comrie（1985：45）则从语法化表达角度来看待英语将来

① 体现为语音构词方式，即不同的语音形式表达不同的词语意义。金理新（2005）曾证明上古汉语的形态比现代汉语发达，辅音清浊交替是上古汉语表达词汇意义及语法意义的重要手段，属于广义上的构词形态学，狭义上的形态学仅仅局限于构形形态学。

时的特征，认为英语将来时表达属于情态系统，因为“will”的将来时指称历时上来源于情态表达；Trask（1999：58）采纳了Comrie（1985）的“时是时间的语法化表达”的定义，认为英语的将来表达没有用屈折形式因而不是时。也有学者不赞同上述观点，Klein（1994）认为英语有将来时，是指说话时间位于话题时间之前的表达；Declerck（1991，2006）也不赞同英语只有两种时的观点，认为英语的将来时不能用助动词“will/shall”来表达是毫无根据的。

学者们之所以争论不休，原因在于对时的定义有差异，如果将时仅仅局限于某一种表达法，如屈折语素，那么很多人类语言就没有时和体的范畴了。吴福祥（2005：239）认为，英语的过去时和非过去时的对立是一个语法化的语义对立，可以认为将来时不是最典型的语法化实例，但没有多少理由认定将来时不是语法范畴。吴福祥这里所说的语法范畴应该表述为语义范畴，各种语言时—体在编码方面语法化程度有高低之别，也就有词汇和非词汇的编码方式差异。Bybee（1985a）发现其语言样本中只有大约50%的语言采用屈折形式来表达时的概念，尽管所选取的语言样本由于语系或地域等因素的影响可能得出不同的比例，但这也说明了相当多的语言在时的表达上并未采取屈折方式。

通过上一节对时和体的跨语言编码方式的考察，我们认为没有必要将时仅仅局限为语法化的表达手段，时本质上是一个语义范畴，不同的语言对时的表达可采用不同的方式，没有谁能够规定人类语言时的表达必须用屈折语素，人类语言中时的编码方式也可以出现所谓“百花齐放，百家争鸣”的景象。从跨语言的时—体编码手段来看，我们认为英语有过去、现在和将来三个时，原因有三点。

其一，在形态上，没有理由规定无屈折变化或零形标记的表达只能是现在时，而不能是将来时。从另一方面来讲，即使英语现在时和将来时都没有屈折形态，在表达方式上也是有差异的。其实很多语言的现在时和过去时的对立并非总是以屈折形态来区分的，将来时用屈折形态来表达的也不在少数。在Bybee（1985a：155—156）的语言样本中，现在时和过去时用动词屈折形态来区分的语言仅占36%，而将来时用动词屈折形态来表达的则占44%。在Dahl（1985）的64种语言样本中，大多数语言具有将来时和过去时两个范畴。

其二，没有理由规定“will”不能承载将来时和情态两种意义。Dahl（1985）认为人类语言的时、情态及体范畴（tense - mood - aspect，TMA）之间在语言编码上并非具有明显的界限，但某一语法成分具有原型（prototypical）意义，即基本意义和次要意义之分，比如有些语言中的完整体编码可能具有“完整性”和“过去时间指称”的双重意义，但“完整性”是比“过去时间指称”更稳定的语义表征，对于该语法成分，完整体是比过去时更接近原型的语义范畴。同理，“will”可以承载将来时意义和情态意义，但情态意义是次要意义。其实很多语言的时和体也可以共享同一个编码，比如阿拉伯语的过去时和完整体，意大利语中不同的体意义甚至也合用同一个标记，如过去时中的进行体和惯常体，“io mangiavo”既可以表示“I was eating”也可表示“I usually ate”；一些语言中的时—体意义包含在动词的词汇语义中，且与标记理论有联系，如夏威夷语中的所有无标记动词通常表示过去时—完整体或惯常体，Bybee（2011：136、143）发现有些语言中的无标记动态动词（unmarked dynamic verb）表示完整体—过去时，而无标记静态动词（unmarked stative verb）表示非完整体—现在时，如一些尼日尔—刚果语言。

其三，从世界语言的时—体编码方式来看，用助动词来表示将来时也是较为常见的手段，如德语的“werden”、冰岛语的“munu”、挪威语的“vil”、葡萄牙语的“*ir*”，等等。

3.2.2 “be - 结构”的现在时本质

英语的过去时、现在时和将来时的表达手段有差异，其中过去时用外部屈折（动词后缀）或内部屈折表达，现在时用零形态，将来时用助动词“will/shall”。可以看出，英语的将来时尚未完全语法化，因为“will”本身还具有过去时的内部屈折变化，并且其词汇意义并未消失。这里有一个问题需

要回答：我们为何将“be going to do/be to do/be about to do”（“be”为“am/is/are”）排除于将来时？关于这个问题以往学者也有争论。Declerck（2006）认为上述几个“be－结构”不是纯粹的将来时（pure future tense），而是一种“前瞻时”（futurish tense），前瞻时与由“will/shall”所表达的典型将来时不同，典型将来时具有“单一时间指称”（single time reference）的特征，只指称“将来”，不指称“现在”；而前瞻时具有“双重时间指称”（double time reference）的特征，是将“现在”与“某一事态或情状在将来的实现”联系起来的概念①，举例如下（Declerck，2006：106）。

（1） a. [I have bought a computer because] I am going to write a novel.

(=*I have the present intention of writing a novel in the future.*)

b. [Look at those clouds!] There is going to be a storm in a minute.

(=*There are signs in the present that there will be a storm soon.*)

c. [Look at her!] She is about to faint.

(=*You can see now that she will faint in the very near future.*)

d. The Queen is to leave for Canada tomorrow.

(=*There is an official decision that the Queen will leave for Canada tomorrow.*)

Declerck（2006：107）认为（1a）—（1d）都是前瞻时表达，但是（1a）—（1b）中的“be going to”有点特殊，其除了可表达前瞻时外还可表达将来时，表达前瞻时可与“be to do/be about to do”互换，表达将来时可与“will/shall”互换，在将来时用法上“be going to”比“will/shall”的语法化程度低。但 Fleischman（1982）和 Haegeman（1989）认为“be going to”就是表达将来时，与“will/shall”的将来时用法单从句子层面讲没有特别差异。

① 事态（eventuality）和情状（situation）表达同一个概念，指现实世界中一切动态和静态的情形。由于本章对不同情状类型的动词以及现实客观情状的讨论不多，本章下文都采用浅显易懂的“事态”概念。

我们认为以上两种观点均有问题。第一，前瞻时的概念欠妥，其既然具有双重时间指称特征，总不能认为其是“现在—将来时”；另外，“be going to”的解释也比较含混，其既可表达前瞻时也可表达将来时，但是这两种不同时的区分标准很难确定，总不能认为“be going to”究竟表达何种时由语用因素来决定。第二，如果认为“be going to”表达将来时，但是其将来时用法与“will/shall”的将来时用法还是有差异，将来时的说法也站不住脚，举例如下。

(2) a. *I will* be doing the housework at ten o' clock this morning.

??b. *I am going to* be doing the housework at ten o' clock this morning.

c. *I will* be reading this novel in the library this time tomorrow.

??d. *I am to* be reading this novel in the library this time tomorrow.

e. *I will* be leaving this afternoon.

??f. *I am about to* be leaving this afternoon.

可以发现，上述例子中用“will”的句子都合法，但用“be going to/be to/be about to”的句子基本上不可接受或不合法。其实原因并不复杂，这与观察视点或参照时间的位置有关，可以用ERS理论来解释。在（2a）、（2c）和（2e）中，“will be doing”要求参照时间R与事件时间E重叠，并且位于说话时间S之后，即$S<R=E$，$S<R$表示将来时，$R=E$表示进行体或完成体。体的不同意义与不同情状类型的动词有关，进行体用于持续性动词，完成体用于非持续性动词。而在（2b）、（2d）和（2f）中，“be going to/be to/be about to”要求说话时间S与参照时间R重叠，并且时间事件E位于两者之后，即$S=R<E$，但是“be doing”则要求参照时间R与事件时间E重叠，即$R=E$。显然，一个句子中出现了两个不同的参照时间R，并且在位置上形成了矛盾，也就是说，$S=R$所表示的现在时与$R=E$所表示的进行体或完成体在（2b）、（2d）和（2f）中不兼容。

这样看来，Fleischman（1982）和Haegeman（1989）有关“be going to/be to/be about to”表达将来时的说法显然有误，如果表达将来时，那么说话

时间S前于参照时间R，即$S<R$，其与表示进行体或完成体的$R=E$完全兼容，那么句子应该合法才对，因而他们所谓的“将来时”其实是体意义的内容，即$R<E$所表达的“将行体”。Declerck（2006）有关前瞻时具有“双重时间指称”的说法显然也没有区分时与体，在其“现在”与“某一情状在将来的实现”联系起来的观点中，其实所谓“现在”才是真正的“时”，而“某一事态或情状在将来的实现”实际是“体”。因而对于“be going to/be to/be about to”所表示的时，无论是前瞻时还是将来时的观点都混淆了时与体。“will”句子表示将来时，而“be going to/be to/be about to”表示现在时，后者是将参照时间或观察视点放在与说话时间重叠的位置来观察尚未实现的事件。以上分析也说明英语传统语法中的时其实是时与体的混合物，若将时与体分开讨论，那么很多关于时的疑惑可迎刃而解。

3.3　汉语的时与体

3.3.1　研究背景与研究方法

在谈汉语的时—体之前，首先请看下面电影*White Noise 2：The Light*中的一段英汉语对白互译。

（3）（Abe现场目睹了其妻子和儿子被Henry用手枪射杀，紧接着Henry开枪自杀，但Abe不知道事后Henry经抢救得以生还，数天后Abe去拜访Henry的妻子以弄清Henry的动机。）

Henry's wife：I can't believe how far gone he is.（我简直不能相信他现在是那么离谱。）

Abe：“is”？What are you talking about？（“现在”？您什么意思？）

Henry's wife：What do you mean？（您什么意思？）

Abe：You said "is".（您说"现在"。）

Henry's wife：And?（怎么了?）

Abe：Don't you mean "was"? How far gone he was?（您是说"曾经"吧? 他曾经是那么离谱?）

Henry's wife：You don't know? Henry's still alive.（您不知道? 亨利仍然活着。）

Abe：I saw him pull the trigger.（我目睹他扣下扳机的。）

Henry's wife：He survived. He is over at Belmont County.（他活下来了。他住在贝尔蒙郡。）

通常认为现代汉语没有内部屈折，英语也只是一少部分不规则动词和系动词有内部屈折。显然，上例中亨利的妻子用系动词的现在时形态引起了亚伯的质疑，系动词具有词汇意义和时两个方面的意义，译为汉语，英语系动词的词汇意义由汉语动词"是"或者零形式承载。其时的意义由表示与说话时间同时的时间名词"现在"和表示说话时间之前的时间副词"曾经"承载。也就是说，不同的时意义不会影响动词"是"的形态，或者说假如用汉语说成"我简直不能相信他（是）那么离谱"不会引起交际困难，因为汉语动词"是"或零形式没有承载时的意义，可以表示现在或过去。

不少学者认为现代汉语没有时的显性形态标记或屈折形态，将其归入"无时语言"行列（tenseless language）（Li & Thompson，1981；Trask，1999；Hu *et al.*，2001；Lin，2003；Smith，2005），类似的语言还有缅甸语（Burmese）、约鲁巴语（Yoruba）、迪厄巴尔语（Dyirbal）①、伊博语（Igbo）② 等。国内学界对于汉语是否有时范畴的争论由来已久，主要有"无时范畴说"和"有时范畴说"两种对立观点。无时范畴说认为现代汉语有体无时，以王力（1985）、高名凯（1986）、石毓智（1992）、戴耀晶（1997）为代表。有时范

① 澳大利亚的一种土著语言，语系未定。
② 尼日利亚的一种语言，属于尼日尔—科尔多瓦语系。

畴说分为两种观点，一是汉语的时有独立的表达系统，以吕叔湘（1982）、黎锦熙（1992）、宋玉柱（1981）、李临定（1990）为代表；二是现代汉语时与体共用一个标记，即时—体范畴混合说，持类似观点的学者有张济卿（1998a，1998b）、左思民（1999）、李铁根（1999，2002）以及陈立民（2002）。

陆俭明、沈阳（2003：353）曾提到，对语法意义进行概括形成的一些主要类型就叫作“语法范畴”或“语义范畴”；吴福祥（2005：248）则指出，历时上不同语法范畴或者同一个语法范畴在不同语言里可能处于语法化过程的不同阶段，共时上同一个语法范畴在不同语言里的语法化程度也会有高低之别。从语言类型学的角度讲，时和体可看作语义范畴，它们在不同语言中可有不同的语法表达手段，这些语法手段可以有语法化程度的高低差异。因此我们认为，不能因为现代汉语的时表达没有屈折形态变化就认为没有时范畴，只是相对于其他语言如英语和俄语来讲，汉语中时范畴的语法化程度较低而已。正如陈平（1988：419）所言，如果认为汉语缺乏时的语法表现形式那就显得过于轻率了。为避免不必要的争论，我们将时定义为语义范畴，那么任何语言，包括现代汉语都是有时范畴的语言，这与尚新（2007：72）所言的汉语具有时的“概念意义”是一回事，但是以往持这种观点的学者所建立的汉语时系统仍有许多值得商榷之处。持时—体混合论的学者认为汉语的时和体总是结合在一起，时和体一般不可分离，但上例（3）中汉语译文表示现在时的名词“现在”和表示过去时的副词“曾经”并没有表达体意义。

左思民（1999：19）认为助词“了”标记实现体和先时（anterior），李铁根（2002：6）提出“了”作为绝对时标记表“已然”，陈立民（2002：14）则认为动词词尾“了”是时和体的混合标记，但是下例（4a）、（4b）都包含词尾“了”，然而所表示的时分别是现在时和过去时，并且体意义也不同，那么显然动词词尾“了”不是一个表达固定的时和体的专有标记，还有其他因素如不同情状类型的动词也在起作用。

李临定（1990）认为汉语有“绝对三时”（以现在为时间基点）和“相对三时”（以过去或将来为时间基点），前者是通过附加与时间相关的助词、副词等来显示时间关系，后者则是通过动词本身（不附加任何助词等）来显示时间关系，并模仿英语传统语法中的时态名称在汉语中建立了 11 种时。但问题是英语传统语法中的时态是时和体的混合物，从而将汉语的时和体也混淆了，“相对时”其实表达体意义，如（5a）中的“过去将来时”包含绝对时“过去时”和相对时“将来时”，（5b）中的“将来进行时”包含绝对时“将来时”和相对时“进行时”，其实（5a）、（5b）的相对时“将来时”和“进行时”分别是“将行体”和“将进行体”。需注意的是，（5b）中的副词“大概”删除后句子不合法，下文会提到这个问题；另外，即使是绝对时，很多时候句子也并不含有与时间相关的助词或副词，但仍有时的意义，如（6）；宋玉柱（1981）认为时间助词“的”表示过去时，但事实是“的”也可表示现在时，如（7）。

（4）a. 老王养了一条京巴狗。（现在时—持续体）

b. 小李吃了两个西瓜。（过去时—完成体）

（5）a. 他昨天来的时候，我正好要出去。（过去时—将行体）

b. 明天你们来的时候，我大概在打扫房子呢！（将来时—将进行体）

（6）（A 问 B 去哪儿。）

A：你这（是）去哪儿呀？（Where are you heading for?）

B：我去北京。（I'm going to Beijing.）

（7）（B 的爸爸正开车载着 B 去郊区旅游，B 的朋友 A 打来电话。）

A：谁开的车？

B：我爸爸开的车。

尽管张济卿（1998a：20）也持时—体混合说，但他发现汉语时—体与时间词，“将”“会”“要”“在”“了”“过”“着”等语法标记，以及谓词语义中所包含的体因素有关。该观点有一定道理，如（4）中的时与体确实与不同情状类型的动词相关，但如果在语境中由此来确定时还是不够的，其实（4a）

在特定语境中也可用于过去时，比如（4a）是对“老王生前养了什么宠物”的回答，也就是说，在这种情况下（4a）中动词“养”和词尾“了”对过去时的表达没有起作用，而是由语境预设的“生前”决定的。

看来，汉语的时一旦纳入语境讨论，很多表示时间意义的功能词并非表示时的必要成分，这是由汉语缺乏表示时的强制性形态标记所造成的。换言之，汉语的时既受句外语境的影响，也受句内语法成分的约束。另外，在语法表达形式上时与体有时候确实交织在一起，但也不是绝对的。这里涉及两个问题：汉语的时和体是否加以区分？如果区分，汉语的时究竟是如何表达的？对于第一个问题，陈平（1988：419—420）曾通过考察“V + 了”和“V + 了 + V”两种结构的合法性限制，认为尽管汉语的时比较隐蔽，但很多情况下可以与体分开处理。我们赞同这种观点，时具有“现在”指示性。而体则没有“现在”指示性，确切地说，时是“将某一时间与说话时间联系起来的指示范畴”，而体则是“将某一时间与事态时间联系起来的非指示范畴”（Dahl，1985：25），此处的“某一时间”相当于参照时间。时与体不能混为一谈，如果不区分，只会使汉语的时—体系统更加混乱，比如将体意义当成时意义的“相对时”概念。

其实汉语的这种时—体表达不明晰的特点在一些印欧语系的语言中也存在，比如西班牙语中有一种“未完成时”（imperfect），实际上它融合了过去时和进行体（或惯常体），严格地讲应称为“过去时—未完成体”。对于第二个汉语的时表达手段问题，我们认为应从“现在指示性”这个概念入手来探讨，这里又涉及“现在”这个概念，对于时研究，“现在”一般指编码时间和解码时间重叠的一个时间。比如，某人说出“I am doing my homework”的时间为编码时间，我们研究这个句子的时间为解码时间，在解码时间上说话者“可能没有在做作业”，但我们仍然处理为现在时，这就意味着说话者的“现在”与我们的“现在”重叠；或者说，我们在写此文过程中给出一个句子时的“现在”时间与读者在读到该句子时的“现在”时间是同一个“现在”。同理，汉语中没有任何显性时间指示语的句子，“他正在写论文”虽然没有显性时标记，但“正在”隐含了“现在”指示性，我们仍按现在时处理。这里涉及的问题是为什么说上句中的“正在”隐含“现在”指示性”。上句中的“正在”本质上表达进行体，而进行“事态”（或称情状）与说话时间是同时的，说话时间是“现在”，那么进行事态的指示时间自然也是“现在”。这种处理与Hengeveld（2011：589）所发现的世界语言时—体的总体语法化趋势相吻合，即世界语言总体上由体标记向时标记演变，已经证实的演变路径有三种：结果—已行—过去；进行—同时—现在；预期—将行—将来。同理，“他写了一篇论文”和“天会下雨”分别隐含“过去时”和“将来时”。也就是说，如果汉语的动词词尾“了”“正在”和“会”完全语法化成形态语法成分，那么很可能是分别表示“过去”“现在”和“将来”的专有标记。

在确定汉语时的表达方式时，我们认为有两点需要明确，这也是对于确定汉语的时至关重要的两个问题。其一，只考虑“中性句子语境”，而不考虑上下文或句外特定语境，也即默认情况下的解码时间与编码时间重叠；其二，研究汉语的时表达需要对时的载体即句子进行限定。我们采取金立鑫（2002：34）有关“干净的操作平台”的研究程序，将中性语境下的句子限定为“最简结构”，所谓“最简结构”是指以观察对象为常项（必要语法成分）所构成的最小且自足的结构，删除其他任何一个变项后所得到的结构不自足或不合法，与“时”相关的观察对象是时间名词、时间副词和时间助词。这样处理的目的是避免受到句子中其他成分的干扰，保证研究结果的可靠性。“最简”是相对而言的，对于同一个句子来讲，观察对象不同，该句子可能是最简结构也可能不是最简结构，比如“他曾经去过美国”，如果以时间副词“曾经”为常项，那么它是最简结构，因为删除任何一个变项后句子不合法；如果以时间助词“过”为常项，那么它不是最简结构，因为删除变项“曾经”后句子合法；如果以时间副词“曾经”和时间助词“过”的共现为常项，那么它是最简结构，因为删除其他任何一个变项后句子不合法。其实不少学者在研究汉语的时与体时没有考虑最简结构这一重要的描写原则，比如朱德熙（1982：69）认为动词词尾“了”跟动作发生的时间无关，可用于过去和将

来或假想中发生的事件，但是给出的例子却是连动结构“下了课再去”。既然以“了”为观察对象，“我们下了课”才是最简结构（此处主语论元不影响分析）。如果按照朱先生的思路，无法解释为何发生在将来的“我们将要（将/要）下了课”不合法，并且“我们下了课”也表示动作行为发生在说话时间之前，“了”却与动作发生的时间有关。汉语传统语法中通常将连动结构处理为特殊的单句，其实“下了课再去”中的“下了课”既可处理为复合句中的状语从句，也可处理为简单句中的状语，通常情况下状语从句或包含动词的状语与时的表达无关，主句才是考察时的结构载体。徐通锵（1997：502—503）也认为动词词尾“了”可发生于过去、现在和将来，并提出助词“了”“着”“过”和副词“曾经、已经、正在”等共现，就可以衬托出这些助词的“时”特征。问题是，即使在不含有这些时间副词的最简结构中，这些助词仍然具有表时功能。汉语中时间名词、部分时间副词以及时间助词都能表达时，并且时间助词和部分时间副词也能表达体，那么汉语的时和体究竟是如何表达的？总不能毫无头绪可言。问题是，汉语在时—体表达上是否有规律性？时间名词、时间副词以及时间助词在时—体表达上是否有分工？时与体是否能够分离？下面我们以一个表示时的语法成分为常项，以及两个表示时的语法成分共现为常项，在最简结构中依次进行考察。

3.3.2　时间名词和时间副词

以中性语境下的最简结构为考察时的基本结构，时间名词和一些时间副词显然具有表达时的功能，在表达过去、现在和将来三个时方面具有确切的分工，分别以时间名词和时间副词为常项，以其他语法成分为变项，（8）中的句子都是最简结构。特别需指出的是，（$8c_1$）作为最简结构是从必须表示将来时来讲的，删除助动词“可能”后句子也合法，但不表将来时，而表现在时，这个问题同上一节（5b）中的副词“大概”类似，也是一个关键问题，下文会专门谈及。

（8）a_1. <u>以前</u>他同意小李的观点。　　（过去—持续）

a_2. 他已经/已到达（了）机场。（过去—完成）

b_1. 目前袋鼠分布在澳大利亚。（现在—持续）

b_2. 公司正在/在研制药品。（现在—进行）

c_1. 明天他可能去美国。（将来—将行）

c_2. 我们将要/将采取行动。（将来—将行）

在上述最简结构中，($8a_1$)—($8c_1$) 中的常项是时间名词，($8a_2$)—($8c_2$) 中的常项是时间副词，它们所表达或隐含的时显而易见。可以发现，($8a_1$)—($8c_1$) 中的时间名词主要起表示时的作用，与体的意义表达无关，而 ($8a_2$)—($8c_2$) 中的时间副词既隐含时也表达体。含有时间副词的句子有两个方面需要说明：第一个方面，($8a_2$) 有两个问题：一是此处的动词词尾“了”可有可无；二是说话者在用“已经/已”描述过去发生的事件时，可以将观察视点或参照时间放在说话时间之前的位置（$R<S$），此时表过去时；也可将观察视点或参照时间放在与说话时间重叠的位置（$R=S$），此时表现在时。如例（9）。

（9）a. 他已经/已到达（了）机场（了）。（过去—完成）

b. 他已经/已到达（了）机场了。（过去—起始）

c. 现在他已经/已到达（了）机场（了）。（现在—完成）

d. 现在他已经/已到达（了）机场了。（现在—起始）

(9a)、(9b) 表过去时，(9c)、(9d) 表现在时。值得注意的是，过去时和现在时中都有“完成”和“起始”两种体意义，这与句尾“了”有关。(9a) 和 (9c) 表完成体，句尾“了”可有可无，是语气助词；(9b) 和 (9d) 表起始体，句尾“了”不可删除，是时间助词，如果删除就会改变体意义，变成了完成体。也就说，(9) 中的句尾“了”是语气助词还是时间助词决定了不同的体意义，这个问题在下文谈及句尾“了”时还会涉及。既然在 ($8a_2$) 中我们以单一时间副词为常项，那么本着最简结构的规则，词尾“了”、句尾“了”以及表“现在”的时间名词都不允许出现，那么该句中的“已经/已”在最简结构中表过去时，不能表现在时。

第二个方面，在“已经/已、正在/在、将要/将”中，双音节副词与其意义相近的单音节副词在时的表达上无差异。但在语用及体表达上有时可能有差异。以“正”“正在”“在”为例。位于句首的时间名词通常充当参照时间（但不是绝对的，下文还要谈及这个问题），参照时间是时点还是时段对“正”“正在”“在”的使用有限制。陈前瑞（2008：252）曾提出“正”“正在”“在”的聚焦度存在一个由强到弱的等级，即“正 > 正在 > 在”。这个发现颇有见地，就是说，聚焦度与参照时间的时点性或时段性特征有关，参照时间越倾向于时点聚焦度越高，参照时间越倾向于时段聚焦度越低，句子中如果隐含具有明显时段特征的参照时间，聚集度较高的“正”“正在”的使用会受到限制，如下例（10）。

（10）a. 现在他在（正在/正）吃中药。

b. 这几个月他在（正在/? 正）吃中药。

c. 这几年他在（＊正在/＊正）吃中药。

我们先忽略这些与时无关而与体有关的差异。例（8）已经展示了时间名词和时间副词在各自的最简结构中能够表达过去、现在及将来三个时，为探寻时的表达规律，我们继续遵守最简结构原则，以一个时间名词和一个时间副词的搭配为常项，即要求一个时间名词（表达过去、现在和将来）和一个时间副词（表达过去、现在和将来）共现，那么一共可以构成 3 × 3 = 9 种逻辑搭配，如图 3－1 所示。

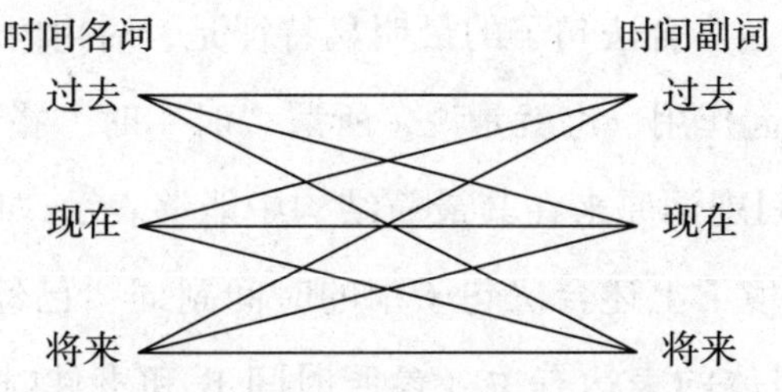

图 3－1　以时间名词和时间副词的共现为常项的时搭配

下面以在各自的最简结构中表示过去、现在和将来的时间名词“当时”“现在”“明天”和时间副词“已经/已”“正在/在”“将要/将”的共现为常项，考察时间名词和时间副词共现的时表达情况。我们之所以选取时间副词“已经/已”“正在/在”“将要/将”，是因为它们与 Hengeveld（2011）所证明的由体标记向时标记演变的三种路径中的概念最接近，在各自的最简结构中既有表达时的功能又有表达体的功能。如果选取只能表达时的时间副词，意义不大，因为其与表达时的时间名词进行搭配必然会出现要么冲突要么一致的现象，下文还会考察其他时间副词。按照表 3－1 中的搭配思路形成如例（11）中 9 种“时（时间名词）+ 时（时间副词）”的情况，其中所有的句子都是中性语境下的最简结构，但是在合法性方面有差异。

（11）a_1. 当时他已经/已到达机场。（过去—过去/完成）
a_2. 当时他正在/在读书。（过去—现在/进行）
a_3. 当时他将要/将去美国。（过去—将来/将行）
b_1. 现在他已经/已到达机场。（现在—过去/完成）
b_2. 现在他正在/在读书。（现在—现在/进行）
b_3. 现在他将要/将去美国。（现在—将来/将行）
* c_1. 明天他已经/已到达机场。（将来—过去/完成）
* c_2. 明天他正在/在读书。（将来—现在/进行）
c_3. 明天他将要/将去美国。（将来—将来/将行）

可发现例（11）中合法句子的最明显特征是，时由时间名词决定，时间副词对时的表达不起作用，也就是说，所谓“时 + 时”搭配中第二个时不是真正的“时”，时间副词原来在其最简结构中能够表示“时”的资格被时间名词取消。中性语境下上述合法句子中的时间副词“已经/已”“正在/在”“将要/将”主要与体的表达有关（参照时间 R 和事件时间 E 的关系），即“时—时”搭配实际上应该为“时—体”搭配。需说明的是，不同情状类型动词或动词短语会影响体意义的表达，也即 R 和 E 的关系有时会随着动词或

动词短语情状类型的改变而改变，目前不探讨。

（$11c_1$）和（$11c_2$）为何不合法？从“现在”来看待“明天”可能发生的事态，该事态具有“非现实性”（irrealis）特征，从这种非现实性事态的表达来说，说话者通常表达预期或其他主观情态意义，在语言编码上往往需添加表示这种意义的语法成分，如带有情态意义的时间副词“将要/将”、助动词“会/可能”及副词“大概”等（英语中如助动词“will/shall”），这也是将来时来源于情态表达的理由。如果表达非现实性事态的助动词完全语法化，那么最有可能成为表达将来时的形态成分。也可以这样理解，“明天”可能发生的非现实性事态在语言编码上需要带有情态意义的“将要/将”“会”“可能”“大概”等加以标记，也即“可能的非现实性事态”的表达是有标记的，没有任何标记就会使“已经/已”“正在/在”所表达的事态带上了“现实性”（realis）特征，而“现实性”只能是从“现在”或者“过去”两个时间上所观察到的“存在”，说话者无须进行主观情态式的“预期”。这样一来，（$11c_1$）和（$11c_2$）不合法的原因在于，“已经/已”“正在/在”所表达的现实性事态无法从“明天”得以观察，或者说“已经/已”“正在/在”所隐含的“过去”和“现在”与“明天”相冲突。另外也说明，“将要/将”与“会/可能”及“大概”都具有情态意义，只是“将要”的将来时意义更凸显，其情态意义是次要的，“将要”可看作表达可能的非现实性事态的标记，与将来时间“明天”没有任何冲突。

这里有一个问题需要说明，以上只是涉及将来“可能”发生的事态，这种可能事态具有非现实性，需添加表情态意义的语法成分。但客观世界中尚未发生的事态并非一定是“可能”事态，也可以是按时间表拟定或安排好到时就发生的事态，这类事态也具有非现实性特征，但不需添加表情态意义的语法成分，然而为了与已经发生和正在发生的现实性事态加以区别，这种非现实性事态在语言编码上除了表示将来的时间名词外不再添加表时—体意义的时间副词和时间助词。也就是说，删除时间名词后的结构在中性语境下往往是不自足的，但添加将来时间名词后这种不自足的结构就是默认的“现在时”，而非是将来时。换言之，句首将来时间名词与句子的时在意义上并非一致的，如下例（12）中的汉语句子。汉语的这种情况与英语传统语法中用一般现在时表示一般将来时是一回事，同时也说明英语中的“be going to do/be to do/be about to do”（“be”为“am/is/are”）表达现在时，也不表达将来时。英汉语中这种情况的 ERS 关系都是说话时间与参照时间重叠，并且都位于事态时间之前，即 S = R < E。另外需注意的是，汉语中如果句首的时间名词决定句子的时，那么时间名词充任参照时间；如果句首的时间名词与句子的时无关，那么时间名词充任事件时间。这样一来，如果句首的时间名词不能充任参照时间，一般是时的特殊表达法，英语中“be going to do/be to do/be about to do”（“be”为“am/is/are”）也是如此。

（12） a. 明天他读书。 He reads tomorrow.

b. 后天他去美国。 He goes to America the day after tomorrow.

c. 明天我值班。 I'm on duty tomorrow.

d. 运动会下周举行。 The sports meeting takes place next week.

（13） a. 明天他将要读书 = 他明天将要读书 ≠ ? 他将要明天读书

Tomorrow he will read.

（将来时，S < R = E，R = 明天 = E）

b. 明天他打算读书 = 他打算明天读书 ≠ ? 他明天打算读书

He is going to read tomorrow.

（现在时，S = R < E，R = 现在，E = 下周）

需注意的是，（13a）中尽管“R = E = 明天”，但“明天”本质上是参照时间 R，之所以 R = E，这与体意义有关，暂且不谈。（13b）中句首的“明天”显然不是参照时间，而是事态发生时间，参照时间是“现在”，即“他现在打算明天读书”，与上述英语“be - 结构”所表达的时一致。

综上所述，现实性事态无法以将来时的视角来表达；反过来讲，将来时只能表达非现实性事态。现实性顾名思义是指包含内在根据的、合乎必然性的种种“存在”，因而已起始、正进行或持续、已完成、已经历，以及现在和

过去时间上的惯常事态都具有现实性，那么非现实性就是指尚未发生的“非存在”。“现实性/非现实性”的对立就是“存在/非存在”的对立，通俗地讲，“现实性/非现实性”表示的是“有没有”的问题，“已起始、正进行或持续、已完成”等是“有”的各种存在方式，“有没有”是对各种事态进行观察的一种抽象方式，因而“现实性/非现实性”本质上是一种抽象的、高层次的体义对立，即“现实体/非现实体”。那么可以说，将来时只能表达非现实体。“将来时只能表达非现实体”这个表述实际上体现了一种逻辑命题蕴含关系，即“将来时蕴含非现实体”，有“将来时”必有“非现实体”，是一个单向蕴含关系，也可以表述为其逆否命题“现实体蕴含非将来时”，这两个“蕴含”是同一个蕴含关系的等值表述，因为汉语时间名词与时间副词共现时，时间名词通常在时间副词之前，为方便展示蕴含关系与例句的对应，我们采取“将来时蕴含非现实体”的表述。

逻辑上的命题蕴含关系一般表示为“→”，假设 p 和 q 是两个不同的命题，“$p→q$”这一蕴含式为真，当且仅当除“p 真 q 假”外 p 与 q 的其他三种组合皆真，也即 p 的真值和 q 的真值共有 4 种组合。假设“一个句子表达将来时”为命题 p，“这个句子表达非现实体”为命题 q，那么“将来时蕴含非现实体”表示为“$p→q$”，这一蕴含式共有三种情况为真（T），一种情况为假（F）。为直观展示这一蕴含关系，表 3－3 中左栏为逻辑命题蕴含的真值矩阵，右栏为自然语言表述。

表 3－3　“将来时”蕴含“非现实体”真值表

·	p	q	$p→q$	将来时	非现实体	将来时蕴含非现实体
i	T	T	T	将来时	非现实体	真
* ii	T	F	F	* 将来时	现实体	假
iii	F	T	T	非将来时	非现实体	真
iv	F	F	T	非将来时	现实体	真

表3-3涉及的命题逻辑关系是二元逻辑运算，即“真”和“假”的非此即彼情况，因而对于一句子所表示的“时”只有“将来/非将来”的对立，该句子所表示的“体”只有“现实/非现实”的对立，并且“将来时蕴含非现实体”只有“真”和“假”两个值。然而在人类对时间的认知上以及自然语言编码上，“非将来时”包括过去和现在，而“现实体”则是过去和现在时间上各种形式的“存在”，因而“将来时蕴含非现实体”实际上体现了“将来时/非将来时”的时对立以及“现实体/非现实体”的体对立。表3-3中时和体的搭配中只有“将来时—现实体”为假，其他搭配都为真。

谈到这里，我们需要检验一下上述时—体蕴含关系在语言中的实现情况。也许有人会针对前文（$11c_1$）和（$11c_2$）提出，“明天这个时候他已经到达机场/明天这个时候他正在读书”两句也可以接受，但是需注意，正是由于添加了表示“这个时候”，才使这两个句子具有了假设的意味，类似于英语中的虚拟语气，这两句实际上是用“现在时—现实体”来表示“将来时—非现实体”，说话者将位于说话时间之后重叠的参照时间和事件时间移位于说话时间。此外，“*明天正午他正在打扫房屋”通常不可接受，在体标记上，“正/正在”是现实体标记，而“在”不是，在体意义表达上，“正/正在”的聚焦度很高，高于“在”，表达绝对时点上的事态，对于尚未发生的非现实性事态来讲，一般没有必要或无法取得高聚焦度。这也是这句话也无法添加非现实体标记或情态义语法成分的原因，如“*明天正午他大概/可能正在打扫房屋”，而“在”则可，如“明天正午他大概/可能在打扫房屋”。“明天正午他已经到达机场”有时可以接受，表示说话时间上已经定好的事情，那么可以说，这句话表达“现在时—非现实体”，但为何没有添加表示非现实体的标记呢？假如添加“肯定/一定/很可能”等表情态义的语法成分，那必然无法与表达“将来时—非现实体”的情况加以区分。可以说，这种表达“现在时—非现实体”的情况之所以没有添加非现实体标记，在句子实现上是不得已的句法策略，而在意义表达上则具有已经定好或安排好的特殊含义。

“将来时蕴含非现实体”这一蕴含关系也可从前文（8）中分别以时间名

词和时间副词为常项的最简结构以及（11）中以时间名词和时间副词的共现为常项的最简结构得以验证。也就是说，（8）和（11）中的句子所表达的“时＋体”搭配无论合法与否都能在蕴含关系的真值矩阵中找到自己的位置，如下所示。

（i）将来时—非现实体

（$8c_1$）将来—将行

（$8c_2$）将来—将行

（$11c_3$）将来—将行

*（ii）将来时—现实体

*（$11c_1$）将来—完成

*（$11c_2$）将来—进行

（iii）非将来时—非现实体

（$11a_3$）过去—将行

（$11b_3$）现在—将行

（iv）非将来时—现实体

（$8a_1$）过去—持续

（$8a_2$）过去—完成

（$8b_1$）现在—持续

（$8b_2$）现在—进行

（$11a_1$）过去—完成

（$11a_2$）过去—进行

（$11b_1$）现在—完成

（$11b_2$）现在—进行

不合法的例（$11c_1$）和（$11c_2$）恰好出现在逻辑蕴含真值表里为“假”的组配中。以上分析表明，“将来时蕴含非现实体”或者“现实体蕴含非将来时”要求在以一个时间名词或一个时间副词为常项或者以一个时间名词和一个时间副词的共现为常项的最简结构中，既有时的表达也有体的表达，但这并非意味着最简结构合法，最简结构的“时—体”表达呈现出“将来时蕴含非现实体”这一蕴含关系，或者称为逻辑上的“四缺一”格局，其中“将来时—现实体”总是不合法。有两点需要说明。首先，所有句子都必须表达或隐含某种时意义和体意义，或者说所有事态都需通过时空定位才能表达命题的真值（顾阳，2008：97），是说话者将命题定位在一定的时间域或空间域中，用 Langacker（2000：220—225）的术语讲是“定位表述”（grounding predication），时意义和体意义缺一不可，否则句子不合法，或者只是一个命题，这种情况下的不合法句子不在我们的蕴含关系中；其次，每个合法句子都表达某种时与体意义是“将来时蕴含非现实体”的必要条件，但时与体的表达不能随意，这条蕴含关系就是对每个句子时与体表达的一个限制。下面我们对这条蕴含关系进行进一步验证。以另一对时间副词“曾经/曾”为例。

（14）a. 我们曾经/曾擦肩而过。　　（过去—完成）

b. 以前他曾经/曾是我的同桌。　（过去—持续）

＊c. 目前他曾经/曾是个医生。　　（现在—持续）

＊d. 日后他曾经/曾登上珠峰之巅。（将来—完成）

（15）a. 铁路桥曾经/曾已经/已完工。

b. 俄罗斯曾经/曾将要/将进攻君士坦丁堡。

＊c. 铁路桥已经/已曾经/曾完工。

＊d. 俄罗斯将要/将曾经/曾进攻君士坦丁堡。

（14a）、（14b）所表达的“时—体”意义相同且均合法，属于真值表中合法的“非将来时—现实体”，（14d）则属于真值表中不合法的“将来时—现实体”。问题是，（14c）中的“现在—持续”也属于“非将来时—现实体”，但是句子却不合法，其实这与蕴含关系无关，真正原因有两个：一是“曾经/曾”只能表达过去时，其与表现在的“目前”相冲突，这一点与“已经”不同；二是“曾经/曾”只能表达过去时而不能表达体，它们是一对表时

副词，例（15）中的句子可以验证，当“曾经/曾”与其他时间副词共现时，其只能位于其他时间副词之前，表达过去时，而体意义由其他时间副词来表达。换言之，在其他时间副词与时间名词共现的最简结构中，时间副词一般失去了表达时的资格，而只有表达体的功能，但“曾经/曾”却戴着时间副词的帽子而干着时间名词的活，这一点也可从“曾经/曾”通常需要助词“过”来帮助它们表达体意义得以验证。因此，（14c）中的“现在—持续”应该为时间上相冲突的“现在—过去”，因而其不属于蕴含关系中的“非将来时—现实体”。其实（14a）、（14b）所表达的体意义与谓语有关，而并非是由“曾经/曾”直接表达的。

还有相当多的一部分时间副词主要表达体意义，与时无关，如表示惯常、不定时、短时、反复以及准时等，在中性语境下，这类时间副词在没有添加其他时间名词的情况下一般默认为现在时，此时在体意义方面也属于现实体范畴，因而当这类时间副词与将来时间名词共现时，其最简结构通常不合法。但也有例外，这些例外不表达将来时，而表达现在时，如下例子。

（16）a_1. 他经常失眠。　　　　（现在—惯常）
　　＊a_2. 日后他经常失眠。　　（将来—惯常）
　　　b_1. 他有时想家。　　　　（现在—惯常）
　　＊b_2. 今后他有时想家。　　（将来—惯常）
　　　c_1. 他即刻动身。　　　　（现在—起始）
　　＊c_2. 明天他即刻动身。　　（将来—起始）
　　　d_1. 他反复论证问题。　　（现在—反复）
　　＊d_2. 将来他反复论证问题。（将来—反复）
　　　e_1. 新规则如期实施。　　（现在—起始）
　　　e_2. 下周新规则如期实施。（现在—将起始）

（$16a_1$）—（$16e_1$）中“惯常”“起始”及“反复”在现在时上都具有现实性，因而属于真值表中合法的“非将来时—现实体”，而（$16a_2$）—（$16d_2$）在将来时上均缺乏标示“非现实体”的标记，属于不合法的“将来时—现实体”，唯有（$16e_2$）尽管含有将来时间名词，但属于合法的“非将来时—非现实体”，这个问题前文已有所论述，表达在说话时间上按时间表拟定或安排好到时就发生的事态，表示现在时并且不需要非现实体的标记。

综上所述，汉语时间名词表达时而不表达体。时间副词分为三类。第一类既可表达时也可表达体，如“已经/已”“正在/在”“将要/将”，在它们与时间名词共现的最简结构中则表达体而不表达时，表时功能由时间名词承载。第二类主要表达时而一般不表达体，表时功能与时间名词类似，如表过去时的“曾经/曾”，这一类只能与它们所表达的时一致的时间名词共现，在它们与其他时间副词共现的最简结构中也表达其原来的时。第三类主要表达体而一般不表达时，如“经常”“有时”“即刻”“如期”等，这一类时间副词所在的最简结构中如果不含有任何其他表时语法成分，在中性语境下一般默认为现在时。

另外，我们初步得出了一条“将来时蕴含非现实体”的逻辑蕴含关系，即将来时结构必须表达非现实体，需带有非现实体标记，非将来时结构可以表达现实体或非现实体，现实体是指过去和现在以各种方式而存在的事实。

3.3.3 时间助词和助动词

本节主要考察两个问题：一是与时间助词“了”“过”“着”“的”和助动词“要”“会”如何表达时；二是与这些助词和助动词有关的句子所表达的时和体是否也遵守“将来时蕴含非现实体”的蕴含关系。在考察它们的表时功能时，我们仍然遵循最简结构原则，即以单一助词或助动词为常项，以及以单一助词和单一时间副词的共现为常项的合法句子，时间名词的表时功能比较单一，不再考虑。

首先看助词。学界以往研究对“了”“过”“着”“的”这些助词的身份和功能观点不一，甚至对于汉语有几个“了”和“过”至今尚未达成共识。对于“了”，认为有一个（张黎，2003）、两个（朱德熙，1982；吕叔湘，

1984；刘勋宁，1990；竟成，1993）、三个（王维贤，1991）、四个（金立鑫，1998）的情况都存在；对于“过”也存在类似情况，石毓智（1992）认为“过”只有一个，而有的学者则认为有两个（刘月华，1988；房玉清，1992），可表达“动作完结”和“过去曾经有过的事情”。数量不一致说明学者们对于它们的语法功能及表示的时—体意义有不同的看法。

以“了”为例，学者们的争论多数是认为《现代汉语八百词》（吕叔湘，1984）有关词尾“了”表动作完成，句尾“了”表事态发生了变化或即将发生变化的说法有很多反例，刘勋宁（1988，1990，2002）提出词尾“了”是“实现体”的标记，与句尾“了”的功能一样，都与“事实”有关，因而主张在核心意义下实现多个“了”的合并，句尾“了”从相当的角度来说是过去时的标志。石毓智（1992）也认为词尾“了”和句尾“了”表示实现体，“着”和“过”分别表持续体和终结体。金立鑫（2002，2003）通过严格采用句子最简形式证明了词尾“了”和其他语法成分共现可以表达状态延续体、行为延续体及结束体三种体意义，并且“着”和“过”所表示的体也蕴含了“实现”。句尾“了”在不同句法条件下可表达“现在起始体”“将来起始体”以及“过去起始体”，但这些不同的“时”是由相应的句法条件提供的，并不是句尾“了”的语法功能。其他学者也有所讨论，限于篇幅，恕不列举。

对于语法成分的功能研究，“细分”有助于厘清语言事实，是寻找共性不可或缺的步骤。“合并”有助于发现共性，因而“细分”是“合并”的必要条件，“合并”是“细分”的必然结果。可以发现，上述学者对“了”的研究提出了一些关键词，“实现”“事实”“持续”“起始”以及“终结”等，这些都是体的意义。可惜的是，学者们没有对体意义进一步抽象提升，并且对体与时的关联性研究不够，所得出的结果还是不一致。比如“实现”这个词表面上与本书所言的“现实”似乎同义，但还是有很大差异，“存在”如进行或持续事态是“现实”，但不是“实现”。

以下我们在前贤的基础上，对“了”“过”“着”“的”的表时功能及其与体的关系做进一步考察，试图呈现汉语的时—体表达系统。需说明的是，我们支持金立鑫（1998）提出的汉语有四个“了”的观点：词尾“了”（记作“$了_1$”）、句尾时间助词“了”（记作“$了_2$”）、句尾语气助词“了”（记作“$了_3$”）以及词尾起补语作用的“了”（记作“$了_4$”）。如果不做区分，在论述时会有很多反例。句尾“$了_2$”和“$了_3$”两者的最大差异在于，删除语气助词“$了_3$”不会改变体意义并且句子仍然合法，而删除时间助词“$了_2$”要么改变了体意义要么不合法。对于时间助词“过”“的”“着”不再细分。

在谈时间助词之前，有个问题需要注意，上一节我们提到时间副词“将要/将”可看作将来可能事态非现实体的标记，但是它们标记非现实体的功能还不够强大，只能作用于动词或动宾短语本身，当它们与最简结构中能够表达现实体的其他时间副词如“已经”“正在”共现时，两者形成冲突，中性语境下的句子通常不合法或接受度较低，如（17a）—(17d）。汉语中有个助动词“会”，“会”的非现实体标记功能强于副词“将要/将”，在特定语境中当它与表示现实体的“已经”“正在”共现时，“会”的非现实体表达功能会得以凸显，从而形成合法的“将来时—非现实体”。(18a)、(18b）中如果有前续句“当明天你们来的时候”，不过我们目前只考虑中性语境或默认状态，这种情况下的（18a)、(18b）仍然接受度不高，这足以证明“已经”“现在”所表示现实体的影响。另外“会”一旦与非现实体功能不太强的副词“将”合用构成“将会”，“已经”“正在”的现实体功能就更加凸显，与“将会”形成竞争，句子合法性大打折扣，如（18c)—(18d)。

(17) ＊a. 他将要已经到达机场。

＊b. 他将要正在读书。

＊c. 他将已经到达机场。

＊d. 他将正在读书。

(18) ? a. 他会已经/已到达机场。（将来时—将完成）

? b. 他会正在/在读书。　（将来时—将进行）

?? c. 他将会已经到达机场。（将来时—将完成）

?? d. 他将会正在读书。　　（将来时—将进行）

严格来讲，“会”才是英语中“will”大致上的等值语法成分，但英语中合法的“will have done/be doing”足以显示“will”标记非现实体的功能比汉语助动词和时间副词强。上面提到，汉语的将来助动词表示非现实体的功能强于将来时间副词，那么在特定语境中（有前续句），为何表达现实体的时间副词会屈服于表达非现实体的助动词，从而显现出非现实体意义呢？这个问题不难回答。从跨语言来看，助动词的语法地位高于副词，助动词一般看作整个动词复合体的核心成分，这也是大多数语法理论所达成的共识，从生成语法的角度看，助动词占据中心语位置，而副词只能占据附加语位置。同理，占据附加语位置的非现实体副词和现实体副词必然形成冲突，很难出现压倒性倾向。

基于以上准备，首先看“$了_1$”。下列（19）是以“$了_1$”为常项的最简结构，（20）是以“$了_1$”和时间副词的共现为常项的最简结构。

（19）a_1. 他吃了一个苹果。　　（过去—完成）

a_2. 她怀了孩子。　　（现在—持续）

b_1. 我们下了课。　　（过去—完成）

b_2. 墙上挂了一幅画。　　（现在—持续）

c_1. 我看了一场电影。　　（过去—完成）

c_2. 住房成了问题。　　（现在—持续）

d_1. 我们击败了对手。　　（过去—完成）

d_2. 他养了一条藏獒。　　（现在—持续）

（20）a_1. 他已经吃了一个苹果。　　（过去—完成）

* a_2. 他正在/将要/会吃了一个苹果。

b_1. 我们已经下了课。　　（过去—完成）

* b_2. 我们正在/将要/会下了课。

c_1. 她已经怀了孩子。　　（现在—持续）

* c_2. 她正在/将要/会怀了孩子。

d_1. 住房已经成了问题。　　（现在—持续）

* d_2. 住房正在/将要/会成了问题。

从（19）可以看出，在以“了$_1$”为常项的最简结构中，“了$_1$”可以有“过去+完成”和“现在—持续”两种时—体表达功能，我们目前无法找到“了$_1$”在其最简结构中可以表达其他时—体意义的例子。至于“下了课再去图书馆”之类的句子不是最简结构，另外传统语法将此类句子称为“特殊的单句”，我们认为最好按复句处理，其中的“了”出现在从句中，对时的表达不起作用，主要表达体意义。这又涉及汉语句子成分的划分问题，实际上很多问题都与句子成分划分有关，这个问题不解决，很多细节问题不可能解决。

从（20）中以时间副词和“了$_1$”共现的最简结构可看出，“了$_1$”不能与表进行体的“正在”共现，这与体意义冲突有关，与时无关。我们将进行体定义为动态进行，持续体表静态持续或动作/行为惯常重复，“了$_1$”只能表达完成体和持续体，无法与进行体兼容。更重要的是，“了$_1$”不可能出现在将来时的最简结构中，也许有人会给出如“他会杀了你/我会吃了他/他会害了你”的例子，但这些句子中的“了”是我们所言的“了$_4$”，本质上是一个补语成分（马希文，1983；金立鑫，1998），在前两句中可替换为补语“掉”，后一句可替换为补语“死”。但“了$_1$”不同，最简结构中即使在动词后添加补语，这个“了$_1$”也不可或缺。

现在的问题是，“了$_1$”为何不能出现在将来时的最简结构中。“将要/会”不是非现实体标记吗，它们为何不能起表达非现实体的功能？前文例子（17）和（18）已经做了铺垫解释，“将要”不能与表达现实体的时间副词共现，也不可能与表达现实体（完成和持续）的“了$_1$”共现，但助动词“会”能够与表达现实体的时间副词共现，却为何也不能与“了$_1$”共现？这里涉及体标记语法化程度的问题，时间副词与助动词都是还未彻底语法化的成分，但“了$_1$”基本上是一个语法化比较彻底的时—体成分，这也是不少学者将其看作词缀或附着词的原因。可以说，“了$_1$”是一个语法

化了的现实体标记，其他还未彻底语法化的表非现实体的时间副词与助动词无法撼动其地位。“了$_1$”所表达的时也可从蕴含关系推出，因为“将来时蕴含非现实体”与其逆否命题“现实体蕴含非将来时”等值，因而现实体标记“了$_1$”也蕴含了非将来时，即“过去时”和“现在时”，上述分析结果与蕴含关系是一致的。

再来看“了$_2$”。传统上一般认为“了$_2$”表示新情况出现或事态发生了变化或即将发生变化。对于“了$_2$”的时与体表达功能，刘勋宁（2002）明确提出“了$_2$”是过去时的标志，金立鑫（2003：40）则用最简结构细致地证明了“起始体”是“了$_2$”的体属性，这种起始体可出现在“过去”“现在”和“将来”，但“了$_2$”并不是这些时的语法功能；并进一步指出，“了$_2$”所表示的起始体是指整个事态的起始，不同于动作行为的起始。我们认为，在以“了$_2$”为常项的最简结构中，就所表达的事态而言，“了$_2$”确实表达起始体，但在表达时的方面，它只能表达过去时和现在时，不能表达将来时。要说明这个问题不容易，涉及观察视点或参照时间的位置以及事态之间的关系，为直观展现“了$_2$”的时—体表达，请看图3-2。

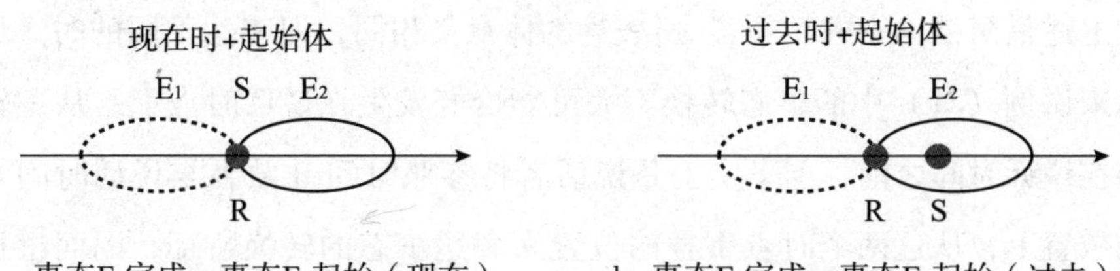

a. 事态E1完成—事态E2起始（现在）　　b. 事态E1完成—事态E2起始（过去）

图3-2　“了$_2$”的时—体表达

在3-2中，E_1和E_2指不同的事态，S指说话时间，R指参照时间或观察视点，虚线椭圆E_1表示参照时间R之前的事态，实线椭圆E_2是指参照时间R之后的事态。客观世界中的事态如果按照持续长短来划分，可以划分为时点和时段，时段就是持续静态或者持续动态，时点可以是持续静态结束或持续动态开始，也可以是持续动态结束或持续静态开始，因而时点本质上是连接不同持续事态的点。从不同事态的转换来看，一行为或状态完成也就意味着另一行为或状态起始，一行为或状态起始也同时意味着该行为或状态持续。“了$_2$”正是充任了这些不同的时点，它的意义取决于图示中参照时间R的位置，在图3－2a中，“了$_2$”表“现在时—起始体”（S与R重叠且R位于E_2的起始点）；在图3－2b中，“了$_2$”表“过去时—起始体”（S后于R且R位于E_2的起始点），可看出，“了$_2$”在表达E_2起始的同时也隐含了E_1的完成。“了$_2$”表起始体意义类似于张黎（2003）所言的“界变”或“划界”作用，即不同事态在各时点上的转换。图3－2中的情况如下面例子。

（21）事态E_1完成—事态E_2起始（现在—起始）

a. 天下雨了。　　　c. 他成为研究生了。

b. 司机开车了。　　d. 他有重孙子了。

（22）事态E_1完成—事态E_2起始（过去—起始）

a. 我吃饭了。　　　c. 他跑步了。

b. 老张做报告了。　d. 小李去北京了。

上述最简结构中的“了$_2$”所表达的体意义相同，但表达不同的时。尽管严格来讲例（21）中的事态转换不大可能恰好发生在说话时点上，从逻辑上说应在说话时间之前，但事实上是说话者将参照时间R放在与说话时间S重叠的位置上，从这两个时点重叠的位置来表达事态的转换特征，因而根据这种情况我们不赞同刘勋宁（2002）有关“了$_2$”只是过去时标志的说法，至少有遗漏。而（22）不同，说话者将参照时间R放在说话时间S之前的位置上，这种情况才是过去时，正因为是过去时才使不少学者认为“了$_2$”表达完成体（陈前瑞，2008：189），但“了$_2$”表完成体如何与“了$_1$”所表达的完成体加以区分？两者几乎无法作出区别，并且（22d）显然也没表达完成。实际上（22）中并非凸显事态E_1完成了，而是凸显另一事态E_2的起始，由于事态E_2的起始意味着其持续，并且事态E_2在说话时间上仍然持续，比如（22a）强调的是从“没吃饭”到“吃饭了”的事态转变，同理（22d）强调的是“没

动身去”到“动身去”的事态转变，因而完成体应该分解为“过去时—起始体”，凸显的是过去起始的这种事态对现在仍然有影响。对于类似“他太高了”中的句尾“了”，我们认为是语气助词“$了_3$”，在探讨时—体意义时应不予考虑；还有一种情况是所谓“$了_2$”的将来时用法，仍然应归入语气助词的用法，句尾“了”删除后时—体意义不变，如下例（23）中“$了_2$”与时间副词“将要”的共现。

（23）a_1. 天将要下雨了。　　a_2. 天将要下雨。

b_1. 司机将要开车了。　　b_2. 司机将要开车。

c_1. 老张将要做报告了。　c_2. 老张将要做报告。

d_1. 小李将要去北京了。　d_2. 小李将要去北京。

（23）中有没有句尾“了”都表达将来时—将行体，与（21）和（22）中的“$了_2$”明显不同。陈前瑞、王继红（2012）提出，“来了！（我这就来了！）”中的“了”是从完成体演变为最近将来时的用法，我们不支持该观点。完整结构“我这就来了”中的“了”是语气助词，因为删除“了”后的语句“我这就来”仍然合法并且不改变时—体意义，完整结构中的“了”是语气助词而省略句中的“了”处理为体助词显然缺乏一致性，这也说明，时—体研究的载体需要限定在合法的最简结构中。另外，刘勋宁（2002：78）曾提出北京话“$了_1$”和“$了_2$”共现的句子中出现“$了_1$”脱落的趋势，是因为表过去时的“$了_2$”隐含了之前的动作自然实现，省去“$了_1$”是简化操作。我们认为“简化操作说”本质上不是由于时的原因。而是体的原因。前面分析说明，以“$了_2$”为常项的最简结构可以表达现在时和过去时，但只表达起始体。金立鑫（2003：40）认为，时间轴上的任意一点，既可以看作结束，也可以看作开始，结束表示另一个新事件的开始，而开始则表示前一个事件的结束。如果从蕴含关系来看，一事态的起始蕴含了另一事态的完成，正是这种蕴含关系才出现了“$了_1$”的脱落现象。综上所述，在以“$了_2$”为常项的最简结构中，“$了_2$”可表达现在时和过去时，即非将来时；在体意义方面只表达起始体，即现实体，因而“了$_2$”仍然遵守“将来时蕴含非现实体”或“现实体蕴含非将来时”这一蕴含关系。

下面再看助词“过”。石毓智（1992：199）认为“过”表示终结体，表示行为的结束，代表一个完整的过程，而词尾“了”只表示行为发展到“实现点”，不包括行为的结束，这也是“动＋过”可再加“了”，而“动＋了”不能加“过”的缘由；刘月华（1988）及房玉清（1992）则认为“过”可表达“动作完结”和“过去曾经有过的事情”两种不同的意义。我们认为，“过”确实可表达两种不同的体意义，也即完成体和经历体，试看例子（24）、（25）。

（24）a_1. 她怀过孩子。　　＊a_2. 她将要/将怀过孩子。
　　　b_1. 他养过一条藏獒。　＊b_2. 他将要/将养过一条藏獒。
　　　c_1. 他去过美国。　　＊c_2. 他将要/将去过美国。
　　　d_1. 他结过婚。　　　＊d_2. 他将要/将结过婚。

（25）a_1. 我读过《红楼梦》。　＊a_2. 我将要/将读过《红楼梦》。
　　　b_1. 我看过这部电影。　＊b_2. 我将要/将看过这部电影。
　　　c_1. 他们攀登过珠峰。　＊c_2. 他们将要/将攀登过珠峰。
　　　d_1. 老师讲过这个问题。＊d_2. 老师将要/将讲过这个问题。

（24a_1）—（24d_1）表达经历体，其中“过”不可替换为“了$_1$”，否则会产生相反的意义；（25a_1）—（25d_1）表达完成体，其中“过”替换为“了$_1$”后不会产生相反的意义，但在意义表达上仍有差异，“过”强调“远过去时”，而“了$_1$”强调“近过去时”，不过这种“远过去时”和“近过去时”的区分纯粹是从说话者的主观角度来讲的，如“我吃过饭”和“我吃了饭”在事件发生时间距离说话时间的远近方面几乎无差异。“过”和“了$_1$”的主观性差异不同于世界上一些语言的“多分时”，如肯尼亚境内的一种班图语——卡姆巴语（Kamba），其根据事件距离说话时间的远近将过去时又分为“即时过去”（immediate past）、“近时过去”（recent past）及“远时过去”

(far past)，分别表示说话时间的“同一天早些时候”“前一天”及“大约一个月前”，这种“多分时”具有客观性。无论表经历体还是完成体，以“过”和将来时副词“将要/将”为常项的最简结构都不合法。“过”表示经历体和完成体的差异与动作对象或者目标是否实现有一定关系，是否具有必然关系尚需进一步验证，如例（26）。

（26）＊a_1. 她怀过孩子，但没怀上。　a_2. 我读过《红楼梦》，但没读完。

＊b_1. 他养过一条藏獒，但没养上。b_2. 我看过这部电影，但没看完。

＊c_1. 他去过美国，但没到达。　c_2. 他们攀登过珠峰，但没登上。

＊d_1. 他结过婚，但没结完。　d_2. 老师讲过这个问题，但没讲完。

（$26a_1$）—（$26d_1$）的前一小句表经历体，（$26a_2$）—（$26d_2$）的前一小句表完成体，表完成体时，“过”可替换为“$了_1$”。需强调的是，“完成”的体义只与事态的终止有关，而与动作对象或目标是否完成无关。“过”无论表示经历体还是完成体，所表达的事态在说话时间上都已终止，这或许是石毓智（1992）认为“过”表示终结体的理由，并且其认为所有的“了”表示实现体，但是终结体和实现体从逻辑关系上讲并不是处于同一层面的不同概念，因为终结体都是实现体，而实现体不一定是终结体，显然体名称的逻辑关系尚不清晰。我们认为，应在同一个层面区分完成体和经历体，而这两个体名称又同属于现实体的下位概念。“过”可以与表过去时的“曾经/曾”共现，但不能与“现在/正在/在”和“将要/将”共现，这说明“过”只能表示过去时。就是说，“过”的时—体表达属于“非将来时—现实体”，而其“将来时—现实体”的情况不合法，显然以“过”为常项或者以“过”和其他表时语法成分的共现为常项的最简结构也遵守了“将来时蕴含非现实体”这一蕴含关系。

再看“着”和“的”两个时间助词。先看“着”，学者们对于“着”主要有“状态的持续”和“动作的进行”两种解释，对于前人的研究我们不予赘述，有兴趣的读者可参见刘一之（2001），其对以往研究做了详细的回顾，并对北京话中的“着”进行了探讨，提出“着”有四种语法功能：静态的标志（“桌上放着一杯茶”）、表示方状（“站着吃”）、通过某种手段（“看着好看”）以及连接两个分句（“说着话，天黑了”）。其中，前两种是主要功能，并认为类似“他拍着手”“他们跳着舞”的单句不能成句，因而“动作的进行说”不成立。我们认为，尽管此类句子不能自足，通常需在动词前添加表现在的时间副词“正”，但有一类存在句确实表示动态的动作进行，而非表静态持续，如例（27）。

（27）a_1. 池塘里游着鸭子。　　a_2. 我窝着一肚子火。

b_1. 台上唱着京剧。　　b_2. 他留着八字胡。

c_1. 屋子里跳着舞。　　c_2. 她背着一把吉他。

d_1. 嘴里哼着歌。　　d_2. 屋子里堆着纸盒。

如果严格按照动态和静态的区分，（$27a_1$）—（$27d_1$）应该表“现在时—进行体”，而（$27a_2$）—（$27d_2$）则表“现在时—持续体”。徐通锵（1997：505）曾认为“着”表示连续性时程的延续，这种延续可以用于过去的时间，也可以用于现在的时间，但不能与表示将来时间的语辞共现。（27）中的句子确实不能与表将来的时间名词或副词共现，但也不表示过去时。也就是说，以“着”为常项的最简结构只能表示现在时，如果表过去时需添加表过去的时间名词或副词，如“当时”或“曾经”，并且仍然表持续体或进行体。这样一来，以“着”为常项的最简结构以及以“着”和时间名词或副词共现的最简结构也必须遵守时—体表达的“将来时蕴含非现实体”的蕴含关系，属于合法的“非将来—现实体”情况。

对于时间助词“的”，宋玉柱（1981）和刘公望（1988）认为它只能表示过去时，我们认为在有些情况下也可用于现在时，用于过去时表完成体，用于现在时表进行体或持续体，如下例子。

（28）a.（当时/现在）爸爸开的车。

b.（当时/现在）小李抽的中华烟。

c. （当时/现在）老张喝的五粮液。

d. （当时/现在）我用的海飞丝。

在以时间助词“的”为常项的最简结构中，不可能出现表示将来的时间名词或副词，因而只能用于“非将来时—现实体”的时—体表达，也遵守“将来时蕴含非现实体”的蕴含关系。

最后看汉语中两个与时间直接相关的助动词“要”和“会”。助动词的说法以往也颇有争论，有动词说（朱德熙，1982），副词说（杨伯峻，1981；吕叔湘，1982），以及单列词类说，如“能词”（高名凯，1986）、“衡词”（陈望道，1978）。副词除了少部分（如“差不多”“也许”等）外一般不能单独作谓语，而“会”通常能单独作谓语，“要”则一般不能单独作谓语，因而“会”更倾向于具有动词属性，“要”更倾向于具有副词属性，如例（29）。

（29）a. 你要去美国吗？　　是（的）。　＊要（的）。

b. 天要下雨吗？　　是（的）。　＊要（的）。

c. 你会去美国吗？　　＊是（的）。　会（的）。

d. 天会下雨吗？　　＊是（的）。　会（的）。

我们认为可以将汉语助动词“要”和“会”看作介于动词和副词之间的一种词类，是动词向副词语法化过程中的产物，如图 3－3 所示。

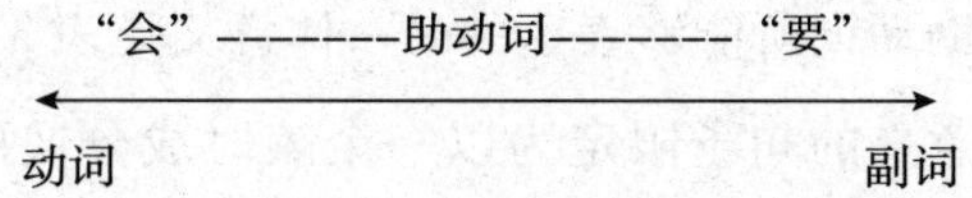

图 3－3　“要”和“会”的词类倾向

“要”和“会”的词类归属我们不再探讨，只关注它们所表达的时—体意义。一般认为汉语中两个否定副词“没（有）”和“不”否定的对象不同，“没（有）”用于客观陈述，限于否定过去和现在的事态，不能否定将来的事态；而“不”用于主观意愿，否定将来的事态[①]，如例（30）。

（30）a. 他要去上海。
　　　　他没（有）要去上海。
　　　＊他不要去上海。
　　b. 他会去上海。
　　　＊他没（有）会去上海。
　　　　他不会去上海。

（30a）和（30b）是分别以“要”和“会”为常项的最简结构，“要”的意义相当于“打算/想”，着眼现在的情状，强调述谓主体在说话时间上的主观意愿；而“会”的意义相当于“将会”，着眼将来的情状，强调述谓主体在说话时间之后的可能动作行为。因而“明天他要去上海”中的“明天”不是修饰“要去上海”，而是修饰“去上海”，修饰“要”的是默认的“现在”；“明天他会去上海”中的“明天”则修饰“会去上海”。“要”表达“现在时—非现实体”（将行），而“会”表达“将来时—非现实体”（将行），两者所表达的时—体意义依然遵守“将来时蕴含非现实体”。

3.3.4 时—体对立与时—体系统

至此我们可对汉语的时—体表达做个小结，汉语中时间名词、时间副词、时间助词以及助动词所能够表达的时—体意义见表3－4。需说明的是，我们将考察时—体意义的句子限定为以一个表时成分或两个不同词类表时成分共现为常项的最简结构，如果扩展到复合句，很容易将体意义误解为时意义。

① 用于否定性质时需用“不”，不能用“没”，如“不（＊没）漂亮”“不（＊没）安静”，性质的否定很大程度上是主观的评价，这与“没”在否定事态时的“客观性”用法是一致的。

表3-4　　　　　　最简结构的时—体与部分语法成分

时		体	时间名词	时间副词	时间助词	助动词
非将来	过去	现实/非现实	过去、从前、先前、以前、当时、当初、刚才、早先、昨天	已经、已、曾经、曾、早已	了$_1$、了$_2$、过、的	—
	现在		现在、当前、当今、此时、此刻、目前、眼下、如今	正、正在、在、常常、有时	了$_1$、了$_2$、的、着	要
将来	将来	非现实	将来、今后、以后、未来、日后、明天、下周、后年	将、将要、将会、即将	—	会

在表3-4中，“非将来时”对应“现实体/非现实体”，“将来时”对应“非现实体”，第一种对应关系需要作个说明，我们并非指表中可用于过去和现在的时间语法成分都可表示现实/非现实体，这要看具体的句法搭配。“非将来时—非现实体”其实主要包括三种情况，一是非将来时句子使用非现实体的标记，二是“现在时—非现实体”所表达的按时间计划拟定或安排好届时一定发生的事态，三是助动词“要”所表达的“现在时—非现实体”。在以单一表时成分为常项的最简结构中，时间名词、时间副词、时间助词及助动词的表时功能具有明确的分工，可表示过去时、现在时和将来时。时间名词只表时而不表体，时间副词则有表时表体、表时不表体以及表体不表时三种类型，时间助词“了$_1$”“了$_2$”“的”在各自的最简结构中可表过去时和现在时，不能表将来时，而“过”只表过去时，“着”只表现在时。最简结构中的助动词“要”表现在时，“会”表将来时。Haspelmath（2006）与Dryer（2009）经统计得出“人类语言不论VO还是OV语序语言，时—体词缀语素倾向于使用后缀形式”这一倾向，这与语法化程度有关，时—体后缀语素的语法化程度高于表示时—体意义的词汇。汉语时间助词的语法化程度远高于时间副词，从而后置于动词（“了$_2$”置于句末），而语法化程度高的时间助词“了$_1$”“了$_2$”“过”“的”“着”在

最简结构中只能表示过去时和现在时，即“非将来时”。汉语没有表示将来时的助词或其他动词词尾成分，只有动词前的词汇成分，这说明汉语“非将来时”的语法化程度高于“将来时”，从而我们得出汉语的时是一种“将来/非将来”的对立系统。体则是“现实体/非现实体”的对立，汉语的时—体表达需遵守“将来时蕴含非现实体”的蕴含关系。

前文讲过，“现实体/非现实体”是一对抽象的、高层次的体义对立，传统上所讲的起始、进行或持续、完成、经历等只是现实体的下位体义，从逻辑上讲，这些下位体义也可通过各种语法手段转换为非现实体，文中已经证明，如前文例（17）和（18）。汉语对一些非现实体的表达不敏感，但这并非意味着其他语言也不敏感，如英语。图 3－4 是一个现实体/非现实体的逻辑对立系统，现实体的下位体义是根据不同的观察视点位置而建立的。现实体下位的“起始”“持续”“完成”“经历”在最简结构中都可用动词词尾性质的助词表达，假如时间助词是这些体义的强制性表达手段，那么可以说这些下位体义的语法化程度已经相当高。然而这些体义有时也可通过其他语法手段来表达，因而这些下位体义并没有完全语法化。正如吴福祥（2005：248）所言，“汉语的完成体和进行体仍处在语法化过程之中”。需说明的是，图 3－4 中的“完成”包含两种意义，事态完结意义的完成和量实现但事态并未完结意义的完成，即终结性完成和定量性完成。“定量”的体义由于本书只限于最简结构而没有展开，如语法上通常带有作补语的数量短语，如“他已跑了半小时（还在跑）”“我们结婚已满十年”等。

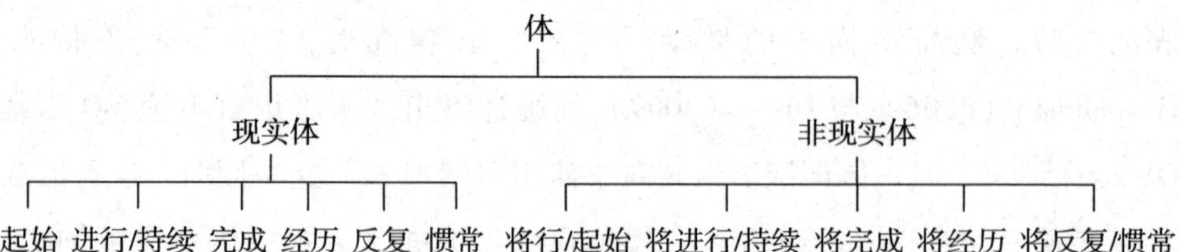

图 3－4　现实体/非现实体对立的体系统

3.4　跨语言时—体蕴含共性

3.4.1　将来时蕴含非现实体

汉语的“将来/非将来”的时对立从语言类型学的角度讲并非特有的，WALS 上统计了 222 种“将来/非将来”对立的语言，其中用屈折形态来表示“将来/非将来”对立的有 110 种，用其他方式表示对立的有 112 种。那么汉语中“将来时蕴含非现实体”的蕴含关系是否可体现为跨语言的蕴含共性？英语的过去时用外部屈折（动词后缀）或内部屈折表达，现在时用零形态，将来时用助动词“will/shall”，如果仅从屈折形态上看，英语是“过去时/非过去时”对立的语言，非过去时没有专门的形态变化，并且英语的体意义表达也没有专门的形态标记。英语传统语法中的 16 种所谓“时态”其实既表达了时也表达了体，其将来时结构必须用助动词“will/shall”，同时一定表达非现实体，不可能表达现实体，而非将来时结构则既可表达现实体也可表达非现实体，正如文中提到的，“be going to do/be to do/be about to do”（“be”为现在时），以及用一般现在时表示将来时都属于“现在时—非现实体”，“would do”则是“过去时—非现实体”。也就是说，从形态上看英语虽然属于“过去/非过去”的时对立系统，但也遵守了“将来时蕴含非现实体”的蕴含关系，这种蕴含关系也是英汉语时与体表达的共性。

当然，英汉语的体表达差异上也很明显，英语对非现实体中的“将进行/持续、将完成”比汉语敏感。这种蕴含关系也适用于其他语言，如印度境内的曼尼普尔语（Manipuri）以及印度尼西亚境内的图康伯西语（Tukang Besi），它们在体的表达上也是“现实/非现实”的对立，将来时必须表达非现实体，而非将来时可表达现实体或非现实体，如下例（31）和（32）；缅甸语也缺乏屈折形态变化，它的时表达主要依赖于情态标记和时间词，然而时一体表达也遵守上述蕴含关系，如例（33）。

（31）曼尼普尔语（Bhat，1999：19）

a. mə hak ciŋ – də cə t – kə ni

he hill – LOC go – FUT

He will go to the hill.

b. mə hak ciŋ – də cə t – li

he hill – LOC go – NONFUT

He went to the hill/He usually goes to the hill.

（32）图康伯西语（Donohue，1999：153）

a. no – baiara – 'e

3SG. SUBJ. REAL – pay – 3SG. OBJ

She has paid it.

b. na – baiara – 'e

3SG. SUBJ. IRREAL – pay – 3SG. OBJ

She is going to pay it.

（33）缅甸语（Comrie，1985：45）

a. sǔneineí – taìñ myeʔ hpyaʔ – te

Saturday – every grass cut – REAL

（he）cuts the grass every Saturday

b. da – caúñmoú mǎ – la – ta

that – because not – come – REAL

because of that（they）didn't come

c. mǎneʔhpan ? sá – me

tomorrow begin – IRREAL

（we）will begin tomorrow

汉语、缅甸语和曼尼普尔语同属汉藏语系，英语是印欧语系语言，而图康伯西语则是南岛语系语言，但它们都遵守了“将来时蕴含非现实体”，因而我们初步得出一条跨语言时—体蕴含共性。

一语言如果以“现实/非现实”为体义对立，那么该语言的将来时结构一定用于非现实体，而非将来时结构则可用于现实体或非现实体。

3.4.2　现在时蕴含非完整体

值得注意的是，英汉语等的“现实体/非现实体”对立是以时间为视点的，然而世界上也有以空间为视点来表达体意义的语言。“完整体/非完整体”（perfectivity/imperfectivity aspect）的对立在印欧语系斯拉夫语中比较典型（Leinonen，1982：231；Dickey，2000：37；金立鑫、邵菁，2010：321—322）。完整体将事态看作一个完整的不可分的格式塔式整体（Gestalt totality），可以是完整的时点也可以是完整的时段；对于时段性事态而言，整个事态可看作一个整体，其起始点、持续段以及终止点也可看作各自独立的整体，均可能以完整体来表达。非完整体则将观察视点置于事态的内部，强调事态的非完整性。这种完整体/非完整体的对立在其他语系的语言中也可找到证据，如乌拉尔语系的芬兰语。芬兰语的名词格标记与体密切相关，名词宾格（accusative case）对应于完整体，而名词部分格（partial case）则对应于非完整体（de Swart & Verkuyl，1999：33）。完整体/非完整体在斯拉夫语中也是一种抽象的且高层次的体对立，其也有下位的体义表达，如起始、进行/持续及惯常等。斯拉夫语的时—体表达也有规律，以俄语为例，俄语的时是过去/非过去的形态对立，并且其完整体/非完整体已经完全语法化为动词词缀及词根异干等形态变化，俄语在时—体关系上只有下列五种搭配。

（34）a. Он ел.　　　　（过去时—非完整体）

He ate. /He did eat. /He was eating.

b. Он съел.　　　（过去时—完整体）

He had eaten. /He has eaten.

c. Он ест.　　　　（现在时—非完整体）

He eats. /He does eat. /He is eating.

d. Он съест. （将来时—完整体）

He will eat. /He will have eaten.

e. Он будет есть. （将来时—非完整体）

He will eat. /He will be eating.

从上例可以看出，“完整体/非完整体”与“过去时/将来时”共有 2 × 2 = 4 种搭配，也即“非现在时”可表达完整体或非完整体，而现在时只能表达非完整体，那么俄语的时—体表达必须遵守“现在时蕴含非完整体”的蕴含关系，真值见表 3 - 5。

表 3 - 5　　“现在时”蕴含“非完整体”真值表

	p	*q*	*p*→*q*	现在时	非完整体	现在时蕴含非完整体
i	T	T	T	现在时	非完整体	真
* ii	T	F	F	* 现在时	完整体	假
iii	F	T	T	非现在时	非完整体	真
iv	F	F	T	非现在时	完整体	真

上述蕴含关系真值表是一个“四缺一”格局，“现在时—完整体”在逻辑蕴含关系中是一个“假”的搭配，而“现在时—非完整体”“非现在时—非完整体”以及“非现在时—完整体”是“真”的搭配。由于非现在时包含过去时和将来时，因而逻辑上三种为真的搭配在自然语言中实际上有五种实现方式，那么俄语中的“现在时—完整体”搭配无论从蕴含关系还是从语言实现来说都是不存在的。例（34）和表 3 - 5 的蕴含关系是一致的，也就是说，非完整体可以与过去、现在以及将来三种时进行搭配，而完整体只能与过去和将来两种时进行搭配。从跨语言的角度来看，俄语的这种时—体蕴含关系也不是特有的，其他斯拉夫语族语言如波兰语和捷克语的时—体表达也

遵守“现在时蕴含非完整体”的蕴含关系，这两个语言中的完整体/非完整体对立同俄语类似也完全语法化了。波兰语中“je ść”和“zje ść”都表示“吃”，但非完整体动词“je ść”可以出现在过去、现在和将来三种时中，而带有前缀的完整体动词“zje ść”只能出现在过去时和将来时中。捷克语也是如此，现在时只能用于非完整体动词。

这些斯拉夫语言不允许存在“现在时—完整体”搭配的原因其实不复杂，现在时一般以说话时间为观察视点，说话时间通常处理为时点而非时段。在以空间为视点的语言中，只以时点为观察视点，不可能呈现出一个完整的时段性事态，即不可能包括事态的起始点、持续段以及终止点。而对于时点性事态来讲，比如起始点和终止点，很难表达它们恰好发生在说话时点上。显然，斯拉夫语中的完整体与英汉语的完成体不同，前者可以是完整的起始点和终止点以及完整的进行或持续段，而后者只聚焦于终止点。另外，俄语、波兰语及捷克语等语言中的完整体/非完整体对立通常体现为动词体的对偶(少部分动词以词根异干的形态差异来体现体意义对立的情况除外)，而英汉语中的完成体则没有严格意义上的对立体义——未完成体，未完成基本上是以进行体、持续体以及惯常体的意义而存在的。其实，无论是现实体/非现实体还是完整体/非完整体都是句子层面的体义，只不过完整体/非完整体已完全语法化，句子的体义完全受制于动词的形态体义，而现实体/非现实体不仅受不同情状类型的动词的影响，还受论元以及补语等语法成分的影响。Borik & Reinhart（2004：19）将完整体和非完整体分别刻画为“$E \subseteq R$ & $S \cap R = \varnothing$”和“$\neg E \subseteq R \vee S \cap R \neq \varnothing$”，E、R 及 S 分别代表事态时间、参照时间和说话时间，完整体表示事态时间在参照时间的视域内且说话时间与参照时间不相交，非完整体表示事态时间不在参照时间的视域内且说话时间与参照时间相交。从事态时间 E 和参照时间 R 的关系来看，这种体对立是基于事态是否具有完整性的空间视点体类型。至此我们可以得出另一条跨语言的时—体蕴含共性。

一语言如果以“完整/非完整”为体义对立，那么该语言的现在时结构一定用于非完整体，而非现在时结构则可用于完整体或非完整体。

英汉语等语言中的“将来时蕴含非现实体”和俄语等语言中的“现在时蕴含非完整体”的前提是这些语言中具有不同的体类型，前者以时间为视点，后者以空间为视点。其实时间和空间须臾不可分离，这两条时—体蕴含关系都可在时轴上得以刻画。这两条蕴含共性如图3－5、3－6所示，其中S表示说话时间，E表示不同的可能事态。

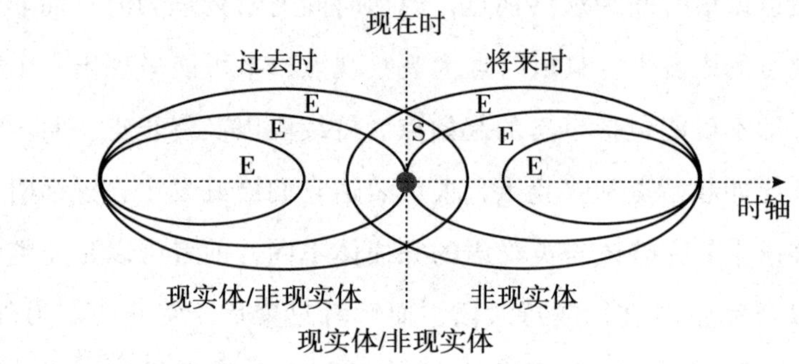

图3－5 “将来时”蕴含“非现实体”

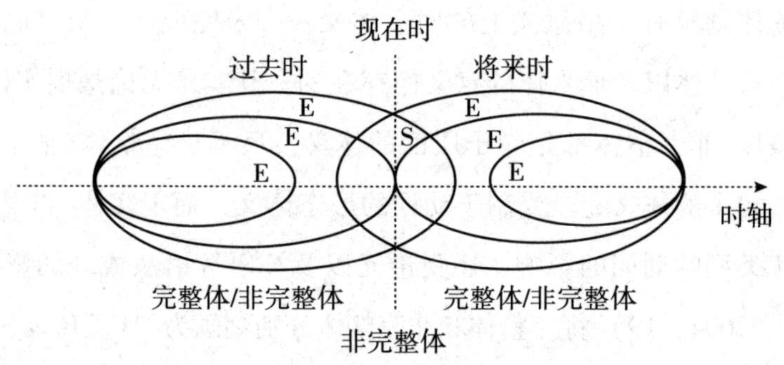

图3－6 “现在时”蕴含“非完整体”

3.5 小结

本章对世界上人类语言的时—体编码方式、英汉语的时—体，以及跨语言时—体的蕴含共性进行了探讨。对于人类语言的时—体编码方式，基于10

个语系 27 种随机语言样本，时—体编码包括词缀、功能词、助动词、音调、非词缀语素以及逆被动态，词缀具有压倒性倾向，而词缀又倾向于后缀，由于功能词涉及副词、助词、介词以及冠词等词类，在世界语言中的使用比助动词更普遍。表时—体意义的后缀、助动词、逆被动态以及音调尽管从语法上看不具可比性，但从编码方式与时—体意义的关系来看，象似性原则很大程度上起了促动作用。随着语言样本的增加，更多时—体编码方式及其共性也会逐步发掘出来。

时与体本质上是语义范畴，英汉语都有过去时、现在时以及将来时的语法表达手段，语法化程度高的使用形态手段，语法化程度低的使用词汇手段。文中采用最简结构作为考察汉语时—体表达的样本，以汉语的时为切入点，对汉语的时—体系统进行了详细考察，时间名词主要表达时，时间副词则有表时表体、表时不表体以及表体不表时三种类型，时间助词和助动词则对时—体表达均有贡献。

从语法化程度来看，英语的时是“过去/非过去”的对立。汉语的时是“将来/非将来”的对立，但两个语言的体都是基于时间视点的“现实体/非现实体”的对立。英汉语的时与体密切相关，时—体表达均需遵守“将来时蕴含非现实体”的蕴含关系，这一蕴含关系也适用于汉藏语系的缅甸语和曼尼普尔语以及南岛语系的图康伯西语。印欧语系斯拉夫语族的俄语、波兰语以及捷克语中的体是基于空间视点的“完整体/非完整体”的对立，在时—体关系上都遵守“现在时蕴含非完整体”的蕴含关系。

无论是“现实体/非现实体”还是“完整体/非完整体”都属于抽象的且高层次的体对立，它们都有下位的体意义。之所以是两条蕴含共性，是因为人类语言中具有“现实体/非现实体”和“完整体/非完整体”的类型学差异，这可能与不同语言的人们观察世界的概念结构（conceptual structure）有关，并且不同的体类型在不同语言中的语法化程度也有高低之别。我们的初步结论是，这两条时—体蕴含关系是世界上不同体类型语言中时—体表达的两条蕴含共性。

本章的研究也揭示了两个问题。其一，要厘清一种语言的时与体系统，需对时—体表达的样本加以严格限制，比如要研究英语的时—体，各种状语中的谓语形式应不予考虑。同理，汉语的单句才是寻求时—体表达规律的基本结构，但这又涉及单句的概念，汉语传统语法将连动结构处理为特殊的单句，有些情况下显然不合适，因而汉语的句子成分划分问题以及单句和复句的重新界定亟待解决。其二，沈家煊（2012）提出语言对比既要重视语言内部的证据，也要重视证据的系统性，该理念对时—体研究也是一个很好的启迪。汉语的时—体具有个性和系统性，既不能照搬其他语言如英语或俄语中的时—体名称，也不能只重视个别时—体表达成分而忽视系统性，否则很难发现汉语的时与体全貌，并且还需有类型学的视角，汉语的个性时—体系统只是跨语言共性下的具体落实。

第 4 章　英汉语的时类型与基本 ERS 时—体结构

4.0　引言

本章旨在建立英汉语的基本 ERS 时—体结构，即英汉语时—体系统的语法表征及其 ERS 关系。本章所限定的“基本 ERS 时—体结构”是指中性语境下简单句所表达的时—体意义及其 ERS 关系，不论是英语还是汉语，时—体意义研究样本尽量限定为最简结构，最简结构是针对特定时—体意义而言的，删除最简结构中的任何语法成分在一定程度上都难以表达该特定的时—体意义。因而对于英语，有些情况下除了形态标记外还需添加时间状语，而对于汉语，则需考虑由时间名词、时间副词、时间助词、助动词以及动词所组成的简单句的时—体意义及其 ERS 关系。至于如何组合，我们视具体时—体意义的表达而定。基本 ERS 时—体结构涉及时、体以及 ERS 关系三个方面，本章首先考察英汉语在世界语言中的时类型，然后探讨情状、体以及动词之间的关系，最后基于不同情状类型的动词分类，试图建立起英汉语的时—体系统及其 ERS 关系。

本章主要由五部分组成。4.1 节明确英汉语的时在世界语言中的类型，为英汉语的基本 ERS 时—体结构建立做准备；4.2 节探讨情状类型、体以及动词三者之间的关系，澄清以往研究中存在的术语混乱现象，指出“情状类型”

这个概念适用于对客观现实情状和动词或动宾短语的内在情状进行分类；4.3节基于不同情状类型的动词，探讨英汉语的时—体表达及其 ERS 关系；4.4节概括英汉语的时—体系统及其核心语法表征手段；4.5 节对本章内容进行总结，并提出下一章着重探讨的问题。

4.1 英汉语的时类型

4.1.1 世界语言的时分类

上一章提到，英汉语中都有过去时、现在时以及将来时的语法表达手段，但从语法化程度来讲，英语的过去时比现在时和将来时的语法化程度高，而汉语的过去时和现在时则比将来时的语法化程度高。因而如果以语法化程度高低为判断标准，英语的时是过去/非过去的对立，汉语的时是将来/非将来的对立，可以说，英语的时以过去时为着眼点，汉语的时以非将来时为着眼点。英汉语的时特点如图 4 –1 所示。

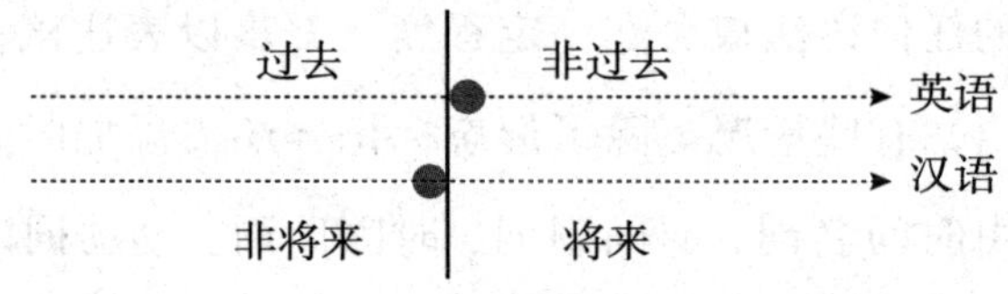

图 4 –1 英汉语的时

图4 –1 中的圆点表示“现在”，但需说明的是，“现在”并非总是体现为一个绝对的时点，也可以为时段，比如汉语中的“眼下/目前”以及英语中的“at present/currently”，等等。从世界语言的时类型来看，英语的过去/非过去和汉语的将来/非将来并非涵盖了所有语言的时分类，还有一些语言根据事件发生时间距离说话时间的远近对过去时或将来时进一步划分，比如“近过去时/远过去时”和“近将来时/远将来时”，即过去时和将来时具有“距离性”

(remoteness)，尤其表现在班图语中，不少学者对于时的距离性都有所讨论(Dahl，1984；Comrie，1985；Fleischman，1989；Chung & Timberlake，1990；Bybee *et al.*，1994；Bhat，1999)。需说明的是，事件发生时间距离说话时间的远近本质上还是参照时间在起作用，是以自然时间周期为判断标准的参照时间距离说话时间的远近，这是一种客观时间距离，客观时间距离在多分时的语言中通常完全语法化了。对于人类语言中时类型的可能性，金立鑫(2011：225)曾将世界语言的时归结为“二分时”和“三分时”两大类，其中二分时又分为以“过去时”为着眼点和以“将来时”为着眼点，前者再分为过去和非过去，后者再分为将来和非将来；三分时是一些语言中的现在、过去和将来具有相同的语法地位，至少在显性标记方面没有明显的倾向性。在此基础上，我们可以进一步勾勒出一个世界人类语言时类型的逻辑分类，如图 4－2 所示。

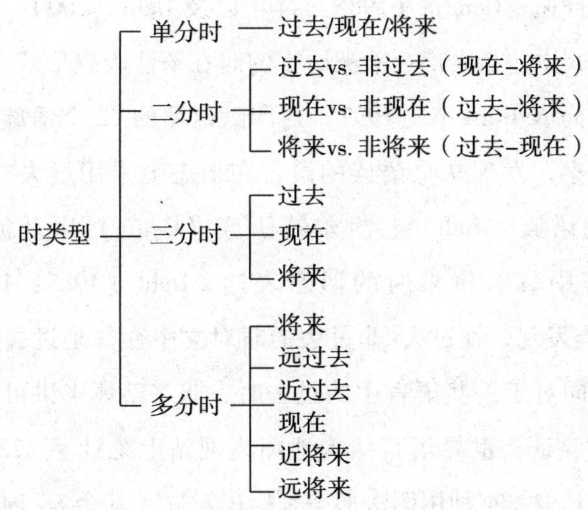

图 4－2　时的逻辑分类

图 4－2 只是一个逻辑上可能存在的分类。单分时指只有一个时，但有三种逻辑情况：“将现在和将来看作过去”，“将过去和现在看作将来”，“将过去和将来看作现在”。从我们生活的世界经验来看，前两种不可能存在，但可

能有第三种情况，也就是说，讲某种语言的群体可能只有“现在”的概念，不区分“过去”和“将来”，在语言编码上也只有“现在”的语法表达手段，这一点很像很多语言如英语以及法语中用一般现在时表示过去最近发生或者即将发生或者惯常发生的事态，在土耳其语中称为“宽时”（Genis Zaman，wide tense），体现为一种无界时间（unbounded time）。目前，“现在”单分时尚无法得到语料支持。委内瑞拉和巴西境内亚诺玛米语（Yanomámi）中的 NP 或 DP 作谓词时，系动词的使用受时的限制，现在时不使用，过去时和将来时必须使用系动词“ku”，这说明现在时优先于过去时和将来时。

二分时中有三种情况：过去/非过去、现在/非现在、将来/非将来。正如前文所提及，采用二分时的语言中具有过去、现在及将来三种时的语法表达手段，二分时只是从语法化程度角度来讲的，在过去、现在及将来三种时中，有两种时与另一种时在语法化程度上形成对立。过去/非过去比其他两种对立在世界语言中更普遍，Comrie（1985：44）以及 Dahl（2000：17）发现，世界上很多语言，其中包括大部分欧洲语言的时在语法表现形式上是过去/非过去的对立。Hewson & Bubenik（1997）对印欧语系的 12 个语族的语言的时—体系统进行了考察，发现 9 个语族的语言在形态上采用过去/非过去的时对立，只有意大利语族（Italic）、凯尔特语族（Celtic）以及波罗的海语族（Baltic）的语言中具有将来时的形态表达。Dahl（1985：117）及 Bybee（1994：82）调查发现，在过去/非过去的时对立中往往是过去时具有形态变化，然而这一倾向对于一些语言中的过去时—非完整体来讲可能较弱，仍需更多语料进一步验证。世界语言结构地图集网站上统计了 222 种过去/非过去对立的语言，其中 134 种用语法形态来标记对立，其余 88 种则没有用语法形态来标记对立。除了大部分印欧语系的语言如英语、俄语以及德语等外，印度境内的卡拉达语（Kannada）① 和澳大利亚境内的伊丁语（Yidiŋ）② 也是过去/非过去的时对立，分别如下例（1）和（2）；不过卡拉达语中的“iru”

① 印度卡纳塔克邦的官方语言，属于达罗毗荼语系。
② 澳大利亚土著语中帕玛尼荣根语（Pama – Nyungan）的一种语言。

（“to be”）有两种用法，当定位事件时采用过去/非过去对立，当定位物体或人时采用过去、现在和将来的三分时，如下例（3）和（4）（Bhat，1999：18）。

（1）卡拉达语（Bhat，1999：17）

a. avanu　manege　ho：－d－a

he　home　go－PST－MAS. 3SG

He went home.

b. avanu　manege　ho：gu－tt－a：ne

he　home　go－NONPST－MAS. 3SG

He goes home（habitual）.

He will go home.

（2）伊丁语（Chung & Timberlake，1990：205）

a. ŋayu　gundi－ŋ

I　return－PST

I have returned.

b. ŋayu　gundi－ŋ－ala

I　return－NONPST－now

I'm returning now.

I'm about to return now.

（3）a. ivattu　ondu　sabhe　it－t－u

today　one　meeting　be－PST－NEU. 3SG

There was a meeting today.

b. ivattu　ondu　sabhe　i－d－e

today　one　meeting　be－NONPST. NEU. 3SG

There is a meeting today.

There will be a meeting today.

（4）a. avanu　illi　id－d－a

he　here　be－PST－MAS. 3SG

He was here (when I came).

b. avanu illi id - d - a: ne

he here be - PRS - MAS. 3SG

He is here (now).

c. avanu illi iru - tt - a: ne

he here be - FUT - MAS. 3SG

He will be here (when you come).

He is (usually) here.

卡拉达语和伊丁语的过去时/非过去时均使用后缀语素，相比较而言，英语的所谓过去时/非过去时对立并非典型的二分时，非过去时还未语法化，也就是说，现在和将来并未采用屈折或词缀形式。更重要的是，在严格的过去/非过去的时对立语言中，现在时和将来时使用同一个标记，但在英语中通常是不允许的。

二分时中的将来时/非将来时的对立从跨语言角度来看并非是罕见的，汉藏语系中的不少藏缅语族语言采用将来/非将来的时对立，如上一章提到的缅甸语和印度境内的曼尼普尔语（Manipuri）。缅甸语中有两个主要的时功能词，“sax”表示过去和现在，“mañ”表示将来；曼尼普尔语中的动词后缀“li”表过去和现在，“kəni”表将来。对于这些标记的属性尚有争议，有学者将其处理为情态标记（Allott，1965），而 Comrie（1985：49）则认为情态与时间指称之间存在蕴含关系，我们在上一章谈及“将来时蕴含非现实体”的蕴含中实际上将这些情态标记看作“现实/非现实”的体标记，总体上这些语言更倾向于是体凸显的语言。有一点值得注意，根据“将来时蕴含非现实体”的蕴含关系，具有将来/非将来时对立的语言倾向于也具有现实/非现实的体对立，除缅甸语和曼尼普尔语外，南岛语系的图康伯西语（Tukang Besi）和澳大利亚土著语言帕玛尼荣根语的另一种语言——迪厄巴尔语（Dyirbal）也是如此。迪厄巴尔语中的后缀“ŋ”表示将来时，“n”和“ŋu”表示非将来时，见表 4 - 1。

表 4－1　　迪厄巴尔语将来/非将来的屈折语素（Dixon，1972：55）

词根	将来时	非将来时
balgal（"hit"）	balgaŋ	balgan
	will hit	hits/hit
baniy（"come"）	baniŋ	baniŋu
	will come	come/came

北美印第安语系中的不少语言采用将来/非将来的时对立，如犹他—阿兹特克语族（Uto－Aztecan）中的霍皮语（Hopi）、佩纽蒂安语族（Penutian）的塔克尔玛语（Takelma）、苏族（Siouan）的拉科塔语（Lakota）和霍卡克语（Hocąk）等。在塔克尔玛语中，动词词根具有形态变化，表非现实体的词根与将来时词缀搭配，而表现实体的词根与非将来时词缀搭配，如下例（5）；在拉科塔语中，将来时使用功能词"kte"，而删除这个功能词后就是非将来时，如例（6）。

（5）塔克尔玛语（Chung & Timberlake，1990：204）

a. yaná－t'ē

go. IRREAL－1SG. FUT

I will go.

b. yãn－t' ē[?]

go. REAL－1SG. NONFUT

I went/am going/am about to go.

（6）拉科塔语（Chung & Timberlake，1990：206）

a. ma－khúž į

1SG－sick. NONFUT

I was sick/I am sick.

b. ma - khúž$^{?}$ kte

1SG - sick FUT

I will be sick.

可以看出，在将来/非将来的时对立语言中，过去和现在使用同一个标记(或零形态)。汉语作为一种将来/非将来的时对立语言同样遵守这个规则，时—体助词“了$_1$”“了$_2$”“的”可出现在过去时和现在时的单句中，但在将来时中必须使用表将来时的时间副词或助动词。因此，从典型性角度来看，汉语作为将来/非将来的时对立语言比英语作为过去/非过去的时对立语言更典型。另外有一点值得注意，在（5b）塔克尔玛语中，过去、现在进行以及即将发生的事件均使用非将来时来表达，将来时只能用来表达将来的非即将发生的事件。对于“即将发生的”事件而言，英语中的“be to do/be about to do”（be 为 am/is/are）也是现在时，而非将来时。

二分时中的现在/非现在的时对立从跨语言角度来看是非常罕见的，不少学者声称不知道是否存在或者从未见到过这种语言（Declerck，2006：101；Lindenlaub，2006：11）。我们目前也无法找到采用语素或其他形态手段来标示这种对立的语言，不过印度境内的印地语（Hindi）① 中存在兼表过去和将来意义的词汇，如“kal”表示昨天或明天，“parson”表示前天或后天。

三分时是指过去、现在和将来具有不同的语法地位，如果说这三个时在英语中分别采用屈折形态、零形态、助动词来表示，英语也可以归入三分时的语言中。立陶宛语（Lithuanian）② 和印度境内的库鲁克语（Kurukh）③ 都采用三分时，如下例（7）和（8）。

（7）立陶宛语（Chung & Timberlake，1990：204）

a. dirb - a - u

① 印度的两种官方语言之一（另一为英语），属于印欧语系中印度—伊朗语族印度语支，是由古梵语发展而来的一种现代印度—雅利安语言。

② 立陶宛的官方语言，属于印欧语系波罗的海语族。

③ 使用者是两百万奥拉翁和基桑部族人民，分布在印度奥里萨邦及周边地区，属于达罗毗荼语系。

work – PST – 1SG

I worked/I was working.

b. dirb – u

work. PRS – 1SG

I work/I am working.

c. dirb – si – u

work – FUT – 1SG

I will work/I will be working.

（8）库鲁克语（Bhat，1999：15）

a. e：n　ij – d – an

I　stand – PRS – 1SG

I stand.

b. e：n　ij – k – an

I　stand – PST – 1SG

I stood.

c. e：n　ij[?] – on

I　stand – （FUT） – 1SG

I will stand.

图 4 – 2 中的多分时我们只是给出了大致上的区分，多分时的语言一般以现在时为枢纽，过去和将来又根据参照时间或话题时间距离说话时间的远近进一步细分，即时具有“距离性”（remoteness），从而存在多个过去时或将来时，这些不同的时通常处于相同的语法地位。从跨语言角度讲，多分时的数量、过去和将来的划分是否具有对称性或镜像性视具体语言而定。Botne（2012：537）发现，多分时语言中时的距离性具有普遍的划分基础，与自然周期划分（natural cyclic division）、人类生活周期和记忆以及认识价值取向有关。尼日尔—科尔多瓦语系尼日尔—刚果语族班图语支中的很多语言采用多分时，其他语系的语言也存在，但相比较而言不多，如亚美尼亚语（Armenian)[①] 有一个现在时、两个将来时和多个过去时，将来时和过去时并不对称。利比里亚境内的一种克鲁语（Kru）——格列博语（Grebo)[②] 以及班图语支中的哥达语（Kota）都有一个现在时，三个过去时和三个将来时，见表4－2。

表4－2　格列博语和哥达语中呈镜像分布的多分时（Botne，2012：537）

格列博(Grebo)		多分时	哥达语(Kota)	
－dá	PST$_3$	远过去(前于昨天)Remote past	PST$_3$	－á－…－á－sá
－d?	PST$_2$	昨天过去(昨天)Hesternal past	PST$_2$	－á－…－á－ná
－?	PST$_1$	今天过去(今天)Hodiernal past	PST$_1$	－á－mo－…－á
－E?	PRS	现在 Present	PRS	－á－…－á
－?	FUT$_1$	今天将来(今天)Hodiernal future	FUT$_1$	－é－…－αk…－a
－á	FUT$_2$	明天将来(明天)Crastinal future	FUT$_2$	－é－…－αk…－a－ná
－dó	FUT$_3$	远将来(后于明天)Remote future	FUT$_3$	－é－…－αk…－a－sá

在表4－2中的两种语言中，三种过去时和三种将来时以现在时为中心呈镜像性对立，而在喀麦隆境内的延巴语（Yémba，or Bamileke－Dschang)[③] 中，五种过去时和五种将来时以现在时为中心呈镜像性对立，总共有11种时。根据Comrie（1985：83），多分时语言主要来自非洲撒哈拉沙漠以南的班图语、澳大利亚的土著语言以及北美印第安语。在其中一些语言中，过去时和将来时尽管都有多种划分，但并非像表4－2中那样形成镜像性对立，总体上过去时的划分倾向于比将来时的划分更多，如肯尼亚境内的哈亚语(Haya)[④] 有三个不同的过去时，两个不同的将来时。

① 亚美尼亚的官方语言，属于印欧语系的独立一支。
② 属于尼日尔—科尔多瓦语系尼日尔—刚果语族。
③ 同上。
④ 同上。

需说明的是，我们所谈及的世界语言时的逻辑分类只是一个理想分类，所有语言的时并非能够整齐划一地归入这几种时类型。也就是说，人类语言在这几种时类型的划分方面并非有明显的界限，比如不少学者将英语归入过去时/非过去时类型，之所以将现在时和将来时看作同一个时仅仅是因为它们没有采用像过去时那样的屈折形态手段；然而如果从时标记来看，非过去的现在时和将来时并没有使用同一标记，或者说，一个非过去时的表达手段不可能既可表示现在时也可表示将来时，从这一点来讲，英语并非属于典型的二分时语言。对于汉语，上一章之所以将汉语归入将来/非将来的时类型语言，也仅仅是因为表将来的时间副词的语法化程度低于可出现在非将来时中的时间助词，尽管时间助词“了$_1$”“了$_2$”“的”可出现在表过去和现在的非将来时单句中，但它们不是表非将来时的必要语法成分或强制性标记，从这一点来说，汉语也并非典型的将来时/非将来时的二分时类型语言。如果从三分时语言的标记特征来看，英汉语也不是典型的三分时类型，因为表过去、现在和将来的语法表现形式并没有形成像三分时语言那样的高度语法化的形态标记。英语和汉语的时是二分还是三分只是相对而言的，要看从哪个角度来定义，不同的角度会导致不同的结果。为便于研究，我们认为英汉语都具有表达过去、现在和将来的语法手段，只是从语法化角度看，这些语法表达手段具有语法化程度高低的区别。

4.1.2　客观/主观时间距离与时

4.1.2.1　远时和近时

时间可看作一切事物发展的进程，时间距离本质上是映射到事物发展进程中的空间距离，因而时间的距离性实际上是一个概念隐喻，空间距离是源域，事物发展进程是目标域。正如 Lyons（1977：718—719）所言，“空间是人类认知中的最基本概念，由此引申到时间概念以及其他不同的抽象概念”。Haspelmath（1997）通过对 53 种语言的介词性时间状语的考察，验证了时间表达来源于空间概念具有跨语言的倾向性。空间距离的远近可从客观性和主观性两个方面来表达或计量，那么时间距离的远近表达也带上了客观性和主观性的特征。客观时间距离是指以自然时间周期为判断标准的参照时间距离说话时间的远近，而主观时间距离则依赖于说话者的主观认知或语境等来表达的参照时间距离说话时间的远近。任何语言都具有表达客观和主观时间距离的语法手段，但这些语法手段在不同语言中的语法化程度有差异，在多分时的语言中，客观时间距离表达通常语法化程度较高，客观时间距离已经语法化为不同的过去时和将来时，比如秘鲁境内的亚瓜语（Yagua）[①] 的五个完全语法化了的不同过去时，见表 4 – 3 和例（9）[②]。

表 4 – 3　　亚瓜语中客观时间距离语法化为后缀的过去时

过去时	时间距离	后缀
近过去时$_1$（PROX $_1$）	说话时间前几个小时	– jásiy
近过去时$_2$（PROX$_2$）	说话时间前一天	– jαy
过去时$_1$（PST$_1$）	说话时间前一周到一个月	– siy
过去时$_2$（PST$_2$）	说话时间前一两个月到一两年	– tíy
过去时$_3$（PST$_3$）	说话时间前遥远的或传说的过去	– jαda

（9） a. ray ąą siy

{ray – jiya – jásiy}

1SG – go – PROX$_1$

I went （this morning）.

b. r į̈į̈ úújenúúñíí

① 属于美洲印第安语系。

② 源自 http：//wals. info/chapter/66。

{ray – j ч nnúúy – jay – níí}

1SG – see – $PROX_2$ – 3SG

I saw him（yesterday）.

c. sadííchimyaa

{sa – díí – siy – maa}

3SG – die – PST_1 – PRF

He has died（between a week and a month ago）.

d. sadíítímyaa

{sa – dííy – tíy – maa}

3SG – die – PST_2 – PRF

He has died（between 1 to 2 months and a year ago）.

e. raryúpeeda

{ray – rupay – jada}

1SG – be. born – PST_3

I was born（a number of years ago）.

从例（9）可以看出，客观时间距离已经语法化为表示时的后缀；需注意的是，尽管时后缀可以表达客观的时间距离，句子仍然可添加时间状语，但时间状语必须与时后缀在表示客观时间距离上保持一致，否则句子不合法，比如表示“远时间距离”的时间状语不能与表示“非远时间距离”的时后缀搭配。英汉语中显然没有多分时语言中的这种高度语法化的客观时间距离表达后缀，客观时间距离都是通过时间状语等词汇句法成分来表达的，英汉语中客观时间距离与时的表达没有直接关系，如（10a）与（10b）。那么英汉语中的主观时间距离与时是否有关系？过去时和将来时是否有远时和近时的进一步细分？请看例（11）。

（10）a. He arrived yesterday.

他昨天到了。

b. He arrived the day before yesterday.

他前天到了。

（11）a. He has arrived.

b. He had arrived.

c. He arrived.

d. 他去了美国。

e. 他去过美国。

首先看英语（11a）—（11c）。如果用英语传统语法中的时态名称，（11a）—（11c）分别为“现在完成时”“过去完成时”“一般过去时”，但这些时态名称其实是时和体的混合名称，严格来讲，（11a）—（11c）的时与体应该分别为“现在时—已完成体”“过去时—已完成体”“过去时—正完成体”，时取决于说话时间 S 和参照时间 R 的关系，体则取决于参照时间 R 和事件时间 E 的关系，用 ERS 关系表示，如图 4－3 所示。

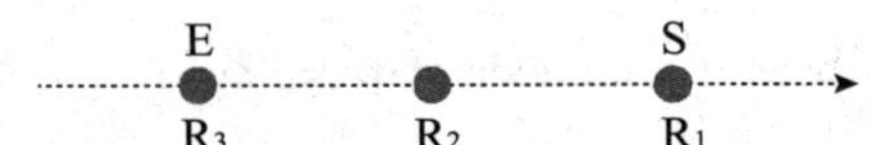

图 4－3　参照时间 R 的位置决定时与体的意义

（11a）—（11c）的参照时间分别为 R_1、R_2、R_3，可以看出，事件时间 E 和说话时间 S 的时间距离在（11a）—（11c）三个句子中可以是相同的，由于参照时间 R 本质上是说话者的观察视点，因而说话时间 S 和参照时间 R 之间的距离其实正是说话者的主观时间距离。（11a）尽管所表达的事件时间 E 位于说话时间 S 之前，但由于说话者将参照时间 R_1 置于与说话时间 S 重叠的位置，语法编码上采用现在时，就是说，（11a）的主观时间距离为零距离。传统语法上通常将（11b）的过去完成时解读为“过去的过去”，在主观时间距离上似乎比（11c）的一般过去时距离说话时间更远。从图 4－3 可以看出，这其实是一种误导，（11b）的参照时间 R_2 比（11c）的参照时间 R_3 距离说话时间 S 更近。并且重要的是，尽管 R_2 和 R_3 距离说话时间 S 的时间距离不同，但都采用了过去时的编码方式，这说明过去时并没有近时和远时的区分。以上分析也说明了另一个问题，英语中主观时间距离其实与时的表达没有关系，换句话说，与时的表达有直接关系的不是时间距离，而是时间位置关系，即 SR 的位置关系。对于汉语，金立鑫（2009：326）提出“V 过”通常表达“远时完成”，而“V 了”则通常表达“近时完成”，(11d)—(11e) 这两个句子使用时间助词“了”和“过”表达不同的体意义，但主观时间距离与时其实也没有关系。相对于说话时间来讲，“他去了美国”可以是“去年去的”，即 $E = R < S$；“他去过美国”可以是“上个月去的”，即 $E \subset R < S$。不论是哪一种表达法，都是过去时，也没有近时和远时的区分。综上所述，英汉语中的主观时间距离与时的表达没有关系，与时有直接关系的是说话时间 S 与参照时间 R 的位置关系，而非距离关系，英汉语中也没有远时和近时的区分。如果采用相同的分析思路考察英汉语中将来时的用法，也会得出相同的结论。

4.1.2.2　过去时≠距离性

基于以上思路，我们重新审视一下以往学者对时间距离性的分析。不少学者将英语看作典型的过去时和现在时（没有将来时）的二分时对立语言，从而距离性被认为是过去时的本质特性，过去时和现在时的对立本质上是“距离性/非距离性”的对立，也即“过去时 = 距离性”（Joos，1964；Lyons，1977；Huddleston，1984；Yule，2004）。Joos（1964：12）首先提出“过去时是距离性时态，表示时间或者真实性方面的距离”；Palmer（1974：48）支持 Joo 的观点，认为“过去时只有距离性这一种用法”；我国学者易仲良（1987：17）提出“过去时还可表示心理方面的距离，英语动词过去时态的实质是距离性，用来表示时间、真实性以及心理方面的距离”。英语过去时表示时间、真实性以及心理三个方面的距离性用法如下例。

（12）a. He went to America yesterday.

b. If I were you，I would help him.

c. I was wondering if you were free now?

d. Would you be able to help me tomorrow?

如果按照“过去时是距离性时态”的解释，（12a）是典型的一般过去时，表示时间距离（time remoteness）；（12b）表达的事件是非真实性事件，与真实性存在距离，即真实性距离（factual remoteness）（Huddleston，1984：148），传统语法上将其称为虚拟语气不过是解释自己解释不了的问题而采用变换术语的“把戏”（易仲良，1987：16）；（12c）与（12d）尽管使用了表示现在和将来的时间状语，但系动词和助动词形式是过去时，表示委婉或礼貌，即心理距离（psychological remoteness）。正是因为类似（12b）、（12c）以及（12d）的过去时特殊用法，Leuschner（1977：99；转引自 Declerck，1991：79）声称英语中“时和时间之间没有任何关系”，这种观点实际上否认了英语存在“时”的概念，不同形式的动词只是表达距离性。Yule（2004：58—59）认为，过去时表示距离，现在时表示非距离，所谓将来时只是通过情态动词来表达事件发生的可能性，本质上表示非真实性，将来时都是从说话时间来看待尚未发生的非真实事件，从而距离性和（非）真实性可通过动词的不同形式来表达，见表 4 -4。

表 4 -4　　不同动词形式所表达的意义

概念意义	动词形式
距离 + 真实(remote + factual)	过去(如“lived”)
非距离 + 真实(non - remote + factual)	现在(如“live”)
非距离 + 非真实(non - remote + non - factual)	将来(如“will live”)
距离 + 非真实(remote + non - factual)	假想(如“would live”)

对于“距离性是过去时的本质特征”的说法，也有学者持反对意见（Comrie，1985；Declerck，1991）。Comrie（1985：20）认为，过去时形式与

真实性之间并非存在必然关系，很多表非真实性的句子并没有采用过去时，如“if you want to go，you can”；Declerck（1991：79）则认为，既然过去时的本质是距离性，那么表示事件将来发生的句子也应该用过去时形式才对，因为将来与说话时间也存在时间距离。

我们也不赞成“过去时 = 距离性”的观点，用距离性来解释过去时形式所表达的一切意义既有过度概括的嫌疑，也将时和情态混淆了，不能因为过去时的一些情态表达法而否认时的存在，具体理由有以下几点。

首先，委婉礼貌的表达也可采用现在时，如“can I help you”等，如果按照“过去时 = 距离性”的说法，现在时表示非距离性，那么这种现在时的委婉表达对于说话者来讲，在心理距离上就是零距离，那么难道说话者采用这种现在时表达是因为其没有任何心理距离？没有任何心理距离则表示亲密，但现在时的委婉礼貌表达并没有显示出亲密的意义，心理距离依然存在，过去时并非表达心理距离的必要形式。

其次，虚拟语气也就是一种情态，不能因为虚拟语气使用过去时的形式就否认这种情态的存在，实际上从跨语言来讲，时—体—态在很多语言中并非使用截然不同的标记，往往是一个标记可负载两个或两个以上的意义。

最后，持“过去时 = 距离性”观点的学者都认为英语没有将来时，从而在过去时和距离性之间画上了等号，表 4 - 4 中第三行的“用将来 will 形式表示非距离”显然有误，Yule（2004：58）声称“将来时都是从说话时间来看待尚未发生的非真实事件”，那么证据是什么？我们在前一章已经证明，英语“be going to do/be to do/be about to do”（“be”为“am/is/are”）才是说话者将参照时间放在与说话时间重叠的位置，表现在时；而“will”是将参照时间放在说话时间之后的位置，表将来时，这样一来，“will”应该表示“距离 + 非真实”。再进一步推理，如果距离性是过去时的本质特征，那么过去时应该能够用来表达表示“距离 + 非真实”的将来事件，但是除了类似（12d）带有委婉语气的情况外，用过去表将来在英语中是不合法的。

综上所述，用距离性来解释过去时所表示的各种意义还是存在问题，究其原因是将英语看作只具有过去时和现在时的语言。我们既然认为英语有过去、现在和将来三种时，那么过去时为什么可以用来表示现在或者将来的事件？我们曾指出，“will/shall”可以负载将来时和情态两个意义，但情态是次要意义。同理，过去时的语法形式也可负载过去时指称和情态两种意义，用过去时形式来表达虚拟语气或委婉礼貌等情态意义时，情态意义是主要意义，过去时是次要意义，那么为什么偏要用过去时的语法形式来表达这种情态意义呢？其实原因不复杂，这是语法标记的经济性所驱动的，假如这种情态意义用将来时的语法形式来表达，必然与“will/shall”所负载的次要情态意义相混淆，假如用现在时的形式来表达，因为现在时使用零形态，虚拟语气或委婉礼貌等情态意义无法得以凸显，那么具有屈折形态变化的过去时就成了最好的选择。这也表明，英语的时与情态也交织在一起，正如 Dahl（1985）所言，人类语言的时—体—态在语言编码上并非具有明显的界限，但某一语法成分具有原型意义，用过去时形式表示情态意义时，其原型意义仍然是过去时，而情态意义是凸显意义。除了过去时外，现在时也有一些特殊用法，如例（13）。

（13）a. I'm drinking with John after the film.

b. On March 15, 1939, Germany invades Czechoslovakia, and Hitler claims that German troops were invited to keep order.

（13）主句中的动词都使用现在时形式，但（13a）指称将来要发生的事件，而（13b）指称过去发生的事件，通常被称为“历史现在时”。现在时的这两种用法都有各自的含义，（13a）表示将要发生的事件在说话时间上已经安排好，（13b）则将说话时间移位于事件发生时间，产生身在其中的语境效果。总之，英语中无论用何种时的形式来表达一事件，总是会使用现在、过去或将来三种时，不可能有第四种时。

4.2　情状类型、体及动词分类

4.2.1　情状—体—动词三者的关系

我们在此之前并未使用“情状”（situation）这个术语，目的是避免过多术语而引起的概念混乱，但谈及具体的体意义以及给动词分类，这个概念不可避免。情状指现实世界中一切静态与动态的客观情形，是对动作、状态（性质）及事件的抽象概括，对各种情状进行分类就产生了另一个术语“情状类型”（situation type）。也有学者提出事态（eventuality）（Bache，1986；Dölling，2011）和事态类型（eventuality type）（Dik，1997）的概念，其实这两个概念分别对应于情状和情状类型。Smith（1991）在 Vendler（1967）的动词分类的基础上将情状类型分为状态、活动、达成、单活动以及成就五类，这些情状类型主要由动词及其论元负载，被称为“情状体”（situation aspect），与句子的“视点体”（viewpoint aspect）共同构成二分体系统。但情状体和视点体是两个互不相干的范畴，视点体独立于情状体。我们认为 Smith（1991）提出的视点体概念对语言体系统的研究是一个很大的突破，句子体意义的表达不可能脱离观察视点，然而情状体这个概念却带来了副作用。杨国文（2011：219）曾指出，体与情状的关系与区分目前在汉语学界仍未受到足够重视，我们认为该问题很大程度上与情状体这个模糊概念有关，导致了不少学者对体与情状的本质认识尚不明晰，比如孙英杰（2006：93—94）尽管指出了情状体这个概念模糊不清的问题，但提出的“述谓体”（predicational aspect）仍然与情状有瓜葛，因为述谓体由状态述谓、过程述谓和事件述谓构成，状态、过程及事件还是情状的分类。我们在文献综述中已经指出了 Smith（1991）的二分体系统的缺憾，主要在于，情状是对客观现实情形的抽象，情状本身不能有体意义，情状体的命名很容易使研究者陷入情状与体相混淆的困境；另外，Smith

在论述情状的“静态”“持续”及“定点”三个时间语义特征时并没有脱离视点体，即对情状进行语言编码离不开“视点”（view of point）。

体研究领域有关体的术语很多，除了 Smith（1991）的视点体和情状体外，Dowty（1977）的动词体以及 Olsen（1994）的语法体和词汇体在体研究领域也有很大的影响。大致来讲，动词体对应于词汇体，视点体对应于语法体。其实动词体及词汇体是动词的内在时间属性，情状体则是包含动词及动词短语的内在时间属性，而视点体和语法体则是句子体概念。为方便跨语言的体范畴研究以及避免术语混乱，我们不再采用动词体、词汇体以及情状体的概念，体意义只能在句子层面得以解释，句子中各个语法成分如动词、论元、状语、补语及体标记都会对体的释义有影响。需说明的是，我们所言的句子体本质上是视点体，是指客观情状被嵌入观察视点后进行语言编码的主观性语义概念，视点位置不同，语言编码不同，句子体意义也会有差异。从跨语言来讲，句子体意义的表达既有体类型的差异，也有语言编码手段的差异，我们研究的目的就是找出这些差异以及共性。至此，我们需要回答情状、体以及动词或动宾短语三者之间有什么关系。情状是一个客观概念，体则是主观语义概念，而动词或动宾短语属于语言编码，在这三者中，体是核心内容，对情状和动词进行分类都是服务于体意义的，情状和动词与体意义的表达息息相关。戴耀晶（1997：15）曾经指出，在动词层面上可以按情状划分类别，在句子层面上同样可以划分情状类型。需注意的是，动词层面的情状是动词所隐含的内在时间特征，我们称之为动词或动宾短语的“内在情状”，而句子层面的情状则是句子所反映的“现实情状”。由于体是句子层面的语义概念，因而动词或动宾短语的内在情状与句子体意义相互影响，句子体有时能改变动词的情状类型，而不同情状类型的动词反过来有时能制约句子体意义的表达，如（14a）、（14b）；句子体意义与现实情状则是反映和被反映的关系，由于体意义的主观性，有时句子体意义不能真实地反映客观现实情状，如（14c）、（14d）。

（14）a. John is reaching the station.

约翰即将到达车站。

* b. John is knowing the secret.

*约翰正知道这个秘密。

c. John has run for ten minutes.

约翰跑（了）十分钟了。

d. John is running.

约翰正在跑步。

（14a）中的“reach”本来是成就动词，但进行体意义使其在句子中成为达成动词，该句子如果再添加后续句“but the car suddenly broke down”，意思为“约翰并未到达车站”，显然句子体改变了动词的情状类型。（14b）不合法，状态动词“know”无法应用于进行体，这表明动词“know”制约了进行体的表达。（14c）中的英语使用完成体，但这种完成体不是终结性的完成体，而是阶段性的完成体，所反映的现实情状实际上是“约翰正在跑步”，只不过是在说话时间上“约翰已经跑了十分钟了”，如果换个视角来反映这种现实情状，也可用（14d）的进行体来表达。（14c）与（14d）的句子体意义不同，但所反映的现实情状却是相同的。现在我们可以对情状、体以及动词或动宾短语三者之间的关系做个总结，它们的关系如图 4－4 所示。

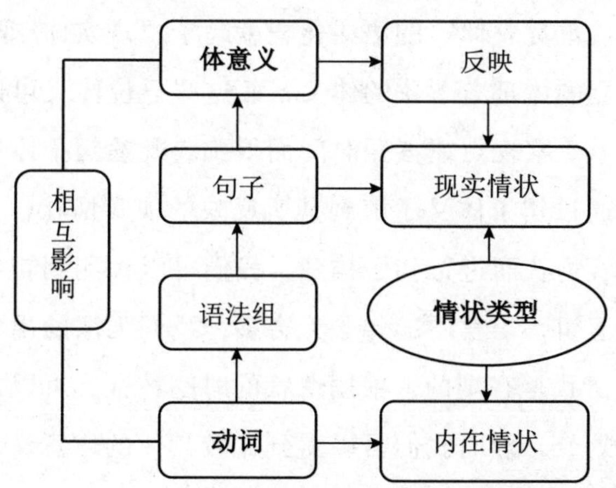

图 4－4　情状、句子体以及动词或动宾短语的关系

在一个句子中，动词的内在情状类型与句子所反映的现实情状类型并非总是一致的，如（14a）。但值得注意的是，语言中动词或动宾短语以及谓词性形容词是表征现实情状的核心语法成分，虽然一个动词或动宾短语的内在情状与包含它的句子所表达的现实情状可能不一致，但如果撇开某一动词或动宾短语以及包含它的句子，只从情状类型上考察所有动词或动宾短语的内在情状与现实情状的分类，两者的分类可以是一致的。也就是说，为研究需要，句子的情状类型与动词或动宾短语以及谓词性形容词的情状类型可以以同一个标准来划分，当然也可以以不同的标准来划分。综上所述，句子体意义与现实情状是反映和被反映的关系，而句子体意义与具有不同内在情状类型的动词或动宾短语存在相互影响的关系。

4.2.2　二分情状与多分情状

4.2.2.1　二分情状与体意义

在第三章我们初步得出语言中存在两种不同的体类型，英汉语是以时间为视点的“现实体/非现实体”的对立，俄语等斯拉夫语是以空间为视点的“完整体/非完整体”的对立，它们都属于抽象的高层次的体义对立。不过总体来看，“完整体/非完整体”的语法化程度高于“现实体/非现实体”。这两种体类型中呈对立的体都有下位的体义，而这些下位体义可以通过在不同情状的不同位置嵌入观察视点或参照时间而得到。既然句子体与现实情状密切相关，那么可以通过句子体义了解到其所反映的现实情状；反过来讲，说话者要反映某种现实情状而进行句子构建，我们可以预测到句子可能表达的某种体义。从逻辑上讲，语言中的句子无穷多，我们无法给出具体数量的体意义表达，但现实情状是客观的，根据情状的时间特征，可以对客观现实情状进行有限的类型划分，因而我们可以得到比较具体的体意义表达方式。那么如何对现实情状加以分类？前文提到情状是现实中一切静态与动态的客观情形，但是静态与动态均包括时点和时段，如（15）。

（15） a. It is two o' clock sharp.　　（静态时点）

b. A picture hangs on the wall.　　（静态时段）

c. The light flashed once.　　（动态时点）

d. He is climbing the tree.　　（动态时段）

我们将单一静态时段称为“持续”（durative），单一动态时段称为“进行”（progressive）。需说明的是，现实中的“惯常”行为也看作持续静态时段，而“反复”这个概念可用于静态持续也可用于动态进行，另外静态和动态都包含时点情状的情况，显然如果以传统的静态和动态对情状进行分类，情状的时间特征不容易得以凸显。我们仍然采用二分法，将客观情状首先分为时段情状和时点情状，在这两种情状的基础上再区分动态和静态，那么时段情状包括静态持续情状（statically durative situation）和动态进行情状（dynamically progressive situation），而时点情状则指静态持续情状和动态进行情状两者之间相互转换时的分界点。如果用 R 表示观察视点或参照时间，如图 4－5 所示。

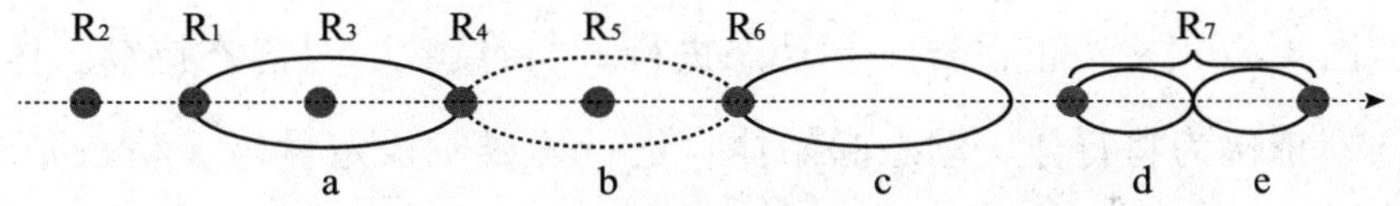

图 4－5　不同情状的观察视点位置

在图 4－5 中，a 和 c 表示整个动态情状，b 表示整个静态情状，d 和 e 表示反复的或者惯常的动态或静态情状，R_{1-7}则是观察视点或参照时间。显然，如果图中没有任何观察视点，也就不可能对客观情状进行语言编码，更不能产生体意义，也就是说，观察视点和情状之间的位置关系决定了体意义。R_{1-6}是时点，而 R_7则是时段，这里有两个问题需要注意。一是，人们在表达某个情状时，既可以在情状中嵌入作为时点的观察视点，也可以在情状中嵌入作为时段的观察视点，比如“he has been running for ten minutes”的观察视点是 R_2 与 R_3之间的时段。二是，R_4和 R_6是不同情状之间的转换界点，R_4既可以表达动态情状 a 的完结，也可以表达静态情状 b 的起始；而 R_6既可以表达静态情状 b 的完结，也可以表达动态情状 c 的起始，具体要看说话者想要凸显哪种情状。同样，语言编码上也有差异，比如对于 R_4，“司机停了车”凸显动态情状 a 完结，而“司机停车了”则凸显静态情状 b 起始。不同类型情状转换时的界点可称为“情状变量”（situation variable），是指情状发生了改变，那么时点情状隐含情状变量，而时段情状不隐含情状变量。如果用“行”表动态，“状”表静态，二分情状与体意义之间的关系如图 4 –6 所示。

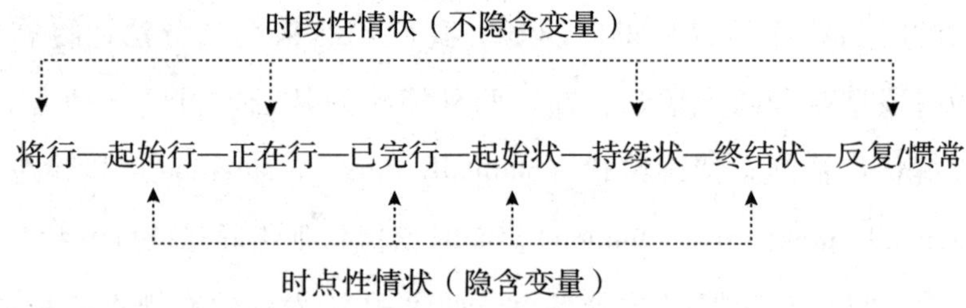

图 4 –6　二分情状与体意义

在图 4 –6 中，“正在行”是动态进行，“持续状”是静态持续。体意义由左向右依次为将行体、动态起始体、进行体或阶段定量体、动态完成体、静态起始体、持续体或经历体、静态完成体、反复或惯常体。在这些体义中，将行体属于非现实体，其他体义如果表示在说话时间之前已经发生或者说话时间上正发生的情状则是现实体，如果表示在说话时间之后才发生的情状则是非现实体，但具体的体名称取决于观察视点在情状中的位置。进行体或阶段定量体就是上一节（14c）与（14d）两个句子所表达的体义，尽管它们反映了相同的情状，但由于观察视点的时点和时段差异，体意义还是有所不同，进行体的观察视点为时点，阶段定量体的观察视点为时段。持续体和经历体的观察视点可以在情状中的同一个位置上，但凸显的情状不同，持续体凸显观察视点上静态情状的持续，而经历体则凸显观察视点之前对某种动态情状的经历或体验。以上从逻辑角度谈了二分情状与体意

义的关系，但由于使用不同语言的人们观察现实世界时所形成的概念结构的差异等因素的影响，对于同一个现实情状，不同的语言可能表达不同的体意义，比如（16）。

（16）a. 下雨了。

b. It is raining.

c. Дождь идёт.

d. Дождь пошёл.

汉语（16a）采用句尾时间助词“了”表起始体；英语（16b）采用动词词缀“-ing”表进行体；俄语（16c）采用现在时的非完整体动词“идёт”表正进行的情状；而俄语（16d）则采用过去时的完整体动词“пошёл”表示“开始下雨”，在说话时间上被看作完整的情状，指从“没下雨”到“下雨”的情状变化，即凸显情状变量的完整性。也就是说，俄语（16c）和（16d）尽管表示不同的体意义，但所反映的情状可以是相同的，即在说话时间上“正在下雨”，只是观察视点在情状中的不同位置而导致使用表不同体意义的动词。这说明，由于观察视点位置的差异，即使是同一语言对同一情状的编码也可表示不同的体意义；同理，汉语“下雨了”这个情状也可用进行体“正下着雨”来表达。因而可以讲，对于“下雨”情状，汉语的起始体对应于俄语的完整体，进行体则对应于非完整体；但在时的表达方面有差异，汉语起始体是现在时，俄语的完整体必须是过去时，但汉语的进行体和俄语的非完整体都是现在时。

4.2.2.2　多分情状与动词分类

以上我们考察了二分情状与体义之间的关系，因为二分情状是从句子所反映的现实情状来讲的，因而情状这个概念是应用于句子层面的，也即句子情状与体之间的关系。然而在探讨句子体意义时，还有另一个方面是不可忽视的，即动词或动宾短语的内在情状与句子体义的相互影响的关系。

正如（14a）与（14b）所显示的句子体有时能改变动词的情状类型，不同情状类型的动词有时也能制约句子体义的表达，因而在考察句子体意义时需考虑到不同情状类型的动词。只以时点和时段的二分法来对动词进行分类显然不够，比如时段情状包括静态和动态，动态时段动词通常可用于进行体，但很多静态时段动词不能用于进行体，因而有必要以多分情状对动词进行归类。

在以往学者对动词或动宾短语的分类中，Vendler（1967）的四分法和Smith（1991）的五分法对后来的分类影响很大，但是分类体系中的“状态”（state）动词和“成就”（achievement）动词这两类仍需进一步细分。有些状态动词还兼有达成动词的身份，可用于起始体（“脸红了”），而有些状态动词则不允许（“＊尊敬长辈了”）；有些成就动词在成就情状实现之前有一个累积过程（“到达、赢”），而有些成就动词则不隐含累积过程（“看见、丢失”）。Bach（1986：6）将情状称为“事态”（eventuality），事态分类以及不同事态类型的动词如图4－7及（17）所示。

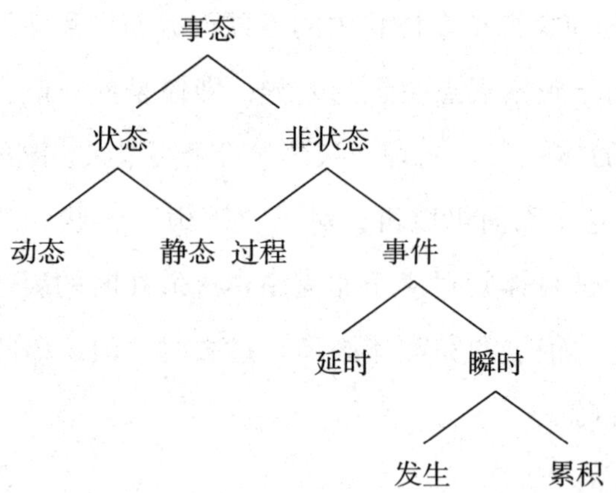

图4－7　Bach的事态（或情状）分类

（17）a. 动态状态：sit，stand，lie＋LOC

b. 静态状态：be drunk，be in New York，own，love，resemble

c. 过程：walk，push a cart，be mean

d. 延时事件：build，walk to Boston

e. 瞬时发生事件：recognize，notice，flash once

f. 瞬时累积事件：die，reach the top

从图4－7中可看出，事态或情状主要被分为“状态”（state）、“过程”（process）和“事件”（event）三大类。de Swart（1998：351）将状态和过程称为“同质的”（homogeneous）事态。而将事件称为“量化的”（quantized）事态。Rothstein（2004：13）基本采取了Bach的事态分类，只是将“过程”“延时事件”“瞬时事件”分别改称为Vendler所采用的“活动”“达成”以及“成就”。然而Moens（1987：57）将事态只划分为状态和事件两类，将过程称为“无结果的”事件。Dik（1997：115）则将过程称为“不可控的动态”事件。可见学者们并未对事态或情状的分类达成共识，并且对“事件”的定义不一致，从而导致了对动词的分类也不同。图4－7中Bach的分类也存在商榷之处，（17a）的动词是指“坐/站/躺（在某个地方或位置）”，将它们称为动态状态实为牵强，并且（17c）中的“卑鄙的/be mean”被称为过程也欠妥，可以将其归入静态状态。

国内学者如陈平（1988）、郭锐（1993，1997）以及戴耀晶（1997）也对情状或者动词分类进行了阐释。陈平（1988）将句子划分为状态、活动、结束、复变、单变五种情状类型，可以出现在这五种情状句的谓语动词共分十三种。但是该文没有区分句子所表达的现实情状与谓语动词的内在情状的区别，在论述五种情状句的时间语义时采用的是谓语动词的内在情状特征，将某一谓语动词的内在情状名称强加给包含该谓语动词的情状句往往是不合适的，原因在于，谓语动词的内在情状与句子情状并非总是一致的，从而出现了不少令人费解的情况，如“结束”（accomplishment）类内在情状的谓语动词具有动态、持续和完成的特征，却将包含这类谓语动词的所有句子也称为结束类情状句，例如“演奏”虽然属于结束类谓语动词，但是“乐队正在演奏《色的多瑙河》”显然不是结束类情状句；“活动”（activity）类动词

“抽（烟）”具有动态、持续和非完成的内在情状特征，但“他抽烟抽了一上午”却表示现实情状已经完成。因此该文实际上混淆了动词的内在情状和句子所表达的现实情状两者之间的差异。郭锐（1993，1997）对动词的内在时间特征与谓词性成分的过程和非过程两种外在时间类型进行了阐释，体被看作过程时状，非过程句或非现实句则相当于情状类型。其实非过程句或非现实句的核心意义主要由谓词性成分来表达，也就是将情状类型局限于谓词性成分的内在情状的划分，但问题是情状类型这个概念也适用于对过程句进行划分。戴耀晶（1997：13）提出，至少应该区分动词层面的情状与句子层面的情状，并从情状角度对动词进行了分类，然而各种情状类型的动词的时间语义或内在情状特征并没有得以细致刻画，比如表属性/关系（“是”“等于”）、心理感觉（“知道”“相信”）、姿势（“站”“坐”）以及位置（“戴”“挂”）的动词都属于静态的情状类型，但它们在时段持续的长短方面仍然有差异。

按照情状类型对动词进行分类时有一点需要注意，有些动词并非属于某一种特定的情状类型，在不同的句子中可能属于不同的情状类型。比如动词“认识”在不同句子中可有“认识的持续状态”和“从不认识到认识的达成”两种意义，前者是状态动词，后者是达成动词；再如动词“站”“坐”等在不同句子中可表达状态情状和成就情状两种情况。也可以说，不同情状类型的动词具有不同的体义表达潜势，但动词的不同体义潜势并非动词本身所隐含，而是整个句子赋予的，如动词“写”在“李明写了一个字”和“黑板上写了一个字”两句中由于论元不同，句子体义也随之改变；而动词的情状类型也不同，在两个句子中，前一个“写”是达成动词，后一个“写”是状态动词。因而我们对动词的情状分类只是一个大致的分类，至于动词与句子体义的具体关系需要视不同的句子而定。因而可以说，一方面句子体义很大程度上是组合性的，另一方面动词的体义表达潜势是开放性的。在以往学者对情状分类的基础上，我们将情状分类如图 4－8 所示。

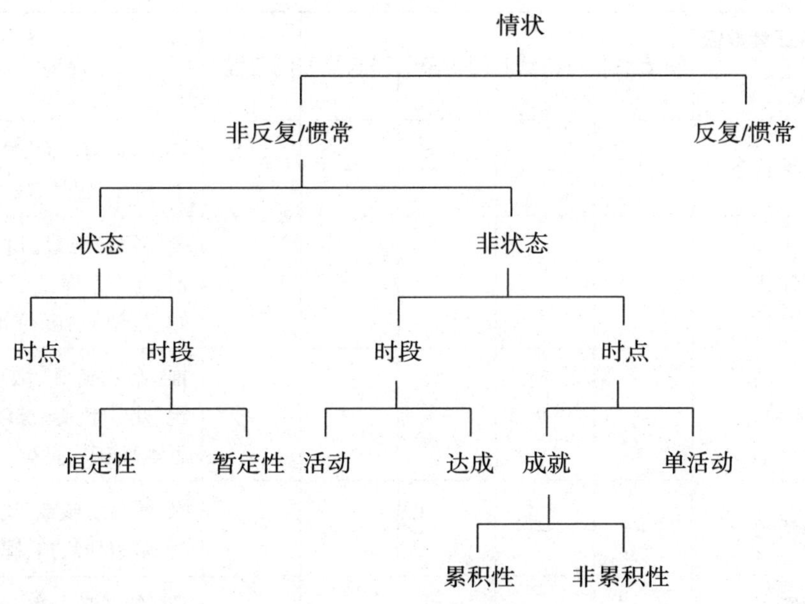

图4－8　多分情状

在图4－8中，状态和非状态均包括时点和时段，时点状态主要用于时间上的准时（“It is six o' clock sharp”），我们不再探讨；其他情况下通常用于时段状态。时段状态可分为恒定性和暂时性两类，前者指时间上无限持续，主观上无法改变状态，不具有可控性，即说话者无法对恒定性状态加以控制以使其不能够继续持续下去，如“认识”“位于”，后者指时间上一般暂时持续，具有可控性，说话者可以对暂时性状态加以控制从而使该状态不再持续下去，如“爱”“站（用于姿势）”。成就情状按发生的性质分为累积性和非累积性两类，如“看见”“发生”及“爆炸”是非累积性的，这类情状在发生之前没有一个累积过程，而累积性的在发生之前有一个累积过程，如“到达”“赢”等。活动、达成以及单活动三种情状与Smith（1991）的分类一致，不再杜撰特别的术语。需说明的是，单活动情状是不可控的，但单活动一旦反复就是可控的。表4－5是不同情状类型的动词及其特征参数值。

表 4-5　不同情状类型的动词与特征参数值

情状类型 \ 特征参数值	[±动态]	[±持续]	[±结果]	[±定点]	[±可控]	动词
恒定性状态	-	+	-	-	-	认识、是、有、像、等于、属于、位于、包括、姓、符合
暂时性状态	-	+	-	-	+	爱、喜欢、愚蠢、讨厌、害怕、生气、昏迷、躺、坐、站(姿势)、挂(位置)
活动	+	+	-	-	+	推(车)、游泳、散(步)、跑(步)、盘旋、漂浮、玩、思索、演唱、演奏
单活动	+	-	-	+	-	敲、踢、眨、咳嗽、喷嚏、闪烁、跳、打嗝、拍、挥、摇
达成	+	+	+	+	+	建、绣、修、盖、吃、写(信)、抽(烟)、融化、抢救、发射、包围、攀登
累积性成就	+	-	+	+	-	到达、抵达、赢、胜、败、死、结婚、离婚、出生、坠毁、结束、终止
非累积性成就	+	-	+	+	-	丢失、发现、认出、打破、熄灭、爆炸、醒、倒塌、出现、消失、知晓

4.3　英汉语的基本 ERS 时—体结构

4.3.1　相关概念与问题

本章前两节对英汉语的时类型以及情状、体与动词三者之间关系的探讨对于本节研究是必不可少的。英汉语有过去时、现在时及将来时三种时，没有远时和近时的区分，不同情状类型的动词与句子体义相互影响，考察句子体义不能忽略不同情状类型的动词。在英语传统语法的16种时态中，其实大多数是时和体的混合名称，内部和外部屈折、助动词、系动词以及动词对时—体的表达都有贡献；汉语没有时—体的屈折形式，主要由时间名词、时间副词、时间助词、助动词以及动词来表达。从句法成分来看，汉语不同情状类型的谓语、论元、状语以及补语都会对句子体的释义有影响。英汉语尽管在语法表征上有很大的差异，但均需遵守“将来时蕴含非现实体”的逻辑关系，现实体/非现实体是最上位或最高范畴的体义对立，它们都有下位或低范畴的体义，我们所要研究的就是这些下位或低范畴体义的语法表征手段及其ERS结构。

需要对“基本ERS时—体结构”进行说明，该表述对于英语来讲是指简单句所表达的时—体意义及其ERS关系，简单句中尽量不包含定语、状语以及补语，但有些情况比较特殊，比如在“现在时—非现实体”结构中需要添加时间状语也能凸显这种时—体意义，如“he leaves tomorrow”，如果删除“tomorrow”，体义就变为现实体（即惯常体），因而这种情况下需添加时间状语，其他时—体意义的表达我们视具体情况而定。我们试图将英语传统语法中的16种时态进行时与体的剥离，并明晰其ERS关系。由于汉语缺乏屈折形态，因而“基本ERS时—体结构”对于汉语来讲，是指由时间名词、时间副词、时间助词、助动词以及动词所组成的简单句的时—体意义及其ERS关系。不论是英语还是汉语，负载某一特定时—体意义的简单句尽量限定为最简结构，最简结构是相对于特定时—体意义来讲的，删除最简结构中的任何语法成分都无法表达该特定的时—体意义，比如汉语“他当时将要去美国”对于“过去时—非现实体”来讲是最简结构，当然这个最简结构也不允许再添加其他语法成分，这样处理的目的是避免其他语法成分的干扰。“基本ERS时—体结构”涉及语法表征（最简结构）、时—体意义以及ERS关系三个方面，这里需要回答另一个问题：为何研究英汉语时—体的ERS关系？Croft（2001）认为，语言共性并非存在于句法结构中，而是存在于从语义到语言符号的映射关系中。从跨语言时—体的共性角度来讲，如果我们将ERS关系看作所有语言的时—体语义范畴映射到语言符号的必经之路，那么接下来就需要探求语言的时—体语义范畴向语言符号映射过程中在ERS关系中所形成的共性概念空间，这也是时—体的语言编码差异所具有的潜在深层语义共性。也就是说，英汉语的时—体语言编码尽管具有很大差异，然而ERS三者之间的关系其实可视作时与体的语义结构，ERS关系是寻求语言中时—体表达共性和个性的语义层次。

需说明的是，在时—体研究领域，不少学者如Bach（1986）及Rothstein（2004）将"事件"与"状态"做了严格区分，"事件"不包括"状态"。本书的时—体研究涉及不同的情状类型，不同情状的分类既适用于动词或动词短语，也适用于句子所表达的现实情状。我们在阐释时—体的ERS关系时，如果区分"事件"和"状态"，E不局限于事件的发生时间，而是适用于各种情状的发生时间，因而E实际上表示"情状时间"。"情状时间"这个概念Declerck（1991）在其"时结构描写理论"中曾提出过，称之为"time of situation"。Klein（1994）用话题时间（topic time，TT）、情状时间（time of situation，TSit）和说话时间（time of utterance，TU）三者之间的关系阐释了时与体，话题时间指做出某个断言所参照的时间，情状时间指各种情状（包括事件和状态）发生的时间，说话时间也即发话的时间，这三个时间大致分别对应于Reichenbach（1947）的参照时间、事件时间和说话时间。为避免使用过多术语，本书在探讨时与体的ERS关系时，其中各类情状的时间我们仍然使用"事件时间E"，也就是说，"事件时间"中的"事件"是一个广义概念，包括各种现实情状。

另外，我们需对与体意义有关的几个概念予以说明，"持续"指静态情状在一时点上的维持，"进行"指动态情状在一时点上的进展，"连续进行"指动态情状在一时段内的进展，"连续持续"指静态情状在一时段内的维持，"惯常"指动态或静态情状在一时段内的反复。"持续/进行"与"连续持续/连续进行"在能否与时段性时间状语搭配时有差异，如（18）。

（18） a. He is ill （ * for a week）.　　　　（持续）

b. He is singing （ * for two hours）.　　　（进行）

c. He has been ill （for a week）.　　　　（连续持续）

d. He has been singing （for two hours）.　（连续进行）

根据“将来时蕴含非现实体”的逻辑关系，英汉语的时与体搭配共有五种：“现在时—现实体”“现在时—非现实体”“过去时—现实体”“过去时—非现实体”“将来时—非现实体”，“将来时—现实体”的搭配不存在。下面我们考察这五种时—体搭配的语法表征及其 ERS 关系。

4. 3. 2　“现在时—现实体”及其 ERS 关系

“现在时—现实体”的搭配是指在说话时间“现在”上存在着某种事实，这种事实可以是在说话时间上正进行或持续的情状；也可以是说话时间之前发生的情状但与现在相关，在时的表达上用现在时；也可以是反复发生或惯常性的情状。反复发生或惯常性的情状在说话时间上可以正进行或持续，也可以是并没有正进行或持续。英语传统语法中与“现在时—现实体”有关的时态包括一般现在时、现在进行时、现在完成时、现在完成进行时，这四种所谓的时态在时的表达上都是现在时，在体的表达上都是现实体，但我们需要对现实体作进一步的下位细分，在研究英语时—体意义的同时也考察这四种时态的英语句子译成汉语时的时与体意义。

4. 3. 2. 1　一般现在时的时—体意义

首先看一般现在时。一般现在时可用来表达过去发生的情状，属于“现在时—现实体”的范畴，如故事性读物或戏剧中的“历史现在时”以及报纸及小说中的标题（如“The murderer escapes”）等，这些情况一般是出于语用效果或修辞的需要，我们不专门探讨。一般现在时常常用来表达经常发生或习惯性的情状、“现在”说话时间上的情状，以及永恒的真理，但如果从所表达的情状与说话时间的关系来看，永恒的真理其实可分解为经常发生或习惯性的情状和“现在”说话时间上的情状，如（19）。

（19）a. Beijing lies in the north of China.

b. Metal expands（when heated）.

对于说话者来讲，（19a）表达的信息是一个永恒的真理，但实际凸显的是在说话时间上是这样的，也就是说，对于听话者而言，这是一个新信息，在说话时间上体现为持续的情状；而（19b）尽管也表达了一个永恒的真理，但在说话时间上并非存在这样一个具体的情状，实际凸显的是经常发生或习惯性的情状，在时间轴上体现为惯常性的情状。从所表达的时—体意义来看，（19a）表达“现在时—持续体”，（19b）则表达“现在时—惯常体”。“现在时—持续体”通常适用于状态情状的动词，而“现在时—惯常体”则一般适用于其他情状类型的动词，如（20）、（21）。

（20）a_1. John loves Mary. a_2. 约翰爱玛丽。

b_1. She resembles her mother. b_2. 她像她妈妈。

c_1. He likes music. c_2. 他喜欢音乐。

d_1. I know him. d_2. 我认识他。

e_1. A picture hangs on the wall. e_2. 墙上挂了一幅画。

（21）a_1. He speaks German. a_2. 他讲德语。

b_1. He coughs. b_2. 他咳嗽。

c_1. He smokes. c_2. 他抽烟。

d_1. He wins the game. d_2. 他（总是）赢得比赛。

e_1. He loses his keys. e_2. 他（总是）丢失钥匙。

例（20）中的动词不论是恒定性状态动词还是暂时性状态动词，句子所表达的时—体意义都是“现在时—持续体”，凸显在说话时间上的持续状态情状；而（21）中的动词则是其他情状类型的，凸显的是在时轴上的惯常性情状，表达“现在时—惯常体”。从（20）和（21）可以看出，英语传统语法

中的一般现在时实际上体现为“现在时—持续体”和“现在时—惯常体”两种时—体搭配，并且汉语也具有这两种时—体搭配的语法表达形式。同时也可以看出，动词的情状类型决定了句子体义，状态动词的持续特征在说话时间上仍然存在，而其他情状类型的动词有的具有持续特征而有的不具有持续特征，并且它们所在的句子所表达的惯常性现实情状在说话时间上可以正发生也可以没有发生，惯常体本质上表示情状反复的意义，在这一点上与持续体意义不同。“现在时—持续体”和“现在时—惯常体”所表达的不同体意义也导致了它们具有不同的 ERS 关系，如图 4-9 所示（t 为时间轴）。

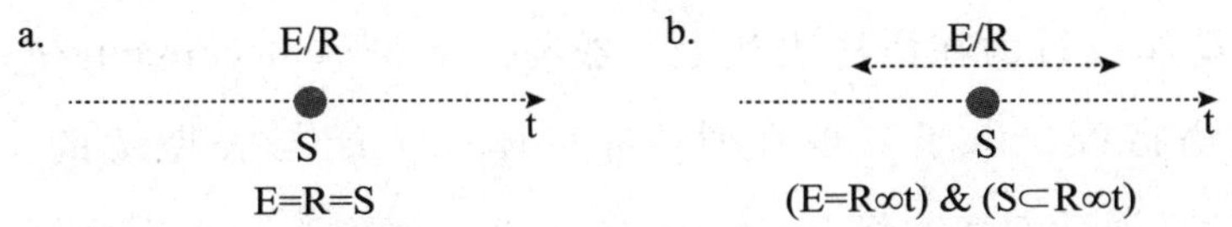

图 4-9 “现在时—持续体”和“现在时—惯常体”的 ERS 关系

图 4-9a 表“现在时—持续体”，ERS 关系为 E = R = S，即事件时间、参照时间以及说话时间重叠，事件时间 E 指句子本身所指称的那部分情状的时间，它显然是现实完整情状的时间与说话时间的一个相交时点。也就是说，说话者将参照时间放在与说话时间重叠的位置上，说话者并不关注现实完整情状的时间长短，或者说现实完整情状并没有在句子中表达出来。图 4-9b 表示“现在时—惯常体”，ERS 关系为（E = R∞t）&（S ⊂R∞t），意思是在时间轴上参照时间随着事件时间的位置移动而移动，即两者重叠且在时间轴上并没有固定位置，参照时间和事件时间体现为一个不定时段，且说话时间真包含于这个不定时段中。

4.3.2.2　现在进行时的时—体意义

“现在时—现实体”也可用英语传统语法中的现在进行时来表达，现在进行时的时与体意义为“现在时—进行体”，一般表示现在正进行或者现阶段正进行的动作或行为，现阶段正进行的动作或行为在说话时间上并非一定正在

进行，也就是说，“现在”的概念并非一定表现为绝对时点，如图 4－10 所示

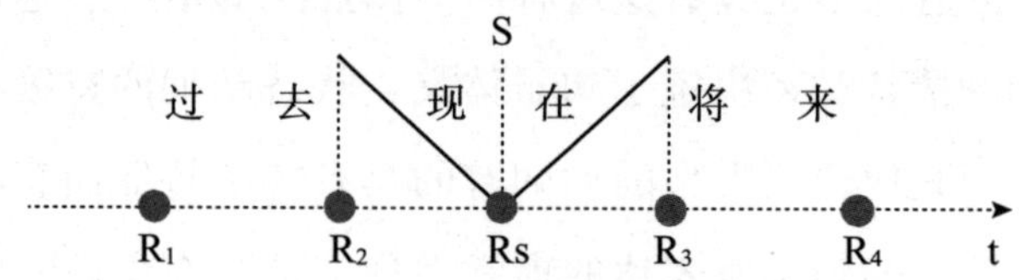

图 4－10 “现在”的意义

图 4－10 中位于 Rs 和 Rs 之前的情状需用现实体表达，而 Rs 之后的情状需用非现实体表达。而“现阶段”则是指 R_2 和 Rs 之间的时段，现阶段正进行的动作或行为在语法表达上一般与“at present/currently/these days”等时间状语搭配，由于“现在时—进行体”不能与表持续的“for some time”连用，说话者其实将 R_2 和 Rs 之间的“现阶段”也看成了时点。因而除了绝对时点外，时点和时段是相对而言的，“五分钟”可看作时段，“今年”可看作时点，其实时点或时段本质上是由参照时间决定的，R_2 和 Rs 之间的“现阶段”被识解为一个参照时间 R，因而事件时间 E 和说话时间 S 均与参照时间 R 重叠。这样一来，“现在时—现实体”中的“现在时—进行体”的 ERS 关系可刻画如图 4－11 所示。

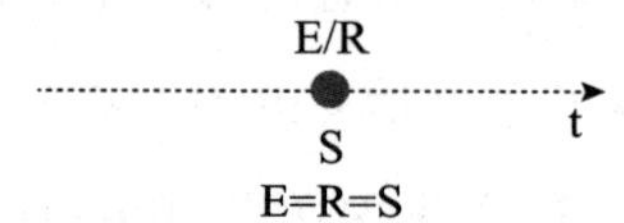

图 4－11 “现在时—进行体”的 ERS 关系

可以发现，“现在时—进行体”与“现在时—持续体”的 ERS 关系相同，只是在动态和静态表达上有差异。“现在时—进行体”的语法表征受动词的情状类型的制约，如（22）。

（22） * a_1. She is resembling her mother. * a_2. 她正像她的妈妈。

b_1. He is standing (on the table). b_2. 他正站着（在桌子上）。

c_1. He is being stupid. c_2. 他（正）在装傻。

d_1. He is running.　　　　d_2. 他（正）在跑步。

e_1. He is coughing.　　　　e_2. 他（正）在咳嗽。

f_1. He is writing a letter.　　　　f_2. 他（正）在写信。

g_1. He is winning.　　　　g_2. 他快要赢了。

h_1. He is reaching the station.　　　　h_2. 他快要到达车站了。

* i_1. He is losing keys.　　　　* i_2. 他正丢失钥匙。

首先看（$22b_1$）、（$22b_2$）和（$22c_1$）、（$22c_2$）的区别，虽然两组句子都使用状态动词，但前者强调姿势，而后者强调动作行为，因而从时与体意义上讲，前者为“现在时—持续体”，后者为“现在时—进行体”。（$22d_1$）、（$22f_1$）及其相对应的汉语句子显然同（$22c_1$）、（$22c_2$），也为“现在时—进行体”。再看不合法的句子，上例（$22a_1$）、（$22a_2$）与（$22i_1$）、（$22i_2$）表明，句子中没有任何修饰语如状语的情况下，恒定性状态动词和非累积性成就动词一般不能用于“现在时—进行体”，这与动词的情状特征有关，恒定性状态动词的强持续静态与动态进行相互排斥，非累积性成就动词的非累积瞬间完成与动态进行也不能兼容。但需注意的是，如果英语句子中含有与这两类动词相兼容的状语，可用所谓的“现在进行时”的语法形式来表达，如（23）。

（23） a. She is resembling her mother more and more.

她越来越像她的妈妈。

b. He is always losing keys.

他总是丢钥匙。

（23a）表示逐渐变化的状态，（23b）表示反复进行的动作行为，从时—体意义来看，前者是“现在时—进行体”，后者则为“现在时—惯常体”，它们的时—体意义很大程度上受状语的影响，删除状语的英语句子通常不合法，我们将英语的这种情况排除于基本 ERS 时—体结构范畴，不再探讨。（$22e_1$）、（$22e_2$）表明，单活动动词可用于“现在时—进行体”，但通常表达单活动反复的情状，体意义与现实情状并非呈一致性。也就是说，反复的现实情状并没有使用表示反复意义的语法形式来表达，反复现实情状的解读显然受到进行体和动词的内在情状相互作用的影响。

($22g_1$)—($22h_1$) 说明部分累积性成就动词可用于进行体，这种用法被有的学者称为“体强制”（aspectual coercion）（Jackendoff，1997；Bott，2008），Rothstein（2004）称为“进行成就情状”（progressive achievement）。我们认为，所谓进行体用法中的累积性成就动词不是严格意义上的成就动词，而是变为达成动词，此时时点情状被说话者在主观上扩展为时段情状。正如王媛（2011）所言，如果某一情状终结点的获得需要一个逐渐发展的内部过程，可用于进行体。但问题是，尽管在特定语境中汉语的部分累积性成就动词可用于进行体，如“那匹马正在慢慢死去”以及“整个村庄正迅速消失在黑暗中”等，但是汉语句子（$22g_2$）—($22h_2$) 如果用“现在时—进行体”无法接受，如“＊他正（在）赢”以及“＊他正（在）到达车站”，而用“快要……了”就合法，其中句尾“了”不能省略。那么现在问题是，($22g_2$)—($22h_2$) 表达何种时—体意义？陈前瑞（2005，2008，2012）认为句尾“了”可用于将来时，类似（$22g_2$）—($22h_2$) 的句子表达“将来时—完成体”。我们不赞同这种观点，首先时间副词“快要”与“将要”的表时功能不同，在不含其他时间词的简单句中，“快要”表现在时，而“将要”表将来时。“快要”的说话时间 S 和参照时间 R 重叠，“将要”的参照时间 R 位于说话时间 S 之后。因为“快要”不能与表将来的时间状语搭配，而“将要”可以与表将来的时间状语搭配，如（24）。

(24) ＊a. 五分钟后他快要赢了。

b. 五分钟后他将要赢（了）。

＊c. 一小时后他快要到达车站了。

d. 一小时后他将要到达车站（了）。

（24b）和（24d）两句中无论有没有句尾“了”都合法，并且都表达“将来时—将完成体”，这说明句尾“了”不是一个时间助词，而是一个语气

助词。（24a）和（24c）两句中无论有没有句尾“了”都不合法，这说明句子的合法性与否与句尾“了”无关，句子不合法的原因在于，表将来的时间状语“五分钟后”和“一小时后”与表现在的时间副词“快要”产生矛盾。类似的例子如（25）。

（25）＊a. 明天他快要回国了。

b. 明天他将要回国（了）。

＊c. 下周我们快要开学了。

d. 下周我们将要开学（了）。

合法句子（25b）和（25d）中表将来的时间状语与“将要”兼容，并且句尾“了”仍是语气助词。而不合法句子（25a）和（25c）中表将来的时间状语与表现在的“快要”相矛盾。既然“快要”表现在时，那么需确定下列合法句子所表达的体义。

（26）a_1. 他快要赢了。　　＊a_2. 他快要赢。

b_1. 他快要到达车站了。　　＊b_2. 他快要到达车站。

c_1. 他快要回国了。　　＊c_2. 他快要回国。

d_1. 我们快要开学了。　　＊d_2. 我们快要开学。

显然上述合法句子（$26a_1$）—（$26d_1$）不能省略句尾“了”，因而句尾“了”是一个时间助词。“快要”表现在时，不表将来时，那么能否说（$26a_1$）—（$26d_1$）表达“现在时—完成体”？从句子意义上看显然“现在时—完成体”不适用。在第三章我们曾得出句尾时间助词“了”表起始体，我们认为（$26a_1$）—（$26d_1$）表达“现在时—起始体”。也就是说，从说话者的主观上讲，“赢/到达/回国/开学”在实现前有一个短暂的累积过程，用句尾时间助词“$了_2$”恰好表示这个短暂累积过程的“起始”，并且“起始”发生在说话时间“现在”的位置上，“起始”可英译为“ingressive”，表示“进入的或一情状的开端”，那么“现在时—起始体”表示将参照时间放在说话时间的位置上（R=S），已进入短暂累积过程或者短暂累积过程已经开始。

以相同思路来看，陈前瑞、王继红（2012）有关“来了！来了”表最近将来时也不妥，句子的语境很可能是对“你怎么还不来”的回答，先排除词尾“$了_1$”这一情况。假如原句是“我这就来了”，那么“了”是语气助词“$了_3$”，因为删除“了”后的“我这就来”合法；假如原句是“我来了”，那么“了”是时间助词“$了_2$”，不能删除，但它表达“现在时—起始体”，在事件“来”实现之前有一个短暂累积过程，用句尾时间助词“$了_2$”表示在说话时间上这个累积过程处于起始阶段或者已进入这个累积过程。为何说它是现在时？因为“来了”不能与表将来的时间状语搭配，如“*（我）五分钟后来了”，另外，“我现在来了”合法，而“*我一会儿来了”不合法，至于“我马上来了”合法是因为“了”是语气助词“$了_3$”，删除“$了_3$”后的“我马上来”合法且体义不变。这说明“来了！来了”强调在说话时间上的动作行为。以上分析也可从下列英汉对译得以验证。

（27）a_1.（我）来了！（我）来了！

a_2. I'm coming！I'm coming！

b_1. 我将要/将会来！

b_2. I'll come！

显然，汉语句子（$27a_1$）译成英语应该为（$27a_2$），在时—体意义方面，（$27a_1$）为“现在时—起始体”，（$27a_2$）为“现在时—进行体”，这与前文（$22g_1$）、（$22h_1$）和（$22g_2$）、（$22h_2$）的时—体意义相同。也就是说，（$22g_2$）、（$22h_2$）与（$27a_1$）中的句尾“了”相同，都是时间助词，但前者比后者多了表现在时的时间副词“快要”，正是“快要”使累积性成就动词“赢/到达”在句子层面具有了时段特征。通常情况下，（$27a_1$）须发生在特定语境中，句尾“了”本身具有表“现在时—起始体”的功能，不需再添加表现在时的“快要”；而在中性语境下，不添加“快要”的句子如“他赢了/他到达车站了”一般解读为完成情状，不可能具有时段特征。

现在结合上一章对助动词“要”和“会”的分析，我们可以得出，“快要”与助动词“要”的表时功能相同，在不含有其他时间词的简单句中都表示现在时，“将会”则与助动词“会”的表时功能相同，在不含有其他时间词的简单句中都表示将来时，因而“将会”不能与表“现在时—起始体”的句尾时间助词“了”共现，如（28）。

（28）* a_1. 他将会赢了。

a_2. 他将会赢。

* b_1. 他将会到达车站了。

b_2. 他将会到达车站。

以上分析说明两个问题。第一，汉语句尾时间助词“了”不能表“将来时—完成体”，出现在将来时的句尾“了”是语气助词；第二，汉语（$22g_2$）、（$22h_2$）两个句子表“现在时—起始体”，与表“现在时—进行体”的英语句子（$22g_1$）、（$22h_1$）都属于“现在时—现实体”。

综上所述，英语传统语法中现在进行时的时—体意义为“现在时—进行体”和“现在时—持续体”，两组时—体搭配在汉语中都有相对应的表达手段，并且ERS关系均为E=R=S。而当部分累积性成就动词在英语进行体句子中转变为达成动词时，汉语则采用“现在时—起始体”的编码，在语法表征上使用句尾时间助词“了”和表现在时的副词“快要”，在特定语境中，“快要”可以省略。汉语“现在时—起始体”与其相对应的英语“现在时—进行体”可刻画如图4－12所示。

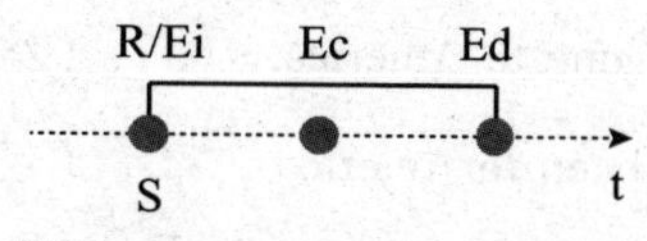

英语：E=R=S；汉语：Ei=R=S

图4－12　表相同情状的汉语“现在时—起始体”和英语“现在时—进行体”

在图4-12中，Ei、Ec、Ed分别表示现实情状的起始点、进行时段及终止点，累积性成就动词的内在情状实际位于Ed位置，累积性成就动词在句子中转变为达成动词时，现实情状应该是位于Ed之前的短暂时段内，实线段表示一个虚拟的现实情状。汉语“现在时—起始体”与其相对应的英语“现在时—进行体”所表示的现实情状其实都位于S=R位置上，但汉语“现在时—起始体”的ERS关系比英语“现在时—进行体”的ERS关系更细致，英语并没有具体细分现实情状的起始点和进行时段，“现在时—进行体”的ERS关系是E=R=S，也就是说，将Ei和Ec看作同一个E；而汉语“现在时—起始体”则着眼于起始点，其ERS关系是Ei=R=S。

4.3.2.3 现在完成时的时—体意义

英语传统语法中的现在完成时也属于“现在时—现实体”。在以往对时与体的研究中，现在完成时给不少学者带来了困惑。对于“完成”的概念，有学者称为完成时（Hornstein，1993），也有学者称为完成体（Comrie，1976）。英语现在完成时既不能用过去时间状语也不能用将来时间状语来修饰，Klein（1992）将其称为“现在完成时谜团”（present perfect puzzle）；Comrie（1976：52）认为“完成体”（perfect）通常表示发生在过去的情状总是与“现在”关联，而其他类型的体则没有此特征，正是完成体的这种特殊性引发了不少学者怀疑完成体究竟是否属于体的范畴。Comrie（1976：56—61）提出了四种完成体：结果完成（perfect of result）、经历完成（experiential perfect）、持续情状完成（perfect of persistent situation）以及近时过去完成（perfect of recent past），举例如下。

（29）a. John has gone to America.　　（结果完成）
　　b. John has been to America.　　（经历完成）
　　c. We have lived here for ten years.（持续情状完成）
　　d. Bill has just arrived.　　（近时过去完成）

Comrie有关完成体能够表达多种意义的观点是值得肯定的，但是仍然存在问题，（29a）和（29d）其实在体意义表达上是相同的，前者指“动身去美国”已经完成，后者指“到达”已经完成；另外，（29d）的“近时过去完成”实际上是由“just”决定的，所谓“近时”完全是一种主观概念，完成也可用于“远时”，如“Adolf Hitler has died”，因而“现在完成”其实与“近时”或“远时”无关。这里有个问题需要说明，在体的研究中，“完成”与情状有关，而与情状中动作行为的对象无关，只要情状终结就是“完成”，不考虑动作行为的对象是否完成，比如“我吃了苹果”，只要“吃”的动作终结就是“完成”，而不管“苹果”本身是否被吃完。通过观察可发现，例（29）中的不同“完成”意义很大程度上受到不同情状类型动词的影响，“go”是达成动词，“be”和“live”是状态动词，“arrive”是成就动词。那么我们将传统语法的现在完成时用不同情状类型的动词加以测试，考察其所能表达的时—体意义，举例如下。

（30）a_1. I have known John.　（现在时—起始体）

a_2. 我认识约翰了。　（现在时—起始体）

b_1. He has loved Mary.　（现在时—起始体）

b_2. 他已爱上玛丽了。　（现在时—起始体）

c_1. I have lived here.　（现在时—连续持续体）

c_2. 我一直住在这儿。　（现在时—连续持续体）

d_1. He has been there.　（现在时—经历体）

d_2. 他去过那儿。　（过去时—经历体）

e_1. He has pushed the cart.　（现在时—完成体）

e_2. 他已推了车。　（过去时—完成体）

f_1. He has knocked the door.　（现在时—完成体）

f_2. 他已敲了门。　（过去时—完成体）

g_1. He has built a house.　（现在时—完成体）

g_2. 他已建了一栋房子。　（过去时—完成体）

h_1. He has reached the station.（现在时—完成体）

h_2. 他已到达了车站。　（过去时—完成体）

i_1. He has found the secret.　（现在时—完成体）

i_2. 他已发现了这个秘密。　（过去时—完成体）

我们将（$30a_2$）、（$29b_2$）中汉语句子的“了”看作句尾时间助词“了$_2$”，（$30d_2$）—（$29h_2$）汉语句子中的“了”为词尾“了$_1$”。从例（30）可以看出，不同情状类型的动词确实可影响句子体意义，部分状态动词可用于现在完成时，可以表达起始体、连续持续体以及经历体三种体意义，活动、单活动、达成以及成就动词都表达完成体意义。值得注意的是，英语和汉语的部分状态动词所表达的时与体意义相同，都是“现在时—起始体”和“现在时—连续持续体”，但在表达经历体和完成体时，英语采用现在时，汉语则采用过去时，英语句子不能与表示过去的时间状语搭配，但汉语则可，如（31）。

（31）＊a_1. He has been there yesterday.

a_2. 昨天他已去过那儿。

＊b_1. He has pushed the cart an hour ago.

b_2. 一小时前他已推了车。

＊c_1. He has built a house last week.

c_2. 上周他已建了一栋房子。

＊d_1. He has reached the station last night.

d_2. 昨晚他已到达了车站。

首先，（$31a_1$）—（$31d_1$）不合法的原因在于，句子的时所触发的参照时间 R 是时点且与说话时间 S 重叠，而表过去的时间状语却试图也修饰参照时间 R，但是其所修饰的参照时间 R 则位于说话时间 S 之前，一个简单句中出现了两个不相关的参照时间 R，它们形成了冲突。其次，例（31）说明，英语的“现在时—经历体”和“现在时—完成体”在汉语中可以分别用“过去时—

经历体”和“过去时—完成体”来表达，但是汉语的“过去时—经历体”和“过去时—完成体”并不属于“现在时—现实体”的范畴，那么问题是，汉语是否也有“现在时—经历体”和“现在时—完成体”的语法形式？答案是肯定的，可以在不含有其他时间词的汉语简单句中添加时间副词“刚刚”来实现，如（32）。

（32）a_1. 他刚刚去过那儿。　　a_2. He has (just) been there.

b_1. 他刚刚推了车。　　b_2. He has (just) pushed the cart.

c_1. 他刚刚建了一栋房子。　　c_2. He has (just) built a house.

d_1. 他刚刚到达（了）车站。　　d_2. He has (just) reached the station.

（$32d_1$）中的词尾“了”可以省略且完成体意义不变，但（$32a_1$）—（$32c_1$）中的“过”和“了”不可省略，否则改变了体意义，即经历体和完成体变为起始体。（$32a_1$）—（$32d_1$）的意思是，以说话时间 S 为参照时间 R，事件时间 E 发生在参照时间 R 之前，并且事件时间 E 和参照时间 R 之间的时段很短暂，即“刚刚”；这里的关键问题是，“以说话时间 S 为参照时间 R”这个表述说明了说话时间 S 和参照时间 R 重叠，即 R = S，这显然是现在时，而非过去时，那么可以说，（$32a_1$）表达“现在时—经历体”，（$32b_1$）—（$32d_1$）则表达“现在时—完成体”。我们在以后的章节中还会专门探讨时间副词“刚刚”“刚”以及时间名词“刚才”的 ERS 关系及所能表达的时与体意义。

至此，英语传统语法中的现在完成时可以表示“现在时—起始体”“现在时—连续持续体”“现在时—经历体”以及“现在时—完成体”四种时与体搭配，“现在时—起始体”和“现在时—连续持续体”在汉语中有对应的语法表达形式，而“现在时—经历体”在汉语中有“现在时—经历体”和“过去时—经历体”两种对应形式，同样，“现在时—完成体”在汉语中则有“现在时—完成体”和“过去时—完成体”两种对应形式。由于汉语

“过去时—经历体”和“过去时—完成体”不属于“现在时—现实体”的范畴，其 ERS 关系暂且不谈，其他四种时—体搭配如图 4 – 13 所示。

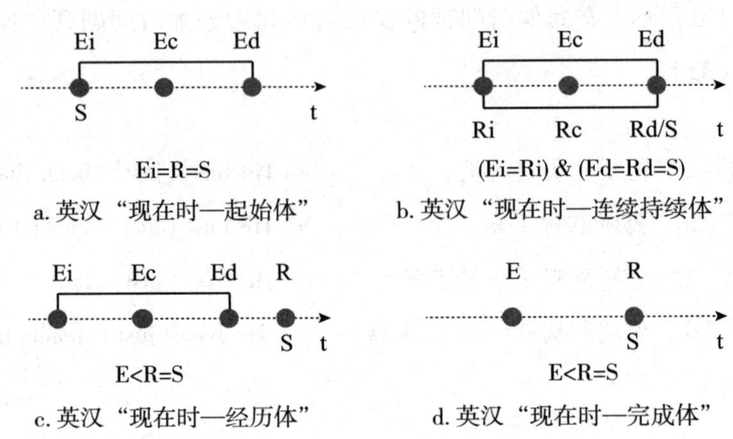

图 4 – 13　传统语法中现在完成时的时—体意义与 ERS 关系

可以发现，英汉语的“现在时—经历体”和“现在时—完成体”的 ERS 关系都是 E < R = S，即参照时间和说话时间均为时点且重叠，而事件时间则位于它们之前，不过从图中可以看出，“现在时—经历体”通常将事件时间看作一个时段，强调经历了整个事件过程；而“现在时—完成体”则将事件时间看作一个时点，强调事件的结果。

4.3.2.4　现在完成进行时的时—体意义

英语传统语法中的现在完成进行时也属于“现在时—现实体”的范畴。现在完成进行时通常表示动作从过去某一时间开始一直延续到说话时间“现在”，这一动作在说话时间上可能还在进行，也可能刚刚终止，需根据上下文语境判断。在现实情状表达上，可以表示一个从过去延续到现在的动作，也可表示某一动作反复发生并且一直延续到现在，因而句子的体意义也有所差异，视不同情状类型的动词而定，如（33）。

（33） a. She has been standing.

她一直（在）站着。　　　　（现在时—连续持续体）

b. She has been running.

她一直在跑步。　　　　　　（现在时—连续进行体）

c. She has been knocking the door.

她一直在敲门。　　　　　　（现在时—连续进行体）

d. She has been writing a letter.

她一直在写信。　　　　　　（现在时—连续进行体）

e. She has been winning.

她一直/老是赢。　　　　　（现在时—反复体/惯常体）

f. She has been losing things.

她一直/老是丢东西。　　　（现在时—惯常体）

恒定性状态动词一般无法用于所谓的“现在完成进行时”，在暂时性状态动词中通常只有表姿势类则可，其所表示的现实情状也并非指一直进行的活动，而表示连续持续的状态，如（33a），其时—体意义为“现在时—连续持续体”。活动、单活动及达成三种情状类型的动词则表达一直进行的活动，表示“现在时—连续进行体”，如（33b）—（33d）。（33e）中使用累积性动词“win”（赢）时则有反复体或惯常体两种体意义，表达具体场合中的反复是反复体，表达不定场合的惯常性行为则是惯常体；（33f）中使用非累积性成就动词“lose”（丢失）时则一般只表达不定场合的惯常性行为，即惯常体。

在语法表征方面，英语用“have/has been doing”，而汉语则根据不同的体意义会使用不同的时间副词，如“一直”“老是”“总是”等，表达连续持续体时，时间副词“在”有时可省略，如（33a）；但表达连续进行体时，时间副词“在”通常不可省略，如（33b）—（33d）；而表达反复体/惯常体时，一般不可添加“在”，如（33e）—（33f）。值得注意的是，（33）中的“在”不可替换为“正在”。两者可替换时都表示进行的情状，进行情状可发生在绝对时点上也可发生于一段时间内，如例（34a）、（34b），由于时点和时段的相对性，时段也可被看作时点，因而（34b）中的参照时间“这些天”实际上也被看作时点，但由于“正在”的聚焦度高于“在”（陈前瑞，2008：252），时间较长的时段比较难以作为时点性质的参照时间，如（34c）和（34d）的可接受度有差异。

（34）a. 小李六点正在/在学德语。　　　c. 小李这几年在学德语。

　　　b. 小李这些天正在/在学德语。　??d. 小李这几年正在学德语。

“正在”和“在”还有个用法上的差异，“在”可表示反复/惯常进行或持续的情状，但“正在”不能表达这种意义，无论是反复/惯常进行还是持续的情状，该情状都具有了强持续时段的特征，这种情况下参照时间很难成为时点。在语法表达上，“在”前面可以添加表示反复/惯常进行的“总”以及表示持续的“一直”等副词，而“正在”则不可。可以说，“总/一直”的强时段性与“正在”的强时点性形成了冲突，如（35）。

（35）a. 小李总在学德语。　　　∗c. 小李总正在学德语。

　　　b. 小李一直在学德语。　　∗d. 小李一直正在学德语。

在例（33）中还有一个问题需要解释，（33e）和（33f）并非表明所有的成就动词都能用于“现在完成进行时”，句子合法与否取决于语境解读。在语法表达上，不同论元会导致句子合法与否，比如在例（34）和（35）中，不论是累积性动词还是非累积性动词，单数施事论元的句子一般不合法，而复数施事论元的句子则合法。

（36）累积性动词

∗a. He has been reaching the auditorium.

∗b. The plane has been crashing.

c. The students have been reaching the auditorium.

同学们络绎不绝地到达礼堂。　　（现在时—连续进行体）

d. The planes have been crashing.

飞机一直不断地坠毁。　　　　　　（现在时—连续进行体）

（37）非累积性动词

* a. He has been discovering that cave.

* b. The firework has been exploding.

c. The tourists have been discovering that cave.

游客们一直不断地发现那个洞穴。（现在时—连续进行体）

d. The fireworks have been exploding.

烟花一直在爆炸。　　　　　　（现在时—连续进行体）

需说明的是，单数施事论元的句子如（36a）和（37a）有时在非常特殊的语境中或许能够接受，比如分别指“他一直反复不断地抵达礼堂”和“他一直反复不断地发现那个洞穴”，不过这种情况我们在此处不予考虑。可以发现，合法的（36c）、（36d）和（37c）、（37d）都表示不同个体所参与的不同成就情状不间断地连续发生，并且持续到说话时间，在时—体意义上都表达“现在时—连续进行体”。最后我们可以得出，英语传统语法中的“现在完成进行时”所表达的时与体意义在英汉中有四种搭配：“现在时—连续持续体”“现在时—连续进行体”“现在时—反复体”“现在时—惯常体”。这四种时—体意义在现实情状表达上虽然有差异，但其 ERS 关系都如图 4 – 14 所示。

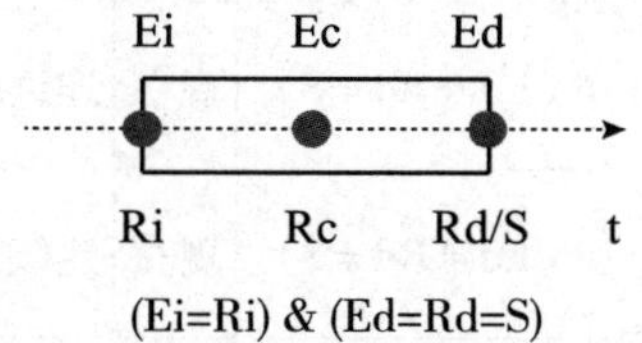

图 4 – 14　传统语法中现在完成进行时的时—体 ERS 关系

至此，英语传统语法中与“现在时—现实体”有关的四种时态所能表达的具体时—体意义我们已讨论完毕，这四种时态是一般现在时、现在进行时、现在完成时以及现在完成进行时。在讨论英语句子的时—体意义时我们也考察了相对应汉语句子的时—体意义，同时也刻画了这些时—体意义的 ERS 关系。对英汉语“现在时—现实体”的下位时—体意义及其 ERS 关系的总结见表 4－6。

表 4－6　英汉“现在时—现实体”及其 ERS 关系

<table>
<tr><th rowspan="2">英语传统时态</th><th colspan="3">英语基本 ERS 时—体结构</th><th colspan="3">汉语基本 ERS 时—体结构</th></tr>
<tr><th>时</th><th>体</th><th>ERS 关系</th><th>时</th><th>体</th><th>ERS 关系</th></tr>
<tr><td rowspan="2">一般现在</td><td>现在</td><td>持续</td><td>E = R = S</td><td>现在</td><td>持续</td><td>E = R = S</td></tr>
<tr><td>现在</td><td>惯常</td><td>$(E = R\infty t)\&(S \subset R\infty t)$</td><td>现在</td><td>惯常</td><td>$(E = R\infty t)\&(S \subset R\infty t)$</td></tr>
<tr><td rowspan="3">现在进行</td><td>现在</td><td>持续</td><td>E = R = S</td><td>现在</td><td>持续</td><td>E = R = S</td></tr>
<tr><td rowspan="2">现在</td><td rowspan="2">进行</td><td rowspan="2">E = R = S</td><td>现在</td><td>进行</td><td>E = R = S</td></tr>
<tr><td>现在</td><td>起始</td><td>Ei = R = S</td></tr>
<tr><td rowspan="4">现在完成</td><td>现在</td><td>起始</td><td>Ei = R = S</td><td>现在</td><td>起始</td><td>Ei = R = S</td></tr>
<tr><td>现在</td><td>连续持续</td><td>(Ei = Ri)&(Ed = Rd = S)</td><td>现在</td><td>连续持续</td><td>(Ei = Ri)&(Ed = Rd = S)</td></tr>
<tr><td>现在</td><td>经历</td><td>$E < R = S$</td><td>现在</td><td>经历</td><td>$E < R = S$</td></tr>
<tr><td>现在</td><td>完成</td><td>$E < R = S$</td><td>现在</td><td>完成</td><td>$E < R = S$</td></tr>
<tr><td rowspan="4">现在完成进行</td><td>现在</td><td>连续持续</td><td>(Ei = Ri)&(Ed = Rd = S)</td><td>现在</td><td>连续持续</td><td>(Ei = Ri)&(Ed = Rd = S)</td></tr>
<tr><td>现在</td><td>连续进行</td><td>(Ei = Ri)&(Ed = Rd = S)</td><td>现在</td><td>连续进行</td><td>(Ei = Ri)&(Ed = Rd = S)</td></tr>
<tr><td>现在</td><td>反复</td><td>(Ei = Ri)&(Ed = Rd = S)</td><td>现在</td><td>反复</td><td>(Ei = Ri)&(Ed = Rd = S)</td></tr>
<tr><td>现在</td><td>惯常</td><td>(Ei = Ri)&(Ed = Rd = S)</td><td>现在</td><td>惯常</td><td>(Ei = Ri)&(Ed = Rd = S)</td></tr>
</table>

4.3.3 “现在时—非现实体”及其 ERS 关系

“现在时—非现实体”从语义上讲是指，将参照时间 R 放在与说话时间 S 重叠的位置来看待尚未发生的各种情状，或者说从说话时间“现在”的角度来看，句子所要表达的各种情状是非现实的。英汉语中都有“现在时—非现实体”的语法表达手段，英语如“be going to do/be to do/be about to do”（“be - 结构”，“be”为现在时），汉语如助动词“要”与时间副词“快要”。英语传统语法中将“be - 结构”称为一般将来时，这其实是不准确的，因为传统语法中的时态没有区分时和体，将体意义当作时意义了；同样，汉语的助动词“要”与时间副词“快要”在不含其他时间词的简单句中很容易做出表示将来时的误判，汉语的这种情况我们在本章前文已经证明过。英语的“be - 结构”表达现在时而非将来时在上一章也已经证明，即“will be doing”无法用“be - 结构”来表达，如“? be going to be doing”很难接受，原因是“be going to”要求 S = R < E，而“be doing”要求 S < R = E，两个 ERS 关系相冲突。此处我们再通过添加表将来的时间状语的方式做进一步证明，如（38）。

（38）a. The students are going to boycott classes *tomorrow*.

??b. *Tomorrow* the students are going to boycott classes.

c. You are to hand in your assignment *next week*.

??d. *Next week* you are to hand in your assignment.

（38a）和（38c）中表将来的时间状语置于句末，在可接受度上没问题；而当（38b）和（38d）中表将来的时间状语置于句首时，可接受度较低。原因在于，句末时间状语可修饰参照时间或者事件时间，但更倾向于修饰事件时间，而句首时间状语则倾向于修饰参照时间，关于这一点 Hornstein（1993：24—25）曾有所论述，如下包含两个不同时间状语的句子。

（39） a. Yesterday，John left a week ago.

* b. A week ago，John left yesterday.

在（39）两例中，句首的时间状语都修饰参照时间，句末的时间状语都修饰事件时间，合法句子（39a）的事件时间“a week ago”是相对于参照时间“yesterday”来讲的，语义上合情合理，然而如果说（39b）的事件时间“yesterday”是相对于参照时间“a week ago”来讲的，语义上不可接受，因而句子不合法。再来看（38）中不合法的句子，“be－结构”的现在时语法形式要求参照时间与说话时间重叠（S＝R），但是句首表将来的时间状语却试图修饰后于说话时间的另一参照时间（S＜R），可以说是两个相互冲突的参照时间导致了句子可接受度较低。这样一来，合法句子（38a）和（38c）中的句尾时间状语倾向于修饰事件时间，两句的参照时间则与说话时间重叠，即现在时。现在时的解读也与“be going to do”和“be to do”的语义相吻合，前者指在说话时间上主观打算做某事，如果主语是非生命事物，则表示说话时间上有迹象表明要发生某事，如“it's going to rain”，后者指在说话时间上已约定好或按职责、义务或要求必须做的事件。因而“be going to do”和“be to do”都表现在时（S＝R），这一点也可从“be－结构”中的另一结构得以验证，即“be about to do”，该结构指说话时间上马上要发生的事件，一般不与具体的表将来的时间状语搭配，如“he is about to leave tomorrow”以及“tomorrow he is about to leave”。除了“be－结构”以外，英语中还有另外的语法手段来表达“现在时—非现实体”，即采用传统语法中的一般现在时和现在进行时与表将来的时间状语搭配，如（40）。

（40） a. The meeting takes place tomorrow.

会议明天举行。（现在时—将行体）

b. He is flying to America tomorrow.

他明天飞往美国。（现在时—将行体）

在（37）中，相对应的汉语则采用不带有时—体标记的动词或动词短语

与表将来的时间状语搭配，英汉语都表示在说话时间上已经安排好的非现实情状，在时—体意义上都表示“现在时—将行体”。现在问题是，“现在时—非现实体”中的非现实体是否也受不同情状类型动词的影响，即非现实体除了将行体外是否还有其他体意义？如下面例子。

（41） a. He is going to swim.

他打算去游泳。 （现在时—将行体）

b. He is going to knock the door.

他打算敲门。 （现在时—将行体）

c. He is going to write a letter.

他要写一封信。 （现在时—将行体）

d. He is to terminate the agreement.

他要终止协议。 （现在时—将行体）

e. She is to appear at the party.

她要在聚会上现身。 （现在时—将行体）

在上述例子中，“be ging to do”和“be to do”都表达在说话时间上述谓主体的主观意愿或已安排好的事件，此时“be ging to do”和“be to do”一般不与状态动词搭配，特殊情况我们不予考虑，当然说话者也可根据说话时间上的客观迹象对即将发生的非主观事件作出判断，如“it is going to rain”。无论表达主观意愿或已安排好的事件还是对客观事件作出判断，说话者都将参照时间R置于说话时间S的位置上，对于非现实体意义来讲，事件时间E总是位于参照时间R之后，换言之，参照时间R无法与事件时间E形成各种相交关系。那么不论是时点情状还是时段情状，总是形成 $R<E$ 的关系，将起始、将持续以及将完成等非现实体意义无法得以凸显，因此体义总是体现为将行体。因而“现在时—非现实体”的ERS关系不受不同情状类型动词的影响，都是 $S=R<E$，如图4-15所示。

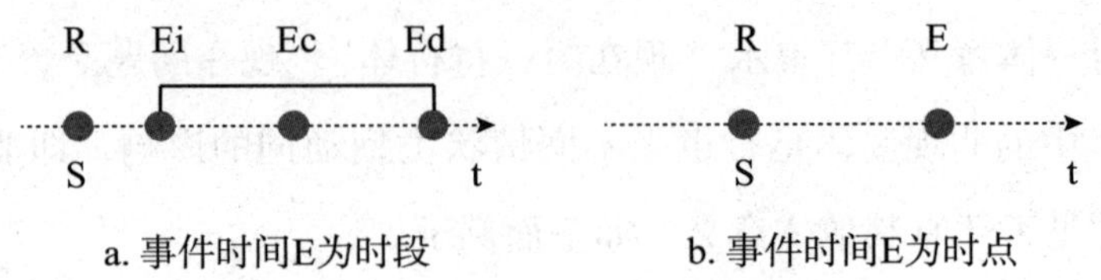

图4－15 “现在时—将行体”的ERS关系

综上所述，英语传统语法中称为一般将来时的“be－结构”其实表达“现在时—非现实体”，而非现实体则具体体现为将行体，汉语也具有表达这种时—体意义的语法手段，见表4－7。

表4－7 英汉“现在时—非现实体”及其ERS关系

英语传统时态	英语基本ERS时—体结构			汉语基本ERS时—体结构		
	时	体	ERS关系	时	体	ERS关系
一般将来	现在	将行	S＝R＜E	现在	将行	S＝R＜E

4.3.4 “过去时—现实体”及其ERS关系

“过去时—现实体”的搭配从语义上讲是指，在说话时间“现在”之前的一个参照时间上存在着某种事实，这种事实可以是在参照时间上正进行或持续的情状，也可以是参照时间之前发生的情状，还可以是反复发生或惯常性的情状。反复发生或惯常性的情状在参照时间上可以正进行或持续，也可以是在参照时间上已经终止。英语传统语法中与“过去时—现实体”有关的时态包括一般过去时、过去进行时、过去完成时、过去完成进行时，这四种过去时的时态恰好与“现在时—现实体”构成对应形式，以下分别讨论它们所能够表达的时—体意义以及ERS关系。

4.3.4.1　一般过去时的时—体意义

传统语法中的一般过去时通常表示发生在说话时间之前的各种情状，说话者将参照时间置于说话时间之前的现实情状的各个部分，以表达现实情状在参照时间上处于何种情况，因而参照时间 R 和事件时间 E 必须有相交点，并且参照时间位于说话时间之前，即 $R<S$ 且 $R\cap E\neq\varnothing$。不同情状类型的动词也会影响体意义，举例如下。

（42）a. They knew each other.

他们互相认识了。　　（过去时—起始体）

b. A picture hung on the wall.

当时墙上挂着一幅画。　　（过去时—持续体）

c. She used to run to school.

以前她习惯于跑步上学。　　（过去时—惯常体）

d. He pushed the cart.

他推了车。　　（过去时—完成体）

e. He knocked the door.

他敲了门。　　（过去时—完成体）

f. He wrote a letter.

他写了一封信。　　（过去时—完成体）

g. He won the game.

他赢了比赛。　　（过去时—完成体）

h. He lost his keys.

他丢了钥匙。　　（过去时—完成体）

（42a）—（42c）表明，状态动词用于过去时可表达三种体意义，（42a）中恒定性状态动词“knew”表示参照时间上恒定状态的起始，而非状态的持续或终止，同样汉语使用句尾时间助词“了$_2$”；（42b）和（42c）中暂时性状态动词“hung”和“used（to）”分别表达参照时间上的持续状态和习惯性动作行为，表示持续体和惯常体。其他情状类型的动词应用于过去时主要表达完成体，这里的完成体是指情状的终止，而非动作对象的完成，汉语使用词尾时间助词“了$_1$”。需注意的是，词尾“了$_1$”和句尾“了$_2$”都可出现在过去时中，但它们并不是过去时的必要成分，上述包含词尾“了$_1$”和句尾“了$_2$”的汉语句子所表示的过去时意义是由不同情状类型的动词与词尾“了$_1$”和句尾“了$_2$”共同决定的。(42b) 和 (42c) 中的“挂着”和“习惯于”本身无法表达过去时，因而句子中需添加表过去的时间名词，如“当时”或“以前”等。总之，英语传统语法的一般过去时在英汉语中都可表达四种时与体搭配：“过去时—起始体”“过去时—持续体”“过去时—惯常体”以及“过去时—完成体”，其 ERS 关系如图 4－16 所示。

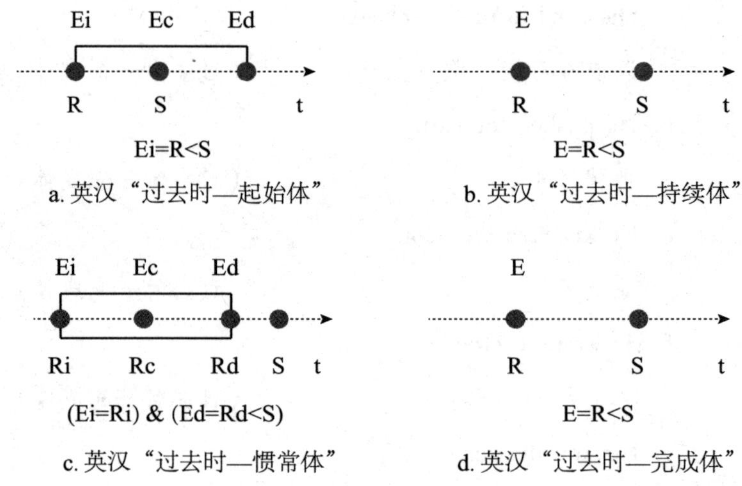

图 4－16　传统语法中一般过去时的时一体意义与 ERS 关系

图中有几个问题需说明。首先，说话者将参照时间 R 置于现实情状的某个位置上，只凸显参照时间上该情状的情况，除参照时间以外的各个时点或时段上的该情状的情况在句子中并没有得以反映，因而应不予考虑。比如（42b）只表达“墙上挂着一幅画”发生在“说话时间之前某个参照

时间上”，至于其他时间上究竟如何超出句子所表达的意义，“墙上挂着一幅画”在说话时间上也有可能仍然是事实，但这并非该句子所负载的意义。其次，图4－16（a）中的事件时间E表现为一个时段，但由于恒定性状态动词的影响，句子所负载的体义正是现实情状的起始。也就是说，说话者其实只关注事件时间的起始点。持续段Ec和终止点Ed并没有在句子中得以反映，我们用时段来表示只是凸显起始点。还有个问题是，图4－16（a）中说话时间S真包含于事件时间E，即 $S \subset E$ 或者 $S < Ed$。但现实中也存在另一种情况，如“Marx and Engels knew each other”（马克思和恩格斯相互认识了），持续段Ec和终止点Ed均位于说话时间S之前，即 $S \cap E = \varnothing$ 或 $Ed < S$。无论是哪一种情况，句子的ERS关系都是 $Ei = R < S$。最后，图4－16（b）至图4－16（d）的ERS关系尽管均为 $E = R < S$，但由于动词的情状类型的影响，所表达的体意义还是有所差异。

4.3.4.2　过去进行时的时—体意义

过去进行时主要用来表达说话时间之前的参照时间上正进行的动作行为或存在的状态，句中能够出现的时间状语通常是表示时点性质的时间修饰语，如“at that moment”“at that time”“this time yesterday”。同现在进行时一样，过去进行时不能与表持续的“for some time”时间状语搭配。当然，现实中的时段也可被识解为一个时点，如“He was studying German those days”。不同情状类型动词应用于过去进行时如（43）。

（43）a. He was lying（in bed）.　　他当时正躺着（在床上）。

b. The children were crying.　　孩子们当时正在哭。

c. The light was flashing.　　那时灯光正在闪烁。

d. He was writing a book.　　当时他正在写书。

e. She was reaching the station.　　她当时快要到达车站了。

f. The audience was becoming restless.　　观众当时快要不耐烦了。

从（43）可看出，在时的表达上，由于汉语缺乏显性形态标记，必须添加表过去的时间名词，如“当时”“那时”等；而过去进行时在体意义表达上同现在进行时相同，英汉语均可表达持续体和进行体，分别如（43a）和（43b）—（43d）；而当时点性的成就动词用于英语进行体时，汉语一般采用起始体表达手段，即时间副词“快要”和句尾“了$_2$”搭配，如（43e）—（43f）。也就是说，英语传统语法中过去进行时的时—体意义为“过去时—持续体/进行体”两种搭配，其所反映的现实情状在汉语中则有“过去时—持续体/进行体/起始体”三种时—体表达手段。它们的 ERS 关系如图 4－17 所示。

a. 英汉“过去时—持续体/进行体” b. 汉语“过去时—起始体”和“英语过去时—进行体”

图 4－17 传统语法中过去进行时的时—体意义与 ERS 关系

4. 3. 4. 3 过去完成时的时—体意义

过去完成时在传统语法中一般表示过去某一时间或过去某一事件之前发生的事件，通常称为“过去的过去”。如果“过去完成时”中的“完成”确实表示完成体时，那么“过去的过去”中第一个“过去”是参照时间 R，第二个“过去”则是事件时间 E，但是当不用情状类型的动词用于所谓“过去完成时”时，完成体并不能涵盖所有的体意义，如（44）、（45）。

（44） a. John had loved Mary.

（那之前）约翰爱上玛丽了。（过去时—起始体）

b. I had lived in Paris.

（那之前）我一直住在巴黎。（过去时—连续持续体）

c. He had been to America.

（那之前）他已去过美国。　（过去时—经历体）

（45）“过去时—完成体”：

a. He had pushed the cart.　　（那之前）他已推了车。

b. He had knocked the door.　　（那之前）他已敲了门。

c. He had built a house.　　（那之前）他已建了一栋房子。

d. He had reached the station.　　（那之前）他已到达了车站。

e. He had found the secret.　　（那之前）他已发现了这个秘密。

从语义上讲，英语的过去完成时表示在说话时间之前必须存在一个参照时间，以这个参照时间为基点来观察参照时间之前发生的情状，对于该意义英语通过助动词的形态变化来表达，即“had”；而汉语的简单句中如果不添加任何时间词，该意义很难表达，因而我们用“那之前”来表示说话时间之前存在一个参照时间。这样一来，英汉语中的参照时间 R 总是位于说话时间 S 之前（R < S），因而表示过去时，也就不存在“过去完成时”这一说，所谓“完成时”其实属于体意义。然而（44）中的句子并没有表示“完成”意义，显然体意义受到状态动词的影响，（44a）—（44c）分别表示“过去时—起始体”“过去时—连续持续体”以及“过去时—经历体”。而（45）中句子的体意义则不受活动、单活动、达成以及成就动词的影响，均表达“过去时—完成体”。过去完成时所表达的 ERS 时—体关系如图 4 – 18 所示。

需说明的是，图 4 – 18（a）“过去时—起始体”的 ERS 关系为 Ei < R < S，然而事件时间 E 的终止点 Ed 无法固定在某一时点上，也就是说，在参照时间 R 之前的时点 Ei 上“约翰开始爱上玛丽”，但该情状仍然持续下去，至于何时终止句子并未体现，但在现实中终止点 Ed 的位置只有三种可能：Ed < S，Ed = S，S < Ed。根据 ERS 理论，事件时间 E 和说话时间 S 的关系对时与体的表达无关，因而过去时由 R < S 决定，起始体则取决于 Ei < R。

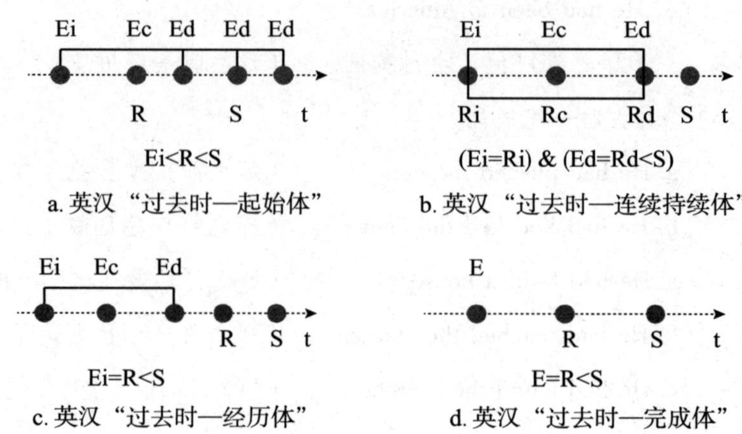

图 4－18　传统语法中过去完成时的时—体意义与 ERS 关系

4.3.4.4　过去完成进行时的时—体意义

过去完成进行时与现在完成进行时的用法基本相同，但在参照时间上不同。现在完成进行时表示情状从过去某一时间开始一直延续到说话时间“现在”，参照时间 R 必须终止于说话时间 S，而过去完成时表示参照时间 R 必须位于说话时间 S 之前，所表示的情状从参照时间 R 之前开始，一直延续到参照时间。情状在参照时间上可能还在进行，也可能刚刚终止，需根据上下文语境判断。在现实情状表达上，可以表示延续到参照时间的动作，也可表示某一动作反复发生并且一直延续到参照时间，因而句子的体义也有差异，受不同情状类型的动词的影响，如（46）。

（46） a. She had been sitting.

（那之前）她一直（在）坐着。　（过去时—连续持续体）

b. She had been running.

（那之前）她一直在跑步。　（过去时—连续进行体）

c. She had been knocking the door.

（那之前）她一直在敲门。　（过去时—连续进行体）

d. She had been writing a letter.

（那之前）她一直在写信。　　　（过去时—连续进行体）

e. She had been winning.

（那之前）她一直/老是赢。　　　（过去时—反复体/惯常体）

f. She had been losing things.

（那之前）她一直/老是丢东西。（过去时—惯常体）

从（46）可看出，过去完成进行时与现在完成进行时在体义表达上是相同的，只是在时表达上不同，显然是由于说话时间和参照时间的位置关系不同而导致的。因而英语传统语法的“过去完成进行时”所表达的时—体意义在英汉中有四种搭配：“过去时—连续持续体”“过去时—连续进行体”“过去时—反复体”“过去时—惯常体”。这四种时—体搭配虽然所反映的现实情状不同，其ERS关系都如图4－19所示。

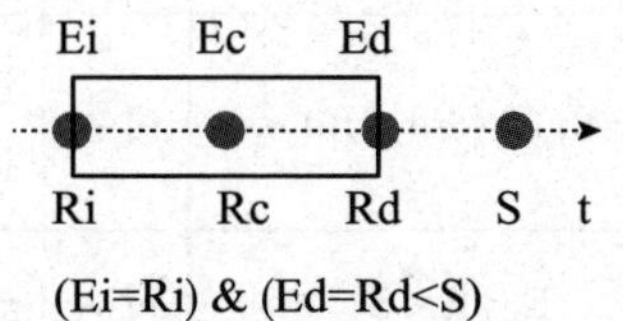

图4－19　传统语法中过去完成进行时的时—体ERS关系

至此我们分析了英语传统语法中与“过去时—现实体”有关的四种时态所能表达的时与体意义，即一般过去时、过去进行时。过去完成时以及过去完成进行时。过去时由参照时间R前于说话时间S决定，而现实体的下位体义很大程度上受不同情状类型的动词的影响，但体义本质上还是由事件时间E和参照时间R的不同位置关系来决定的，并且E和R均可为时点和时段。对“过去时—现实体”的具体时—体意义及其ERS关系的总结见表4－8。

表 4-8　　英汉“过去时—现实体”及其 ERS 关系

英语传统时态	英语基本 ERS 时—体结构			汉语基本 ERS 时—体结构		
	时	体	ERS 关系	时	体	ERS 关系
一般过去	过去	起始	Ei = R < S	过去	起始	Ei = R < S
	过去	持续	E = R < S	过去	持续	E = R < S
	过去	惯常	(Ei = Ri)&(Ed = Rd < S)	过去	惯常	(Ei = Ri)&(Ed = Rd < S)
	过去	完成	E = R < S	过去	完成	E = R < S
过去进行	过去	持续	E = R < S	过去	持续	E = R < S
	过去	进行	E = R < S	过去	进行	E = R < S
				过去	起始	Ei = R < S
过去完成	过去	起始	Ei < R < S	过去	起始	Ei < R < S
	过去	连续持续	(Ei = Ri)&(Ed = Rd < S)	过去	连续持续	(Ei = Ri)&(Ed = Rd < S)
	过去	经历	E < R < S	过去	经历	E < R < S
	过去	完成	E < R < S	过去	完成	E < R < S
过去完成进行	过去	连续持续	(Ei = Ri)&(Ed = Rd < S)	过去	连续持续	(Ei = Ri)&(Ed = Rd < S)
	过去	连续进行	(Ei = Ri)&(Ed = Rd < S)	过去	连续进行	(Ei = Ri)&(Ed = Rd < S)
	过去	反复	(Ei = Ri)&(Ed = Rd < S)	过去	反复	(Ei = Ri)&(Ed = Rd < S)
	过去	惯常	(Ei = Ri)&(Ed = Rd < S)	过去	惯常	(Ei = Ri)&(Ed = Rd < S)

4.3.5 “过去时—非现实体”及其ERS关系

“过去时—非现实体”是指以前于说话时间的某一时间为参照时间，来观察对于该参照时间而言尚未发生的各种情状。需注意的是，这里的情况比较复杂，除了这个参照时间外，有时在体的表达上还会产生另一个参照时间，但这两个参照时间并不是不相关的，相对于说话时间来讲，这两个参照时间共同构成了一个作为时间段的参照时间，涉及该情况时我们还会具体分析。英语传统语法中与“过去时—非现实体”相关的时态包括过去将来时、过去将来进行时、过去将来完成时、过去将来完成进行时。在这四种时态中，“过去”表示真正的时，而“将来”“将来进行”“将来完成”以及“将来完成进行”则属于体的内容。需说明的是，这四种时态经常用于间接引语以及虚拟语气中，在语法上则通常出现在宾语从句、定语从句以及带有条件从句的主句中，此处我们作忽略处理，只讨论主句中这些时态的时—体意义；在上下文或语境清楚的情况下，这四种时态也可独立成句，但需要添加时间状语才能使句子具有明确的释义，如（47）。

（47）a. He would go to America just now.

刚才他要（＊将要/＊会/＊将会）去美国。

b. He would be flying to Paris just now.

刚才他要（＊将要/＊会/＊将会）飞往巴黎。

c. Yesterday he would have finished the work before dinner.

昨天他要（＊将要/＊会/＊将会）在晚饭之前干完活。

d. Yesterday he would have been practicing the piano before dinner.

昨天他要（＊将要/＊会/＊将会）在晚饭之前一直练琴。

在上述例子中，首先，英语句子的时由助动词的形态负载，时间状语只起修饰作用，而汉语句子的时由时间名词负载；其次，汉语“要/将要/会/将会”如果出现在宾语从句中均合法，即用于间接引语或转述，如“昨天他说他要/将要/会/将会在墙上挂一幅画”，该句的时由“昨天”决定，并且“昨天”只能限定主句的谓语动词“说”，而不能限定从句中的谓语动词“挂”，即从句的时可独立于主句的时。英语也有类似情况，如“he said that Mary is a fool”，但问题是为何在上述简单句中“要”合法，而“将要/会/将会”不合法？上一章曾提到，在以“要”和“会”为常项的最简结构中，“要”的意义相当于“打算/想”，强调述谓主体在说话时间上的主观意愿；而“会”的意义相当于“将会/将要”，强调述谓主体在说话时间之后的可能动作行为。在以“要”和“会”为常项的最简结构中，“要”句的时为现在时，而“会”句的时为将来时，其实最简结构中的“要”负载了两个意义，一是述谓主体的情态，二是述谓主体的情态表达发生在说话时间上的“现在”，即现在时是默认的。“要”一旦与表过去的时间名词搭配只能表达过去时，因而在（47）中，“要”只能表示述谓主体在过去参照时间上的主观意愿，这里的参照时间由时间名词负载，“要”失去了表时功能，并且情态的表达不可能与现实情状的表达脱离关系，因而“要”也与体有关。

针对（47）中的句子来讲，“将要/会/将会”也可认为负载情态和将来时两个意义，但与“要”不同的是，“将要/会/将会”的情态义和将来时意义并非都与述谓主体关联，情态义由说话者来表达，与句子本身无关；而将来时意义则与述谓主体的动作行为关联，与句子直接相关。也就是说，“将要/会/将会”的情态义实际上是一个句外的内容，而将来时才是“将要/会/将会”在句子中所表达的内容。因而可以说，“将要/会/将会”在（47）中不合法是因为它们所表达的将来时与“昨天”表示的过去时相冲突。

以上分析也说明，在以“要/将要/会/将会”为常项的最简结构中，“要”在句中的凸显义是情态义，隐含义是句外默认的现在时；“将要/会/将会”在句中的凸显义是将来时，隐含义是说话者的情态义。在（47）中，由于表过去时的时间名词的影响，“要”只剩下与体意义关联的情态义，原来最简结构中的默认现在时被取消。同理，英语的“will”负载了情态义和将来时

两个意义，在（47）中，时意义由"would"的形态或内部屈折决定，即过去时，那么原形"will"的将来时被取消，但其情态义仍存留在变体"would"上，这也是与"过去时—非现实体"相关的四种时态经常被用来表达虚拟语气的原因，虚拟语气也就是一种情态义。

至此可以说，在上述四种时态中，汉语的过去时由时间名词负载，英语的过去时由助动词的内部屈折表达，但英汉语过去时中非现实体的各种意义都与情态义交织在一起，这是英汉语非现实体的共性所在，即英汉语中非现实体的各种下位体都以"将"字打头，在"过去时—非现实体"中，"将行体"的原型意义是"要"与"will"失去表时资格后所滞留的情态义。下面我们依次讨论上述四种时态在不同情状类型的动词的影响下所能表达的时—体意义及其ERS关系。

4.3.5.1　过去将来时的时—体意义

首先看过去将来时。"过去将来时"中的"过去"是时，而"将来"是体，时由参照时间R位于说话时间S之前决定（R<S），那么"将来"具体表示何种体意义？英语有"would/should do"和"be-结构"（be为过去时）两种语法形式来表示"过去将来"意义，但都表示事件时间E位于参照时间R之后（R<E），事件时间E不可能位于参照时间R之前，也不可能与R重叠（E≮R），那么不同情状类型的动词是否对R和E的关系有影响？举例如下。

（48）a. Yesterday he would hang a picture on the wall.

昨天他要在墙上挂一幅画。

b. At that moment he would have a walk.

当时他要去散步。

c. Just now he would knock the door.

刚才他要敲门。

d. At that time he would write a letter.

当时他要写信。

e. In the beginning he would appear at the party.

起初他要在聚会上现身。

（48）表明，汉语句子仍需通过添加表过去的时间词来表示过去时，否则只能表达将来时。上述英汉语句子显示，无论事件时间 E 是时点还是时段，事件时间 E 必须位于参照时间 R 之后（R＜E），即句子的体意义并未受到不同情状类型的动词的影响，那么 R＜E 表达将行体。“过去时—将行体”的 ERS 关系如图 4－20 所示。

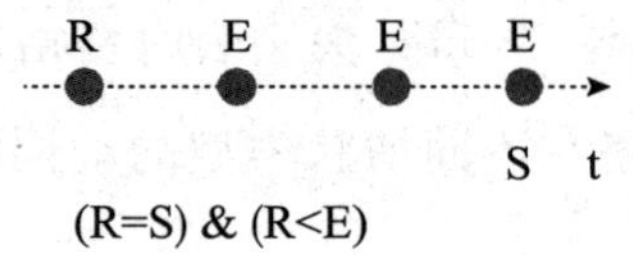

图 4－20 “过去时—将行体”的 ERS 关系

对于参照时间 R 而言，将行体并不能确定事件时间 E 和说话时间 S 的位置关系，因而图 4－20 中的事件时间 E 可能存在三种情况：R＜E＜S、R＜S＝E、R＜S＜E。事件时间可在说话时间之前参照时间之后，也可与说话时间重叠，还可在说话时间之后，由于说话时间和事件时间的关系对时和体均无贡献，我们将“过去时—将行体”表示为（R＜S）&（R＜E）。

4.3.5.2 过去将来进行时的时—体意义

过去将来进行时表示从前于说话时间的一个参照时间来看将来正进行或将要发生的情状，因而对于该参照时间来讲，将来正进行或将要发生的情状必须以非现实体的形式来表达。过去将来进行时通常用于间接引语中，语法上主要用于宾语从句和定语从句中，以表达参照时间之后将要发生的情状，如（49）。

（49）a. He said he would be coming.

他说了他会来。

b. The job he would be taking was raising horses.

他将从事的工作是养马。

（49）中的过去将来进行时分别出现在宾语从句和定语从句中，表达“过去时—将行体”，“would be coming”和“would be taking”可以分别替换为“would come”和“would take”，即传统语法中的过去将来时。由于时—体意义的考察需局限于主句，因而从句中过去将来进行时的用法不予考虑。有两个问题需要说明。一是在缺乏上下文的条件下，过去将来进行时一般不会用于没有任何时间修饰语的简单句，也就是说，简单句中的过去将来进行时通常要求与以过去参照时间为观察基点的表示将来的时间状语搭配，如“he would be doing his work at six the next day”，因而我们在探讨过去将来进行时的时—体意义时也添加适当的时间状语，以提高句子的可接受度。二是过去将来进行时既可表达在过去参照时间上已经安排好但尚未发生的事件，也可表达对参照时间之后尚未发生事件的主观推测。过去将来进行时所表示的体意义也会受到动词的影响，如（50）。

（50）a. Just now he would be lying in the sofa.

（过去时—将行体/将持续体）

刚才他要躺在沙发上。（过去时—将行体）

*刚才他要正躺在沙发上。

b. Just now he would be swimming.

（过去时—将行体/将进行体）

刚才他要游泳。（过去时—将行体）

*刚才他要在游泳。

c. Just now he would be flying to London.

（过去时—将行体/将进行体）

刚才他要飞往伦敦。（过去时—将行体）

*刚才他要正飞往伦敦。

d. The next day he would be reaching Paris.

（过去时—将完成体）

次日他要抵达巴黎。（过去时—将完成体）

＊次日他要正抵达巴黎。

e. The next day he would be starting the work.

（过去时—将起始体）

次日他要开始工作。（过去时—将起始体）

＊次日他要正开始工作。

首先看英语例子，(50a)—(50c) 都可表达两种体意义。当表达将行体时，表示在过去参照时间上已经安排好，但相对于参照时间来讲尚未发生的事件，在 ERS 关系上与过去将来时所表达的“过去时—将行体”相同，即 $(R<S)$ & $(R<E)$；当表达将持续体或将进行体时，表示对参照时间之后尚未发生事件的主观推测，此时的 ERS 关系较为复杂，下文会专门讨论。再看 (50a)—(50c) 中的汉语句子，它们只能表达“过去时—将行体”，很难用汉语表达“过去时—将持续体”和“过去时—将进行体”，可以说这两种时—体搭配在汉语中处于阙如状态，是因为以汉语为母语的群体缺乏这两种时—体搭配所需的观察视点或参照时间，或者说对这两种时—体意义搭配所反映的非现实情状不敏感。

(50d)—(50e) 中的英语句子所表达的时—体意义与汉语是一致的，即“过去时—将完成体”和“过去时—将起始体”，这两种时—体搭配与“过去时—将行体”的区别本质上是参照时间 R 和事件时间 E 的关系有差异，前两者要求参照时间和事件时间必须有相交点，即 $R\cap E\neq\varnothing$，而将行体要求参照时间 R 必须位于事件时间 E 之前，即 $R<E$ 或者 $R\cap E=\varnothing$，下文会阐释它们的具体 ER 关系。在语法表征上，英语“过去时—将完成体/将起始体”与“过去时—将行体”的区别主要受到累积性成就动词“reach”（到达）和非累积性动词“start”（开始）的影响；而汉语除了动词的影响外，位于句首的时间状语也是一个重要的影响因素。(50a)—(50c) 中的

“刚才”以及上一节（48e）中的“起初”都修饰助动词“要”，而（50d）—(50e）中的“次日”则不能修饰“要”。从参照时间的位置来看，(50a)—(50c）和（48e）的参照时间 R 均位于“刚才”和“起初”上，而（50d）—(50e）的参照时间 R 除了包含表达“要干某事”的一个时间外，还需要包含“次日”上与事件时间 E 相交的一个参照时间。其实(50d)—(50e）的参照时间都是一个时间段，所谓两个参照时间只是时段参照时间的起始点和终止点。“过去时—将完成体”和“过去时—将起始体”这两种时—体搭配的 ERS 关系同“过去时—将持续体”和“过去时—将进行体”相似，都涉及参照时间是时点还是时段的问题。下面我们考察不添加时间状语的“he would be flying to London”所表达的“过去时—将进行体”的 ERS 关系，以期起到举一反三的作用。

“过去时—将进行体”表示从过去参照时间来看将来正进行的情状，假设这个参照时间为 R；而“将来正进行”也需要一个参照时间，假设为 R′。R 和 R′都是不可或缺的，缺少 R 就不可能表达相对于 R 而言的“将来”意义，而缺少 R′就不可能表达相对于事件时间 E 来讲的“正进行”意义。还有个问题是，在“he would be flying to London”中，事件时间 E 并没有一个固定的时间位置，与说话时间 S 构成了三种情况，如图 4－21 所示。

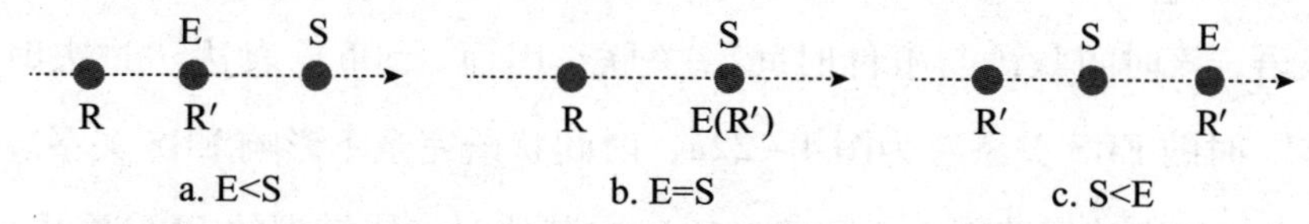

图 4－21　“过去时—将进行体”的 E 和 S 关系

现在关键问题并非事件时间 E 和说话时间 S 之间的关系确定，因为 SE 关系对时—体没有贡献，问题是两个参照时间 R 和 R′之间是否存在联系，一简单句中不可能出现两个不相关的参照时间。其实参照时间本质上就是一个观察视点，在表达“过去时—将进行体”时存在一个观察视点的转移过程，从 R 上看，E 是一个将来的时间；从 R′上看，E 则是进行事件的时间，也即存在从 R 转移到 R′的过程。说话者观察视点的转移过程类似于

Langacker（1987：248）有关焦点转换范畴中的“顺序扫描”（sequential scanning）认知操作，顺序扫描主要用于感知运动事件，是指从一个构型（configuration）到另一个构型的连续转换。通俗地讲，一系列情形以非累积的方式被感知，形成了从一个情形到另一情形的连续感知体验，任何两个情形不允许存在重叠或共时的情况。同理，R 总是前于 R′，扫描过程实际上构成连续统，当扫描到 E 时，扫描操作也随之结束。因而 R 和 R′分别充当了顺序扫描过程中的起始点和终止点，即参照时间是一个时段，那么图 4－21 中的三个图可进一步表示如图 4－22 所示。

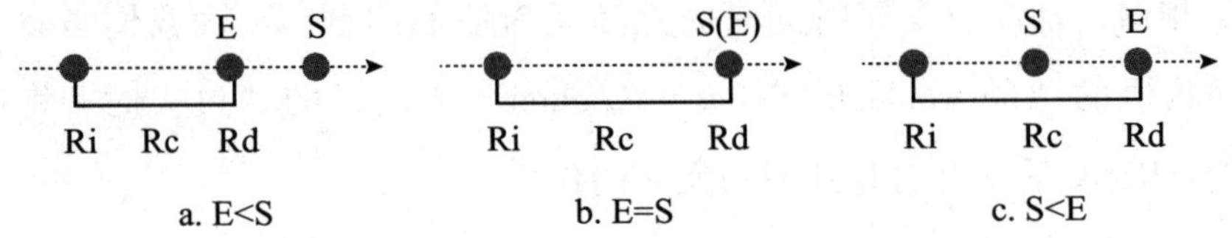

图 4－22 “过去时—将进行体”的可能 ERS 关系

图 4－22 中的三种 ERS 关系有一个共性，即 Ri < S 决定“过去时”，Ri < Rd = E 决定“将进行体”。由于 Ri 总是前于 Rd，那么“过去时—将进行体”的 ERS 关系为（Ri < S）&（Rd = E），其中 SE 关系不予考虑。其实上例（50b）中表达“过去时—将进行体”的句子由于添加了表示前于说话时间的时间状语，该时间状语与事件时间 E 关联，因而（50b）表达“过去时—将进行体”时的 ERS 关系应为图 4－22a，时间状语完全不影响 ERS 关系。

至此，以上述思路再来考察例（50）中其他时—体搭配的 ERS 关系。“过去时—将行体”已经论及，即（R < S）&（R < E）；表示“过去时—将持续体”“过去时—将完成体”以及“过去时—将起始体”的句子都包含一个前于说话时间且与事件时间 E 关联的时间状语，因而它们的 ERS 关系各自只有一种情况，不会产生图 4－22 中的三种情况。以上述分析“过去时—将进行体”的思路来看，“过去时—将持续体”“过去时—将完成体”以及“过去时—将起始体”的 ERS 关系实际上与“过去时—将进行体”相似，只是在现实情状表达上有差异，例（50）中时—体搭配的 ERS 关系可归结如图 4－23 所示。

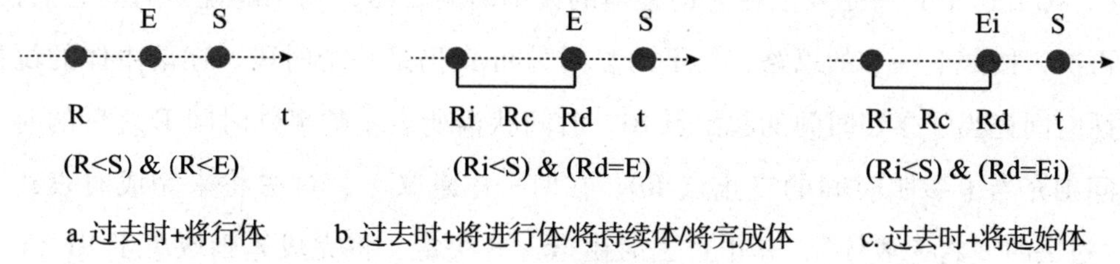

图4-23　传统语法中过去将来进行时的时—体ERS关系

4.3.5.3　过去将来完成时与过去将来完成进行时的时—体意义

过去将来完成时表示从前于说话时间的一个参照时间上看将来某时已经完成的情状，“将来某时”位于参照时间之后，而通常情况下对于说话时间，“将来某时”则位于说话时间之前，因而过去将来完成时一般与表示过去的时间状语连用，如“by then”等；此外，这个时态常用于间接引语或转述，因此一般出现在宾语从句中。如果上下文或语境清楚，也可出现在主句中，但仍需添加表过去的时间状语，如（51）。

（51）a. He would have known Mary before class.

（当时）他要在上课之前认识玛丽。

b. He would have had a walk by six o' clock.

（当时）他要在六点之前散步。

c. He would have written a letter before dinner.

（当时）他要在晚饭之前写完一封信。

d. He would have reached the station before the sunset.

（当时）他要在太阳落山之前抵达车站。

首先，（51a）中的“认识”不是状态动词，而是达成动词，表示“认识”状态的实现之前需存在一个累积过程，该情状一旦实现就成为状态情状；其次，上述句子的事件在现实中均体现为一个时段，但说话者只关注事件的终止点，在ERS关系中，我们将现实事件的终止点看作一个独立的事件时间

E，那么这个 E 一定发生在述谓主体的说话时间之后，句子的说话时间之前；再次，按照上一节的思路，句子的参照时间 R 仍是一个时段，述谓主体的说话时间充当了参照时间的起始点 Ri，时间状语所表示的事件时间 E 之后的时间则充当了参照时间的终止点 Rd。在时一体意义上，过去将来完成时表达“过去时—将完成体”，其中过去时由 Ri < S 决定，将完成体则取决于 Ri < E < Rd，其 ERS 关系如图 4 – 24 所示。

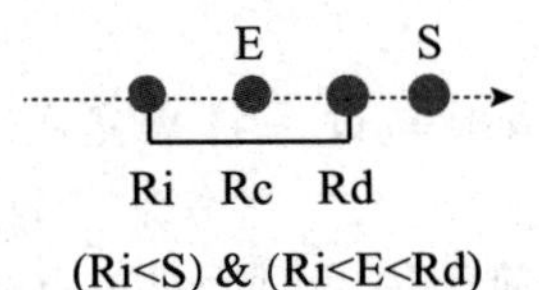

图 4 – 24　传统语法中过去将来完成时的时一体 ERS 关系

过去将来完成进行时表示从前于说话时间的一个参照时间来观察到将来某时一直延续或进行的情状，是否继续下去，视上下文而定。同“过去时—非现实体”的其他几种时态相似，过去将来完成进行时通常出现在宾语从句或转述中，常与由介词“by/before”等引导的表示到过去将来某时的时间副词连用。如（52）。

（52）a. He said that by next term he would have been studying English for six years.

他说到下学期他将学了六年英语。

b. He said that by the year – end he would have been living there for ten years.

他说到年底他将在那里住了十年。

如果过去将来完成进行时用于主句中，则通常也带有从句，就是传统语法所言的虚拟语气表达，即表示某种情态意义。此处我们不考虑带有从句的复合句，只关注简单句所表达的时一体意义，但需要添加时间状语方可提高句子的可接受度，如（53）。

（53）a. In the beginning he would have been living here for his whole life.

起初他要在这儿住上一辈子。

b. Yesterday he would have been practicing piano before supper.

昨天他要在晚饭之前一直练琴。

过去将来完成进行时在英语传统语法中是用得最少的一种时态，几乎不用，不少传统语法书甚至不涉及。即使在特定语境中使用，一般也特别需要强调从过去时间来看将发生的连续持续或连续进行的情状，如（50），在时—体意义上分别表达“过去时—将连续持续体”和“过去时—将连续进行体”。单活动动词、达成动词以及成就动词用于这种时态极其罕见，因而这种时态一般也不用来表达“（过去时）将反复体”或“（过去时）将惯常体”的非现实体意义，英汉语均是如此。反复体和惯常体所反映的情状比其他体意义所反映的情状复杂，通常以现实体的方式来得以反映，非现实体意义本质上是一种情态意义。可以说，以英汉语为母语的群体对于“将反复体/将惯常体”所反映的非现实情状不敏感，也就不倾向于针对这种非现实情状来表达某种情态义。其实上述“过去时—将连续持续体”和“过去时—将连续进行体”的表达也比较少见，很多情况下是用过去将来完成时来替代的，但不能说不存在，原因还是在于英汉语群体对这两种体意义所反映的非现实情状不太敏感，通常来讲，一般也没有必要强调这些非现实情状的持续或进行过程。“过去时—将连续持续体”和“过去时—将连续进行体”的ERS关系没有区别，如图4－25所示。

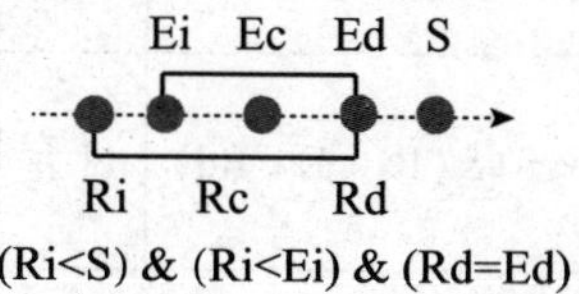

图4－25　传统语法中过去将来完成进行时的时—体ERS关系

在图4－25中有个问题需要说明，根据不同的句子，Ed和S的关系可有三种情况：S < Ed、S = Ed、Ed < S。由于Ed和S的关系与时—体表达无关，

图 4 - 25 只展示了其中 Ed < S 一种情况。在“过去时—将连续持续体/将连续进行体”中，过去时取决于 Ri < S，而将连续持续体/将连续进行体则由（Ri < Ei）&（Rd = Ed）决定。

至此我们分析了英语传统语法中与“过去时—非现实体”有关的四种时态所能表达的时与体意义，即过去将来时、过去将来进行时、过去将来完成时、过去将来完成进行时。过去时由参照时间 R 前于说话时间 S 决定，而非现实体的下位体意义则由事件时间 E 和参照时间 R 的不同位置关系来决定，并且 E 和 R 均可为时点和时段。对“过去时—非现实体”的具体时—体意义及其 ERS 关系的总结见表 4 - 9。

表 4 - 9　英汉“过去时—非现实体”及其 ERS 关系

英语传统时态	英语基本 ERS 时—体结构			汉语基本 ERS 时—体结构		
	时	体	ERS 关系	时	体	ERS 关系
过去将来	过去	将行	(R < S)&(R < E)	过去	将行	(R < S)&(R < E)
过去将来进行	过去	将行	(R < S)&(R < E)	过去	将行	(R < S)&(R < E)
	过去	将持续	(Ri < S)&(Rd = E)			
	过去	将进行	(Ri < S)&(Rd = E)			
	过去	将完成	(Ri < S)&(Rd = E)	过去	将完成	(Ri < S)&(Rd = E)
	过去	将起始	(Ri < S)&(Rd = Ei)	过去	将起始	(Ri < S)&(Rd = Ei)
过去将来完成	过去	将完成	(Ri < S)&(Ri < E < Rd)	过去	将完成	(Ri < S)&(Ri < E < Rd)
过去将来完成进行	过去	将连续持续	(Ri < S)&(Ri < Ei)&(Rd = Ed)	过去	将连续持续	(Ri < S)&(Ri < Ei)&(Rd = Ed)
	过去	将连续进行	(Ri < S)&(Ri < Ei)&(Rd = Ed)	过去	将连续进行	(Ri < S)&(Ri < Ei)&(Rd = Ed)

4.3.6 “将来时—非现实体”及其 ERS 关系

“将来时—非现实体”的搭配从语义上讲是指，将参照时间 R 放在说话时间 S 之后的位置上，来观察说话时间之后的各种非现实情状，也即事件时间 E 也发生在说话时间 S 之后。事件发生时间 E 与参照时间 R 之间形成各种关系，可表达各种非现实情状，包括将起始、将进行或持续、将完成以及将反复发生或惯常性的情状。英语传统语法中与“将来时—非现实体”有关的时态包括一般将来时、将来进行时、将来完成时、将来完成进行时，这四种将来时的时态与“现在时—现实体”（一般现在时、现在进行时、现在完成时、现在完成进行时）、“过去时—现实体”（一般过去时、过去进行时、过去完成时、过去完成进行时）构成了对应关系，下面讨论“将来时—非现实体”所能够表达的具体时—体意义及其 ERS 关系。

4.3.6.1　一般将来时和将来进行时的时—体意义

传统语法中的一般将来时通常表示发生在说话时间之后的各种非现实情状，表达将要发生的动作行为，或者将要存在的状态或惯常性的动作行为。说话者将参照时间 R 置于说话时间之后非现实情状的各个位置，以表达非现实情状在参照时间上处于何种情况，因而参照时间 R 和事件时间 E 必须有相交点，并且参照时间位于说话时间之后，即 $S<R$ 且 $R\cap E\neq\varnothing$。不同情状类型的动词也会影响体意义，如（54）。

（54）a. He will love Mary.　　（将来时—将起始体）

他会爱上玛丽。

b. He will be free.　　（将来时—将持续体）

他将会有空。

c. He will swim.　　（将来时—将起始体）

他将会游泳。

d. He will build a house.（将来时—将完成体）

他将会建一栋房子。

e. He will win the game.（将来时—将完成体）

他将会赢得比赛。

f. These things will happen(将来时—将惯常体)

这类事情总会发生。

在 Reichenbach 的时模型中共有三种情况可表达一般将来时："现在将行"（Posterior present）（S = R < E）、"一般将来"（Simple future）（S < R = E）、"将来将行"（Posterior future）（S < R < E）。现在将行由于说话时间 S 和参照时间 R 重叠且前于事件时间 E，显然是表达"现在时—将行体"的 ERS 关系，在语法表征上英语用"be-结构（be 为 am/is/are）"，汉语则使用助动词"要"。将来将行的 ERS 关系是，说话时间前于参照时间，而参照时间又前于事件时间。Reichenbach（1947：297）认为英语中并没有表示这种 ERS 关系的形态语法形式，但是并不能说明其他语言就没有，如拉丁语具有表示这种 ERS 关系的将来时分词形式。然而 Reichenbach 仍然用 S < R < E 来表示英语的一般将来时，将其等同于 S < R = E。我们认为英语和汉语对 S < R < E 不敏感，很难用简单句来表达，但在复合句中则可，如（55）。

（55）a. ?? He will be going to go to America.

?? 他将打算去美国。

b. When you arrive here tomorrow，I'll leave for America.

当你明天到这儿时，我将会离开去美国。

（55a）的英汉语句子显然很难接受，（55b）则没有问题，其中从句的事件时间充当了主句的参照时间，而主句的事件时间则位于参照时间之后。由于我们考虑的是简单句的基本 ERS 时—体结构，复合句所表示的 ERS 关系暂不考虑，因而简单句中一般将来时的 ERS 关系就排除了 S < R < E。至此，Reichenbach 时模型中的三种 ERS 关系只剩下一种情况，即 S < R = E，

然而从例（54）可看出，由于不同情状类型动词的影响，一般将来时并非表达单一的体意义。状态动词可表达将起始体和将持续体，活动动词表达将起始体，达成动词表达将完成体，成就动词可表达将完成体和将惯常体，这些体意义可通过添加时间状语进行测试，以（56）中的活动动词和成就动词为例。

（56）a. He will swim at ten o' clock.

他十点将要游泳。

b. He will win the game in ten minutes.

他十分钟后将会赢得比赛。

（56a）的参照时间R位于事件时间E的起始点位置，发话者不关注事件的持续段和终止点；（56b）的参照时间R位于事件时间E的终止点位置，发话者不关注事件的起始点和持续段。因而（56a）表将起始体，（56b）表将完成体。例（54）中四种时—体搭配的ERS关系如图4－26所示。

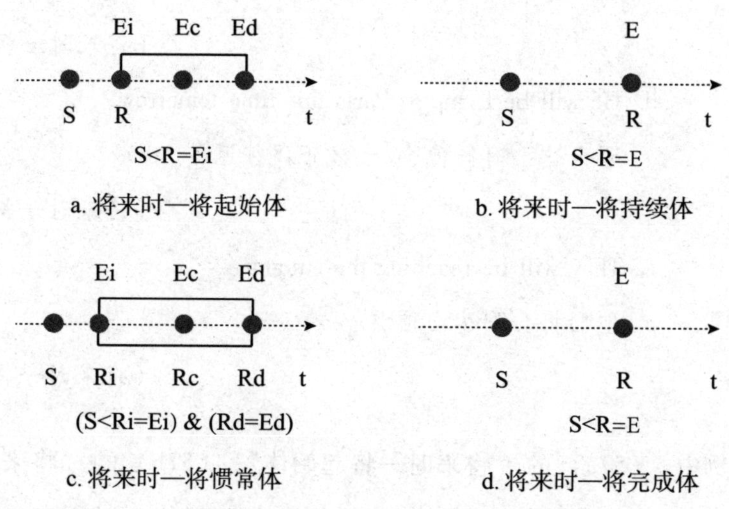

图4－26　传统语法中一般将来时的时—体ERS关系

传统语法中的将来进行时通常表示说话时间之后的某个时间将进行的动作或将持续的状态，在很多情况下将来进行时可替换一般将来时，一般将来时除了负载将来时外还隐含“意愿或意图”的情态义，用将来进行时替换后往往带上了比较“肯定”的情态义。另外，如果强调将来某个时间将进行的动作行为，通常用将来进行时，而不用一般将来时。同其他时态的时—体表达类似，不同情状类型的动词同样会影响句子体意义，如（57）。

（57）a. I shall be knowing her at Peking University.

我会在北京大学认识他。

（将来时—将起始体）

b. He will be standing on the platform.

他将会站在站台上。

（将来时—将持续体）

c. I will be swimming this time tomorrow.

明天这个时候我会/大概在游泳。

（将来时—将进行体）

d. He will be flying to Paris this time tomorrow.

明天这个时候他会/大概正飞往巴黎。

（将来时—将进行体）

e. They will be reaching the summit.

他们将会到达山顶。

（将来时—将完成体）

在上例中，（57a）的“将来时—将起始体”、（57b）的“将来时—将持续体”以及（57e）的“将来时—将完成体”与一般将来时所表达的时—体意义相同，只是在情态义上略有差别，前者的肯定情态义更强。然而英汉语在语法表征上显然有差异，在“意愿或意图”与“肯定”情态的差异上，英语有形态标记，而汉语则没有。可以说，汉语对于这种情态义的差异不敏感，如果特别强调，则需添加其他词汇手段。另外需注意的是，累积性成就动词用于将来进行时和现在进行时所表达的时—体意义不同，前者如（57e）中的英汉语均表示“将来时—将完成体”，英语可替换为一般将来时，而用于现在进行时，英语表“现在时—进行体”，汉语则表“现在时—起始体”，英语不可替换为一般现在时或一般过去时。（57c）、（57d）表明，如果强调将来某个时间将正进行的动作，英语有形态标记，而汉语则需在“在”“正”前面添加“会”“大概”“可能”等表示情态义的词汇，并且需添加表示将来的时间状语，句子的时—体意义才能得以表达。（57）中时—体搭配的 ERS 关系如图 4－27 所示。

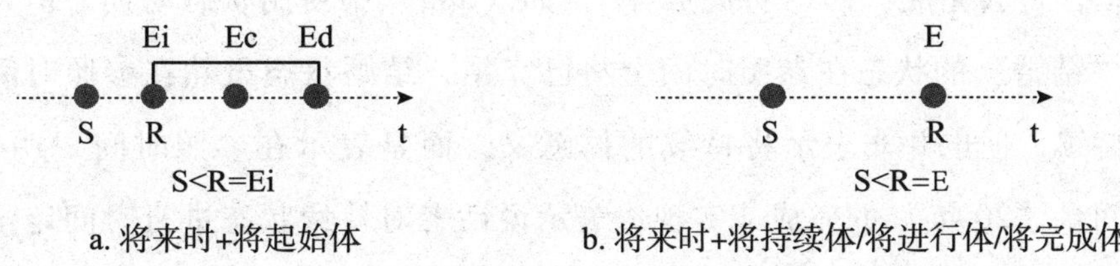

a. 将来时+将起始体　　b. 将来时+将持续体/将进行体/将完成体

图 4－27　传统语法中将来进行时的时—体 ERS 关系

4.3.6.2　将来完成时和将来完成进行时的时—体意义

将来完成时通常用来表示在说话时间之后的将来某一时间以前已经完成的动作，或者说话者所提及的将来某一时间之前一直持续的状态，“将来某一时间”充任参照时间。将来完成时也可用来表示推测，相当于“must have done”结构，这种情况我们不予考虑。在句法表达上，经常与“before/by + 将来时间”搭配，或者与“before/by the time/by the end of”等短语引导的一般现在时的从句连用，如果上下文或语境清楚，表将来的时间状语或时间状语从句可以省略。用不同情状类型的动词来测试将来完成时所能表达的时与体意义，如（58）。

（58）a. They will have been married for twenty years by next year.

到明年他们结婚将已满 20 年。

b. He will have had a walk by dark.

天黑之前他会已散完步。

c. John will have written a letter before dinner.

约翰会在晚饭之前写完信。

d. He will have reached London by this time tomorrow.

明天这个时候他将已抵达伦敦。

（58）中的时间状语都充当了后于说话时间的参照时间，其中（58b）—（58d）中分别使用了动作、达成以及累积性成就动词，均表示在参照时间之前动作将会完成，即“将完成体”。而（58a）中使用状态动词，但并非表示“结婚”的状态在参照时间上将已完结，结婚状态虽然在参照时间上仍然持续，但也并非表示将持续的体意义，而是表示在参照时间“明年”上时间量“20 年”的完成或实现，表示说话者对持续状态进行时间定量但状态尚未完结的体意义。显然，这种表示量完成的体意义与表示情状完结的完成体意义是有区别的，或者说，完成体并非总是表达完结情状，完成体可有定量性完成体和终结性完成体之分，定量性完成体表达主观量或客观量的完成但客观情状并未完结，从这个意义上讲，（58a）也表达了“将完成体”。因而在时—体意义上，传统语法的将来完成时表达“将来时—将完成体”，其中将来时由 S < R 决定，将完成体的 RE 关系则受动词类型的影响，其 ERS 关系如图 4 – 28 所示。

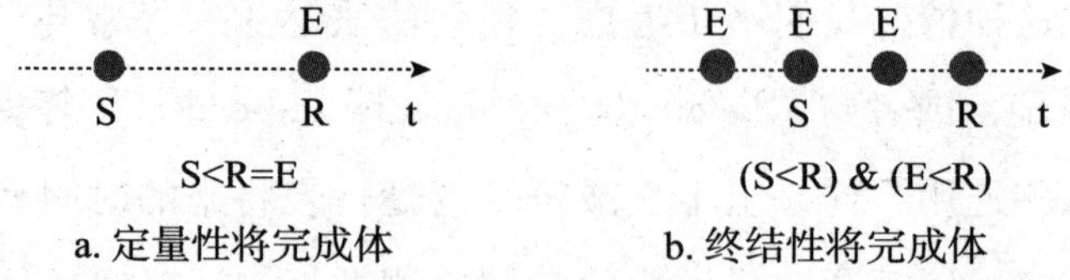

图 4 – 28 传统语法中将来完成时的时—体 ERS 关系

需说明的是，图4－28b终结性将完成体表示在将来的参照时间R之前完成的动作行为，即E < R，而事件时间E和说话时间S之间的关系则有三种逻辑可能：E < S，E = S，S < E，那么ERS关系则有E < S < R，S = E < R以及S < E < R；也即是说，（58b）—（58d）的将完成体本质上表示说话者的主观判断，事件时间E必须位于参照时间R之前，但现实中的事件时间E与说话时间S之间的关系并非只有一种可能，需视现实情况或语境而定，但E和S无论是哪一种关系，对“将来时—将完成体”没有影响。

将来完成进行时使用得较少，句子中常和表示将来某一时间的状语连用，通常表示从某一时间开始一直延续到说话时间之后的将来某一时间的情状，该情状的开始时间是不定的，具有语境依赖性，可以前于、重叠于或者后于说话时间，表达将连续持续或将连续进行，以及将反复或将惯常的状态或动作行为，这些不同情状在体意义的表达上同样受制于不同情状类型的动词，如（59）。

（59）a. He will have been living here all his life.

他将在这儿住上一辈子。

b. We will have been working on this project by six o’ clock.

我们在这个项目上将会一直干到6点。

c. He will have been writing a letter before supper.

他将在晚饭之前一直写信。

d. He will have been climbing mountains untill his old age.

他将终生从事登山运动。

e. He will have been winning the whole day.

他将会赢一整天。

（59a）表达“将来时—将连续持续体”，（59b）、（59c）表达“将来时—将连续进行体”，（59d）和（59e）则分别表达“将来时—将惯常体”和“将来时—将反复体”。这些时—体搭配的ERS关系没有区别，事件时间E和参照时间 R 均体现为时段。但有个问题需要说明，事件时间的起始点 Ei 与说话时间 S 的关系共有三种可能：Ei < S，Ei = S，S < Ei，具体关系取决于语境。以上时—体搭配的将来时由 S < Ed 决定，体意义则由（Ei = Ri）&（Ed = Rd）决定，如图 4 – 29 所示。

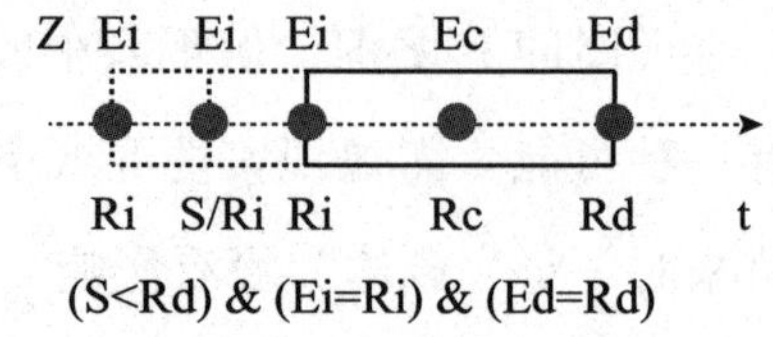

图 4 – 29 “将来时—将连续持续/将连续进行/将反复/将惯常”的 ERS 关系

至此我们分析了与“将来时—非现实体”有关的具体时—体意义及其 ERS 关系，即一般将来时、将来进行时、将来完成时、将来完成进行时，总结见表 4 – 10。

表 4 – 10 英汉“将来时—非现实体”及其 ERS 关系

英语传统时态	英语基本 ERS 时—体结构			汉语基本 ERS 时—体结构		
	时	体	ERS 关系	时	体	ERS 关系
一般将来	将来	将起始	S < R = Ei	将来	将起始	S < R = Ei
	将来	将持续	S < R = E	将来	将持续	S < R = E
	将来	将惯常	(S < Ri = Ei)&(Rd = Ed)	将来	将惯常	(S < Ri = Ei)&(Rd = Ed)
	将来	将完成	S < R = E	将来	将完成	S < R = E
将来进行	将来	将起始	S < R = Ei	将来	将起始	S < R = Ei
	将来	将持续	S < R = E	将来	将持续	S < R = E
	将来	将进行	S < R = E	将来	将进行	S < R = E
	将来	将完成	S < R = E	将来	将完成	S < R = E

续　表

英语传统时态	英语基本 ERS 时—体结构			汉语基本 ERS 时—体结构		
	时	体	ERS 关系	时	体	ERS 关系
将来完成	将来	将定量完成	S < R = E	将来	将定量完成	S < R = E
	将来	将终结完成	(S < R)&(E < R)	将来	将终结完成	(S < R)&(E < R)
将来完成进行	将来	将连续持续	(S < Rd)&(Ei = Ri)&(Ed = Rd)	将来	将连续持续	(S < Rd)&(Ei = Ri)&(Ed = Rd)
	将来	将连续进行	(S < Rd)&(Ei = Ri)&(Ed = Rd)	将来	将连续进行	(S < Rd)&(Ei = Ri)&(Ed = Rd)
	将来	将反复	(S < Rd)&(Ei = Ri)&(Ed = Rd)	将来	将反复	(S < Rd)&(Ei = Ri)&(Ed = Rd)
	将来	将惯常	(S < Rd)&(Ei = Ri)&(Ed = Rd)	将来	将惯常	(S < Rd)&(Ei = Ri)&(Ed = Rd)

4.4　英汉语时—体系统及其核心语法表征

考虑到不同情状类型的动词或动宾短语对句子体义的影响，我们将英语传统语法中的 16 种时态进行了时与体的剥离，同时考察了相应时与体意义在汉语中的表达，并基于事件时间 E 和参照时间 R 均可为时点和时段的情况，建立起英汉语的基本 ERS 时—体结构，即表 4 – 6、4 – 7、4 – 8、4 – 9、4 – 10。英汉语均是“将来时蕴含非现实体”的时—体类型语言，因而“将来时—现实体”的时—体搭配不存在，英汉语的时—体系统及其语法表征可总结见表 4 – 11。

表 4-11　英汉语“现在时—现实体”时—体系统及其语法表征

英语传统时态	英语时—体与语法表征			汉语时—体与语法表征		
	时	体	核心表征成分	时	体	核心表征成分
一般现在	现在	持续	动词(状态类型)	现在	持续	动词(状态类型)(有时时间助词“了$_1$/着”)
	现在	惯常	动词(其他类型)	现在	惯常	动词(其他类型)(有时时间副词“总是”)
现在进行	现在	持续	系动词、动词(姿势状态)、屈折	现在	持续	动词(姿势状态)、时间副词“正”、时间助词“着”
	现在	进行	系动词、动词(其他类型)、屈折	现在	进行	动词(活动/单活动/达成)、时间副词“正/在/正在”
				现在	起始	动词(累积性成就)、时间副词“快要/快”、时间助词“了$_2$”
现在完成	现在	起始	助动词、动词(状态)、屈折	现在	起始	动词(状态)、时间助词“了$_2$”(时间副词“已/已经”)
	现在	连续持续	助动词、动词(状态)、屈折	现在	连续持续	动词(状态)、时间副词“一直”
	现在	经历	助动词、系动词(屈折)	现在	经历	动词、时间助词“过”
	现在	完成	助动词、动词(其他类型)、屈折	现在	完成	动词(其他类型)、时间助词“了$_1$”(时间副词“已/已经”)
现在完成进行	现在	连续持续	助动词、系动词、动词(姿势)、屈折	现在	连续持续	动词(姿势)、时间助词“着”、时间副词“一直”
	现在	连续进行	助动词、系动词、动词(活动/单活动/达成)、屈折	现在	连续进行	动词(活动/单活动/达成)、时间副词“在”“一直”
	现在	反复	助动词、系动词、动词(累积性成就)、屈折	现在	反复	动词(累积性成就)、时间副词“一直/老是”
	现在	惯常	助动词、系动词、动词(非累积性成就)、屈折	现在	惯常	动词(非累积性成就)、时间副词“一直/老是”

表 4－12　英汉语“现在时—非现实体”时—体系统及其语法表征

英语传统时态	英语时—体与语法表征			汉语时—体与语法表征		
	时	体	核心表征成分	时	体	核心表征成分
一般将来	现在	将行	Be－结构（be 为原形）、或者动词（现在时）＋将来时间副词	现在	将行	情态动词“打算”/助动词“要”＋动词或者动词＋时间名词

表 4－13　英汉语“过去时—现实体”时—体系统及其语法表征

英语传统时态	英语时—体与语法表征			汉语时—体与语法表征		
	时	体	核心表征成分	时	体	核心表征成分
一般过去	过去	起始	动词（状态）、屈折	过去	起始	动词（状态）、时间助词“了$_2$”
	过去	持续	动词（状态）、屈折	过去	持续	动词（状态）、时间助词“着”、过去时间名词
	过去	惯常	Used to（屈折）＋动词（其他类型）	过去	惯常	动词“习惯”＋动词（其他类型）、过去时间名词
	过去	完成	动词（其他类型）、屈折	过去	完成	动词（其他类型）、时间助词“了$_1$”
过去进行	过去	持续	系动词、动词（姿势）、屈折	过去	持续	动词（姿势）、时间副词“正”、过去时间名词、时间助词“着”
	过去	进行	系动词、动词（其他类型）、屈折	过去	进行	动词（活动/单活动/达成）、时间副词“正/在/正在”、过去时间名词
				过去	起始	动词（累积性成就）、时间副词“快要/快”、过去时间名词

续 表

英语传统时态	英语时—体与语法表征			汉语时—体与语法表征		
	时	体	核心表征成分	时	体	核心表征成分
过去完成	过去	起始	助动词、动词（状态）、屈折	过去	起始	动词（状态）、时间助词“了$_2$”、过去时间名词短语
	过去	连续持续	助动词、动词（状态）、屈折	过去	连续持续	动词（状态）、时间副词“一直”、过去时间名词短语
	过去	经历	助动词、系动词、屈折	过去	经历	动词（其他类型）、时间助词“过”、过去时间名词短语
	过去	完成	助动词、动词（其他类型）、屈折	过去	完成	动词（其他类型）、时间助词“了$_1$”、时间副词“已/已经”、过去时间名词短语
过去完成进行	过去	连续持续	助动词、系动词、动词（姿势）、屈折	过去	连续持续	动词（姿势）、时间助词“着”、时间副词“一直、在”、过去时间名词短语
	过去	连续进行	助动词、系动词、动词（活动/单活动/达成）、屈折	过去	连续进行	动词（活动/单活动/达成）、时间副词“一直、在”、过去时间名词短语
	过去	反复	助动词、系动词、动词（累积性成就）、屈折	过去	反复	动词（累积性成就）、时间副词“一直/老是”、过去时间名词短语
	过去	惯常	助动词、系动词、动词（非累积性成就）、屈折	过去	惯常	动词（非累积性成就）、时间副词“一直/老是”、过去时间名词短语

表 4 – 14　　英汉语“过去时—非现实体”时—体系统及其语法表征

<table>
<tr><th rowspan="2">英语传统时态</th><th colspan="3">英语时—体与语法表征</th><th colspan="3">汉语时—体与语法表征</th></tr>
<tr><th>时</th><th>体</th><th>核心表征成分</th><th>时</th><th>体</th><th>核心表征成分</th></tr>
<tr><td>过去将来</td><td>过去</td><td>将行</td><td>助动词、动词、过去时间副词或短语屈折</td><td>过去</td><td>将行</td><td>动词、助动词“要”、过去时间名词</td></tr>
<tr><td rowspan="5">过去将来进行</td><td>过去</td><td>将行</td><td rowspan="3">助动词、系动词、动词（状态/活动/达成）、屈折、过去时间副词或短语</td><td rowspan="3">过去</td><td rowspan="3">将行</td><td rowspan="3">动词（状态/活动/达成）、助动词“要”、过去时间名词</td></tr>
<tr><td>过去</td><td>将持续</td></tr>
<tr><td>过去</td><td>将进行</td></tr>
<tr><td>过去</td><td>将完成</td><td>助动词、系动词、动词（累积性成就）、屈折、过去时间副词或短语</td><td>过去</td><td>将完成</td><td>动词（累积性成就）、助动词“要”、过去时间名词</td></tr>
<tr><td>过去</td><td>将起始</td><td>助动词、系动词、动词（非累积性成就）、屈折、过去时间副词或短语</td><td>过去</td><td>将起始</td><td>动词（非累积性成就）、助动词“要”、过去时间名词</td></tr>
<tr><td>过去将来完成</td><td>过去</td><td>将完成</td><td>助动词、动词、屈折、过去时间短语</td><td>过去</td><td>将完成</td><td>动词、助动词“要”、过去时间名词、时间短语</td></tr>
<tr><td rowspan="2">过去将来完成进行</td><td>过去</td><td>将连续持续</td><td>助动词、系动词、动词（状态）、过去时间副词或短语</td><td>过去</td><td>将连续持续</td><td>动词（状态）、助动词“要”、过去时间名词、时间短语</td></tr>
<tr><td>过去</td><td>将连续进行</td><td>助动词、系动词、动词（其他类型）、过去时间副词或短语</td><td>过去</td><td>将连续进行</td><td>动词（状态）、助动词“要”、过去时间名词、时间副词、时间短语</td></tr>
</table>

表 4-15　英汉语“将来时—非现实体”时—体系统及其语法表征

英语传统时态	英语时—体与语法表征			汉语时—体与语法表征		
	时	体	核心表征成分	时	体	核心表征成分
一般将来	将来	将起始	助动词、动词（状态/活动）	将来	将起始	助动词“会”或时间副词“将/将会”、动词（状态/活动）（状态动词需添加补语）
	将来	将持续	助动词、系动词、动词（状态）	将来	将持续	助动词“会”或时间副词“将/将会”、动词（状态）
	将来	将惯常	助动词、动词（非累积性成就）	将来	将惯常	时间副词“总是/一直”、助动词“会”、动词（非累积性成就）
	将来	将完成	助动词、动词（达成/累积性成就）	将来	将完成	助动词“会”或时间副词“将会”、动词（达成/累积性成就）
将来进行	将来	将起始	助动词、系动词、动词（状态）、屈折	将来	将起始	助动词“会”或时间副词“将会”、动词（状态）
	将来	将持续	助动词、系动词、动词（状态）、屈折	将来	将持续	助动词“会”或时间副词“将会”、动词（状态）
	将来	将进行	助动词、系动词、动词（活动/达成）、屈折	将来	将进行	助动词“会”或时间副词“将会”或情态副词“大概”、时间副词“正在/正/在”、将来时间名词和短语
	将来	将完成	助动词、系动词、动词（累积性成就）、屈折	将来	将完成	助动词“会”或时间副词“将会/将要”、动词（累积性成就）
将来完成	将来	将定量完成	助动词、系动词、动词（状态）、定量性时间短语、将来时间短语、屈折	将来	将定量完成	动词（状态）、时间副词“将会/将”、定量性时间短语、将来时间短语
	将来	将终结完成	助动词、系动词、动词（其他类型）、将来时间副词或时间短语	将来	将终结完成	动词（其他类型）、助动词“会”或时间副词“将会”、将来时间名词或短语

续　表

英语传统时态	英语时—体与语法表征			汉语时—体与语法表征		
	时	体	核心表征成分	时	体	核心表征成分
将来完成进行	将来	将连续持续	助动词、系动词、动词(状态)、屈折、将来时间短语	将来	将连续持续	动词(状态)、时间副词"将会/将"、将来时间短语
	将来	将连续进行	助动词、系动词、动词(活动/达成)、屈折、将来时间短语	将来	将连续进行	动词(活动/达成)、时间副词"将会/将"、时间副词"一直"、将来时间短语
	将来	将反复	助动词、系动词、动词(累积性成就)、屈折、将来时间短语	将来	将反复	动词(累积性成就)、时间副词"将会/将"、将来时间短语
	将来	将惯常	助动词、系动词、动词(达成)、屈折、将来时间短语	将来	将惯常	动词(达成)、时间副词"将会/将"、将来时间名词或时间副词

4.5　小结

从世界语言的时类型及其编码的语法化程度来看，跨语言时范畴在逻辑上存在单分时、二分时、三分时以及多分时四种类型，其中单分时尚需语料支持，其他时类型都在世界语言中得到验证。将英语看作“过去/非过去或现在”二分时的观点站不住脚，非过去时还未语法化，现在时和将来时并未采用屈折或词缀形式，并且在典型的过去—非过去对立的语言中，现在时和将来时通常使用同一标记，但在英语中除特殊情况外不允许。汉语中时间助词比时间名词和时间副词的语法化程度高，在以时间助词为常项的最简结构中，时间助词不能表将来，如果仅看语法化程度，汉语可看作一种将来—非将来的时对立语言，但也不典型，典型的将来—非将来的时对立语言中，非将来使用同一语法标记。但汉语表非将来时的句法结构缺乏统一的必要语法成分或强制性标记。换言之，汉语的过去时和现在时并没有使用同一标记。如果从三分时语言的标记特征来看，英汉语也均不是典型的三分时类型语言，因为表过去、现在和将来的语法形式并没有形成像三分时语言那样高度语法化的形态标记。英语和汉语的“语法时”是二分还是三分只是相对而言的，英汉语都有表过去、现在和将来的手段。

情状指现实世界中一切静态与动态的客观情形，是对动作、状态（性质）及事件的抽象概括，情状本身不能有体意义，体意义只能在句子层面得以解释，句子中各个语法成分如动词、论元、状语、补语及体标记都会对体的释义有影响。情状类型既适用于对动词或动宾短语分类，即动词或动宾短语的内在情状，也适用于对句子所反映的现实情状分类。由于体是句子层面的语义概念，因而动词或动宾短语的内在情状与句子体义相互影响，句子体有时能改变动词的情状类型，而不同情状类型的动词反过来有时能制约句子体义的表达。简言之，句子体义与现实情状是反映和被反映的关系，而句子体义与具有不同内在情状类型的动词或动宾短语存在相互影响的关系。

英汉语的时—体表达系统既有差异也有共性。差异主要体现在两个方面。其一，在编码方面，英语的时—体意义主要由系动词、助动词、动词以及它们的屈折形态变化来负载，在主句中有时需要借助时间副词或时间短语来明确体意义，如“过去时—非现实体”中的“过去时—将连续持续体”或“过去时—连续进行体”等；汉语的时—体意义则主要由动词、时间副词、时间助词、助动词（“要/会”）以及时间名词来表达，一些非现实体意义也需借助时间短语方可明确。其二，英汉语均有过去时、现在时以及将来时的表达手段，但在体意义表达方面有细微差异。首先是非“将来

时—现实体”中的“现在时/过去时—进行体”，英语的活动、单活动、达成以及累积性成就动词均可用于进行体，但汉语的活动、单活动、达成动词用于进行体，而累积性成就动词则用于起始体，主要受语法化程度较高的句尾时间助词“了$_2$”的影响；其次是在“过去时—非现实体”中，英语传统语法中的过去将来进行时刻表达将行、将起始、将持续、将进行、将完成（过去时）五种体意义，而汉语只能表达将行、将起始、将完成（过去时）三种体意义，将持续、将进行（过去时）很难用汉语来表达。可以说，以汉语为母语的群体缺乏表达这两种体意义所需的观察视点或参照时间，或者说对这两种体意义所反映的非现实情状不敏感。

英汉语时—体表达的共性主要有以下几点。其一，英汉语的时—体系统均遵守“将来时蕴含非现实体”的逻辑蕴含关系，“将来时—现实体”在两个语言中不存在。其二，英汉语的时和体均可加以剥离，现实体/非现实均具有系统的下位体意义。其三，在时—体意义表征的核心语法成分中，英汉语的体意义均受到不同情状类型动词的影响。其四，英语传统语法中不同的时态实际上反映了不同的现实/非现实情状，从表4-6、4-7、4-8、4-9、4-10可以看出，不同的时态或不同的现实/非现实情状在时—体意义表达上是相同的，对其归结见表4-16。表4-16表明，英语传统语法中的时态所反映的现实/非现实情状是不同的，但情状的语言编码所体现的时与体意义却可以是相同的，这说明现实/非现实情状可以是无限多的，但时—体意义却是有限的，在英汉语中均是如此，这也是寻求语言中时—体表达规律的前提。其五，英汉语中在时—体表达所关联的ERS关系上，事件时间E和参照时间R均可为时点和时段，如果忽略时段，很多时—体意义无法表达。此外，从表4-16可看出，英汉语中相同的时—体意义其ERS关系可能是相同的，也可能是不同的，换言之，有时不同的ERS关系可能表征相同的时—体意义，这进一步说明英汉语中时—体意义的有限性。

表 4-16　　不同现实/非现实情状与相同时—体意义

时+现实/非现实体	英语传统时态（不同现实/非现实情状）	英汉相同时—体意义与 ERS 关系		
		时	体	ERS 关系
现在时+现实体	一般现在	现在	持续	E = R = S
	现在进行	现在	持续	E = R = S
	现在完成	现在	连续持续	(Ei = Ri)&(Ed = Rd = S)
	现在完成进行	现在	连续持续	(Ei = Ri)&(Ed = Rd = S)
	一般现在	现在	惯常	(E = R∞ t)&(S ⊂R∞ t)
	现在完成进行	现在	惯常	(Ei = Ri)&(Ed = Rd = S)
过去时+现实体	一般过去	过去	起始	Ei = R < S
	过去完成	过去	起始	Ei < R < S
	一般过去	过去	持续	E = R < S
	过去进行	过去	持续	E = R < S
	一般过去	过去	惯常	(Ei = Ri)&(Ed = Rd < S)
	过去完成进行	过去	惯常	(Ei = Ri)&(Ed = Rd < S)
	一般过去	过去	完成	E = R < S
	过去完成	过去	完成	E < R < S
	过去完成	过去	连续持续	(Ei = Ri)&(Ed = Rd < S)
	过去完成进行	过去	连续持续	(Ei = Ri)&(Ed = Rd < S)

续 表

时+现实/非现实体	英语传统时态(不同现实/非现实情状)	英汉相同时—体意义与ERS关系		
		时	体	ERS关系
过去时—非现实体	过去将来	过去	将行	(R<S)&(R<E)
	过去将来进行	过去	将行	(R<S)&(R<E)
	过去将来进行	过去	将完成	(Ri<S)&(Rd=E)
	过去将来完成	过去	将完成	(Ri<S)&(Ri<E<Rd)
将来时+非现实体	一般将来	将来	将起始	S<R=Ei
	将来进行	将来	将起始	S<R=Ei
	一般将来	将来	将持续	S<R=E
	将来进行	将来	将持续	S<R=E
	一般将来	将来	将惯常	(S<Ri=Ei)&(Rd=Ed)
	将来完成进行	将来	将惯常	(S<Rd)&(Ei=Ri)&(Ed=Rd)
	一般将来	将来	将完成	S<R=E
	将来进行	将来	将完成	S<R=E
	将来完成	将来	将(定量)完成	S<R=E
		将来	将(终结)完成	(S<R)&(E<R)

现在尚需进一步探讨的问题是，英汉语的时—体表达均可用 ERS 关系加以表征，但它们的时—体 ERS 关系是否有规律可循？基于事件时间 E 和参照时间 R 均可为时点和时段的情况，能否建立一个具有跨语言普适性的 ERS 关系逻辑模型？如果能够建立一个 ERS 逻辑模型，那么英汉语的时—体 ERS 关系在模型中处于何种位置？英汉语的时—体 ERS 关系与其他时—体类型的语言如俄语的 ERS 关系在模型中的分布有何异同？这些问题将是下一章着重探讨的问题。

第5章　时和体的ERS逻辑模型及其普适性

5.0　引言

学界对于事件时间E、参照时间R以及说话时间S三者之间的关系刻画至今尚未建立一个具有跨语言普适性的逻辑模型。金立鑫（2008a）认为，参照时间R既决定了时（SR关系），也决定了体（RE关系），并指出理论模型需要有足够的弹性，主要体现在参照时间R内部以及事件时间E内部的划分上。那么参照时间R和事件时间E内部如何进一步划分？ERS关系如何详细刻画才能体现其普适性？

本章拟首先考察形式语义中引入时态算子来解释时—体的局限性，并详细指出Reichenbach的时模型存在的问题以及对我们的启示，基于事件时间E和参照时间R均可为时点和时段，试图建立一个全面的ERS时—体逻辑模型。其次根据ERS模型考察英汉语的基本ERS时—体结构的个性和共性。最后从两个方面入手来检验模型的普适性。第一，英汉语中包含时间状语句子的ERS关系是怎样的，是否超出ERS模型？时间状语与时有何关系？时间状语具有什么功能？第二，建立俄语的基本ERS时—体结构，其是否在ERS模型中？最后考察英、汉、俄基本ERS时—体结构的异同，并对时间视点体和空间视点体的类型学差异以及时—体的蕴含关系作出解释。

本章内容安排如下。5.1 节指出形式语义学中语义解释模型和时态算子对时—体解释的局限性。5.2 节基于参照时间 R 和事件时间 E 均可为时点和时段，建立时—体的 ERS 逻辑模型。5.3 节分析英汉语的基本 ERS 时—体结构在模型中的分布情况。5.4 节至 5.7 节是对 ERS 逻辑模型的检验，检验过程涉及内容较多，一方面证明包含时间状语句子的 ERS 关系仍不会超出 ERS 逻辑模型，另一方面明晰时间状语的本质。较具体地讲，5.4 节探讨英语时间状语的 ERS 关联及句法生成，5.5 节明确汉语时间状语的 ER 隐性修饰功能，5.6 节分析时间状语算子、时—体算子以及算子与辖域等级对有关句子的解释力，5.7 节建立起俄语的基本 ERS 时—体结构，以证明 ERS 逻辑模型对不同体类型语言的普适性。5.8 节探求英、汉、俄三种语言体类型差异以及时—体蕴含关系差异的理据。5.9 节是本章内容的小结。

5.1 形式语义解释模型的局限性

5.1.1 语义解释模型

时间在形式语义学中的研究大多沿袭了现代时态逻辑（tense logic）的思路，即在经典命题逻辑和谓词逻辑的基础上，通过引入时态算子（tense operator）以及不同的时态公理和规则，从而构造不同的时态逻辑系统。对一逻辑式真值的检验是在谓词逻辑内涵模型或语义解释模型中进行的，时态逻辑式的真或假（1 或 0）是相对于特定时点而言的，该时点就是该逻辑式的参照时间，假如有多个参照时间，时态逻辑式就会有不同的解释。Partee *et al.*（1993：421）利用逻辑式真值与时间索引集合的关系来阐释时概念，如果“John is knocking the door”在索引 i′上为真，而索引 i′在时间上位于索引 i 之前，那么“John knocked the door”在索引 i 上为真，如果按照 Higginbotham（2009：6）的思路，可表示为 $\exists i'\exists i$［Knock（John，door，i′）& $i' \lhd i$］，这表明集

合内时间索引是以一种不对称且传递的可达性关系来排序的。蒋严、潘海华（2005）利用谓词逻辑内涵模型来解释含有一个或多个时态算子的逻辑式，并在构造的新模型中引入时间变量及其类型 s 对时间进行直接运算。学者们对于体的解释大都是基于 Vendler（1967）的动词语义分类通过引入体算子（aspect operator）的方式做出的。值得一提的是，逻辑学界邹崇理（2000）利用区间语义学（Interval Semantics）对汉语中的七种体类型进行了形式语义刻画。

这里简单介绍一下在谓词逻辑内涵模型中引入时态算子对逻辑式真值进行检验的方法。首先涉及外延（extension）和内涵（intension）这一对概念，一个逻辑式的外延在逻辑中是该逻辑式的指称，那么外延是指可能世界中的个体或实体，内涵是从可能世界到命题真值的函数。如果我们假设一个语句表达了一个个体或实体集上的命题，那么这个命题的真值在该集合上可真可假。比如活动情状“John is reading *A Dream of Red Mansions*”用语句表达为“John is reading a book”，假设个体“book”为约束变量，现在时态算子 P 为约束变量，个体“John”和谓词“read”为自由常量，该语句用λ抽象表示为逻辑式 $\lambda P\ \lambda x\ \exists x[\text{book}(x)\ \&\ P\text{read}(\text{John},\ x)]$。

要检验该逻辑式真值，首先需要建立一个语义解释模型 M，假设模型中个体或实体（即个体外延）的定义域为 D，时点定义域为 T，常量赋值函数为 F，解释函数为$[\![\cdots]\!]$，变量赋值函数为 g（变量赋值函数独立于模型 M），那么这个内涵模型是一个四元组 $M=\langle D, F, T, [\![\cdots]\!]\rangle$。语义解释规则及对模型中逻辑式的外延可定义如下。

（i）如果 ϕ 和ψ都是合格逻辑式，那么 $\phi(\psi)$、$(\phi\ \&\ \psi)$ 都是合格逻辑式。

（ii）如果 α 是一个个体常量，那么 $[\![\alpha]\!]^{M,g,t}=F(\alpha)$。

（iii）如果 α 是一个个体变量，那么 $[\![\alpha]\!]^{M,g,t}=g(\alpha)$。

（iv）如果 P 是一个 n 元谓词且 $t_1, \cdots, t_n$ 是所有的项，那么 $[\![P(t_1, \cdots, t_n)]\!]^{M,g,t}=1$ 当且仅当 $\langle[\![t_1]\!]^{M,g,t}, \cdots, [\![t_n]\!]^{M,g,t}\rangle \in [\![P]\!]^{M,g,t}$。

（v）$[\![\phi(\psi)]\!]^{M,g,t}=[\![\phi]\!]^{M,g,t}([\![\psi]\!]^{M,g,t})$。

（vi）$[\![\phi\ \&\ \psi]\!]^{M,g,t}=1$，当且仅当 $[\![\phi]\!]^{M,g,t}=1$ 且 $[\![\psi]\!]^{M,g,t}=1$。

那么在模型 M 中对逻辑式中个体常量、谓词常量及个体变量赋值如下。

M =⟨D, F, T, ⟦···⟧⟩, 其中D = {John, *A Dream of Red Mansions*}

T = {P}

F (John) = John

F (book) = *A Dream of Red Mansions*

F(read) = {⟨John, *A Dream of Red Mansions*⟩}

g (x) = book

g (P) = P

根据规则（ii），我们可确定$⟦John⟧^{M,g,t}$ = F(John) = John ∈*D*，$⟦book⟧^{M,g,t}$ = F (book) = *A Dream of Red Mansions* ∈*D*，$⟦read⟧^{M,g,t}$ = F(read) = {⟨John, *A Dream of Red Mansions*⟩}。

根据规则（iii），$⟦x⟧^{M,g,t}$ = g(x) = book，因为$⟦x⟧^{M,g,t}$ = $⟦book⟧^{M,g,t}$ = F (book) = *A Dream of Red Mansions*，那么根据规则（v），$⟦book(x)⟧^{M,g,t}$ = $⟦book⟧^{M,g,t}$($⟦x⟧^{M,g,t}$) = 1。

根据规则（iii），$⟦P⟧^{M,g,t}$ = g(P) = P，因为 P 在时点定义域 T 内，因此$⟦P⟧^{M,g,t}$ = 1。

根据规则（iv），由于⟨$⟦John⟧^{M,g,t}$，$⟦book⟧^{M,g,t}$⟩∈$⟦read⟧^{M,g,t}$，那么$⟦read(John, x)⟧^{M,g,t}$ = 1。

根据规则（v），$⟦Pread(John, x)⟧^{M,g,t}$ = $⟦P⟧^{M,g,t}$($⟦read (John, x)⟧^{M,g,t}$) = 1。

根据规则（vi），因为$⟦book(x)⟧^{M,g,t}$ = 1 且$⟦Pread(John, x)⟧^{M,g,t}$ = 1，那么⟦∃x[book(x) & Pread(John, x)]⟧ = 1。

可以看出，变量赋值函数 g 将逻辑式中的时态算子赋值为时点定义域 T 中的唯一成员 P，这是逻辑式成真的必要条件。假如赋值为将来时态算子 F，即 g(P) = F，那么根据规则（iii），$⟦P⟧^{M,g,t}$ = g(P) = F，因为 F 不在时点定义域 T 内，因此$⟦P⟧^{M,g,t}$ = 0；那么根据规则（v），$⟦Pread(John, x)⟧^{M,g,t}$ = 0；根据规则（vi），⟦∃x[book(x) & Pread(John, x)]⟧ = 0，即语

句“John is reading a book”在“现在”时点之外的任何时点上为假。显然，以上逻辑式中只带有一个时态算子，如果含有多个时态算子（其实是时和体），就需要进行多次赋值，谓词逻辑内涵模型的处理方法对语言的时—体系统构建贡献不大。

5.1.2　时态算子与ERS组配

蒋严、潘海华（2005：277）运用相对时概念，引入过去时态算子P（Past）和将来时态算子F（Future），对含有两个时态算子的语句进行了解读。我们尝试引入说话时点S、参照时点R及事件时点E，考察它们的组配情况以及时态算子的解释力。如下例（1）。

（1）a. John will have jumped.

b. John would have jumped.

从传统语法的角度讲，（1a）和（1b）分别为“将来完成时”和“过去将来完成时”。假设命题“John jump”为ψ，如果只引入时态算子P和F，则（1a）和（1b）分别可表示为FP ψ和PFP ψ。先考察（1a）FP ψ，如果其在S上为真，必须满足下列（2）。

（2）$[\![FP\ \psi]\!]^{M,g,S}=1$，当且仅当∃R［$S<R$ &$[\![P\ \psi]\!]^{M,g,R}=1$］；且∃E［$E<R$ &$[\![\psi]\!]^{M,g,E}=1$］。

上述（2）表明，“P ψ在时点R上为真且S前于R，以及ψ在时点E上为真且E前于R”是“FP ψ在时点S上为真”的充要条件，由于S和E均前于R，因而存在E前于S及S前于E两种情况。如图5-1所示。

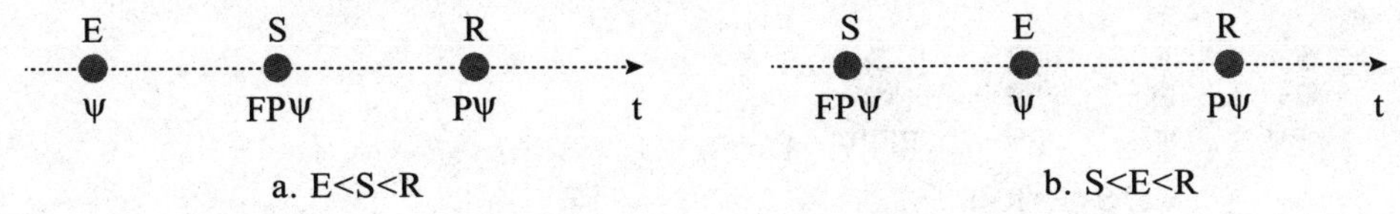

图5-1　FP ψ的时点位置

可以看出，说话时点 S 上 FP ψ为真依赖于参照时点 R 上 P ψ为真，而 P ψ为真则又依赖于事件时点 E 上ψ为真。F 算子体现了 S 和 R 之间的关系，而 P 算子则体现了 R 和 E 之间的关系。这也说明，实际上体现为将来完成时的两个时态算子均与参照时间 R 有关。尽管如此，但是这种解释只照顾了 $E<S<R$ 和 $S<E<R$ 两种情况，忽略了（1a）在自然语言中还存在的两种 ERS 关系：$S=E<R$ 和 $S<E=R$，由于 FP $\psi\neq\psi\neq$P ψ，因此遗漏的两种情况无法解释。

下面再看（1b）PFP ψ的解释。由于 PFP ψ的解释依赖于 FP ψ，因此可设 FP ψ的时点为 S，PFP ψ的时点为 S′，P ψ的时点为 R，ψ的时点为 E，那么 PFP ψ在 S′上为真需要满足下列条件。

（3）$[\![\text{PFP}\ \psi]\!]^{M,g,S'}=1$，当且仅当$\exists S[S<S'\ \&\ [\![\text{FP}\ \psi]\!]^{M,g,S}=1]$；且$\exists R[S<R\ \&\ [\![\text{P}\ \psi]\!]^{M,g,R}=1]$；且$\exists E\ [E<R\ \&\ [\![\psi]\!]^{M,g,E}=1]$。

根据（3）中的语义解释规则，PFP ψ的时点 S′必须后于 FP ψ的时点 S，而 S 与 R、E 三者之间的关系只有图 5－1 中的两种情况，那么可以分别以图 5－1 中 a 和 b 为基准来确定 S′的位置，从而图 5－1a 存在 $E<S<S'<R$ 与 $E<S<R<S'$，图 5－1b 中存在 $S<S'<E<R$、$S<E<S'<R$ 及 $S<E<R<S'$，因此 PFP ψ在时点 S′上的解释有五种可能情况，如图 5－2 所示。

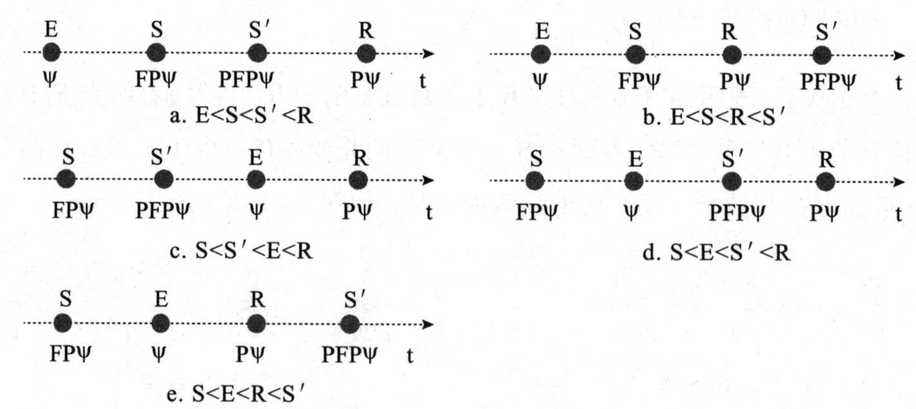

图 5－2　PFP ψ的时点位置

从以上分析中可以看出，上述对 PFP ψ的解释实际设置了两个说话时点，表达式如果含有更多的时态算子就需要设置更多的说话时点，那么在解释由几个语句组成的语篇时说话时点就会异常繁多，也即，需要指定一系列的索引作为连续的“现在”索引以解决时间流问题（Partee *et al.*，1993：423）。但即使采用绝对时概念仍然存在问题，因为在语义解释模型中，任何时点取值是不同的，仍然忽略了自然语言中 E、R 和 S 三者间可能存在的任何时点重叠情况。因此，通过引入时态算子以真值检验为视角对自然语言中的时—体解释具有较大的局限性。

5.2　时—体的 ERS 逻辑模型构建

5.2.1　Reichenbach 时模型的局限性

德国哲学家 Reichenbach（1947：297）以事件时间 E、参照时间 R 及说话时间 S 三个参数定义了时在 13 种 ERS 组配上的表现，在哲学界、逻辑语义学界及计算语言学界产生了深远影响。为方便讨论，我们将其 ERS 时模型再次展示见表 5－1。

表 5－1　　Reichenbach 的 ERS 时模型

序号	ERS 关系	Reichenbach 时名称	英语传统时名称	例句
i	E<R<S	过去已行（Anterior past）	过去完成（Past perfect）	He had run.
ii	E=R<S	一般过去（Simple past）	一般过去（Simple past）	He ran.
iii	R<E<S R<S=E R<S<E	过去将行（Posterior past）	过去将来（Future in－the－past）	He would run.
iv	E<S=R	现在已行（Anterior present）	现在完成（Present perfect）	He has run.

续 表

序号	ERS 关系	Reichenbach 时名称	英语传统时名称	例句
v	S = R = E	一般现在(Simple present)	一般现在(Simple present)	He runs.
vi	S = R < E	现在将行(Posterior present)	一般将来(Simple future)	He will run.
vii	S < E < R S = E < R E < S < R	将来已行(Anterior future)	将来完成(Future perfect)	He will have run.
viii	S < R = E	一般将来(Simple future)	一般将来(Simple future)	He will run.
ix	S < R < E	将来将行(Posterior future)	一般将来(Simple future)	He will run.

值得注意的是，Reichenbach 并没有使用“体”这个概念，但使用了“anterior”和“posterior”；陈平（1988）将其分别译为“先事”和“后事”；金立鑫（2008a：434）则译为“已行”和“将行”，并且指出，E 在 R 之前是已行体，E 与 R 在同一点上是在行体，E 在 R 之后是将行体。为方便观察 ERS 关系，表 5 – 1 中 Reichenbach 的 9 种时名称的“过去/现在/将来”和“已行/一般/将行”分别用黑体和楷体标示。通过观察可发现，在表 5 – 1 中，i、ii、iii 中的“过去”总是由 R < S 体现，iv、v、vi 中的“现在”总是由 R = S 体现，vii、viii、ix 中的“将来”总是由 S < R 体现；i、iv、vii 中的“已行”体现为 E < R，ii、v、viii 中的“一般”体现为 E = R，iii、vi、ix 中的“将行”体现为 R < E。因此可以说，Reichenbach 的 9 种时名称还是时和体的混合物，“过去/现在/将来”是“时”，体现为说话时间 S 和参照时间 R 的关系；而“已行/一般/将行”是“体”，体现为参照时间 R 和事件时间 E 的关系。对于英汉语，“过去/现在/将来”的时意义已经足够来刻画这两种语言中的时，但“已行/一般/将行”的体意义显然过于粗略。

此外，表 5 – 1 中 ERS 组配还存在两个问题：一是尽管给出了 9 种时名称，但 ERS 组配只刻画了英语传统语法中的 7 种时态形式，遗漏了另外 9 种；

二是刻画“过去将行”（Posterior past）和“将来已行”（Anterior future）的 ERS 关系分别有 3 种，产生了冗余。对于第一个问题的遗漏现象，究其原因，一方面是忽略了事件时间 E 和参照时间 R 均可为时段的情况，比如所遗漏的“he has been running”可刻画为（Ei = Ri）&（Ed = Rd = S），表示 E 和 R 为两个重叠的时段并且说话时间 S 位于参照时间 R 的尾部，表达从过去某个时间点到说话时间为止一直进行的动作；另一方面是这 13 种 ERS 关系中有的组合不仅仅表达一种时形式，如表中三个时点重叠的 S = R = E 不仅可刻画“一般现在”(simple present)，还可表示所遗漏的“现在进行”（present progressive），即以说话时间为参照时间来观察正在进行的动作。对于第二个问题的冗余现象，原因在于考虑了说话时间 S 和事件时间 E 的关系，如在“过去将行”的三种关系 R < E < S、R < S = E、R < S < E 中，“过去时”由 R < S 承载，“将行体”由 R < E 表示，说话时间 S 和事件时间 E 的三种关系 E < S、S = E、S < E 与时—体表达无关。同理，“将来已行”的三种关系 S < E < R、S = E < R、E < S < R 中，“将来时”由 S < R 表示，“已行体”则由 E < R 表示，说话时间 S 和事件时间 E 的三种关系也对时—体表达没有贡献。

要解决第一个时—体描写遗漏问题，既需考察每种 ERS 关系所能刻画的所有时—体形式，也要考虑事件时间 E 和参照时间 R 均可为时点和时段的所有组配；而解决第二个 ERS 关系冗余问题则需将说话时间 S 和事件时间 E 的关系排除，只考虑 SR 和 RE 的关系，这实际上是同一个问题。一个理论模型若有较强的阐释力，首先需符合逻辑，其次要有普适性，而不是产生遗漏或冗余现象。

对于每种 ERS 关系所能够刻画的所有时—体形式，如果将 E、R、S 均定位为时点，R < S、R = S、S < R 分别表示“过去”“现在”“将来”没有异义，除非有必要基于这三种关系进行进一步划分。对于 E 和 R 的关系，金立鑫（2008a）基于 Reichenbach 的“Anterior”“Simple”“Posterior”将 E < R、E = R、R < E 分别确定为“已行”“在行”“将行”，从宏观上明确了 E 和 R 的关系所表达的体意义，但如果不考虑时段中的起始、经历、终结等概念，

仅从 E、R、S 为时点的角度讲，仍需进一步细分。如果从一个参照时点来观察另一个时点上的情状，逻辑上可以有“将行”“起始行”“正在行”“已完行”“起始状”“持续状”“终结状”“反复/惯常”8 种体意义的划分，那么这些体的表达应归入 E < R、E = R、R < E 中的哪一个？显然，体的概念已经超出语法范畴了，E 和 R 的关系需要基于时间视点才能明确其所表现的体意义。表 5 – 1 中 Reichenbach 给出的时名称并不能涵盖 E、R、S 均为时点的 13 种关系所能表达的时—体组配，换言之，E、R、S 均为时点的 13 种关系所能表达的时—体组配超出了 Reichenbach 所给出的 9 种时名称。如果将 E、R、S 仅限定为时点，表 5 – 1 中 Reichenbach 所给出的 9 种时名称仍然存在遗漏现象，主要体现在以下三方面。

首先，Reichenbach 将 E = R < S 命名为“一般过去”（Simple past），与英语传统语法的一般过去时等同。R < S 表过去时没问题，但对 E = R 所能体现的体意义显然有遗漏。在 R < S 表过去的框架下，E = R 可表达“正在行/已完行/持续状”三种体意义，那么 E = R < S 可表达英语传统语法中的“过去进行时”和“一般过去时”。“正在行/持续状”与“已完行”在本质上意义不同，前者表达参照点在动作进行或状态持续过程中，后者则表达参照点与终止点重合，由于 E 和 R 均为时点，“正在行/已完行/持续状”可用 E = R 合一表达。

其次，将 S = R = E 命名为“一般现在”（Simple present），与英语传统语法的一般现在时等同。由于 E、R、S 三个时点重叠，那么表达现在正在进行的动作以及正持续的状态也应纳入其中，即“现在时—进行体”和“现在时—持续体”。由于“一般现在”通常表达特定时段中的状态以及经常反复或惯常进行的动作行为，严格来说，用时点无法体现，如惯常情状“地球围绕着太阳转”可用前一章我们用的（E = R∞t）&（S ⊂R∞t）来体现，即“现在时—惯常体”。

最后，将 S = R < E 和 S < R = E 分别命名为“现在将行”（Posterior present）和“一般将来”（Simple future），且将两者等同于英语传统中的“一般

将来”。这种处理存在两个问题。其一，S < R = E 中参照时点与事件时点重叠应表达“将来正进行、正持续或完成的动作或状态”；其二，S = R < E 中说话时点与参照时点重合表达的是“从现在的说话时间来看将要进行的动作或状态”，英语中相应的语言表达如“be going to do/be to do/be about to do”（“be”为现在时），即“现在时—非现实体”。

综上所述，当 E、R 与 S 均假设为时点时，三者之间的关系所表达的体意义数量有所增加，但仍然涵盖不了英语传统语法中的 16 种时态，这就需要考虑事件时间 E 和参照时间 R 均可为时点和时段的所有组配，当然对时和体意义均没有贡献的说话时间 S 和事件时间 E 的关系需要排除。

5.2.2　时点与时段

现在看来，有效刻画 E、R 与 S 三者之间的关系成为较全面展现时—体搭配模式的关键所在。有三个方面需要说明：说话时间 S 的取值与时点、时段设定，时点与时段的区分，时点与时段的关系。

首先，对于说话时间 S 有两个问题。其一，我们只能取绝对时值，即某一语句的说话时间 S 均设为“现在”，而不考虑该语句是何时发出的，换言之，不考虑该语句在说话时点或时段上的真值。假如语句“昨天当我到家时，妈妈正在写信”，如果顾及说出该语句已经发生在过去，而目前才是“现在”，那么至少需要设置两个说话时间才能检验该语句的真值，这种真值检验视角对时—体搭配刻画基本没有贡献。其二，研究中说话时间 S 是设为时点还是时段的问题，如果 S 为较长时段，则说话内容体现为由多个语句组成的语篇，目前时—体研究不考虑由语境因素引起的会话含义或言外之意，那么从字面意义上讲，语篇中的每一个事件需要设定一个 S。但是由于我们采用绝对时值，那么整个语篇只允许存在一个 S，从而不会造成整个语篇可能含有由多个 S 组成的时间链问题，如下例。

（4）［情绪低落的毛瑞斯莫说］E_1：“［这对我的打击太大了］E_2，［此前我的状态非常好］E_3，［我本来还希望在澳网有所作为］E_4。［昨天我就感觉不对劲］E_5，［今天早上我就想看看伤势重不重］E_6，［但是我现在已经没办法参赛了］E_7。”［毛瑞斯莫的眼泪再次夺眶而出］E_8。(CCL①)

在上例（4）中，说话时间S设定为绝对时，即说话者的转述时间，从这个角度看，事件E_1—E_8都发生在过去，时的定位体现为说话时间S和参照时间R之间的关系，事件E_1—E_8的参照时间无论设定在哪个位置，R总是前于S（$R<S$），即过去时。其中事件E_1的发生时间为其他事件的发生时间提供了参照，但E_1的发生时间并非为其他事件的参照时间R，每个事件都有自己的参照时间R_n，如图5－3所示。

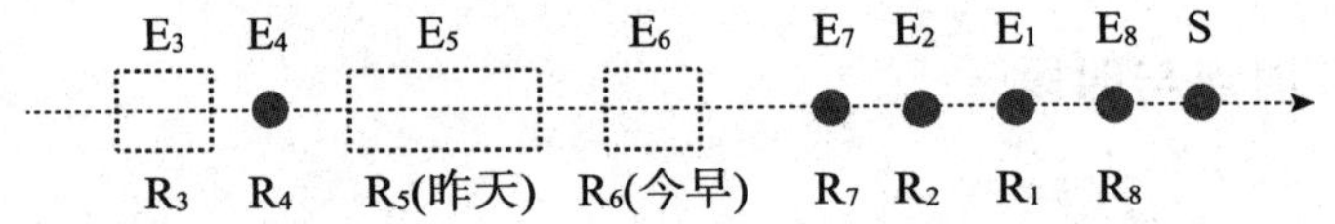

图5－3　绝对时S下的E—R关系

因此，尽管绝对说话时间S在时间轴上可以体现为一个时段，但时间非常有限，在与参照时间R的互动关系中，S的内部时间不再细分，S作时点处理。

其次，时点和时段的区分对于时—体刻画至关重要，语句“昨天当我到家时，妈妈正在写信”中包含“我到家”和“妈妈正在写信”两个事件，事件“我到家”的发生时间为事件“妈妈正在写信”提供了参照时间R，如果两事件均视为时点，可描述为$E=R<S$。邹崇理（2000：389）利用时间区间关系的“$E\cap R=R$，$R\subset E$”（E和R均为时段）进行刻画②，但是“我到家”只能是时点。刻画“我回家”（标示为R）和“妈妈写信”（标示为E）两个事件时，就需要引入两个时段，如果用时间区间关系表示，可存在三种情况（E的起始点、持续段和终止点分别标示为Ei、Ec和Ed，R的起始点、持续段和终止点分别标示为Ri、Rc和Rd），如图5－4所示。

① 北京大学汉语语言学研究中心语料库。
② 为方便论述，此处将原文的i和j分别替换为E和R。

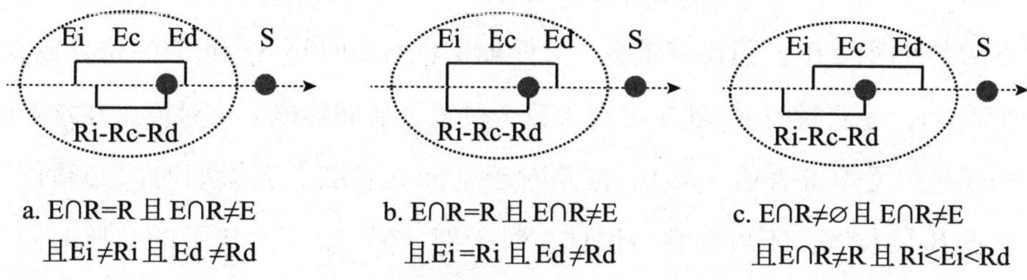

图 5－4　Rd 为参照时点的两时段关系

在图 5－4 中，Rd＜S 体现过去时，Ei＜Rd＜Ed 则体现进行体。表时段的时间词“昨天”（虚线椭圆）并非为“妈妈正在写信”的参照时间 Rd，而是 Rd 的时间范围，承载了确定 S 与 Rd 位置关系的功能。“昨天”相当于 Langacker（2000：220—225）有关时态“定位表述”中的“直接辖域”（immediate scope，IS），其功能是给聚焦视点（即参照时点）定界。

最后，对于时点和时段的区分并非能够做到界限清晰，在具体语境中，有的时段可处理成时点，如“1945 年第二次世界大战结束”中的“1945 年”；而有的时点则可处理为时段，如下例（5）。

（5）a. He was finishing his work.

b. He finished his work.

在时—体意义表达上，（5a）为“过去时—进行体”，（5b）为“过去时—完成体”。“过去时—进行体”和“过去时—完成体”用时点均可表示为事件时间与参照时间重叠且前于说话时间（E＝R＜S），然而“过去时—完成体”的参照时间 R 无法扩展为时段，而“过去时—进行体”的参照时间 R 则可，如图 5－5 所示。

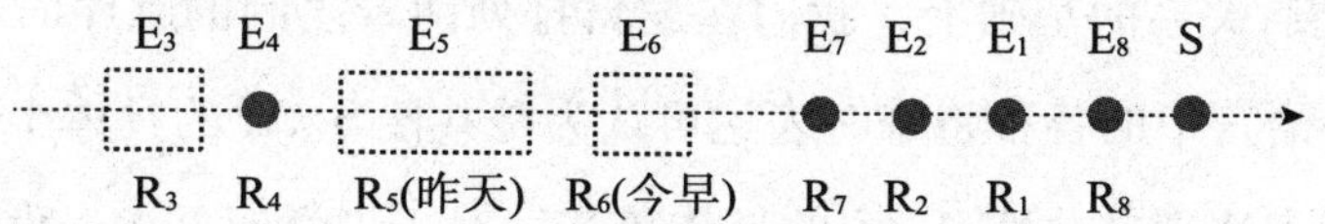

图 5－5　时点扩展为时段的参照时间 R

图5-5显示，（5a）“过去时—进行体”的参照时间 R_2 几乎接近位于终止点的参照时间 R_3，但没有重叠；然而如果将参照时间 R_2 和 R_3 的位置放大，即图5-5，参照时间 R_2 其实可有无数个位置，从而形成一个时段，在这个时段的任何位置均可表达（5a）。但是对于（5b）而言，其参照时间必须位于终止点 R_3 的位置，不可前移。因此，对于例（5）中两个句子的参照时间 R 的时点或时段属性，（5b）的参照时间 R 是绝对时点，不能扩展为时段；而（5a）的参照时间 R 则是相对时点，表达近似于绝对时点的进行情状，因而图5-5中参照时点 R_2 上的事件“he was finishing his work”与 R_1 上的事件“he was doing his work”在体意义表达上相同。这一事实给我们逻辑排列事件时间 E 和参照时间 R 的位置关系提供了启发，即当事件时间 E 为时段，参照时间 R 为时点，且 Ei < R < Ed 时，只需在事件时间的时段 E 内设置一个参照时点 R，根据具体表达，参照时点 R 可在事件时间的起始点 Ei 和终止点 Ed 之间的时间轴上前后移动；同理，当参照时间 R 为时段，事件时间 E 为时点，且 Ri < E < Rd，只需在参照时间的时段 R 内设置一个事件时点 E，E 可在参照时间的起始点 Ri 和终止点 Rd 之间的时间轴上前后移动。

5.2.3 ERS 逻辑组配

Comrie（1985：36—56）的“绝对时”是指以说话时间 S 作为某一情状在时间轴上进行定位的参照时间，而“相对时”则以语境中的某一时间作为参照时间。在特定语境中，如果有多个情状或者有的语言中根据 S 与 R 的距离远近，参照时间 R 可划分为 R_1、R_2、R_3…R_n，以其中的一个 R_n 与 S 的关系来确定时，如将来时可有近时将来、远时将来、不久将来、今天将来等进一步划分。采用相对时系统的语言无论含有多少种时的划分，仍然建立在 S 和 R 之间先后关系的基础上，我们在逻辑排列两者之间的顺序时不作具体细分，比如一语言中的各种将来时表达可认为是共性 S < R 的具体个性落实，而各种过去时表达则是共性 R < S 的具体落实。对于说话时间 S，我们取绝对时值，并设定为时点，但参照时间 R 和事件时间 E 均可为时点和时段，那么事

件时间 E、参照时间 R 以及说话时间 S 三者之间共存在表 5－2 中的 4 种逻辑组合。

表 5－2　　ERS 时点—时段逻辑组合

说话时间 S 为时点	参照时间 R 为时点、事件时间 E 为时点
	参照时间 R 为时点、事件时间 E 为时段
	参照时间 R 为时段、事件时间 E 为时点
	参照时间 R 为时段、事件时间 E 为时段

我们曾在第一章“绪论”中用真值条件语义学的方法验证了事件时间 E 和说话时间 S 的关系对时—体表达没有贡献，即英语传统语法中过去将来时（过去时—将行体）的 SE 关系有三种可能，假设 E、R、S 均为时点，那么三者关系如图 5－6 所示。

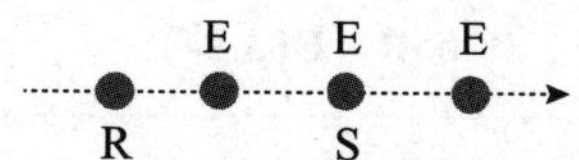

图 5－6　“过去时—将行体”的 ERS 关系

图 5－6 显示，过去时由 R 和 S 的关系决定（R<S），将行体则取决于 R 和 E 的关系（R<E），而 E 和 S 的关系则有三种可能情况：E<S、E＝S、S<E。这说明尽管事件时间 E 与说话时间 S 之间也是有序的，但 E 和 S 的关系与时—体表达无关。同理，在前文例（4）中，尽管系列事件时间 E_1、E_2、E_3…E_n 均前于说话时间 S，但过去时本质上是由参照时间 R_1、R_2、R_3…R_n 均前于说话时间 S 决定的，而非取决于系列事件时间与说话时间的关系。

ERS 理论的发展或应用大多以 Reichenbach 的时模型为基础，从其时模型入手我们可得到建立 ERS 逻辑模型的启示。尽管 Reichenbach 忽略了事件时间 E 和参照时间 R 均可为时点和时段的情况，但作为逻辑实证主义者，Reichenbach 应该遵守了逻辑推演规则，那么表 5－1 中的 13 种 ERS 组合是如何得出的？我们尝试重溯 Reichenbach 的推演过程。假设事件时间 E、参照时间 R 及说话时间 S 均为时点，那么承载体意义的 RE 关系共有三种：R＜E、R＝E 以及 E＜R，在这三种关系的前提下，S 在时轴上的位置可有多种选择，如图 5－7 所示。

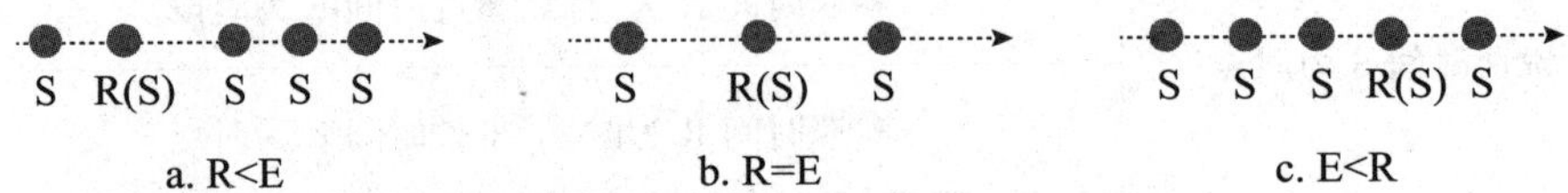

图 5－7　时轴上 ERS 均为时点的逻辑位置

根据图 5－7，我们先确定 R 和 E 的关系后，再考虑 S 的位置，在考虑 S 和 R 位置关系的同时也兼顾到 S 和 E 的位置关系，这样一来，E、R 及 S 均为时点时的 ERS 关系可总结见表 5－3。

表 5－3　　ERS 均为时点的 ERS 逻辑关系

a. R＜E(5 种)	b. R＝E(3 种)	c. E＜R(5 种)
S＜R＜E(将来将行)	S＜R＝E(一般将来)	S＜E＜R(将来已行)
S＝R＜E(现在将行)	S＝R＝E(一般现在)	S＝E＜R(将来已行)
R＜S＜E(过去将行)	E＝R＜S(一般过去)	E＜S＜R(将来已行)
R＜E＝S(过去将行)		E＜S＝R(现在已行)
R＜E＜S(过去将行)		E＜R＜S(过去已行)

可发现，表 5－3 中 13 种 ERS 关系恰好等同于表 5－1 中 Reichenbach 的 ERS 时模型中的 13 种 ERS 组配，这进一步验证了 Reichenbach 只考察了 ERS 均为时点的情况，并且也考虑了与时—体无关的说话时间 S 和事件时间 E 的关系，即“过去将行”和“将来已行”分别出现了三种 ERS 组配。此处需说明的是，尽管冗余组配 SE 关系与时—体表达无关，但也体现了事件时间在时轴上的可能位置，因此建立 ERS 逻辑模型可有两个思路：一是若要真实反映客观世界，或者说要体现事件时间在时轴上的具体位置，那么需考虑 ERS 三

者中任何两者的关系；二是如只考察时与体在 ERS 上的表现，那么只需考虑 SR 关系和 RE 关系两个方面。第一种思路比较复杂，且 SE 关系与时—体没有直接联系，我们不再探讨。此处只提供第二种思路的时—体逻辑模型，即当事件时间 E 和参照时间 R 均可为时点和时段时，与时—体相关的 ER 和 RS 组配。

既然 RE 关系决定体，而 SR 关系决定时，那么在刻画三者之间的关系时，可本着这样一个思路：先确定 R 和 E 的位置关系，然后在时轴确定 S 和 R 的位置关系，两者的合取就是时与体的 ERS 结构。当 E 和 R 分别确定为时点或时段时，时轴上 RE 关系数量与 SR 关系数量的乘积就是该条件下时—体 ERS 的逻辑组配数量。另外，表 5－2 中的“时段”具有有定和不定两种情况，但有定时段只是相对而言的，语言中也存在绝对的恒常不定时段表达（如“地球绕着太阳转”等惯常体），因此当 E 或 R 为时段时，逻辑刻画中需要考虑 E 和 R 两者均可为相对的有定时段和绝对的恒常不定时段两种情况。为方便描写，当 R 和 E 为相对有定时段，我们仍用 Ri—Rc—Rd 分别表示 R 的起始点—持续段—终止点，用 Ei—Ec—Ed 分别表示 E 的起始点—持续段—终止点，“ < ”为居前关系，“ = ”为重叠关系，“ ∞ ”为无穷接近于，“t”为时轴（为简洁需要，本章图示中不再标示）。有了这些准备，我们先看 E 和 R 均可为时点和有定时段时的 ERS 逻辑组配。

第一种情况是 E 和 R 均为时点。E 和 R 的位置关系在时轴上只能有三种情况，即 E 前于、重叠以及后于 R；同理，S 和 R 的位置关系在时轴上也有三种，即 S 前于、重叠以及后于 R。那么，当 E 和 R 均为时点时的时—体 ERS 关系共有 3 ×3 =9 种，如图 5 －8 所示。

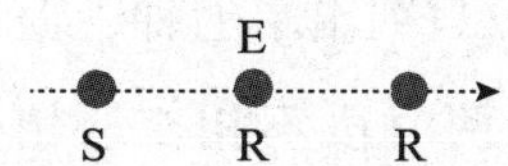

RE关系：R<E，R=E，E<R
SR关系：S<R，S=R，R<S

图 5 －8　E 和 R 均为时点（3 ×3 =9）

第二种情况为 E 为有定时段且 R 为时点。由于 E 是包含起始点、持续段和终止点的时段，时点 R 与 E 的位置关系共有五种，时点 R 与时点 S 的位置关系仍有三种，那么 E 为有定时段且 R 为时点时的时—体 ERS 关系共有 5 ×3 =15 种，如图 5 –9 所示。

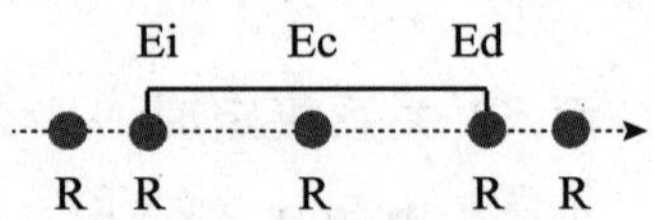

RE关系：R<E，Ei=R，Ei<R<Ed，R=Ed，E<R
SR关系：S<R，R=S，R<S

图 5 –9　E 为有定时段且 R 为时点（5 ×3 =15）

第三种情况为 E 为时点且 R 为有定时段。E 和 R 的位置关系类似于上述第二种情况，只是时点和时段身份发生了变化，由于 R 是一个包含起始点、持续段和终止点的时段，其与时点 E 的位置关系共有五种，而其与时点 S 的位置关系也有五种，那么 E 为时点且 R 为有定时段时的时—体 ERS 关系共有 5 ×5 =25 种，可刻画为图 5 –10。

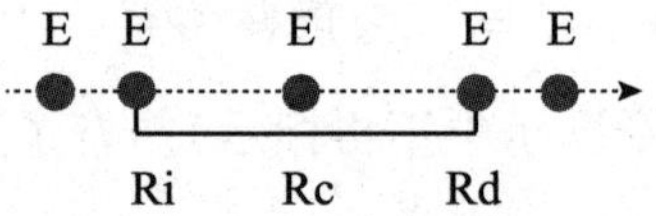

RE关系：E<R，E=Ri，Ri<E<Rd，E=Rd，R<E
SR关系：S<Ri，S=Ri，Ri<S<Rd，S=Rd，Rd<S

图 5 –10　E 为时点且 R 为有定时段（5 ×5 =25）

第四种情况是 E 和 R 均为有定时段。对于两个时间区间或时段的位置关系，邹崇理（2000：384）只列出了七种，但是逻辑上所有的两时段关系应该超过七种，需要考虑到两时段不相交、相交以及时段长短三个方面，经逻辑排列后共产生如图 5 – 11 所示的十三种情况；而时点 S 和时段 R 的位置关系则只有五种，因而 E 和 R 均为有定时段时的时—体 ERS 关系共有 13 ×5 =65 种，如图 5 – 11 所示。

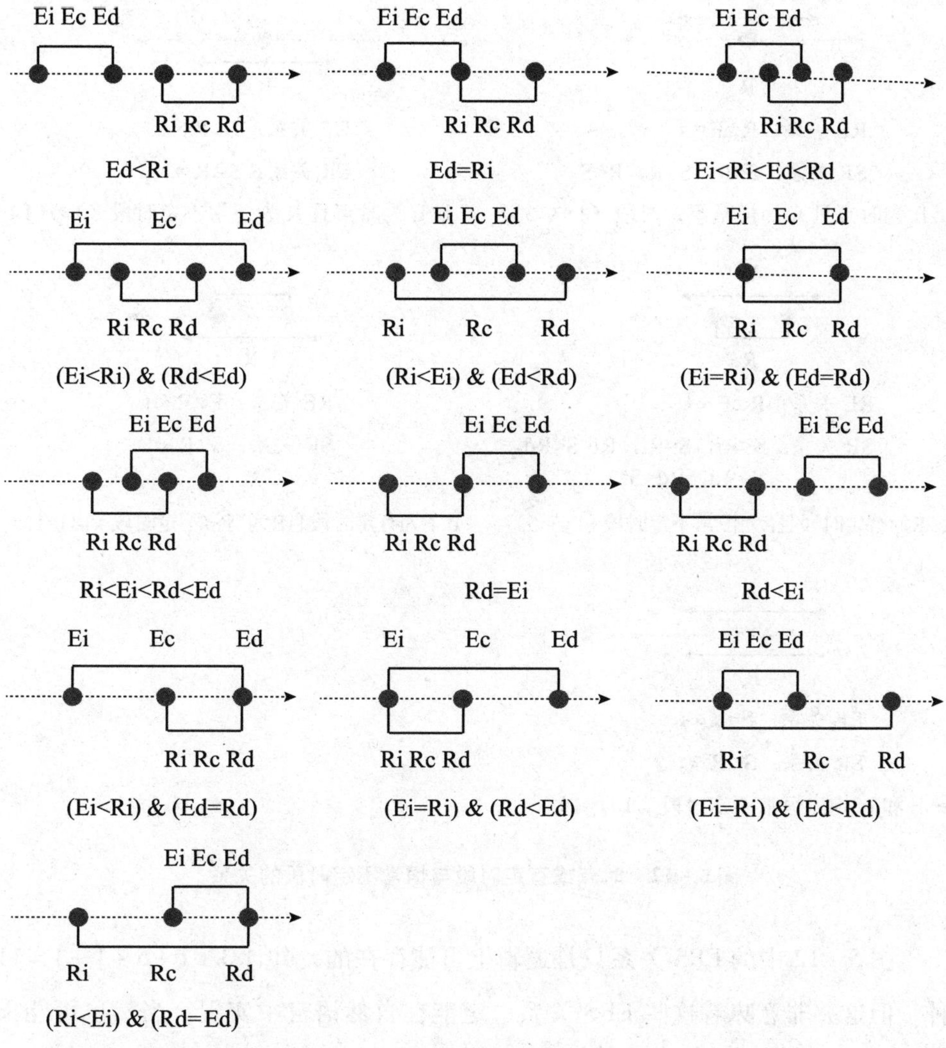

Ei Ec Ed
Ri Rc Rd
Ed<Ri

Ei Ec Ed
Ri Rc Rd
Ed=Ri

Ei Ec Ed
Ri Rc Rd
Ei<Ri<Ed<Rd

Ei Ec Ed
Ri Rc Rd
(Ei<Ri) & (Rd<Ed)

Ei Ec Ed
Ri Rc Rd
(Ri<Ei) & (Ed<Rd)

Ei Ec Ed
Ri Rc Rd
(Ei=Ri) & (Ed=Rd)

Ei Ec Ed
Ri Rc Rd
Ri<Ei<Rd<Ed

Ei Ec Ed
Ri Rc Rd
Rd=Ei

Ei Ec Ed
Ri Rc Rd
Rd<Ei

Ei Ec Ed
Ri Rc Rd
(Ei<Ri) & (Ed=Rd)

Ei Ec Ed
Ri Rc Rd
(Ei=Ri) & (Rd<Ed)

Ei Ec Ed
Ri Rc Rd
(Ei=Ri) & (Ed<Rd)

Ei Ec Ed
Ri Rc Rd
(Ri<Ei) & (Rd=Ed)

RE 关系：以上 13 种；SR 关系：S<Ri，S=Ri，Ri<S<Rd，S=Rd，Rd<S

图 5－11　E 和 R 均为有定时段（13×5=65）

以上只涉及 E 和 R 均可为时点和有定时段时的时—体 ERS 逻辑关系，但这仍然不能涵盖所有的 ERS 组配，因为 E 和 R 也均可为恒常不定时段，因而需顾及时点和有定时段两者分别与恒常不定时段的关系，从逻辑上讲，共有下列五种可能情况（“⊂”为真包含于），如图 5－12 所示。

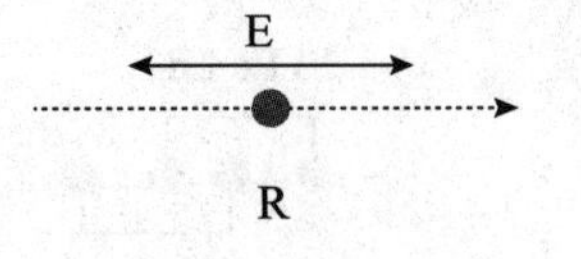

RE 关系：R⊂E∞t

SR 关系：S<R，S=R，R<S

a. R 为时点且 E 为恒常不定时段（1×3=3）

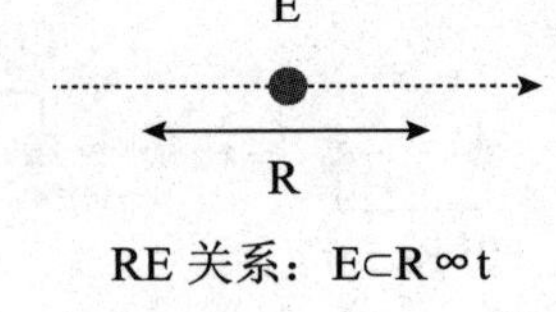

RE 关系：E⊂R∞t

SR 关系：S⊂R∞t

b. E 为时点且 R 为恒常不定时段（1×1=1）

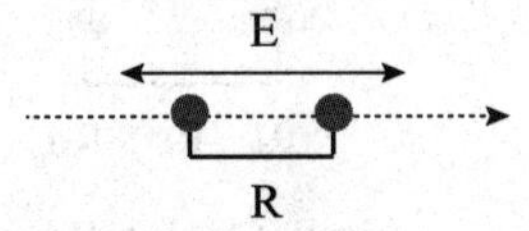

RE 关系：R⊂E∞t

SR 关系：S<Ri，S=Ri，Ri<S<Rd，
S=Rd，Rd<S

c. R为有定时段且E为恒常不定时段（1×5=5）

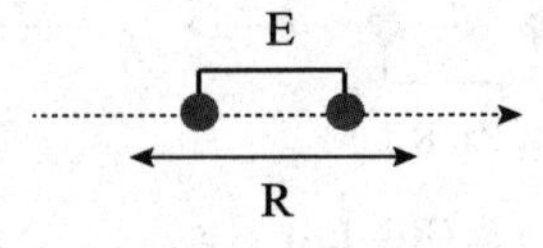

RE 关系：E⊂R∞t

SR 关系：S⊂R∞t

d. E为有定时段且R为恒常不定时段（1×1=1）

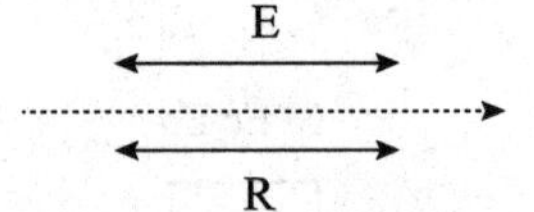

RE 关系：E=R∞t

SR 关系：S⊂R∞t

e. E 和 R 均为恒常不定时段（1×1=1）

图 5－12　时点或有定时段与恒常不定时段的关系

图 5－12 中的 ERS 关系只是逻辑上可能存在的，共计 3＋1＋5＋1＋1＝11 种，但这并非意味着这些 ERS 关系一定能在自然语言中实现，当然也可能出现另一种情况，即使能够在自然语言中实现，也不一定是合格的语言表达。由于图 5－12 中的 ERS 关系数量有限，我们依次加以考察。首先看图 5－12a，E 为恒常不定时段，而 R 为时点，也就是说，以时轴上的一时点为参照时间，来观察一恒常的情状，在 SR 关系的时表达上只有过去、现在和将来三种情况，那么在自然语言中可有“现在地球正绕着太阳转/明天地球会正绕着太阳转/昨天地球正绕着太阳转”的表达，显然这些表达在通常情况下没有意义，可以排除。再看图 5－12b，这种情况的 ERS 关系是，R 实际表现为时轴 t，S

和 E 均真包含于 R，也就是说缺乏参照时间，缺少参照点无法表达一情状，这种情况也可以排除。再看图 5 - 12c，这种 ERS 关系类似于图 5 - 12a，只是前者将参照时间 R 作为一个时段，如“今天地球绕着太阳转”中的“今天”可看作时段，也可用复句表达，如“明天我去北京时，地球绕着太阳转”，在不考虑隐含义的情况下，这些句子显然没有意义，也可以排除。对于图 5 - 12d，R 实际表现为时轴 t，也就是说缺乏参照时间，缺少参照点无法表达一情状，类似于图 5 - 12b，这种情况也排除。最后看图 5 - 12e，R 随着 E 移动，这种情况适用于“现在时—惯常体”，如单句“地球绕着太阳转”、复句“当我看电视的时候，他写作业”。

在图 5 - 12 中的 11 种 ERS 关系中，只有图 5 - 12e 一种 ERS 关系可在语言中实现。对于图 5 - 8、5 - 9、5 - 10、5 - 11 中的 ERS 关系，由于涉及的数量较大，不再一一验证，至此我们能够得出最终的时—体 ERS 逻辑组配数量，即图 5 - 8 至图 5 - 12 中共计 9 + 15 + 25 + 65 + 11 = 125 种，见表 5 - 4 至表 5 - 8。

表 5 - 4　　E 和 R 均为时点的 ERS 关系（9）

i. R < E(3)	ii. R = E(3)	iii. E < R(3)
1. S < R < E	4. S < R = E	7. (E < R)&(S < R)
2. S = R < E	5. E = R = S	8. E < R = S
3. (R < E)&(R < S)	6. E = R < S	9. E < R < S

表 5 - 5　　E 为有定时段且 R 为时点的 ERS 关系（15）

i. R < E(3)	ii. Ei = R(3)	iii. Ei < R < Ed(3)	iv. R = Ed(3)	v. E < R(3)
1. S < R < E	4. S < R = Ei	7. (Ei < R < Ed)&(S < R)	10. S < R = Ed	13. (E < R)&(S < R)
2. R = S < E	5. Ei = R = S	8. Ei < R = S < Ed	11. Ed = R = S	14. E < R = S
3. (R < E)&(R < S)	6. Ei = R < S	9. (Ei < R < Ed)&(R < S)	12. Ed = R < S	15. E < R < S

表5-6　　E为时点且R为有定时段的ERS关系（25）

i. E<R(5)	ii. E=Ri(5)	iii. Ri<E<Rd(5)	iv. E=Rd(5)	v. R<E(5)
1. (E<R)&(S<Ri)	6. S<Ri=E	11. (Ri<E<Rd)&(S<Ri)	16. (E=Rd)&(S<Ri)	21. (R<E)&(S<Ri)
2. (E<R)&(S=Ri)	7. E=Ri=S	12. S=Ri<E<Rd	17. (E=Rd)&(S=Ri)	22. (R<E)&(S=Ri)
3. (E<R)&(Ri<S<Rd)	8. E=Ri<S<Rd	13. (Ri<E<Rd)&(Ri<S<Rd)	18. Ri<S<Rd=E	23. Ri<S<Rd<E
4. (E<R)&(S=Rd)	9. (E=Ri)&(S=Rd)	14. Ri<E<Rd=S	19. E=Rd=S	24. (R<E)&(S=Rd)
5. (E<R)&(Rd<S)	10. (E=Ri)&(Rd<S)	15. Ri<E<Rd<S	20. E=Rd<S	25. (R<E)&(Rd<S)

表5-7　　E和R均为有定时段的ERS关系（65）

i. S<Ri(13)	ii. S=Ri(13)	iii. Ri<S<Rd(13)	iv. S=Rd(13)	v. Rd<S(13)
1. (Ed<Ri)&(S<Ri)	14. Ed<Ri=S	27. Ed<Ri<S<Rd	40. (Ed<Ri)&(S=Rd)	53. (Ed<Ri)&(Rd<S)
2. (Ed=Ri)&(S<Ri)	15. Ed=Ri=S	28. Ed=Ri<S<Rd	41. (Ed=Ri)&(S=Rd)	54. (Ed=Ri)&(Rd<S)
3. (Ei<Ri<Ed<Rd)&(S<Ri)	16. Ei<Ri=S<Ed<Rd	29. (Ei<Ri<Ed<Rd)&(Ri<S<Rd)	42. Ei<Ri<Ed<Rd=S	55. Ei<Ri<Ed<Rd<S
4. (Ei<Ri)&(Rd<Ed)&(S<Ri)	17. (Ei<Ri=S)&(Rd<Ed)	30. (Ei<Ri)&(Rd<Ed)&(Ri<S<Rd)	43. (Ei<Ri)&(S=Rd<Ed)	56. (Ei<Ri)&(Rd<Ed)&(Rd<S)
5. (S<Ri<Ei)&(Ed<Rd)	18. (Ri=S<Ei)&(Ed<Rd)	31. (Ri<Ei)&(Ed<Rd)&(Ri<S<Rd)	44. (Ri<Ei)&(Ed<Rd=S)	57. (Ri<Ei)&(Ed<Rd<S)
6. (S<Ri=Ei)&(Ed=Rd)	19. (Ei=Ri=S)&(Ed=Rd)	32. (Ei=Ri)&(Ed=Rd)&(Ri<S<Rd)	45. (Ei=Ri)&(Ed=Rd=S)	58. (Ei=Ri)&(Ed=Rd<S)
7. S<Ri<Ei<Rd<Ed	20. Ri=S<Ei<Rd<Ed	33. (Ri<Ei<Rd<Ed)&(Ri<S<Rd)	46. Ri<Ei<Rd=S<Ed	59. (Ri<Ei<Rd<Ed)&(Rd<S)
8. (Rd=Ei)&(S<Ri)	21. (Rd=Ei)&(S=Ri)	34. (Rd=Ei)&(Ri<S<Rd)	47. Ei=Rd=S	60. Ei=Rd<S
9. (Rd<Ei)&(S<Ri)	22. (Rd<Ei)&(S=Ri)	35. (Rd<Ei)&(Ri<S<Rd)	48. Rd=S<Ei	61. (Rd<Ei)&(Rd<S)
10. (Ei<Ri)&(Ed=Rd)&(S<Ri)	23. (Ei<Ri=S)&(Ed=Rd)	36. (Ei<Ri)&(Ed=Rd)&(Ri<S<Rd)	49. (Ei<Ri)&(Ed=Rd=S)	62. (Ei<Ri)&(Ed=Rd<S)
11. (S<Ri=Ei)&(Rd<Ed)	24. (Ei=Ri=S)&(Rd<Ed)	37. (Ei=Ri)&(Rd<Ed)&(Ri<S<Rd)	50. (Ei=Ri)&(Rd=S<Ed)	63. (Ei=Ri)&(Rd<Ed)&(Rd<S)
12. (S<Ri=Ei)&(Ed<Rd)	25. (Ei=Ri=S)&(Ed<Rd)	38. (Ei=Ri)&(Ed<Rd)&(Ri<S<Rd)	51. (Ei=Ri)&(Ed<Rd=S)	64. (Ei=Ri)&(Ed<Rd<S)
13. (S<Ri<Ei)&(Rd=Ed)	26. (S=Ri<Ei)&(Rd=Ed)	39. (Ri<Ei)&(Rd=Ed)&(Ri<S<Rd)	52. (Ri<Ei)&(Rd=Ed=S)	65. (Ri<Ei)&(Rd=Ed<S)

表 5－8　　时点或有定时段与恒常不定时段的 ERS 关系（11）

i. R－时点， E－恒常时段(3,排除)	ii. E－时点， R－恒常时段(1,排除)	iii. R－有定时段， E－恒常时段(5,排除)	iv. E－有定时段,R－ 恒常时段(1,排除)	v. E 和 R 均为 恒常时段(1)
1. (R ⊂E∞t)&(S＜R) 2. (R ⊂E∞t)&(S＝R) 3. (R ⊂E∞t)&(R＜S)	4. (E ⊂R∞t)&(S ⊂R∞t)	5. (R ⊂E∞t)&(S＜Ri) 6. (R ⊂E∞t)&(S＝Ri) 7. (R ⊂E∞t)&(Ri＜S＜Rd) 8. (R ⊂E∞t)&(S＝Rd) 9. (R ⊂E∞t)&(Rd＜S)	10. (E ⊂R∞t)&(S ⊂R∞t)	11. (E＝R∞t)&(S ⊂R∞t)

5.3　英汉语基本 ERS 时—体结构在模型中的分布

表 5－4、5－5、5－6、5－7、5－8 中的 ERS 关系是逻辑上可能存在的 ERS 组配，其中表 5－8 中时点或有定时段与恒常不定时段的 ERS 关系只有一种可以在语言中实现，即事件时间 E 和参照时间 R 均为恒常不定时段，其他的 ERS 组配经验证都被排除。目前的问题是，上述各表中的 ERS 组配是否涵盖了所有简单句的时—体 ERS 关系？是否涵盖了英汉语的所有基本 ERS 时—体结构？换言之，英汉语的所有基本 ERS 时—体结构在 ERS 逻辑模型中都处在哪些位置上？下面我们考察一下上一章所建立的英汉语基本 ERS 时—体结构在模型中的分布情况。

表 5－9　　英汉"现在时—现实体"的 ERS 关系在模型中的分布

英语传统时态	英汉语基本 ERS 时—体结构			在 ERS 逻辑模型中的位置
一般现在	现在	持续	E＝R＝S	表 5－4(第 5 种)
	现在	惯常	(E＝R∞t)&(S ⊂R∞t)	表 5－8(第 11 种)
现在进行	现在	持续	E＝R＝S	表 5－4(第 5 种)
	现在	进行	E＝R＝S	表 5－4(第 5 种)
	现在	起始	Ei＝R＝S(汉语)	表 5－5(第 5 种)

续 表

英语传统时态	英汉语基本 ERS 时—体结构			在 ERS 逻辑模型中的位置
现在完成	现在	起始	Ei = R = S	表 5 – 5(第 5 种)
	现在	连续持续	(Ei = Ri)&(Ed = Rd = S)	表 5 – 7(第 45 种)
	现在	经历	E < R = S(E 为时段)	表 5 – 5(第 14 种)
	现在	完成	E < R = S(E 为时点)	表 5 – 4(第 8 种)
现在完成进行	现在	连续持续	(Ei = Ri)&(Ed = Rd = S)	表 5 – 7(第 45 种)
	现在	连续进行	(Ei = Ri)&(Ed = Rd = S)	表 5 – 7(第 45 种)
	现在	反复	(Ei = Ri)&(Ed = Rd = S)	表 5 – 7(第 45 种)
	现在	惯常	(Ei = Ri)&(Ed = Rd = S)	表 5 – 7(第 45 种)

表 5 – 10　英汉“现在时—非现实体”的 ERS 关系在模型中的分布

英语传统时态	英汉语基本 ERS 时—体结构			在 ERS 逻辑模型中的位置
一般将来	现在	将行	S = R < E	表 5 – 4(第 2 种)(E 为时点)
				表 5 – 5(第 2 种)(E 为时段)

表 5 – 11　英汉“过去时—现实体”的 ERS 关系在模型中的分布

英语传统时态	英汉语基本 ERS 时—体结构			在 ERS 逻辑模型中的位置
一般过去	过去	起始	Ei = R < S	表 5 – 5(第 6 种)
	过去	持续	E = R < S	表 5 – 4(第 6 种)
	过去	惯常	(Ei = Ri)&(Ed = Rd < S)	表 5 – 7(第 58 种)
	过去	完成	E = R < S	表 5 – 4(第 6 种)

续　表

英语传统时态	英汉语基本 ERS 时—体结构			在 ERS 逻辑模型中的位置
过去进行	过去	持续	E = R < S	表 5 – 4(第 6 种)
	过去	进行	E = R < S	表 5 – 4(第 6 种)
	过去	起始	Ei = R < S(汉语)	表 5 – 5(第 6 种)
过去完成	过去	起始	Ei < R < S	表 5 – 5(第 9 种)
	过去	连续持续	(Ei = Ri)&(Ed = Rd < S)	表 5 – 7(第 58 种)
	过去	经历	E < R < S(E 为时段)	表 5 – 5(第 15 种)
	过去	完成	E < R < S(E 为时点)	表 5 – 4(第 9 种)
过去完成进行	过去	连续持续	(Ei = Ri)&(Ed = Rd < S)	表 5 – 7(第 58 种)
	过去	连续进行	(Ei = Ri)&(Ed = Rd < S)	表 5 – 7(第 58 种)
	过去	反复	(Ei = Ri)&(Ed = Rd < S)	表 5 – 7(第 58 种)
	过去	惯常	(Ei = Ri)&(Ed = Rd < S)	表 5 – 7(第 58 种)

表 5 – 12　英汉“过去时—非现实体”的 ERS 关系在模型中的分布

英语传统时态	英汉语基本 ERS 时—体结构			在 ERS 逻辑模型中的位置
过去将来	过去	将行	(R < S)&(R < E)	表 5 – 4(第 3 种)
过去将来进行	过去	将行	(R < S)&(R < E)	表 5 – 4(第 3 种)
	过去	将持续	(Ri < S)&(Rd = E)(英语)	表 5 – 6(第 18、19、20 种)
	过去	将进行	(Ri < S)&(Rd = E)(英语)	表 5 – 6(第 18、19、20 种)
	过去	将完成	(Ri < S)&(Rd = E)	表 5 – 6(第 18、19、20 种)
	过去	将起始	(Ri < S)&(Rd = Ei)	表 5 – 7(第 34、47、60 种)

续 表

英语传统时态	英汉语基本 ERS 时—体结构			在 ERS 逻辑模型中的位置
过去将来完成	过去	将完成	(Ri < S)&(Ri < E < Rd)	表 5 – 6(第 13、14、15 种)
过去将来完成进行	过去	将连续持续	(Ri < S)&(Ri < Ei)&(Rd = Ed)	表 5 – 7(第 39、52、65 种)
	过去	将连续进行	(Ri < S)&(Ri < Ei)&(Rd = Ed)	表 5 – 7(第 39、52、65 种)

表 5 – 13　英汉“将来时—非现实体”的 ERS 关系在模型中的分布

英语传统时态	英汉语基本 ERS 时—体结构			在 ERS 逻辑模型中的位置
一般将来	将来	将起始	S < R = Ei	表 5 – 5(第 4 种)
	将来	将持续	S < R = E	表 5 – 4(第 4 种)
	将来	将惯常	(S < Ri = Ei)&(Rd = Ed)	表 5 – 7(第 6 种)
	将来	将完成	S < R = E	表 5 – 4(第 4 种)
将来进行	将来	将起始	S < R = Ei	表 5 – 5(第 4 种)
	将来	将持续	S < R = E	表 5 – 4(第 4 种)
	将来	将进行	S < R = E	表 5 – 4(第 4 种)
	将来	将完成	S < R = E	表 5 – 4(第 4 种)
将来完成	将来	将定量完成	S < R = E	表 5 – 4(第 4 种)
	将来	将终结完成	(S < R)&(E < R)	表 5 – 4(第 7 种)
将来完成进行	将来	将连续持续	(S < Rd)&(Ei = Ri)&(Ed = Rd)	表 5 – 7(第 6、19、32 种)
	将来	将连续进行	(S < Rd)&(Ei = Ri)&(Ed = Rd)	表 5 – 7(第 6、19、32 种)
	将来	将反复	(S < Rd)&(Ei = Ri)&(Ed = Rd)	表 5 – 7(第 6、19、32 种)
	将来	将惯常	(S < Rd)&(Ei = Ri)&(Ed = Rd)	表 5 – 7(第 6、19、32 种)

通过逐一考察，表5-9至表5-13中英汉基本ERS时—体结构全部出现在表5-4至表5-8的ERS逻辑组配中，这充分说明我们建立的时—体ERS逻辑模型具有可靠性。或者说，时—体ERS逻辑模型穷尽了语言中时—体的ERS可能组配，ERS逻辑模型涵盖了英语传统语法中16种时态所能表达的全部时—体ERS关系以及相对应的汉语时—体ERS关系。这里有个问题需要说明，表5-12中英汉“过去时—非现实体”的将持续、将进行、将完成、将起始、将连续持续、将连续进行，以及表5-13中英汉“将来时—非现实体”的将连续持续、将连续进行、将反复、将惯常的ERS关系均涉及模型中的3种ERS组配，由于时取决于S和R的关系，“过去时—非现实体”还涉及S和Rd的关系，而“将来时—非现实体”则涉及S和Ri的关系。英汉基本ERS时—体结构在模型中的数量分布见表5-14。

表5-14　　英汉基本ERS时—体结构在模型中的数量分布

E-R组配 / 数量	E和R均为时点	E为有定时段且R为时点	E为时点且R为有定时段	E和R均为有定时段	时点或有定时段与恒常不定时段	总计
ERS逻辑数量	9	15	25	65	11	125
英汉语中的ERS实现数量	8	7	6	11	1	33

从表5-9至表5-13可看出，尽管英语传统语法中的16种时态所表达的情状不同，但在时—体意义表征上有时可以是相同的，对于时—体意义搭配，在“现在时—现实体”“现在时—非现实体”“过去时—现实体”“过去时—非现实体”以及“将来时—非现实体”中，英汉语的基本时—体意义组配数量以及所实现的ERS关系数量分布见表5-15。

表 5－15　　英汉基本时—体意义组配数量与实现的 ERS 关系数量分布

数量 时—体	英语		汉语	
	时—体意义数量	实现的 ERS 数量	时—体意义数量	实现的 ERS 数量
现在时—现实体	9	6	9	6
现在时—非现实体	1	2	1	2
过去时—现实体	9	6	9	6
过去时—非现实体	7	13	5	13
将来时—非现实体	10	6	10	6
总　计	36	33	34	33

从表 5－15 中的数据可发现两个方面的现象。首先，英语和汉语在时—体意义组配数量方面有细微差异，汉语比英语少“过去时—将持续体”和“过去时—将进行体”2 种；英汉语时—体意义所实现的 ERS 关系均为 33 种，重要的是，英汉语时—体意义组配数量均多于所实现的 ERS 关系数量，主要原因在于，尽管“现在时—非现实体”和“过去时—非现实体”的时—体意义组配少于其 ERS 关系，但在“现在时—现实体”“过去时—现实体”以及“将来时—非现实体”的时—体意义组配中，很多不同的时—体意义组配采用了相同的 ERS 关系。其次，在现实体和非现实体的对立中，英语的时—体意义组配比例为 18∶18，其 ERS 关系比例则为 12∶21，汉语的时—体意义组配比例为 18∶16，其 ERS 关系比例为 12∶21。也就是说，英汉语在现实体和非现实体对立中的时—体意义组配数量相当，但现实体和非现实体对立中的 ERS 关系数量有倾向性，现实体的 ERS 关系远远少于非现实体的 ERS 关系。其主要原因在于，在“过去时—非现实体”和“将来时—非现实体”中，说话时间 S 和时段性参照时间 R 的位置关系有多种可能，即需考虑 S 和 Ri、Rd 之间的关系，那么一种时—体意义组配也就具有多种可能的 ERS 关系。

总之，英汉语虽然在时—体意义组配方面具有细微差异，但具有相同数量的 ERS 时—体关系，即 33 种 ERS 关系，它们全部出现在模型的 125 种 ERS 逻辑关系中，这也是英汉语时—体表达的一种语义共性。当然，这 125 种 ERS 逻辑关系并非都能够在语言中实现，比如在时点或有定时段与恒常不定时段的 11 种关系中，只有 1 种可在英汉语中实现，其他都可排除。ERS 逻辑模型一方面可细致刻画自然语言的时—体表达，另一方面为不同语言时—体表达的个性和共性研究提供了理论框架。

需强调的是，ERS 逻辑模型只能涵盖任何简单句的 ERS 关系，而对于复合句，则涉及模型中两个 ERS 关系的合取。不同类型的复合句，两个 ERS 关系的限制也不同，在包含时间状语从句的复合句中，主句和从句的参照时间 R 通常重叠，而在包含宾语从句或者定语从句的复合句中则无此限制，如（6）中含有定语从句的例子。

（6）a. A guest had arrived who would disturb the meeting.

b. The boy was born who will rule the world.

（6a）和（6b）均包含两个事件，我们将主句的事件时间和参照时间分别标示为 E_1 和 R_1，将从句的事件时间和参照时间分别标示为 E_2 和 R_2，两例分别如图 5－13 和图 5－14 所示。

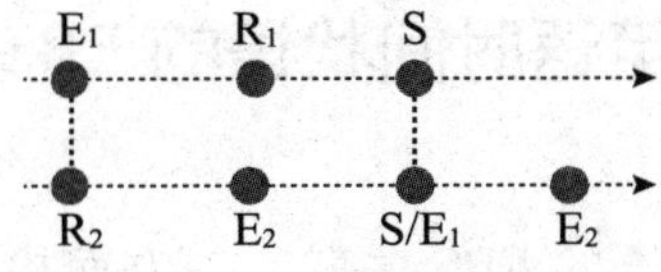

图 5－13　（6a）的 ERS 关系

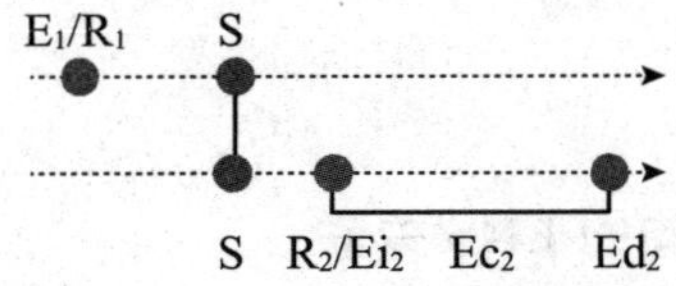

图 5－14　（6b）的 ERS 关系

（6a）主句中“arrive”表达终结性事件，因此 E_1 体现为时点，主句的“过去时—完成体”由 $E_1 < R_1 < S$（表 5-4 中第 9 种）决定；从句为“过去时—将行体”。可以看出，从句中的事件时间 E_2 与说话时间 S 的关系共有三种逻辑可能，即前于、重叠及后于。假设 E_2 为时点，可表示为 $R_2 < E_2 < S$、$R_2 < S = E_2$、$R_2 < S < E_2$，但只考虑时—体，可表示为 $(R_2 < E_2) \& (R_2 < S)$（表 5-4 中第 3 种）。需要注意的是，（6a）主句中的事件时间 E_1 充当了从句中的参照时间 R_2，那么复合句（6a）的时与体可表达为（$E_1 < R_1 < S$）&（$R_2 < E_2$）&（$R_2 < S$）。在（6b）中，主句为“过去时—完成体”，假设 E_1 为时点，可由 $E_1 = R_1 < S$ 承载（表 5-4 中第 6 种）；从句为“将来时—将起始体”，可表示为 $S < R_2 = Ei_2$（表 5-5 中第 4 种），那么（6b）的时与体可表达为一种情况：$(E_1 = R_1 < S) \& (S < R_2 = Ei_2)$，可简化为 $E_1 = R_1 < S < R_2 = Ei_2$。需要说明的是，（6a）中的事件时间 E_2 也可体现为时段，但如果 E_2 为时段，则与说话时点 S 会有五种位置关系，但 E_2 与 S 的这五种逻辑关系与时—体均无关，过去时总是由 $R_2 < S$ 决定，将行体则取决于 $R_2 < E_2$。从以上讨论也可以预测，一个句子无论含有几种时—体关系，单一事件的时—体 ERS 关系总是会出现在表 5-4 至表 5-8 中，含有多个时—体意义句子的 ERS 关系只是体现了多个子事件 ERS 关系的组合。

5.4 英语时间状语的 ERS 关联

本节探讨英语时间状语的 ERS 关联，一方面检验 ERS 逻辑模型的普适性，句子中添加时间状语其 ERS 关系是否还在 ERS 模型中；另一方面考察时间状语的功能。英语时间状语涉及包含时间状语从句的复合句和包含时间状语的简单句。

5.4.1 时间状语从句的 ERS 关联

先看包含时间状语从句的复合句。上一节我们提及，包含定语从句的

复合句一般涉及两个 ERS 关系，由于只有一个说话时间 S，复合句中主句和定语从句的事件时间 E 和参照时间 R 可以是不同的或不重叠的，那么包含时间状语从句复合句的 ERS 关系又是如何？英语中引导时间状语从句的连词有 when、while、as、before、after、since、until、every time 等，请看下列句子。

（7） a. When John arrived，we had left.

b. While we were working，it began to rain.

c. He（always）sings as he walks.

d. Before you come back，I will have finished my work.

e. They have been racked with grief since she died.

f. I had been reading the novel until mother called me.

严格来讲，上述复合句中主句和从句都有自己的时—体表达，也即隐含各自的 ERS 关系，然而这两个 ERS 关系却具有密切的联系，在这一点上与含有定语从句的复合句不同。对于包含时间状语从句的复合句的 ERS 关系，Reichenbach（1947：293）提出“参照时间恒定性”原则（Permanence of the reference point），要求主句和从句的两个参照时间也需要重叠。与“参照时间恒定性”原则类似的是，Hornstein（1993：43）提出复合句中的“时间连词规则”（rule of temporal connectives，RTC），可表述为：先将说话时间 S 重叠，再将从句的参照时间 R 移位至主句的参照时间 R，以使两个参照时间重叠，最后将从句的事件时间 E 加以定位。然而，事实并非如此，在不同连词引导的时间状语从句的复合句中，时间状语从句的参照时间与主句的参照时间并非必须重叠，如果主句的事件时间和参照时间分别标示为 E_1 和 R_1，从句的事件时间和参照时间分别标示为 E_2 和 R_2，（7）中复合句的 ERS 关系则如图 5 – 15 所示。

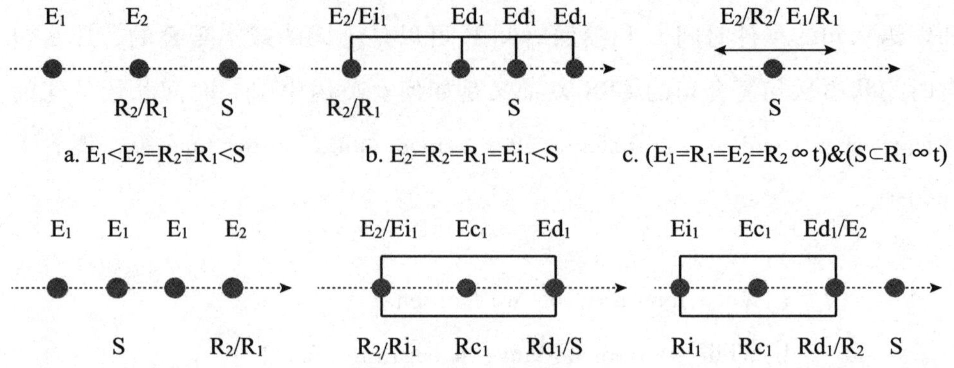

图 5－15 （7）中复合句的 ERS 关系

图 5－15 显示了两个问题。一是，尽管（7a）—（7d）主句和从句的参照时间 R_1 和 R_2 重叠，但（7e）—（7f）主句和从句的参照时间并不重叠，（7e）—（7f）中从句的参照时间 R_2 分别位于主句参照时间 R_1 的起始点和终止点位置，这说明“参照时间恒定性原则”和“时间连词规则”并非完全适用于包含时间状语从句的所有复合句，如果主句和从句的参照时间分别为时点和时段，则无法重叠。二是，上述各例中从句的事件时间 E_2 均与主句的参照时间 R_1 相关联。在（7a）—（7d）中，$E_2 = R_1$；在（7e）中，$E_2 = Ri_1$；在（7f）中，$E_2 = Rd_1$，因而可以说，在包含时间状语从句的复合句中，从句的事件时间主要与主句的参照时间关联，从句的事件时间对主句的参照时间起修饰或定位作用。相比较而言，从句的参照时间对于主句的时—体 ERS 关系基本不起作用，那么我们可以将（7a）—（7f）的 ERS 关系进行缩略，如下所示。

（8）a. $E_1 < E_2 = R_2 = R_1 < S$

$E_1 < E_2 = R_1 < S$

$E_1 < R_1 < S$

$E < R < S$

（表 5－4 中第 9 种）

b. $E_2 = R_2 = R_1 = Ei_1 < S$

$E_2 = R_1 = Ei_1 < S$

$R_1 = Ei_1 < S$

$Ei = R < S$

（表 5－5 中第 6 种）

c. $(E_1 = R_1 = E_2 = R_2 \infty t)\&(S \subset R_1 \infty t)$
$(E_1 = R_1 = E_2 \infty t)\&(S \subset R_1 \infty t)$
$(E_1 = R_1 \infty t)\&(S \subset R_1 \infty t)$
$(E = R \infty t)\&(S \subset R \infty t)$
（表 5 -8 中第 11 种）

d. $(S < R_1 = E_2 = R_2)\&(E_1 < R_1)$
$(S < R_1 = E_2)\&(E_1 < R_1)$
$(S < R_1)\&(E_1 < R_1)$
$(S < R)\&(E < R)$
（表 5 -4 中第 7 种）

e. $(Ei_1 = Ri_1 = E_2 = R_2)\&(Ed_1 = Rd_1 = S)$
$(Ei_1 = Ri_1 = E_2)\&(Ed_1 = Rd_1 = S)$
$(Ei_1 = Ri_1)\&(Ed_1 = Rd_1 = S)$
$(Ei = Ri)\&(Ed = Rd = S)$
（表 5 -7 中第 45 种）

f. $(Ei_1 = Ri_1)\&(Ed_1 = Rd_1 = E_2 = R_2 < S)$
$(Ei_1 = Ri_1)\&(Ed_1 = Rd_1 = E_2 < S)$
$(Ei_1 = Ri_1)\&(Ed_1 = Rd_1 < S)$
$(Ei = Ri)\&(Ed = Rd < S)$
（表 5 -7 中第 58 种）

在（8）的 ERS 关系中，由于 $R_2 = E_2$，先删除 R_2，而 E_2 又必须与 R_1 关联，即 E_2 要么与 R_1 重叠，要么位于 R_1 的起始点或终止点位置，再删除 E_2，得到的 ERS 关系就是主句的时—体 ERS 关系。由于主句是一个简单句，其 ERS 关系必须出现在表 5 -4 至表 5 -8 中的 ERS 模型中。以上分析说明，包含时间状语从句的复合句的两个 ERS 关系很密切，由于从句的事件时间总是与主句的参照时间关联，主句和从句的两个 ERS 关系可缩略为主句的单一 ERS 关系。从语义上讲，从句主要对主句的参照时间起修饰或定位作用，在这一点上，时间状语从句与定语从句以及宾语从句的功能显然不同，如果时间状语从句不能与主句的参照时间关联，则句子不合法，如（9）。

（9）＊a. When John arrived, we will leave.
＊b. While we were working, it will rain.
＊c. Before you come back, I had finished my work.
＊d. I have been reading the novel until mother called me.

5.4.2 简单句中时间状语的 ERS 关联

5.4.2.1 时间状语与 ER 的关联倾向

下面再看简单句中时间状语的 ERS 关联情况。我们试图考察简单句中的时间状语主要起什么作用；时间状语的使用是否受到限制；其与句子的 ERS 具有何种关系；时间状语与句子的“时”有何关系。简单句中的时间状语可分为定位性时间状语（如时间副词 yesterday/tomorrow、at 介词短语），持续性时间状语（如 for some time 短语、until 介词短语），完结性时间状语（如 in some time 短语），以及频率性时间状语（如 often/always/sometimes）。

简单句中可含有一个或一个以上的定位性时间状语，我们先看含有一个定位性时间状语的句子。很多情况下，定位性时间状语可位于句首或句尾，句子的时—体意义没有差异，如（10a）和（10b）；但有时定位性时间状语可位于句尾，而不能位于句首，如（10c）合法，（10d）却无法接受。

（10） a. Tomorrow he will leave for Paris.

b. He will leave for Paris tomorrow.

c. He is going to leave for Paris tomorrow.

* d. Tomorrow he is going to leave for Paris.

Hornstein（1993：15—16）认为时间副词必须与参照时间 R 或者事件时间 E 关联，不能出现空关联，时间副词的空关联禁止情况也是 Chomsky（1986）有关“完全解释原则”（principle of full interpretation，PFI）的一个例证，任何语言成分不能无意义地出现在一个句子中，量化语必须约束一个变量，修饰语必须修饰一个成分，谓词必须对论元进行述谓。同理，作为修饰语的一个时间副词必须修饰参照时间 R 或事件时间 E，不允许出现空修饰现象。因此，（10）中的时间副词“tomorrow”必须修饰参照时间 R 或事件时间 E，但为何（10a)—(10c）合法，而（10d）却无法接受？这与句首和句尾的时间副词倾向于修饰参照时间 R 还是事件时间 E 有关。Hornstein（1993：24）基于其“推导时结构”（derived tense structures，DTSs）模型，提出句首时间状语倾向于修饰参照时间 R，而句尾时间状语倾向于修饰事件时间 E。这里需要注意的是，这只是一个倾向性解读，我们认为在含有一个定位性时间状语的简单句中，句首时间状语通常修饰参照时间 R，而句尾时间状语可修饰参照时间 R，也可修饰事件时间 E，修饰事件时间 E 是倾向性解读，但有时并非能够绝对排斥修饰参照时间 R，而有时能够排斥修饰参照时间 R，这取决于一条原则，即对于句首或句尾的时间状语来讲，无论修饰哪个时间，都不能与句子的时形成冲突。

因而“tomorrow”在（10a）中修饰参照时间 R，而在（10b）中可修饰参照时间 R 或者事件时间 E，并且“tomorrow”与助动词“will”所表示的将来时呈一致性，即两者均要求说话时间 S 前于参照时间 R（S < R）。但（10c）与（10d）的情况不同，我们在第三章已经证明英语中的“be - 结构”（be 为现在时）表达现在时，即要求说话时间 S 与参照时间 R 重叠（S = R），而体义则取决于动词的内在情状类型，这样一来，（10c）中的句尾时间状语“tomorrow”只能修饰事件时间 E，修饰参照时间 R 的情况就被排除了；而（10d）中的时间状语“tomorrow”位于句首，倾向于修饰参照时间 R，即倾向于要求说话时间 S 前于参照时间 R（S < R），这显然与句子的现在时由说话时间 S 与参照时间 R 重叠（S = R）来负载的情况形成冲突，因而不可接受。以上对含有一个定位性时间状语的简单句的分析说明两个问题：其一，定位性时间状语与句子的时没有直接联系，或者说不必然相关，但定位性时间状语与参照时间 R 或事件时间 E 直接相关；其二，定位性时间状语如果与句子的时相冲突会生成不合法语句，两者的冲突本质上是定位性时间状语所修饰的参照时间 R 与句子的时所触发的参照时间 R 在时轴上发生了位置冲突。

需注意的是，定位性时间状语所修饰的参照时间 R 与句子的时所触发的参照时间 R 之间的冲突现象不仅仅局限于句首时间状语，有时句首和句尾的定位性时间状语均可能与句子的时所触发的参照时间产生冲突，如（11），其中句尾时间状语需要作同时修饰参照时间 R 和事件时间 E 的解读，方可解释句子的不合法性。

(11) ＊a. Yesterday he has finished his homework. （时间状语修饰 R）
＊b. He has finished his homework yesterday. （时间状语修饰 R 和 E）

在（11）中，定位性时间状语“yesterday”不论修饰参照时间还是事件时间均不合法。与（10d）相似，（11a）中句首时间状语“yesterday”修饰参照时间 R，然而句子的“现在时—完成体”表达的是“过去完成的事件但与现在有关”的意义，现在时要求参照时间 R 必须与说话时间 S 重叠，因而（11a）不合法是因为表过去的定位性时间状语“yesterday”所修饰的参照时间与句子的时所触发的参照时间 R 相冲突。换言之，定位性时间状语“yesterday”试图强制性修饰过去时点上的另一个参照时间，但简单句中不允许有两个不同的参照时间，“yesterday”的参照时间与说话时间上的参照时间不兼容。对于不合法的（11b），假如句尾“yesterday”像 Hornstein（1993）所认为的那样倾向于关联事件时间 E，那么“E = yesterday”与现在时所要求的“S = R = now”之间没有任何冲突，句子应该合法才对，这说明句尾“yesterday”倾向于既修饰事件时间 E，也修饰参照时间 R，其强制性地形成“E = R = yesterday”的关系，显然与句子的“现在时—完成体”所要求的参照时间 R 与说话时间 S 重叠相冲突，即与“R = S = now”相悖，一个简单句中出现了两个相互冲突的参照时间，因而也不合法。

以上分析一方面说明定位性时间状语所修饰的参照时间如果与句子的时所触发的参照时间发生冲突会生成不合法语句；另一方面证明了句尾定位性时间状语并非像 Hornstein（1993）所言的仅仅倾向于修饰事件时间 E，也可作修饰参照时间 R 的解读，但需要视具体情况而定，句尾时间状语需要与句子的时紧密配合。（10c）的句尾“tomorrow”只修饰事件时间 E，与句子的时分工明确；而（11b）的句尾“yesterday”却大包大揽，修饰事件时间 E 后还

要强制性地修饰参照时间 R，与句子的时相冲突。句尾时间状语修饰参照时间 R 还是事件时间 E，除了影响句子的合法性外，也会影响句子释义，形成歧义句，如（12a）中的持续性时间状语“for one year”和（12b）中的定位性时间状语“at ten o' clock”。

（12）a. He has been in Beijing for one year.

a_1. 他已在北京待了一年了。

a_2. 他已在北京待过一年。

b. He had left the classroom at ten o' clock.

b_1. 他十点之前已离开了教室。

b_2. 他已在十点离开了教室。

（12a）持续状态情状与持续性时间状语“for one year”搭配，（12b）成就情状与定位性时间状语“at ten o' clock”搭配，两句都有歧义。其原因在于，（$12a_1$）和（$12b_1$）中的时间状语都修饰参照时间 R，而（$12a_2$）和（$12b_2$）中的时间状语都修饰事件时间 E。在（$12a_1$）中，时间状语“for one year”修饰参照时间 R，其对“be in Beijing”的事件时间进行限定，表达从过去某个时点到说话时间之间的时段为“one year”；而在（$12a_2$）中，时间状语“for one year”修饰事件时间 E，该事件时间在过去时间内有终止点，参照时间比较抽象，指从事件时间的起始点到说话时间之间的时间段。在（$12b_1$）中，时间状语“at ten o' clock”修饰参照时间，事件“left the classroom”则发生在“十点”之前；在（$12b_2$）中，“at ten o' clock”关联“left the classroom”的事件时间，而参照时间又是一个抽象概念，指位于事件时间与说话时间之间的任意参照视点。从时—体意义来看，（$12a_1$）和（$12a_2$）分别表达“现在时 + 连续持续体”和“现在时 + 经历体”，（$12b_1$）和（$12b_2$）都是“过去时 + 完成体”，但时间状语关联的对象不同。（$12a_1$）、（$12a_2$）以及（$12b_1$）、（$12b_2$）如图 5 – 16 所示。

在 ERS 关系上，“现在时—连续持续体”为（Ei = Ri）&（Ed = Rd = S）

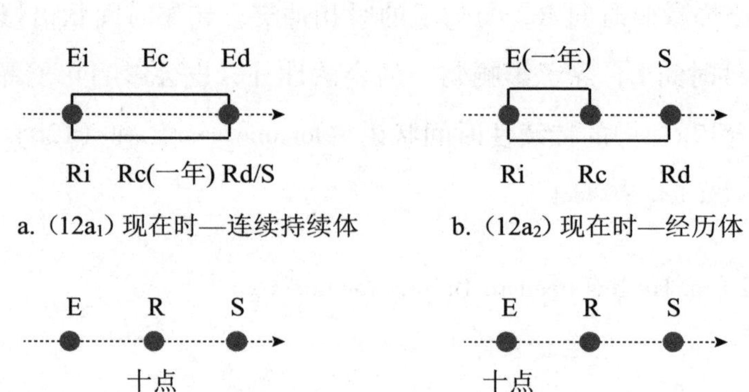

图 5 – 16　时间状语的 E 或 R 关联

（表 5 – 7 中第 45 种），而“现在时—经历体”表示为（Ei = Ri）&（Ed < Rd = S）（表 5 – 7 中第 51 种），“过去时—完成体”则为 E < R < S（表 5 – 4 中第 9 种）。从图 5 – 16 也可看出，“现在时—连续持续体”和“现在时—经历体”由于时间状语所关联的对象不同而导致事件时间 E 与参照时间 R 的关系不同，“现在时—经历体”中的参照时间 R 引入了“在说话时间上他不在北京”的情状，而“现在时—连续持续体”则不可。在（$12b_1$）和（$12b_2$）中，ERS 关系和时—体意义均相同，但句尾时间状语所关联的对象差异仍触发不同释义。

在包含两个定位性时间状语的简单句中，当两个时间状语分列句首和句尾时，句首时间状语倾向于修饰参照时间 R，而句尾时间状语倾向于修饰事件时间 E，但在句法上也有限制，时点状语位于句首而时段状语置于句尾的句子不合法，如（13b）。

（13）a. $[\text{Yesterday}]_R$ he finished the work $[\text{at three o' clock}]_E$.

　　＊b. $[\text{At three o' clock}]_R$, he finished the work $[\text{yesterday}]_E$.

参照时间本质上是一个起定位作用的观察视点，对于（13b）中句首时间状语“at three o' clock”，一方面无法实现有定位，它也可能是超出“yesterday”范围的时间定位，比如“today”，以一个“yesterday”范围之外的观察视点来表达“yesterday”范围内的事件有悖常识；另一方面，即使“at three o'clock”是在“yesterday”中，但相对于事件时间E来讲，参照时间R相当于事件的框架状语的角色，句法位置上需遵守“框架大于内容原则”①，时间上R需长于E。

5.4.2.2　ERS与时间状语的句法位置

通过以上分析可得出，在说话时间S、参照时间R、事件时间E以及时间状语所表时间中，任何一个时间单独无法直接来表达句子的时和体意义。在最简方案中，时间可看作与特定词项相关的特征，这些词项的时间特征可以是语义特征也可以是句法特征，Chomsky（1995：278）区分了可解读特征（+interpretable）和不可解读特征（-interpretable），前者如语类特征和名词的Φ特征（人称、性、数特征），后者如格特征（固有格除外）、一致性特征和EPP特征等。不可解读特征在句法运算过程中必须经过特征核查操作予以删除，而可解读特征即使被核查也不能删除，特征核查是移位的唯一动因；可解读特征有语义内容，不可解读特征没有语义内容，只有可解读特征才能在LF接口层面得以解读。

如果词项的时间特征是不可解读的句法特征，那么必然涉及这些特征的核查和显性或隐性移位，但是时间特征在句法运算中并没有涉及因核查特征而导致的移位，因而时间可看作有语义内容的可解读特征（Thompson，2005：5）。TP的中心语T作为功能语类仅携带可解读的有形或无形的形态特征，以核查DP以及V的不可解读特征，如EPP特征、格特征以及时态特征。但问题是，T尽管携带可解读的时态特征，但T这个功能节点并不包含从词库中提取的词项，那么其特征就不是从词库中提取的，其可解读的时

① “框架大于内容原则”（The Principle of Frame Being Bigger，PFBB）系刘丹青（2001）提出，用于解释论元分裂话题结构中话题与宾语之间的关系，即要求话题框架大于其框住的宾语内容，如“米饭，我吃了三碗”合法，而“*三碗，我吃了米饭”不合法。

态特征显然与可解读的语类特征以及名词的 Φ 特征的来源不同，但都有语义内容。由于时取决于说话时间 S 和参照时间 R 的关系，那么可以认为说话时间 S 和参照时间 R 的关系是 T 的可解读时态特征的语义内容。现在问题是说话时间 S、参照时间 R 以及事件时间 E 这三个时间与哪些节点有关。Thompson（2005：17）认为，说话时间 S 位于 TP 的中心语 T 节点下，参照时间 R 和事件时间 E 分别位于 AspP 和 VP 的中心语 Asp 和 V 节点下，即$[_{TP} DP_i [_{T'} S [_{AspP} R [_{vP} [_{VP} t_i [_{V'} E [DP]]]]]]]$，如图 5－17 所示。

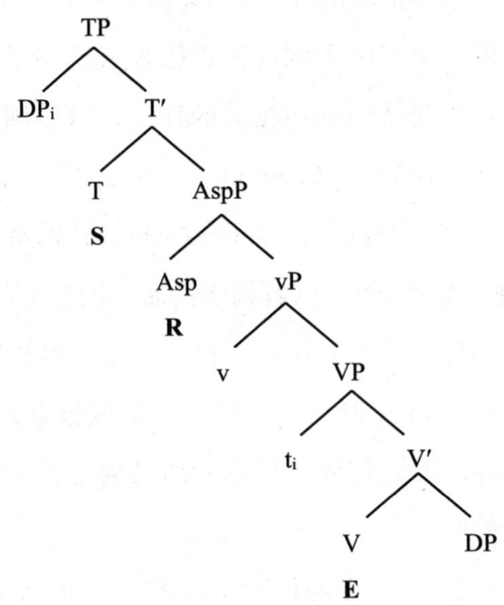

图 5－17　ERS 的句法位置

T、Asp、V 节点下的 S、R、E 均无法单独直接表征时和体意义，时和体的可解读性分别取决于 SR 关系和 RE 关系，其中 AspP 的引入起了关键作用。如同 T 节点下的 S 不能独立表征时意义，V 节点下的 E 也不能独立表征体意义，句子的体义取决于动词、名词短语以及附加语的组合。

对于附加语的句法位置，以往研究也有争论，主要有三种观点。第一，附加语是嫁接语，可以嫁接到小句的不同层次（Haider，2000；Ernst，2004）；第二，附加语是补足语，证据是附加语是有些动词的必选词项（如

"He treated me politely"）（McConnell－Ginet，1982；Larson，1988）；第三，附加语是标志语，生成于［Spec，XP］位置（Alexiadou，1997；Cinque，1999）。尽管各个观点都有佐证，但也有大量反例。彭家法（2009：205）根据附加语的语义作用范围，将附加语分为TP附加语、VP附加语以及V′附加语。

此处我们不考虑其他副词或状语，时间状语显然不是补足语和标志语，其更符合传统语法中的附加语概念，即句子的附加成分，是一种修饰语（黎锦熙，1992：22—26）。我们在上一节已经证明了时间状语本质上是修饰或关联参照时间R和事件时间E的成分，而R和E均处在中心语位置，那么时间状语的句法位置其实就涉及中心语的"修饰域"（modification domain）或"核查域"（checking domain）问题。Chomsky（1995：177—178）对于中心语的"补足语域"（complement domain）和"最小余域"（minimal residue）（即核查域或修饰域）做了限定，如图5－18所示。

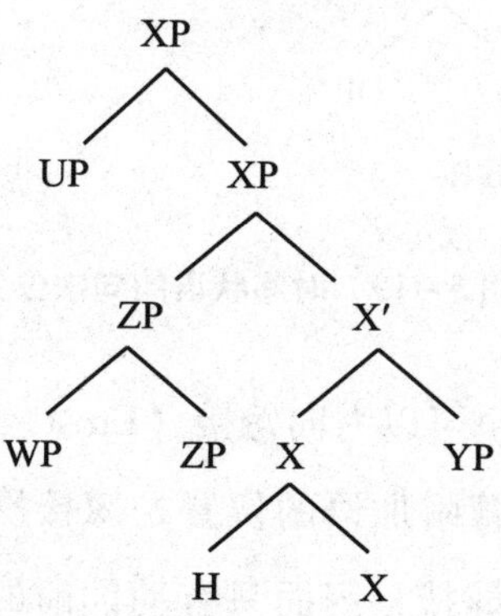

图5－18　中心语X的最小补足语域和修饰域

在图5－18中，中心语X的最小补足语域是｛YP｝以及YP所支配的所有节点；中心语X的最小域为｛UP，ZP，WP，YP，H｝；中心语X的最小余域或核查域为｛UP，ZP，WP，H｝。在中心语X的核查域中，UP处于附加语位置，ZP处于标志语位置，WP处于标志语的附加语位置，H则与X共同构成了一个X复合体。对于能够充任时间状语的短语语类来讲，ZP、

WP 以及 H 节点下显然不是时间状语的允准位置，那么只有嫁接在 XP 上的 UP 节点下才是时间状语的最佳句法位置。因此我们赞同 Thompson（2005：22）的观点，即修饰参照时间 R 的时间状语应嫁接在 AspP 上，而修饰事件时间 E 的时间状语则应嫁接到 VP 上，我们采用 Ernst（2004：168）的表示方法，用 AdvP 表示由任何短语语类充任的时间状语附加语，如图 5－19 所示。

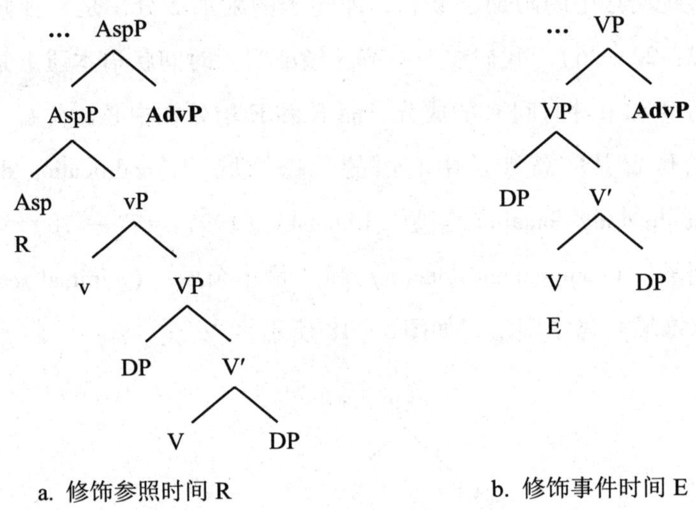

a. 修饰参照时间 R　　b. 修饰事件时间 E

图 5－19　时间状语的句法位置

附加语可以左向嫁接也可以右向嫁接（Ernst，2004），然而 Costa（1997）和 Haider（2000）认为尽管附加语的位置是嫁接操作的结果，但只有左向嫁接操作，不允许存在右向嫁接，因而只有动词前的状语才是附加语。我们认为这样的操作限制过于严格，修饰参照时间 R 的时间状语和修饰事件时间 E 的时间状语在本质上均属于附加语，在两者兼有的句子中，句首的倾向于修饰 R，句尾的倾向于修饰 E，左向和右向嫁接均允准不仅有利于对多个时间状语进行统一处理，也有利于处理与附加语有关的语序问题，如图 5－20 对上一节例（13a）的处理。

句首时间状语“yesterday”修饰参照时间 R，嫁接在 AspP 上，同时表征

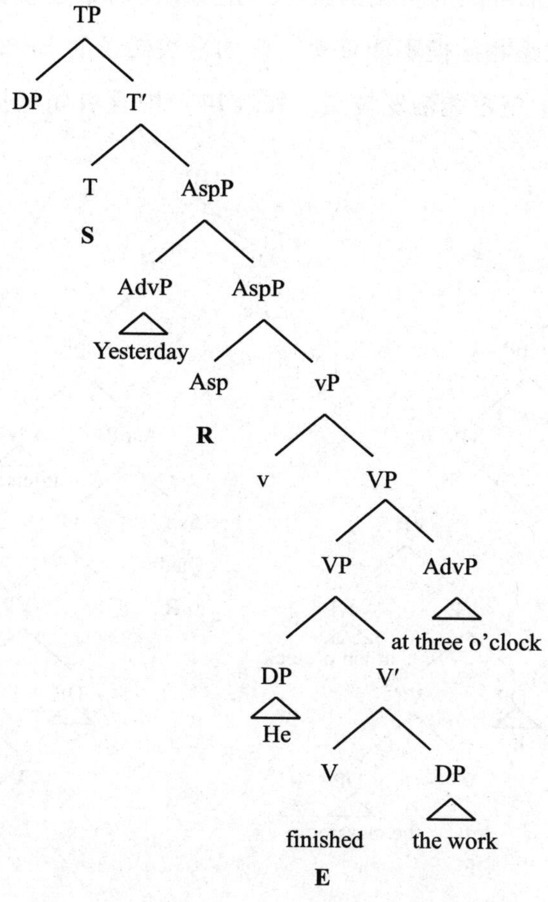

图 5－20　修饰 R 和 E 时间状语的位置与语序

S 和 R 之间的关系；句尾时间状语“at three o’ clock”修饰事件时间 E，嫁接在 VP 上。以上嫁接操作也可适用于句尾时间状语可修饰 R 或者 E 而造成的歧义现象，如图 5－21 对上一节例（12b）的处理。

对于上一节例（12a）中由句尾持续性时间状语“for one year”触发的歧义，处理方法与图 5－21 相似，当表达“已待了一年了”时，修饰参照时间 R，嫁接在 AspP 上；当表达“已待过一年”，修饰事件时间 E，则嫁接在 VP 上。由于英语的时与时间状语没有直接关系，决定时的 SR 关系不受时间状语的影响，可以发现，对于歧义句（12a）、（12b），句尾时间状语修饰 R 还是 E 有两个可能的相关因素：一是 ER 的时轴位置关系不同，二是 ER 的时轴位置关系相同但不能重叠。假如合法句子的 ER 时轴位置关系重叠，句尾时间状语就不能触发歧义，如（14）中含有句尾持续性时间状语

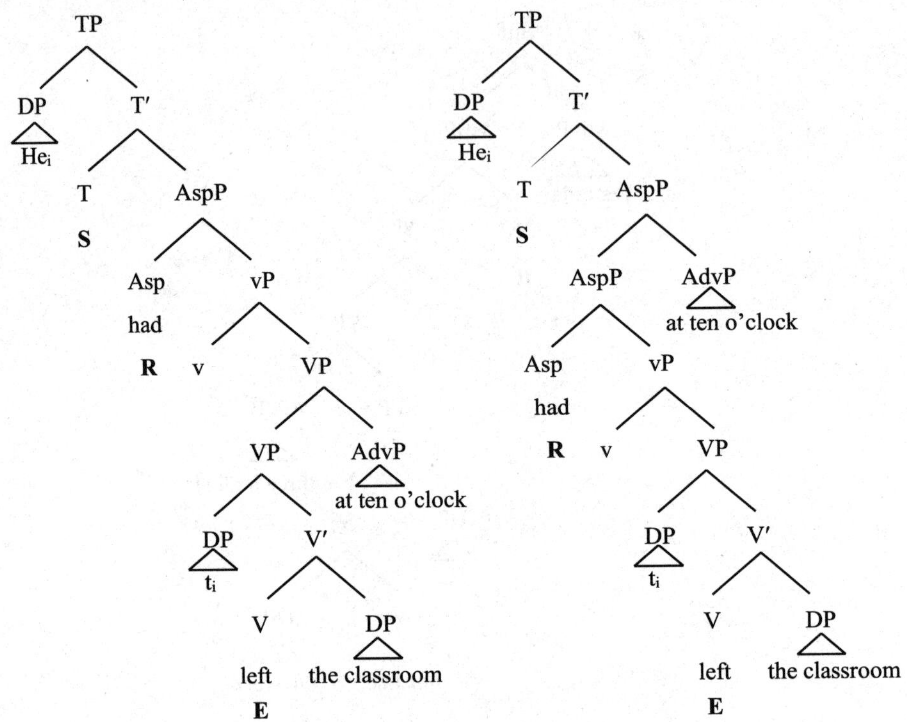

a. 修饰事件时间 E（十点离开）　　b. 修饰参照时间 R（十点之前离开）

图 5－21　歧义句中的时间状语位置

和完结性时间状语的句子。

（14） a. They danced for ten minutes.

他们跳了十分钟的舞。

b. They danced in ten minutes.

他们十分钟跳完了舞。

以上两句均无歧义，ER 的时轴位置关系是重叠的，（14a）中的句尾持续

性时间状语“for ten minutes”倾向于修饰事件时间 E，因而句法上嫁接在 VP 上；（14b）中的句尾完结性时间状语“in ten minutes”倾向于修饰参照时间 R，句法上嫁接在 AspP 上。可发现，由于体取决于 E 和 R 的关系，而时间状语要么修饰 E 要么修饰 R，那么英语简单句中的时间状语主要参与体义分析，与动词的内在情状特征形成了互动。至于频率性时间状语如“often/always”等通常与反复或惯常的体义有关，现实情状与动词的内在情状不同，频率性时间状语修饰参照时间 R，句法上嫁接在 AspP 上。

综上所述，对于包含和不包含时间状语的英语简单句的 ERS 关系来讲，由于时间状语不直接参与时的解读，说话时间 S 和参照时间 R 的关系不受影响；但时间状语参与体义的解读，参照时间 R 和事件时间 E 的关系有可能改变，也有可能不变。也就是说，包含和不包含时间状语的英语简单句的 ERS 关系有可能改变，也有可能保持不变；但即使 ERS 关系发生了变化，也是 E 和 R 之间在时点或时段方面的关系变化，各种可能的时点或时段关系不会超出表 5－4 至表 5－8 中的 ERS 逻辑关系。

5.5　汉语时间状语的 ER 隐性修饰功能

本节只探讨汉语简单句中时间状语的功能及其与时的关系，复合句暂不论。汉语简单句中的时间状语主要由时间名词（如“明天”“昨天”等）和时间副词（如“将要”“刚”等）来负载。相比英语，汉语的时没有显性的形态表征手段，仅仅依赖语感，很容易造成时意义的误读，如助动词“要”和“会”，时间副词“快要”和“将要”，我们分别在第三章和第四章证明了这两对词的表时功能差异，在不含有其他时间词的简单句中，“要”和“快要”表现在时，“会”和“将要”表将来时。现在问题是，汉语时间状语的功能是否与英语相同，即汉语时间状语与时也没有直接关系，并且也是参照时间 R 或事件时间 E 的修饰语？请看下例（15）。

（15） a. 他要去美国。

b. 他会去美国。

c. 明天他要去美国。

d. 明天他会去美国。

（15a）表现在时，（15b）表将来时，体义表达则受到不同情状类型动词的影响。为方便讨论，动词的内在情状而触发的不同体义如将起始、将完成等忽略不论，此处用“将行体”统称，那么（15a）和（15b）均表达将行体，但时意义不同，两者的 ERS 关系如图 5－22 所示。

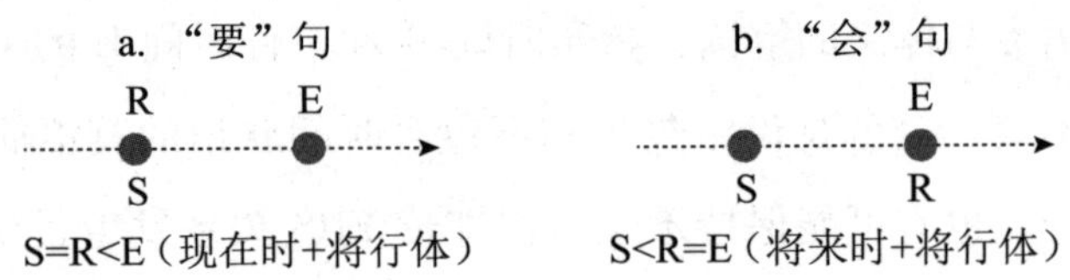

图 5－22　“要”和“会”简单句的时—体 ERS 关系

除非在特殊强调的语境中，汉语时间状语一般不允许位于句尾，如果将汉语看作话题优先型语言（topic－prominent）（Li & Thompson，1981），时间状语可位于话题或次话题位置，如（15c）和（15d）位于句首话题位置作时间状语的时间名词“明天”。那么问题是，英语句首时间状语倾向于修饰参照时间 R，如果汉语句首时间状语也有这种倾向，那么（15c）、（15d）中的“明天”是否均倾向于修饰参照时间 R，即参照时间 R 位于说话时间 S 之后（S < R）？换言之，（15c）、（15d）是否受将来时间状语“明天”的影响均表达将来时？其实从语义上讲，（15c）表达在说话时间“现在”上“他要明天去美国”，而非表达“他明天要在明天之后的时间上去美国”，也就是说，（15c）在时—体意义上类似于英语的“He is going to go to America tomorrow”，但英汉语序有差异，英语的“tomorrow”不允许放在句首，而汉语的“明天”不允许放在句尾。（15d）则类似于英语的“tomorrow he will go to America”。从修饰功能上看，（15c）的“明天”修饰事件

时间 E，（15d）的“明天”修饰参照时间 R，如果将“明天”“要”以及“会”看作时间算子，那么（15c）与（15d）的逻辑式可分别表示为图 5－23a 与图 5－23b 中等号左边的部分。逻辑式中算子按前后顺序所约束的范围是算子的逻辑辖域，左边算子的辖域大于右边算子的辖域，（15c）中“要”的辖域大于“明天”的辖域，而（15d）中“会”的辖域小于“明天”的辖域，如图 5－23 所示。

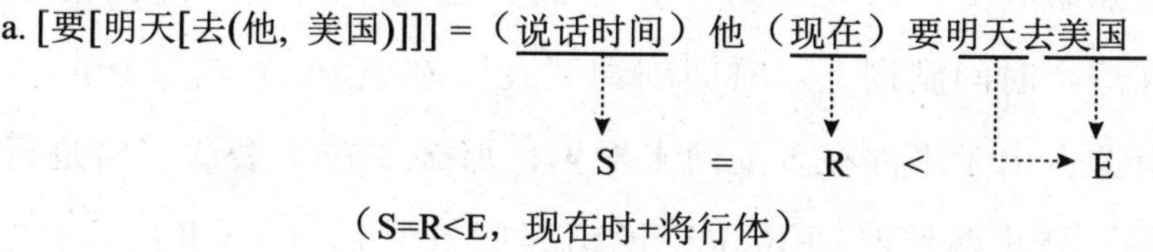

b. [明天[会[去(他, 美国)]]] =（说话时间）他明天会去美国

S < R = E

(S<R=E，将来时+将行体)

图 5－23　“明天”修饰事件时间 E 和参照时间 R

至此我们可以得出两个方面的结论。其一，与英语相同，汉语时间状语与时也没有直接关系，时间状语也可修饰事件时间 E 或参照时间 R；其二，与英语不同的是，英语句首时间状语倾向于修饰参照时间 R，而汉语由于语序的限制，句首时间状语可修饰事件时间 E 或参照时间 R，具体修饰哪个时间取决于句中其他与时间相关的成分如助动词等。英语时间状语如果与时冲突会导致语句不合法，两者的冲突本质上是时间状语所修饰的参照时间 R 与句子的时所涉及的参照时间 R 在时轴位置上发生冲突，那么汉语的情况又是如何？请看（16）。

（16）a. 明天中午我会在打扫房屋。

　　＊b. 明天中午我要在打扫房屋。

上述两句中都包含三个与时间相关的语法成分：句首时间状语、助动词以及时间副词“在”。既然汉语由于句尾时间状语限制，句首时间状语可修饰参照时间 R 或事件时间 E，那么为何（16a）合法而（16b）不合法？两句中的事件“打扫房屋”在说话时间 S 上尚未发生，即事件时间 E 一定位于说话时间 S 之后，关键问题在于参照时间 R 的位置。上一节提到，将来时间状语与助动词“要”和“会”的搭配在不包含其他与时间相关语法成分的句子中，句首时间状语在“要”句中修饰事件时间 E，在“会”句中修饰参照时间 R，但（16a）与（16b）均含有另一时间副词“在”，问题就出在这个时间副词上。时间副词“在”在（16a）与（16b）两句中与体意义有关，由于事件在 S 上尚未发生，那么“在”表达“将进行体”，其中的“将”要求参照时间 R 位于说话时间 S 之后（S < R），而“进行体”要求参照时间 R 与事件时间 E 重叠（R = E），从而构成 S < R = E 的关系，这正是（16a）的 ERS 关系，句首时间状语修饰参照时间 R。（16b）不合法其实与句首时间状语无关，因为删除句首时间状语后的“＊我要在打扫房屋”依然不合法，在不含有过去时间状语的简单句中，“要”表达现在时，要求参照时间 R 与说话时间 S 重叠（R = S），而做时间状语的副词“在”则要求参照时间 R 与事件时间 E 重叠（R = E），但相对于 S 来讲，事件时间 E 必须居后（S < E），显然（16b）中出现了两个不同的参照时间 R，形成了冲突。（16a）与（16b）的 ERS 关系如图 5 – 24 所示。

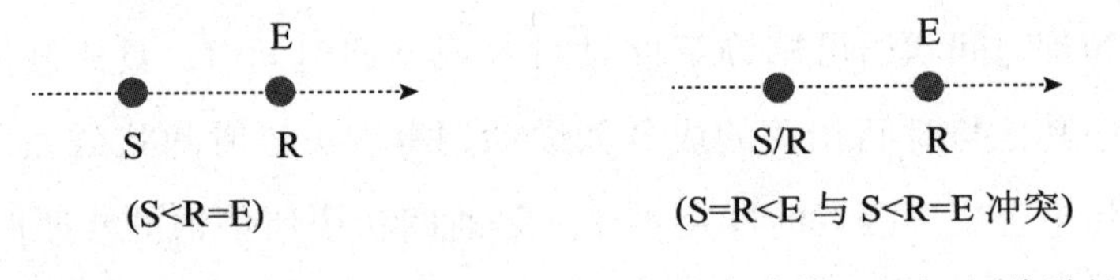

a. 合法的“将来时+将进行体”　　b. 不合法的“现在时+将进行体”

图 5 – 24 “将来时/现在时 + 将进行体”的 ERS 关系

图（5 – 24b）中与 S 重叠的参照时间 R 是助动词“要”引入的，而与 E 重叠的参照时间 R 则是时间副词“在”触发的，两者不兼容。以上分析说明，尽管（16b）中句首时间状语与句子的不合法性无关，但副词“在”也做时间状语，那么可以说，(16b）不合法是因为时间状语“在”与句子的时发生冲突，即时间状语所关联的参照时间R与句子的时所触发的参照时间R在时轴上发生位置冲突，而句子的时所触发的参照时间R也就是助动词“要”引入的。汉语这种参照时间R冲突的情况显然与英语类似，均会导致不合法语句。

从生成句法上看，除了疑问词移位、话题化和语重（weight）驱动的移位外，附加语不会移位（彭家法，2009：57)。汉语是话题优先型语言，并且时间状语不允许处于句尾，助动词一般生成于AspP的中心语Asp节点下，那么在含有助动词“要”和“会”的句子中，无论是修饰参照时间R还是修饰事件时间E的时间状语，只要位于句首，都可以认为是话题化驱动的移位。徐烈炯、刘丹青（2007：63）提出，汉语中名词短语和小句充当话题时，没有必要为这两种话题安排性质不同的位置，在名词短语和小句充当话题的双重话题结构中，名词性话题居首和小句话题居首如图5－25所示。

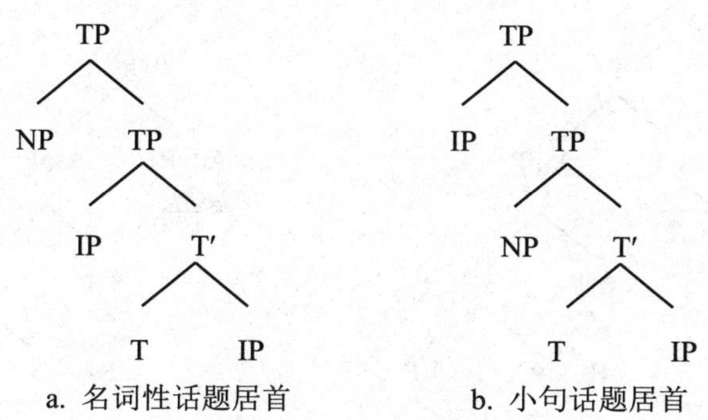

图5－25　双重话题结构树

在双重话题结构中，居首的话题无论是名词性话题还是小句话题均嫁接在TP上，而处在次话题位置的无论是名词短语还是小句则位于［Spec，TP］位置。这种操作方法有利于处理语序问题，但是仍然存在问题，该操作限定了句首话题为附加语，次话题为标志语，即居首话题和次话题的身份不同，或者说，附加语不是标志语或补足语，那么附加语不是论元。但在现实日常话题结构中，句首NP话题和次话题NP均有可能是论元，也有可能不是论元。换言之，图 5－25a 中嫁接在 TP 上的 NP 附加语有可能是论元，而图 5－25b 中位于 TP 标志语位置的 NP 有可能不是论元，即话题的语法身份与其句法位置有可能形成矛盾。

汉语中由时间名词充任的时间状语不是论元，那么它不是标志语或补足语，只能作为附加语，我们仍标示为 AdvP。对于（15c）和（15d），句首时间状语修饰的时间不同，前者修饰事件时间 E，后者修饰参照时间 R，那么句首时间状语不是基础生成的，而是经话题化驱动的移位生成。如果考虑到 ERS 关联，“要”句和“会”句可分别表示为（17a）与（17b），两句中句首时间状语“明天”的移位如图 5－26 所示。

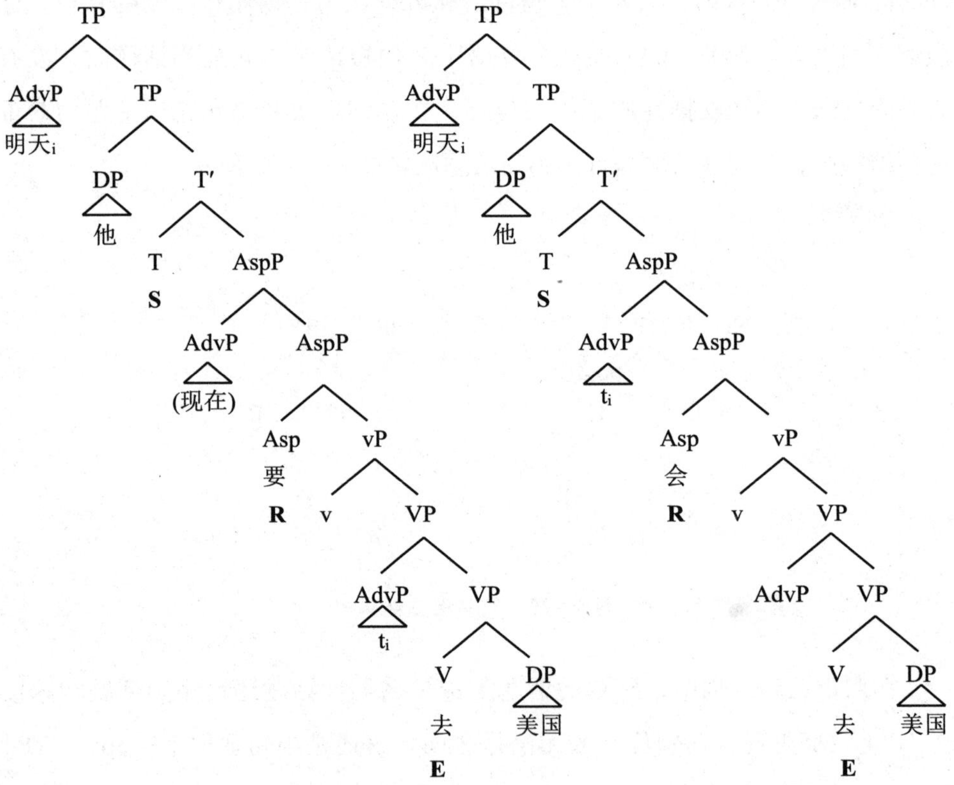

TP
AdvP TP
明天$_i$
DP T′
他
T AspP
S
AdvP AspP
(现在)
Asp vP
要
R v VP
AdvP VP
t_i
V DP
去 美国
E

a. “要”句

TP
AdvP TP
明天$_i$
DP T′
他
T AspP
S
AdvP AspP
t_i
Asp vP
会
R v VP
AdvP VP
V DP
去 美国
E

b. “会”句

图 5－26 “要”句和“会”句句首时间状语“明天”的句法位置

（17）a. 明天他要去美国 ＝［他$_S$［$_{(现在)R}$要［$_{明天E}$去美国］］］。

b. 明天他会去美国 = [他$_S$ [$_{明天R}$会 [$_E$ 去美国]]]。

前文提到，尽管图 5 - 26 两句中的“明天”均移位于句首，但其与“要”和“会”的辖域关系是不同的。对于图 5 - 26a 中的“要”和“明天”，从逻辑辖域和句法的关系来看，其符合 Aoun & Li（1993：88）所提出的辖域原则（Scope Principle）：一算子 A 可以取另一算子 B 的宽域（wide scope），当且仅当算子 A 成分统制（c - command）算子 B 或一个与算子 B 同标的 A′成分。

也就是说，如果算子 A 成分统制算子 B 的语迹 A′，算子 A 就可以取算子 B 的宽域。图 5 - 26a 中算子“要”成分统制算子“明天”的语迹 t_i，那么“要”可以取“明天”的宽域。值得注意的是，对于例子（17a），“要”取“明天”的窄域（narrow scope）的情况并不存在，或者说，在句子层面并不存在“他明天要在明天以后的时间里去美国”的解读。Huang（1982）、胡建华、石定栩（2006）以及胡建华（2007）认为现代汉语中算子或逻辑成分的辖域关系需要遵守“结构同构原则”（Isomorphic Principle），具体表述如下（Huang，1982：25）：一量化或逻辑成分 A，如果在显性句法结构（SS）成分统制另一量化或逻辑成分 B，那么 A 在逻辑式结构（LF）中也成分统制 B。

胡建华、石定栩（2006：190）对量化副词和助词“了/过”的辖域关系分析以及胡建华（2007：102）对否定、焦点与辖域的关系分析提出，量化成分在表层结构的句法位置决定了这些成分在逻辑式的辖域，结构同构原则对于汉语其他量化成分来说，是一个需要遵守的原则，该原则在现代汉语中是制约算子取域的一般性原则。而图 5 - 26a 显然违背了这条原则，表层结构中的“明天”尽管成分统制“要”，但这种句法位置并不能决定逻辑式结构中前者的辖域大于后者的辖域。对于例子（17a）中的“明天”和“要”，相对于表层句法位置，逻辑式中只能以逆序辖域（inverse scope）来解读，而非表层辖域（surface scope）。当然我们也可以将“明天”次话题化，即“他明天要去美国”，还可以说“他要明天去美国”，但前者仍然是逆序辖域解读，后者才是表层辖域解读。上述分析一方面说明结构同构原则在汉语中并非绝对普适性的原则，另一方面也表明逆序辖域的解读方式在汉语中也是允许的。

再来看图 5－26b，在表层句法结构中“明天”成分统制“会”，而“明天”移出位置上的语迹 t_i 仍然成分统制“会”，逻辑式中是表层辖域解读，而非逆序辖域。因为句法移位只能是层次位置自下而上或者线性顺序从右到左，必须使移位后的成分能够成分统制其在移出原位上留下的语迹。那么可以说，一个与算子 A 同标的 B′成分如果成分统制算子 B，那么算子 A 可以取算子 B 的宽域。也许有人会提出，通常我们也可以说“他会明天去美国”，这句话是“明天他会去美国”的底层结构，因为底层结构的“会”成分统制表层结构中句首“明天”留下的语迹，因而表层结构的“明天他会去美国”中的“明天”和“会”也能以逆序辖域来解读。我们认为这是不可能的，“明天他会去美国”中的“明天”修饰参照时间 R，而“他会明天去美国”中的“明天”修饰事件时间 E，“明天他会去美国”中的“明天”不是从修饰事件时间 E 的位置，即 VP 附加语位置移出的，而是从 AspP 附加语位置移出的，也就是说，不存在这种语句语义等值的移位。此外，从 AspP 附加语位置移到句首的“明天”是话题化的驱动，而“他会明天去美国”中的“明天”显然不能作为话题，更倾向于作为焦点。因此，“明天他会去美国”中的“明天”和“会”不能以逆序辖域来解读。这样一来，Aoun & Li（1993）的辖域原则中的结果“一算子 A 可以取另一算子 B 的宽域”可以有两个条件，可修正如下：一算子 A 可以取另一算子 B 的宽域，当且仅当算子 A 成分统制算子 B 或一个与算子 B 同标的 A′成分，或者一个与算子 A 同标的 B′成分统制算子 B。

我们在前文论述英语的时间状语时提及，英语句尾时间状语修饰参照时间 R 还是事件时间 E 有时会导致歧义句，如（12a），其中（$12a_1$）与（$12a_2$）两种意义的汉语句子分别使用了词尾时间助词“了”和“过”，（$12a_2$）中的“过”引入了前于说话时间的事件终止点，可称为“情状变

量”（situation variable），其中汉语时间补语修饰事件时间E；而（$12a_1$）中的词尾“了”则没有引入这种情状变量的功能，其中汉语时间补语修饰参照时间R。对于英语句子（12a）来讲，（$12a_2$）的释义本质上是由于句尾时间状语在修饰事件时间E时也引入了事件的终止点，可以说是句尾时间状语引入了情状变量。对于汉语时间状语与词尾“了”和“过”的搭配，如下例（18）。

（18）a. 一年前他离了婚。（S上处于离婚状态）

b. 一年前他离过婚。（S上处于离婚状态或再婚状态）

（18a）没有歧义，在说话时间S上“他处于离婚状态”；（18b）有歧义，在说话时间S上“他可能处于离婚状态也可能处于再次结婚状态”。（18a）中事件时间E和参照时间R在时轴上重叠且前于说话时间S，但句首时间状语“一年前”本质上修饰事件时间E。现在问题是：歧义句（18b）中的句首时间状语修饰哪个时间？“离婚状态终止”（即再次结婚）的情状变量是“过”引入的还是句首时间状语引入的？可以发现，（18a）和（18b）中的句首时间状语删除后并不改变句子释义，“他离了婚”没有歧义，“他离过婚”仍有歧义。

胡建华、石定栩（2006：188）提出，词尾时间助词“了”和“过”都是选择性修饰语。“了”需约束一个情状变量。“过”则稍微复杂些，当表完成体时，需约束一个情状变量；当表经历体时有两种情况，如果在其辖域内存在一个情状变量，它会约束这一情状变量，但如果在其辖域内缺少一个情状变量，它会为相关谓语结构引入一个情状变量，引入情状变量时只表经历体。那么我们可以推测，述谓对象在说话时间S上所处的不同情状可归因于“过”对情状变量的引入或者约束功能。具体地讲，“他离过婚”有两种解读：若在说话时间S上“他处于再婚状态”，“过”给离婚状态引入一个变量，即离婚状态的终止点，表经历体；若在说话时间S上“他仍然处于离婚状态”，相对于之前的结婚状态而言，“过”则约束一个变量，即结婚状态的终止点（也即离婚状态的起始点），表完成体，此时“过”可替换为词尾“了”。如图 5 – 27 所示。

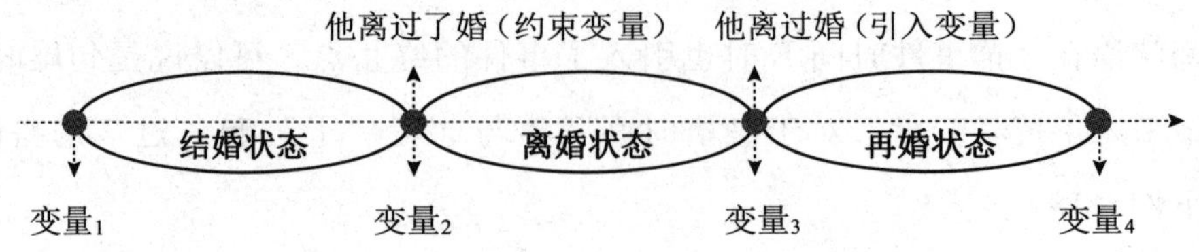

图 5 – 27 “过”对情状变量的约束与引入

在图 5 – 27 中，变量$_{1-n}$是指结婚状态和离婚状态更替的界点，显然当“过”约束一个变量时，其体义表达功能与词尾时间助词“了”相同；当“过”引入一个变量时，其体义表达与词尾“了”不同。因此，对于歧义句（18b）来讲，如果谓语结构隐含一个离婚状态终止点的变量（也即再婚的起始点），该变量一定是“过”引入的。而不是句首时间状语“一年前”引入的。那么（18b）的两种意义中句首时间状语是修饰事件时间 E 还是参照时间 R？两种意义的 ERS 关系是怎样的？用 E_1 表示结婚状态时间，E_2 表示离婚状态时间，如图 5 – 28 所示。

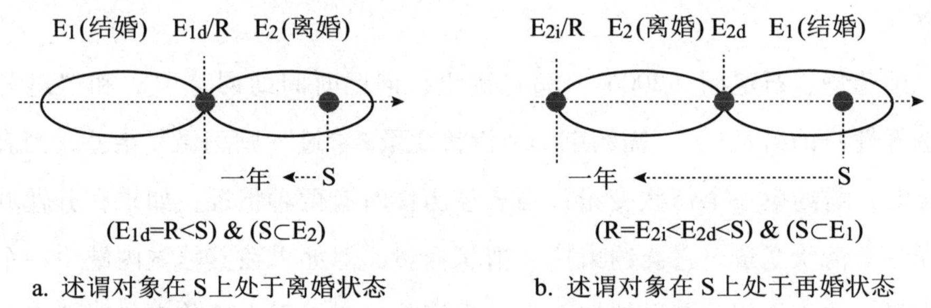

图 5 – 28 歧义句“一年前他离过婚”的两种 ERS 关系

在图 5 – 28 中，Ed 和 Ei 分别表示情状的终止点和起始点，图 5 – 28a 表“过去时 + 完成体”，参照时间 R 与 E_1 的终止点重叠，且两者均前于说话时间S；图 5 – 28b 表“过去时 + 经历体”，参照时间 R 与 E_2 的起始点重叠，且 E_2 的终止点前于说话时间 S。两者意义的差异在于，前者的

说话时间S真包含于离婚状态时间E_2，而后者的说话时间S则真包含于结婚状态时间E_1。对于句首时间状语“一年前”的修饰或关联功能，图5-28a中的“一年”真包含于离婚状态时间E_2，图5-28b中的离婚状态时间E_2则真包含于“一年”。重要的是，图5-28b中的离婚状态时间E_2或者再婚状态时间E_1均无法确认。确切地讲，E_{2d}或者E_{1i}在时轴上的位置无法确认，因而“一年前”只能与参照时间R关联。而图5-28a中结婚状态时间的终止点E_{1d}和参照时间R重叠，但“一年前”本质上是关联结婚状态时间的终止点E_{1d}（也即E_{2i}），并且这种离婚状态到说话时间S为止持续了“一年”。

至此可得出结论，对于歧义句（18b），当“过”约束一个情状变量时，句首时间状语修饰事件时间E；当“过”引入一个情状变量时，句首时间状语修饰参照时间R。从句法上看，歧义句（18b）作两种释义时，句首时间状语的生成位置就得以确认。这里涉及词尾时间助词“过”的句法位置问题。李莹、徐杰（2010：355）提出，汉语体标记“在/正在”位于谓头语法位置（Asp节点），词缀体标记“着/了/过”则位于轻动词v节点下。我们认为，对于“过”来讲，当其约束一个情状变量时，位于轻动词v节点下；而当其引入一个情状变量时，位于Asp节点下。两个对变量作用不同的“过”均是不能独立存在的黏着语素，都可吸引动词提升移位与之结合。由于“过”不能与“在/正在”共现，句法位置上并无冲突。对于句首时间状语，在基础生成位置上，修饰事件时间E的时间状语只能嫁接在vP上，而修饰参照时间R的时间状语则嫁接在AspP上，句首时间状语均经话题化驱动前移而成，如图5-29所示。

通过5.4节和5.5节对英语和汉语简单句中时间状语的ERS关联讨论，我们可得出以下结论。

英语和汉语简单句中的时间状语在ERS语义—句法上有共性也有差异。在语义共性方面，英汉时间状语与时均无直接关系，时间状语本质上是一个修饰参照时间R或事件时间E的修饰语；英汉时间状语所修饰的参照时间R

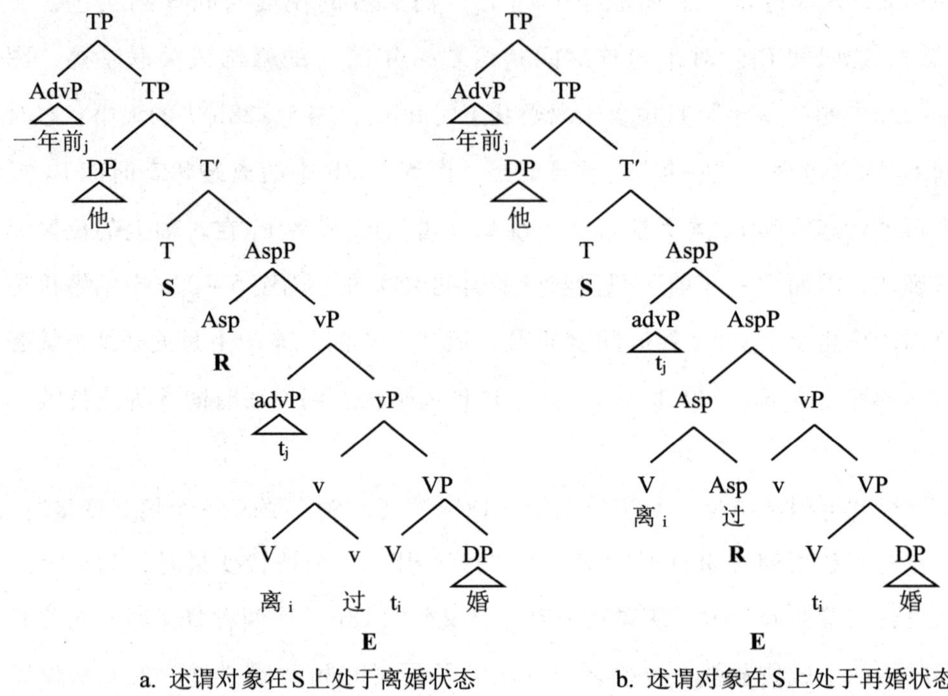

a. 述谓对象在S上处于离婚状态（“过”约束变量）

b. 述谓对象在S上处于再婚状态（“过”引入变量）

图 5－29　歧义句“一年前他离过婚”句首时间状语的位置

与句子的时所触发的参照时间 R 发生冲突均会生成不合法语句。在语义差异方面，英语句首时间状语倾向于修饰 R，句尾的则可修饰 R 或 E；而汉语由于语序限制，句首时间状语可修饰 R 或 E。英语时间状语修饰 R 或 E 会引发句子歧义，而在含有句首时间状语和时间助词“过”的汉语歧义句中，“过”约束还是引入一情状变量既是歧义原因，也是决定句首时间状语修饰 R 或 E 的必要条件。

在句法表现上，英汉时间状语均可看作附加语，修饰 R 的时间状语嫁接在 AspP 上，修饰 E 的则嫁接在 VP 或 vP 上，汉语句首时间状语则经话题化驱动前移而成。基于算子辖域和成分统制的关系，我们还对 Aoun & Li 的辖域原则进行了修正，并指出“结构同构原则”并非汉语中制约算子取域的绝对普适性原则，因为逆序辖域的解读方式在汉语中也是允许的，当然汉语中逆序

辖域解读的其他表层语法表现形式尚需在今后研究中进一步挖掘。

5.6　时间状语、时—体算子与辖域等级

5.6.1　不同算子类型

Hornstein（1993：179）认为不能将时处理为算子，因为时没有约束辖域。比如在"John said that Mary is pregnant"中，从句的时可以独立于主句的时也即主句的时无法约束从句的时。因而Hornstein声称："时本质上是副词或状语，起修饰和说明作用，其佐证是很多印欧语言的表时成分来源于副词，比如Kiparsky（1968：45）发现，有些语言中（如希腊语、梵语和亚美尼亚语等）表示过去时的动词词首增音'e-'来源于副词或功能词，表示非过去时的动词后缀'-i'从19世纪下半叶就普遍被认为来源于副词性成分。"

我们认为Hornstein的论述存在两个方面的问题。其一，尽管很多语言中的表时成分来源于副词，但这种表时成分只是时的标记，它有自己的语义内容，即表示参照时间R和说话时间S的时轴位置关系，时不是时间状语或副词。我们在前文中已经证明，时间状语或副词只能修饰参照时间R或事件时间E，其与时没有必然关系。其二，时可以看作一种命题变量约束算子，与否定算子类似，只约束简单命题变量，表示关系运算，给定一个简单命题自变量会得到一个新的因变量①。前文Hornstein所给出的句子显然是一个复合命题，其逻辑式应是主句和从句的逻辑式的合取，每个合取项包含一个具有约束辖域的时算子。

时与时间状语的关系无须再论，但针对Hornstein的观点，我们认为有必

① 本书中的"简单命题"（simple statement）是从数理逻辑上讲的，相当于"原子命题"（atomic statement）或简单句，命题中包含时—体—态等范畴，有别于概念语义学中被定义为句子意义的"命题"（proposition），具体参见Partee *et al.*（1993：98）和吴道平等（2012：117）。

要区分一下不同类型的算子。形式语义学或逻辑中常用的各种类型的算子所作用的范围不同，不能一概而论。逻辑算子顾名思义是逻辑演算的运算子，逻辑运算需有运算对象或作用范围，即算子的辖域。算子根据其辖域或约束对象的差异可分为不同类型，命题逻辑和谓词逻辑中的算子不属于同一类型。

命题逻辑（propositional logic or statement logic）中的算子可称为“命题变量约束算子”，如表析取、合取、蕴含、互蕴以及命题否定的联接词，其中命题否定算子只约束一个命题变量，其他算子则约束两个命题变量，含有这类算子的逻辑式中不再析出个体及谓词等非命题成分，该算子的辖域也就是它们约束的命题。需注意的是，命题否定算子约束的是一个简单命题，而其他算子则约束多个简单命题，通过运算后形成一个复合命题。时是一种命题变量约束算子，给定一个简单命题生成一个新的简单命题。

谓词逻辑（predicate logic）中的逻辑式需析出个体及谓词等非命题成分，其算子可分为两类：一类是“选择性变量约束算子”，另一类是“非选择性变量约束算子”。

选择性变量约束算子必须选择约束一个变量，如全称量词“∀”和存在量词“∃”只选择约束个体变量，而 lambda 抽象算子“λ”可约束个体变量也可约束谓词变量。如果只从“选择性”和“非选择性”的角度看，句子体可看作一种选择性变量约束算子，但句子体约束的不是个体变量或谓词变量，而是约束现实情状变量，因为句子体通常与现实情状有关，句子体算子的辖域内必须存在一个其约束的现实情状变量，不允许出现空约束现象，这也符合所谓“空约束禁止律”（Prohibition Against Vacuous Binding，PVB）（Kratzer，1991；de Swart，1993；胡建华、石定栩，2006），因而汉语中负载句子体义的时间助词“了/过”属于选择性变量约束算子。

以往研究中提出的限定词量化或 D－量化（D－quantification）和修饰语量化或 A－量化（A－quantification）（Heim，1982；蒋严、潘海华，2005；胡建华、石定栩，2006）中的量化语尽管在焦点敏感性和约束辖域上不同，但都可看作选择性变量约束算子。D－算子指处于限定语位置的“most”等，

A－算子通常指一些量化副词如“常常/有时/总是”。从焦点敏感性来看，D－算子不会影响焦点位置，而 A－算子则会影响焦点位置；从约束辖域来看，D－算子只约束个体变量，而 A－算子与一般副词不同，不约束个体变量或谓词变量，只约束现实情状变量，它们通常与句子体义相关，指称情状或事件集合之间的关系（胡建华、石定栩，2006：185），即从一个现实情状的集合映射到另一个现实情状的集合。在同一小句中，由时间助词“了/过”和由量化副词“常常/有时/总是”充任的两个算子在约束对象上具有竞争性，如“＊他常常吃了一个苹果”可表示为［＊常常［词尾“了”s[吃（他，苹果，s)]]]，其中完成体算子“了”优先约束了情状变量“s”，从而使惯常体算子“常常”无情状变量可约束，因而句子不合法。

非选择性变量约束算子是指约束其辖域内所有变量的算子，不会选择性地约束某一变量。由于一阶谓词逻辑中的谓词可看作从个体域或个体域的笛卡儿乘积到真值集合｛T/F｝的映射①，那么一阶谓词可看作约束其辖域内所有个体变量的算子；二阶或高阶逻辑谓词可看作约束其辖域内所有个体变量和其他谓词的算子。Dowty(1979)、Rappaport Hovav & Levin(1998) 以及 Van Valin（2005）对不同情状类型的动词或动词短语所进行的形式刻画，其逻辑式中包含了他们称为算子的成分，如“John is walking”表示为“DO(α_1，［π_n(α_1，…，α_n)])”，其中“α_i”代表任意个体常项，“π_n”代表任意 n 元谓词，而“DO”则是体算子，其实这个“DO”算子本质上也就是一个高阶逻辑谓词，因为其辖域内还包含一个谓词“π”。

时间状语是修饰参照时间 R 或事件时间 E 的修饰语，除了频率性时间状语或 A－量化副词算子“常常/有时/总是”之外的非频率性时间状语可看作非选择性变量约束算子，即定位性、持续性以及完结性三类时间状语。尽管

① 在一阶谓词逻辑中，从个体域到真值集合｛T/F｝的映射适用于一元动词；笛卡儿乘积又称“直积”，是指一个集合内的所有元素与另一集合内的所有元素的穷尽式搭配，如假设集合 A＝｛张三，李四｝，集合 B＝｛王五，马六｝，则两个集合的笛卡儿乘积为｛(张三，王五)，(张三，马六)，(李四，王五)，(李四，马六)｝，因而从个体域的笛卡儿乘积到真值集合｛T/F｝的映射适用于二元动词。

非频率性时间状语与 A－量化副词都不是成分修饰语，但在集合关系指称或映射方式上有差异。非频率性时间状语算子不指称现实情状集合之间的关系，而是指称个体域和谓词域（一元动词）到真值集合｛T/F｝的关系，或者个体域的笛卡儿乘积和谓词域（二元动词）到真值集合｛T/F｝的关系。原因在于，通常情况下非频率性时间状语算子可看作二阶或高阶逻辑谓词，其辖域内一般包含个体变量和其他谓词变量，在约束对象上，非选择性地约束其辖域内的所有个体变量和谓词变量，但 A－量化算子只选择性地约束其辖域内的现实情状变量。

需特别注意的是，以上只关涉时算子、句子体算子和非频率性时间状语算子，如果将动词的内在情状特征看作动词体算子，那么动词体算子只约束其辖域内动词的内在情状变量，不约束其辖域内的个体变量，从这个意义上说，动词体算子与句子体算子类似，也是一种选择性变量约束算子。动词体算子需要与由一阶谓词充任的算子加以区别，两者的映射方式和所约束的对象均不同，动词体算子可看作从谓词域到内在情状特征集合｛时点/时段｝的映射，只约束辖域内的内在情状变量，而由一阶谓词充任的算子是从个体域或个体域的笛卡儿乘积到真值集合｛T/F｝的映射，只约束辖域内的个体变量。

尽管时算子、句子体算子、非频率性时间状语算子以及动词体算子属于不同的算子类型，但均是一元算子（unary operator），一元算子为前置算子（prefix operator），对嵌有多个前置算子的逻辑式来讲，越靠近左边的算子其辖域就越大（蒋严、潘海华，2005：141）。在区分算子类型的基础上，下面考察不同类型的算子及其辖域在自然语言中的解释力。

5.6.2 算子辖域等级

在自然语言处理中，时—体算子的辖域有大小之别，时算子的辖域总是大于体算子的辖域，这可从自然语言中得以验证。Bybee（1985b）建立的屈折词缀离动词远近距离等级“配价 < 语态 < 体 < 时 < 情态 < 人称或数标记”

支持了体是情状的内在化时间表达，而时则是基于说话者时间的外在时间定位，因而体标志比时标志更靠近实义动词，如例（19a）中的“完成体＋现在时”（PRF－PRS）与（19b）中的“进行体＋过去时”（PRG－PAS），整个等级体现如日语（19c）。

（19）a. 巴斯克语（Basque）（Primus，2011：304）

aita　　　lan－era　　　joa－n　　　d－a

father［ABS］　work－ALL　go－PRF　3ABS－PRS

Father has gone to work.

b. 斯瓦希里语（Swahili）（Nurse，2008：15）

tu－li－kuwa　tu－ki－kimbia

1p－PAS－be　1p－PRG－run

We were running.

c. 太郎は　花子に　ピアノを　習わせ　てい

太郎—助词　花子—格助词　钢琴—格助词　学—使役态　体

なかった　よう　です。

否定—过去时　好像—情态　敬语

太郎好像没让花子学钢琴。

英语非频率性时间状语（或汉语时量补语）是一种非选择性约束算子（记作 ADVP），它约束其辖域内的所有变量，ADVP 算子与时算子（记作 TENSE）和句子体算子（记作 ASPECT）也可以形成辖域大小等级，ADVP 算子与 TENSE 算子在逻辑式中的不同辖域可解释自然语言中的歧义句。为方便讨论，我们仍以前文歧义句（12a）与（12b）为例，对不同算子的辖域分析如下。

（20）a. He has been in Beijing for one year.

a_1. 他已在北京待了一年了。（“一年”修饰参照时间 R）

[He has been in Beijing] [for one year].

[ADVP [TENSE [ASPECT*s* [In (he, Beijing, *s*)]]]]

a_2. 他已在北京待过一年。(“一年”修饰事件时间 E)

[He has [been in Beijing for one year]].

[TENSE [ADVP [ASPECT*s* [In (he, Beijing, *s*)]]]]

(21) b. He had left the classroom at ten o' clock.

b_1. 他十点之前离开了教室。

[He had left the classroom] [at ten o' clock]. (“十点”修饰参照时间 R)

[ADVP [TENSE [ASPECT*s* [Leave (he, classroom, *s*)]]]]

b_2. 他十点离开了教室。

[He had [left the classroom at ten o' clock]]. (“十点”修饰事件时间 E)

[TENSE [ADVP [ASPECT*s* [Leave (he, classroom, *s*)]]]]

可以发现，在上述英语歧义句中，当英语句尾时间状语修饰参照时间 R 时，ADVP 算子的辖域大于 TENSE 时算子的辖域；而当英语句尾时间状语修饰事件时间 E 时，TENSE 时算子的辖域则大于 ADVP 算子的辖域。(20) 与 (21) 两个歧义句有两个方面的共性：其一，句尾时间状语无论修饰参照时间 R 还是事件时间 E，在两种意义的逻辑表达式中，TENSE 时算子的辖域总是大于 ASPECT 句子体算子的辖域；其二，辖域中都有一个被 ASPECT 句子体算子约束的现实情状变量“*s*”，但算子 TENSE 和 ADVP 则不需约束此类现实情状变量。

逻辑式和句子合法具有条件性或限制性，这一限制条件我们称为辖域等级上毗邻算子的“语义兼容性原则”(Semantic Compatibility Principle, SCP)，可表述为：辖域等级上的相邻算子不允许在语义上发生冲突，如果相邻算子均是选择性变量约束算子，它们所约束的变量在语义上不允许发生冲突，相邻算子或其所约束的变量之间的语义兼容性是逻辑式合法的必要条件，也是

句子合法的必要条件。在（20）与（21）的算子辖域等级上，时算子 TENSE 和 ADVP 算子不允许冲突，在句子层面上也就是时间状语如果与时（具体地讲与时的参照时间 R 冲突）相冲突，句子不合法，即我们在 5.4.2.1 节所言的时间状语所修饰的参照时间 R 与句子的时所触发的参照时间 R 之间不允许发生冲突。ADVP 算子与句子体算子 ASPECT 也不能冲突，如时段持续性时间状语一般不能修饰时点性现实情状。

需说明的是，以上句子体算子 ASPECT 均是作用于句子层面的算子类型，其所约束的情状变量也必须是句子层面的，即现实情状变量，而动词体算子（记作小写 aspect）只约束动词的内在情状变量。下面我们以句子体算子 ASPECT、ADVP 算子、否定算子（记作 NOT），以及动词体算子 aspect 四者的辖域等级为例进一步说明这个问题。英语中“until”做介词时，其引导的介词短语在简单句中做时间状语，当句子中不含有否定词时，“until”时间状语的使用对动词具有限制性，延续性动词合法，而瞬时性动词不合法，这与“until”时间状语的表时段意义与动词的内在情状特征有关，如“he slept until nine o' clock”合法，而“＊he woke up until nine o' clock”不合法。当句子中含有否定词构成“not…until”时，使用延续性动词和瞬时性动词时在句子释义方面有差异，如（22）。

（22）a. He did not sleep until nine o' clock.

a_1. 他九点才睡觉。

a_2. 他没有睡到九点。

b. He did not wake up until nine o' clock.

b_1. 他九点才醒。

＊b_2. 他没有醒到九点。

（22a）使用延续性动词时有两种合法的释义，而（22b）使用瞬时性动词时只有一种合法的释义。单从语义上讲，（$22a_1$）“没有睡觉的情状”与（$22a_2$）“睡觉的情状”均是延续性的，与“until”时间状语的表时段意义兼容；（$22b_1$）“没醒的情状”与时间状语兼容，而（$22b_2$）“醒来的情状”与时间状语不匹配。如果从算子辖域上看，更能清楚地展现这些不同释义时的句法层次，并且不合法的（$22b_2$）也能得以解释，假如动词体算子所约束的内在情状变量为 s_1，句子体算子所约束的现实情状变量为 s_2，（$22a_1$）、（$22a_2$）和（$22b_1$）、（$22b_2$）的释义可分别作如下分析。

(23) a_1. [He did not sleep] [until nine o' clock]
九点才睡觉。（时间状语修饰参照时间 R）
[ADVP [TENSE [ASPECTs_2 [NOT [aspect s_1 [Sleep (he, s_1, s_2)]]]]]]]

a_2. [He did not [sleep until nine o' clock]].
没睡到九点。（时间状语修饰事件时间 E）
[TENSE [NOT [ADVP [ASPECTs_2 [aspect s_1 [Sleep (he, s_1, s_2)]]]]]]]

b_1. [He did not wake up] [until nine o' clock].
九点才醒。（时间状语修饰参照时间 R）
[ADVP [TENSE [ASPECTs_2 [NOT [aspect s_1 [Wake (he, s_1, s_2)]]]]]]]

* b_2. [He did not [wake up until nine o' clock]].
*没醒到九点。（时间状语修饰事件时间 E）
*[TENSE [NOT [ADVP [ASPECTs_2 [aspect s_1 [Wake (he, s_1, s_2)]]]]]]]

从（23）中可看出，句尾时间状语修饰参照时间 R 还是事件时间 E 是造成句子歧义的原因，在逻辑式中的表现是，ADVP 算子辖域的大小直接影响到 TENSE 和 NOT 两个算子的辖域，但不会影响到动词体算子 aspect。（$23a_1$）、（$23a_2$）以及（$23b_1$）中合法逻辑式的共同点是：时算子、句子体算子和动词体算子的辖域大小总是构成一个等级，即 TENSE > ASPECT > aspect。在句子层面，句尾时间状语所修饰的时间差异决定了否定词所否定的对象差异，在逻辑式中则是ADVP算子的辖域影响到否定算子NOT的辖域。

句子的合法与否可以从逻辑式是否合法来解释。我们先看不合法的（$23b_2$），既然时间状语修饰事件时间E，而时间状语又表示时段，那么事件时间E具有时段特征，也就是说，逻辑式中句子体算子ASPECT所约束的现实情状变量“s_2”必须具有时段特征，然而动词体算子aspect所约束的动词内在情状变量“s_1”只具有时点特征，并且句子体算子ASPECT和动词体算子aspect是相邻的两个算子，因而这违背了我们前文所言的逻辑式中“毗邻算子的语义兼容性原则”，两个相邻约束性算子所约束的变量在语义上发生冲突，即变量“s_1”的时点特征和变量“s_2”的时段特征不兼容，因而逻辑式不合法，且对应的语句也不合法。而在合法的（$23a_2$）中，两个相邻体算子所约束的两个变量“s_1”和“s_2”都具有时段特征，在语义上兼容。对于合法的（$23a_1$）和（$23b_1$），否定算子NOT起了关键作用，其无论对延续性情状还是瞬时性情状进行运算，所得到的结果均是延续性情状，因而其运算的结果与句子体算子ASPECT所约束的现实情状变量“s_2”的时段特征兼容，从而相对应的句子也合法。

综上所述，我们在对自然语言进行形式分析时，需区分不同类型的算子，英语非频率性时间状语（或汉语时量补语）是一种非选择性变量约束算子，时算子和否定算子属于命题变量约束算子，而体算子则是选择性变量约束算子，它们都有各自的辖域。在句子层面上，句尾时间状语修饰参照时间R还是事件时间E会导致歧义句，在相对应的逻辑式中，ADVP算子的辖域变化会引发时算子TENSE和否定算子NOT等算子的辖域变化。当不同类型的算子在同一逻辑式中共现时，逻辑式有两个限制。其一，时算子、句子体算子和动词体算子的辖域总是会构成一个从宽域到窄域的等级，这与自然语言的时—体标志规律相吻合；其二，对于辖域等级上的不同算子来讲，相邻算子需遵守“语义兼容性原则”，相邻算子或者所约束的变量之间不允许在语义上发生冲突，相邻算子或它们所约束的变量之间的语义兼容性是逻辑式和语句均合法的必要条件。

至此我们需要做一个阶段性的总结。5.4 节和 5.5 节我们探讨了英汉语中时间状语的 ERS 语义关联及其句法生成，5.6 节探讨了时间状语和时—体算子及辖域的关系。在包含时间状语从句的复合句中，从句主要对主句的参照时间起修饰或定位作用，主句和从句的两个 ERS 关系可缩略为主句的单一 ERS 关系，这些 ERS 关系不会超出我们的 ERS 逻辑模型。从含有时间状语的简单句的 ERS 关系来看，由于有的时间状语对体意义有贡献，可能会改变不含有时间状语简单句的 ERS 关系，但无论如何变化，总是会涉及时点和时段之间的关系，因此，任何包含时间状语的简单句的 ERS 关系也全部会出现在我们所建立的 ERS 关系模型中，从而以英汉语为语料经初步检验，ERS 逻辑模型具有普适性。

5.7 俄语的基本 ERS 时—体结构

本节试图考察空间视点体类型语言俄语的基本 ERS 时—体结构，进一步验证 ERS 逻辑模型的跨语言普适性。我们在第三章曾提到，印欧语系斯拉夫语族的俄语、波兰语以及捷克语中的体是基于空间视点的“完整体/非完整体”的对立，在时—体关系上需遵守“现在时蕴含非完整体”的蕴含关系，下面以俄语为例探讨这个问题。

体的表达具有主观性，但主观性并非一定导致主观化或语法化。句法结构关系、语法标志以及词汇（或语素）在不同语言中均可能成为体实现的编码方式，有的语言会采用其中一种，而有的语言则可能采用其中几种。俄语和英汉语中的体不属于同一种类型，俄语的句子体意义由动词携带，尽管有的完整体（perfective aspect）动词可视作带有词缀，但这类词缀与动词已经完全词汇化。俄语的完整体和非完整体（imperfective aspect）与很多文献中提到的完成体（perfect aspect）和未完成体（imperfect aspect）并非具有绝对的对应关系。完成与未完成通常可分别用定点（telic）和非定点（atelic）来解释，定点指有明显终止点的事件，非定点则是没有明显终止点的事件（沈家煊，2000：32，356）[①]。俄语完整体可以是非定点的或未完成的，非完整体可以是定点的或完成的，换言之，完整体/非完整体与事件的完成与否并无绝对的直接对应关系，如（24）[②]。

（24）a. Я не пойду　　в　ресторан，　я　уже　　ела.

I not go – PRFV. PRS. 1SG. in　diningroom，I　already　eat – IMPRFV. PST. 1SG. FEM.

I am not going to the diningroom. I have already eaten.

我不去餐厅，我已经吃了饭。

b. Андрей　　открывал　　окно，поэтому　　в　　комнате так холодно.

Andre　open – IMPRFV. PST. 3SG. MAS. window，so　　in room　　so　cold.

Andre opened the window，so it is so cold in the room.

安德烈开过窗户，所以屋里这么冷。

在（24a）中，英语和汉语用未完成体表达非定点事件“去餐厅”，而俄语用完整体；英语和汉语用完成体表达定点事件“吃饭”，而俄语则用非完整体。(24b）中的定点事件“开窗户”在英汉语中用完成体，而俄语则用非完整体。事件在英汉语中的编码以事件的内部时间进程为视点，即事件定点与否决定了体的类型，而俄语中体的类型取决于事件在说话者看来是否具有完整性，后者是基于空间界限视点的体类型。非定点事件“去餐厅”在俄语中的完整体编码凸显的是整个事件，而定点事件“吃饭”的非完整体表达凸显

---

① 对于定点性（telicity），不同学者从动词、动词短语以及情状等多个角度进行了定义，具体参见 Depraetere（2007：243—244）。本书将定点性视为情状（状态、过程、事件）的特征参数之一。

② 例句选自 Borik（2002：45），但有所变动，遵循了俄语书写。

的是事件后的状态；同样，定点事件“打开窗户”的俄语非完整体编码凸显的是“窗户开过而又关上了”，而非表达整个事件过程“安德烈打开窗户”。英汉语的体受动词、语法标志及论元等因素影响，而俄语的体则受制于动词所负载的完全语法化的体意义。

俄语完整体/非完整体是句子层面的语义范畴，已经语法化为动词的形态。金立鑫（2008b）基于体的不同类型及其构成将语言分为三类：动词行为类型（aktionsarten）凸显的语言、情状类型（situation type）凸显的语言以及行为类型和情状类型均势的语言。俄语属于动词行为类型凸显的语言。俄语动词的行为类型与Smith（1991）的情状类型在适用对象上不同，前者指动词本身对某一现实情状不同阶段或进程的分类，换言之，行为类型是某一现实情状的不同阶段或进程已经语法化为含有不同词缀或词干的动词，而在英汉的体研究中，情状类型既适用于动词或动宾短语的分类，也适用于现实情状的分类，某一现实情状的不同阶段或进程无法用某一情状类型的光杆动词来表达，需添加其他成分。俄语动词的行为类型可影响由该动词形态所负载的句子体义，比如动词本身表“开始做某事”或“做一会儿某事”意义的动词通常用完整体形式（PRFV），而动词本身表“反复/惯常”意义的动词通常用非完整体形式（IMPRFV），但“完成某事”可用完整体和非完整体两种形式，用完整体强调动作或行为的结果，用非完整体强调“不再做某事”，如下例（25）。

（25）a. записать　开始写　（PRFV）
　　　　записывать　写/记录　（IMPRFV）
　　　b. пописать　写一会儿　（PRFV）
　　　　пописывать　常常写　（IMPRFV）
　　　c. дописать　写完　（PRFV）
　　　　дописывать　写完　（IMPRFV）
　　　d. запеть　开始唱　（PRFV）
　　　　запевать　唱　（IMPRFV）

e. попеть	唱一会儿	（PRFV）
попевать	常常唱	（IMPRFV）
f. допеть	唱完	（PRFV）
допевать	唱完	（IMPRFV）
g. посмотреть	看一会儿	（PRFV）
посматривать	不时地看	（IMPRFV）
сматривать	多次看	（IMPRFV，现在时不用）
h. писать	写/会写	（IMPRFV）
написать	写好/写成	（PRFV）
i. слышать	听见	（IMPRFV）
услышать	听见	（PRFV）

从情状类型的角度讲，（25）中的“写（字/信）”是达成动词（accomplishment），“唱”和“看”是活动动词（acitivity），“听见”是成就动词（achievement），然而在（25a）—（25h）中，这些不同情状类型动词的基本词汇意义不变，俄语不同词干（或词缀）的动词可表达同一情状类型的不同阶段或过程，即行为类型。值得注意的是，（25i）中的两个俄语动词的词汇意义相同，但不同的句子体义仍然由其前缀负载，即零前缀表非完整体，前缀“y-”表完整体。（25）中的不同动词表达不同的句子体意义，而体义取决于参照时间R和事件时间E的关系。那么可以说，参照时间R和事件时间E的关系在很大程度上已经完全语法化了。

完整体/非完整体的对立是俄语中体的最高范畴对立，根据“现在时蕴含非完整体”的逻辑关系，俄语中只有五种时与体匹配：“过去时+完整体/非完整体”“现在时+非完整体”“将来时+完整体/非完整体”。现在问题是：完整体和非完整体具有哪些下位体意义？它们的ERS关系是怎样的？这些时—体ERS关系是否也在逻辑模型中？鉴于俄语动词的不同行为类型可表达某一特定现实情状的不同阶段或过程，我们采取图5-30的研究思路。

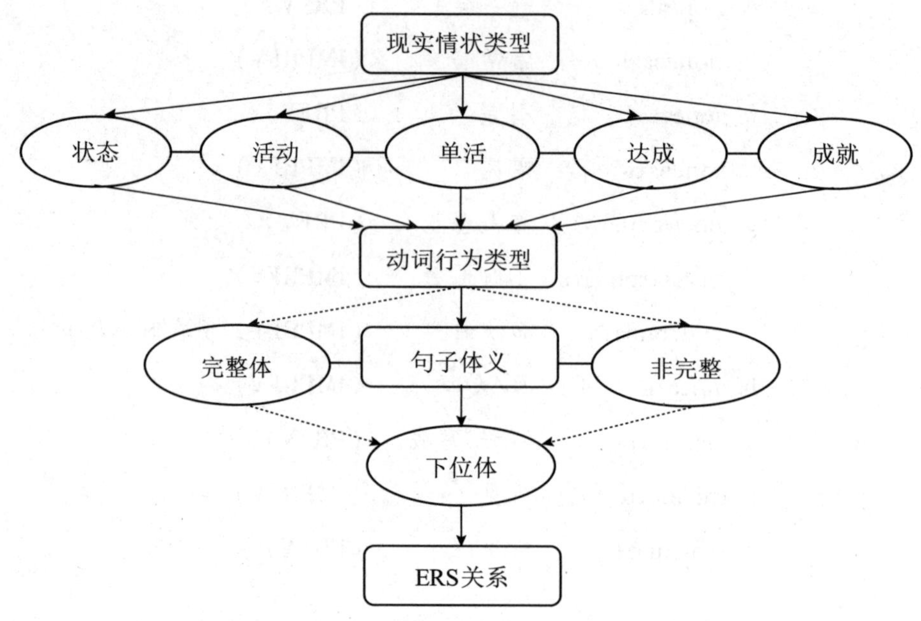

图 5-30 俄语现实情状类型、动词行为类型与句子体义的关系

图 5-30 显示，我们首先将现实情状分为状态、活动、单活动、达成以及成就五种类型；其次分别考察这五种现实情状在过去时、现在时以及将来时中可通过哪些不同行为类型的动词来表达，因为不同行为类型的动词同时负载了两个不同层次的体意义，一是最高层次的句子体义——完整体/非完整体，二是动词的词汇意义所表达的体义，而这种体义则是完整体/非完整体的下位体义；最后根据下位体义来确定 ERS 关系。下面分别考察“过去时 + 完整体/非完整体”“现在时 + 非完整体”以及“将来时 + 完整体/非完整体”的下位体义及其 ERS 关系。与建立英汉语的基本时—体系统类似，我们在考察俄语的基本 ERS 时—体结构时也遵循最简结构的原则，除非影响句子合法性外，尽量避免包含时间状语等修饰性成分，比如在（26）不包含和包含持续性时间状语“за месяц”（一个月）的两个句子中，尽管动词均负载了完整体的句子体义，但下位体义不同。

（26）a. Он построил дом.

He build – PRFV. PST. MAS house.

He built a house.

b. Он построил дом за месяц.

He build – PRFV. PST. MAS house over month.

It was one month after he built a house.

（26a）和（26b）的动词都是完整体，但从语义上讲，前者的下位体义是完成体，强调动作的结果；而后者是连续持续体，强调动作完成后所持续的一段完整时间。

5.7.1 “过去时 + 完整体/非完整体”及其 ERS 关系

过去时的句子可表达完整体和非完整体两种体义，但由于现实中的情状包括动态和静态的各种情形，完整体和非完整体可细分为各自的下位体义，在以下对状态、活动、单活动、达成以及成就五种现实情状进行表征时—体义的讨论中，我们用“完整体/非完整体—下位体”来表示这种上下位体义的包含关系。首先请看（27）中句子表达现实状态情状时的体义关系。

（i）状态情状

（27）a. Картина висела на стене.（非完整本—持续体）

picture-FEM. hang-IMPRFV. PST. FEM on wall.

A picture hung on the wall.

b. Она не любила его.（非完整体—持续体）

she not love-IMPRFV. PST. FEM he

She didn’t love him.

c. Он был рабочим.（非完整体—持续体）

he be-IMPRFV. PST. MAS worker

He was a worker.

d. Я был в Пекине.（非完整体—经历体）

I is-IMPRFV. PST. MAS in Beijing

I had been to Beijing.

e. Она полежала. （完整体—连续持续体）

she lie (for a while)-PRFV. PST. FEM

She had been lying for a while. /She lay for a while.

f. Эта картина повисела. （完整体—连续持续体）

this-FEM picture-FEM hang(for a while)-PRFV. PST. FEM.

This picture hung for a while.

g. Оннадел новую рубашку. （完整体—连续持续体）

he dress-PRFV. PST. MAS new shirt

He had been dressed in a new shirt.

(27a)—(27d) 中的动词均为非完整体，但下位体义略有差异。(27a)—(27c) 为持续体，而 (27d) 为经历体，前者强调非完整的持续状态，后者强调事件结束后的非完整经历状态，共同点是都不包含确切的状态终止点。值得注意的是，俄语“быть”相当于系动词，只有非完整体形式，没有相对应的完整体，现在时一般省略，或者用于将来时中的非完整体动词，表示“将”。(27e)—(27g) 的动词均为完整体，下位体义为连续持续体，表达一个完整的持续或时段状态，包含起始点和终止点。在 ERS 关系上，非完整体—持续体、非完整体—经历体以及完整体—连续持续体如图 5－31 所示。

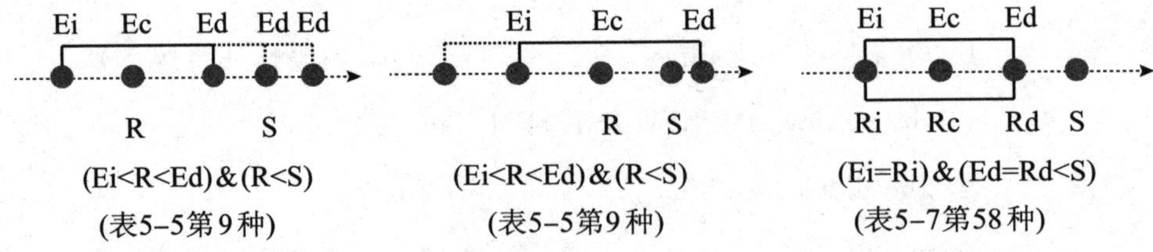

图 5－31 现实状态情状过去时表达的时—体 ERS 关系

下面再看过去时句子对活动现实情状进行表征时的体义。现实活动情状包括起始点、进行段、终止点以及反复/惯常的重复活动，从空间视点的角度讲，活动情状本身的起始点、终止点以及特定进行段都可识解为一个完整的情状；而反复/惯常的重复活动则不包含确切的终止点，一般识解为一个非完整的情状。换言之，现实活动情状的各个阶段或进程可以以完整或者非完整的形式来体现，请看下列例子。

（ii）活动情状

（28）a. Он　запел.（完整体—起始体）

he　begin. to. sing-PRFV. PST. MAS

He began to sing.

b. Он　пел.（非完整体—进行体）

he　sing-IMPRFV. PST. MAS

He was singing. /He did sing. /He sang. （The action is emphasized, and the result is not important.）

c. Он　спел.（完整体—完成体）

he　sing-PRFV. PST. MAS

He had sung. （to designate a past action that had a result before another past action）

d. Он　попел.（完整体—连续进行体）

he　sing（for a while）-PRFV. PST. MAS

He had been singing for a while. /He sang for a while.

e. Он　допевал.（非完整体—持续体）

he　finish. sing-IMPRFV. PST. MAS

He finished singing. （He didn't sing after that.）

f. Он　допел.（完整体—完成体）

he　finish. sing-PRFV. PST. MAS

He finished singing.

g. Он попевал.（非完整体—惯常体）

he often. sing-IMPRFV. PST. MAS

He often sung.

h. Он посматривал на улицу.（非完整体—反复体）

he frequently. look-IMPRFV. PST. MAS at street

He looked at the street now and then.

(28a)、(28c)、(28d) 以及 (28f) 的动词均是完整体形式，即上位句子体义，但它们的下位体义不尽相同；(28b)、(28e)、(28g) 以及 (28h) 的动词均为非完整体形式，而它们的下位体义也不同。相比英汉语，(28c)、(28f)、(28g) 以及 (28h) 的体义并不特殊，现实情状与体义的对应关系较密切，但 (28a)、(28b)、(28d) 以及 (28e) 中现实情状与体义的关系与英汉语有着明显的差异。(28a) 的完整体—起始体将活动情状的起始点识解为一个完整的情状，独立于整个活动情状，与活动情状的“完成”概念无关，英汉语一般为“现实体—起始体”；(28b) 的非完整体—进行体有三种意义，但共同点是均强调动作本身，活动的结果对于说话者来讲不重要，其中“he did sing/he sang”从释义上看，活动情状已经终止，但说话者的参照视点其实位于动作进程中，不关注终止点，与“he was singing”的参照时间位置相同，这是非完整体意义与完成情状不对应的一种情况，英汉语中一般不可能以未完成的体意义来表达完成情状；(28d) 从释义上看，现实活动情状可能仍在进行，但说话者将一个进行阶段识解为一个完整的情状，这是完整体意义与未完成情状不对应的情况；(28e) 的非完整体—持续体强调的是动作结束后的持续状态，参照视点并非位于终止点位置，这与英汉语显然不同。以上分析说明两个问题：其一，完整/非完整的体义与完成/未完成的现实情状在俄语中没有直接关系；其二，进一步验证了俄语是动词行为类型凸显的语言，而英汉语则是现实情状类型凸显的语言。另外一个值得注意的问题是，(28c) 和 (28f) 尽管都表达完整体—完成体，但意义上有侧重，前者强调一个过去事件之前的另一事件具有终止点。并且该终止点与后一事件的起始点重叠，

后者则只表达一过去事件具有终止点。(28c) 的 ERS 关系在英汉语中是 $E < R < S$，其中 R 本质上是另一事件；而俄语是 $E = R < S$，只关注前一事件的终止点，与后一事件无关。因此只从单一事件的 ERS 关系来看，(28c) 和 (28f) 是相同的。(28) 中句子的 ERS 关系如图 5 – 32 所示。

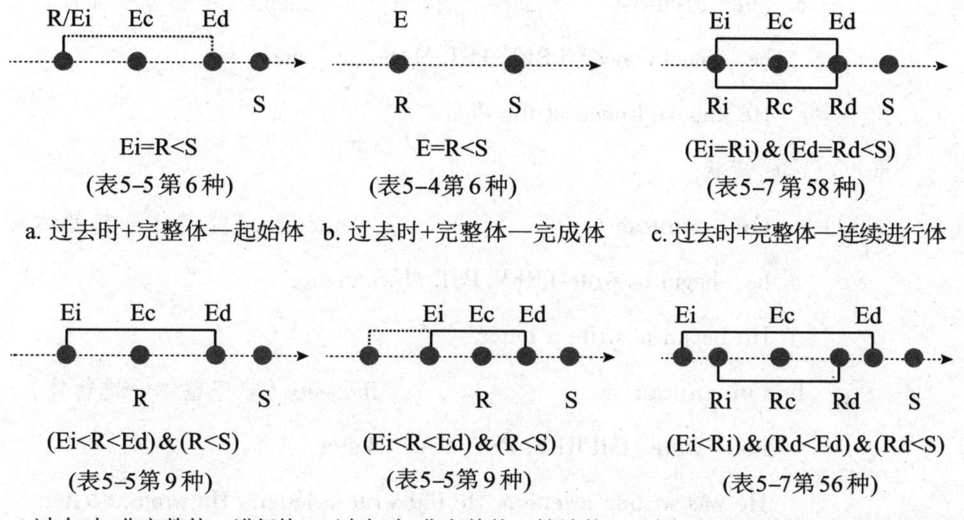

图 5 – 32　现实活动情状过去时表达的时一体 ERS 关系

最后看过去时句子表达单活动、达成以及成就现实情状时的体义。表达单活动情状的动词用于非完整体时一般指反复进行的动作或行为，如 (29a)；而用于完整体时强调动作或行为结束时的结果，如 (29b)；有时强调单活动"一次"就结束的情状也有专门的动词编码，如 (29c)；表达达成现实情状的动词与活动动词相似，达成情状的各个阶段或进程也有完全语法化的动词编码，如 (30)；对于表达成就情状的动词，其非完整体一般强调成就情状实现后的持续状态，而其完整体则表达成就情状实现时的结果，如 (31)。

(iii) 单活动情状

(29) a. Сердце　　стучал. (非完整体—反复体)

heart-NEU　beat-IMPRFV. PST. NEU

The heart kept beating.

b. Он простучал в дверь.（完整体—完成体）

he knock-PRFV. PST. MAS at door

He knocked at the door.

c. Он стуннул в дверь.（完整体—完成体）

he knock(once)-PRFV. PST. MAS at door

He knocked once at the door.

（iv）达成情状

（30）a. Он записал письмо.（完整体—起始体）

he begin to. write-PRFV. PST. MAS letter

He began to write a letter.

b. Он писал письмо.（非完整体—进行体）

he write- IMPRFV. PST. MAS letter

He was writing a letter. /He did write a letter. /He wrote a letter.

(The action is emphasized, the result is not important.)

c. Он написал письмо.（完整体—完成体）

he write- PRFV. PST. MAS letter

He had written a letter.

(to designate a past action that had a result before another past action)

d. Он пописал письмо.（完整体—连续进行体）

he write(for a while)-PRFV. PST. MAS letter

He had been writing a letter for a while. /He wrote a letter for a while.

e. Он дописал письмо.（完整体—完成体）

he finish. write-PRFV. PST. MAS letter

He finished writing a letter.

f. Он　дописывал　письмо.（非完整体—持续体）

he finish. write-IMPRFV. PST. MAS　letter

He finished writing a letter.

（He didn't write after that.）

g. Он　пописывал　письмо.（非完整体—惯常体）

he　often. write-IMPRFV. PST. MAS　letter

He often wrote letters.

（v）成就情状

（31）a. Он　дописал　письмо.（完整体—完成体）

hefinish. write-PRFV. PST. MAS　letter

He finished writing a letter.（The result is emphasized.）

b. Он　дописывал　письмо.（非完整体—持续体）

he　finish. write-IMPRFV. PST. MAS　letter

He finished writing a letter.（The state of the result is emphasized.）

c. Он　выиграл　много　денег.（完整体—完成体）

he　win-PRFV. PST. MAS　much　money

He won a lot of money.（The result is emphasized.）

d. Он　выигрывал　много　денег.（非完整体—持续体）

he　win-IMPRFV. PST. MAS　much　money

He won a lot of money.（The state of the result is emphasized.）

对上述（29）（30）以及（31）中句子所表达的时—体意义逐一考察可发现，表达单活动、达成以及成就三种现实情状的过去时句子所能表达的体义并没有超出活动情状语言实现时的体义，即图5-32中的各种“完整体/非完整体+下位体”义。至此，过去时中完整体/非完整体的下位体义及其ERS关系可总结见表5-16。

表 5－16　“过去时—完整体/非完整体”的下位体义与 ERS 关系

时	上位体义	下位体义	ERS 关系	在 ERS 模型中的位置
过去时	完整体	起始体	Ei = R < S	表 5－5 第 6 种
		连续持续体	(Ei = Ri) & (Ed = Rd < S)	表 5－7 第 58 种
		连续进行体	(Ei = Ri) & (Ed = Rd < S)	表 5－7 第 58 种
		完成体	E = R < S	表 5－4 第 6 种
	非完整体	持续体	(Ei < R < Ed) & (R < S)	表 5－5 第 9 种
		进行体	(Ei < R < Ed) & (R < S)	表 5－5 第 9 种
		经历体	(Ei < R < Ed) & (R < S)	表 5－5 第 9 种
		惯常体	(Ei < Ri) & (Rd < Ed) & (Rd < S)	表 5－7 第 56 种
		反复体	(Ei < Ri) & (Rd < Ed) & (Rd < S)	表 5－7 第 56 种

5.7.2 “现在时—非完整体”及其 ERS 关系

俄语现在时只能与非完整体搭配，不能与完整体搭配，与英语类似。如果只从形态上看，俄语将来时缺乏形态标记，所谓“零形态的现在时”与完整体的搭配只能作将来时解读。例（32）各句是用“现在时—非完整体”表达状态、活动、单活动、达成以及成就五种现实情状的情况。

（32）a. Он студент. （非完整体—持续体）

he college-student

He is a college student.

b. Андрейживёт　в　Москве.（非完整体—持续体）

Andre live-IMPRFV. PRS. 3SG　in　Moscow.

Andre lives in Moscow.

c. Солнцевстаёт　на　востоке.（非完整体—惯常体）

sun　rise-IMPRFV. PRS. 3SG　from　east

The sun rises from the east.

d. На　улицеидёт　сильный　дождь.（非完整体—进行体）

on street fall-IMPRFV. PRS. 3SG　strong　rain

It is raining hard on the street.

e. Он　кашляет.（非完整体—进行体/惯常体）

he　cough-IMPRFV. PRS. 3SG

He is coughing. /He coughs.

f. Она　пишет　письмо.（非完整体—进行体）

she　write-IMPRFV. PRS. 3SG　letter

She is writing a letter.

g.（Решено！）Мы　идём　в　кино.（非完整体—将行体）

（Done！）we go-IMPRFV. PRS. 1PL　to　cinema

（Done！）　We are going to go to the cinema.

h. Он　дописывает　письмо.（非完整体—持续体）

he　finish. write-IMPRFV. PRS. 3SG　letter

He finishes writing a letter.

（The state of the result is emphasized.）

i. Он　посматривает　на　улицу.（非完整体—反复体）

he look（frequently）-IMPRFV. PRS. 3SG　at　street

He looks at the street now and then.

在上述例子中，“现在时—非完整体”的下位体义包括持续体、惯常体、进行体、将行体以及反复体。需说明的是，非完整体系动词“быть”在现在时中一般从略，如（32a）；成就现实情状的表达也可出现在现在时中，但强调过去成就情状实现后在说话时间“现在”上的状态，而非表达成就实现时的情状，如（32h）。“现在时—非完整体”的下位体义及其 ERS 关系如

图 5－33 所示，总结见表 5－17。

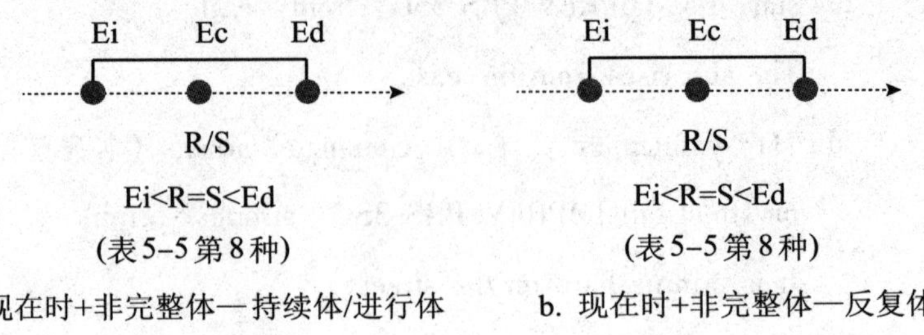

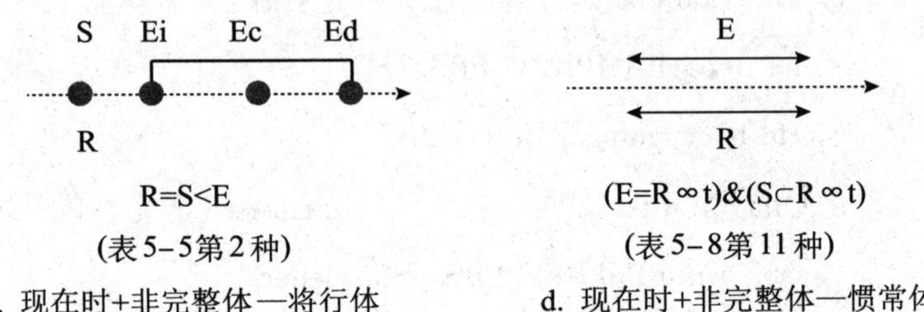

图 5－33 “现在时—非完整体”表达的时—体 ERS 关系

表 5－17 “现在时—非完整体”的下位体义与 ERS 关系

时	上位体义	下位体义	ERS 关系	在 ERS 模型中的位置
现在时	非完整体	持续体	Ei < R = S < Ed	表 5－5 第 8 种
		惯常体	(E = R∞ t)&(S ⊂R∞ t)	表 5－8 第 11 种
		进行体	Ei < R = S < Ed	表 5－5 第 8 种
		将行体	R = S < E	表 5－5 第 2 种
		反复体	Ei < R = S < Ed	表 5－5 第 8 种

5.7.3 “将来时—完整体/非完整体”及其 ERS 关系

俄语将来时可与完整体或非完整体搭配，在语法表征上有显著差异，“将来时—非完整体”需添加非完整体助动词“быть”（“将”），时、数以

及人称由助动词负载，实义动词为原形，而“将来时—完整体”不允许添加助动词，时、数以及人称由实义动词负载。用“将来时—非完整体/完整体”表达状态、活动、单活动、达成以及成就五种现实情状时的下位体义如（33）—（37）。

（i）状态情状

（33）a. Он будет министром.（非完整体—将持续体）

he will. be-IMPRFV. FUT. 3SG minister

He will be the minister.

b. Он будет жить в Москве.（非完整体—将持续体）

he will-IMPRFV. FUT. 3SG live in Moscow.

He will live in Moscow.

c. Он поживёт в Москве.（完整体—将连续持续体）

he live(for a period)-PRFV. FUT. 3SG in Moscow.

He will live in Moscow for a period of time.

（ii）活动情状

（34）a. Он будет смотреть на сына.（非完整体—将进行体）

he will-IMPRFV. FUT. 3SG look at son

He will have a look at his son.

b. Он посмотрит на сына.（完整体—将连续进行体）

he look(for a while)-PRFV. FUT. 3SG at son

He will have a look at his son for a while.

c. Он будет посматривать на сына.（非完整体—将惯常体）

he will-IMPRFV. FUT. 3SG look(frequently) at son

He will have a look at his son frequently.

d. Он будет сматривать на сына.（非完整体—将反复体）

he will-IMPRFV. FUT. 3SG look (for several times) at son

He will have a look at his son for several times.

(iii) 单活动情状

(35) a. Он будет стучать в дверь.(非完整体—将进行体)

he will-IMPRFV. FUT. 3SG knock at door

He will be knocking at the door. /He will knock at the door.

b. Он простучает в дверь.(完整体—将完成体)

he knock-PRFV. FUT. 3SG at door

He will knock at the door.

c. Он стуннует в дверь.(完整体—将完成体)

he knock (once)-PRFV. FUT. 3SG at door

He will knock once at the door.

(iv) 达成情状

(36) a. Я буду писать письмо.(非完整体—将进行体)

I will-IMPRFV. FUT. 1SG write letter

I will be writing a letter. /I will write a letter.

b. Я запишу письмо.(完整体—将起始体)

I begin to. write-PRFV. FUT. 1SG letter

I will begin to write a letter.

c. Он попишет письмо.(完整体—将连续进行体)

he write(for a while)-PRFV. FUT. 3SG letter

He will write a letter for a while.

d. Он пописывает письмо.(非完整体—将惯常体)

he write (often)-IMPRFV. FUT. 3SG letter

He will often write letters.

(v) 成就情状

(37) a. Он допишет письмо.(完整体—将完成体)

he finish. write-PRFV. FUT. 3SG letter

He will finish writing a letter.

b. Скоро　он　умрёт.（完整体—将完成体）

soon　he　die-PRFV. FUT. 3SG

He will die soon.

综上例子，“将来时—非完整体”的下位体义包括将持续体、将进行体、将反复体以及将惯常体，“将来时—完整体”的下位体义则包括将起始体、将连续持续体、将连续进行体以及将完成体。将来时中的现实成就情状一般以完整体（将完成体）来表达，而其他四种现实情状则可以以完整体和非完整体两种体义来表达。“将来时—非完整体/完整体”的下位体义及其 ERS 关系如图 5－34 所示，总结见表 5－18。

表 5－18　　“将来时—完整体/非完整体”的下位体义与 ERS 关系

时	上位体义	下位体义	ERS 关系	在 ERS 模型中的位置
将来时	完整体	将起始体	S < R = Ei	表 5－5 第 4 种
		将连续持续体	(S < Ri = Ei)&(Rd = Ed)	表 5－7 第 6 种
		将连续进行体	(S < Ri = Ei)&(Rd = Ed)	表 5－7 第 6 种
		将完成体	S < R = E	表 5－4 第 4 种
	非完整体	将持续体	(Ei < R < Ed)&(S < R)	表 5－5 第 7 种
		将进行体	(Ei < R < Ed)&(S < R)	表 5－5 第 7 种
		将反复体	(Ei < Ri)&(Rd < Ed)&(S < Ri)	表 5－7 第 4 种
		将惯常体	(Ei < Ri)&(Rd < Ed)&(S < Ri)	表 5－7 第 4 种

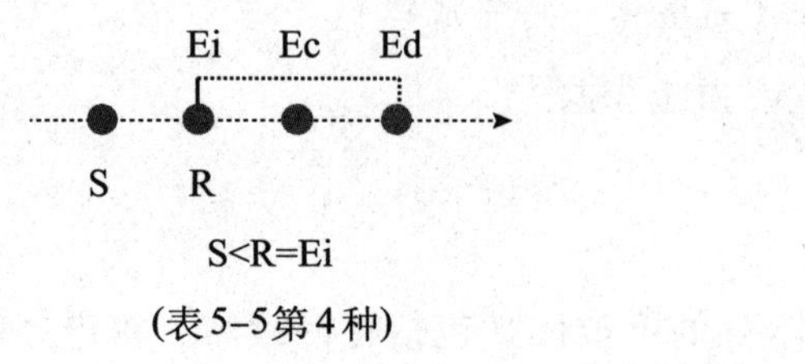

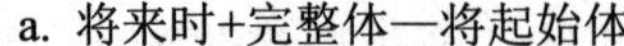
a. 将来时+完整体—将起始体

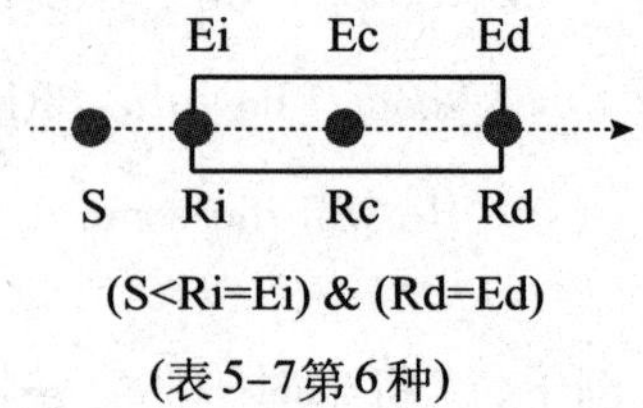

b. 将来时+完整体—将连续持续体/将连续进行体

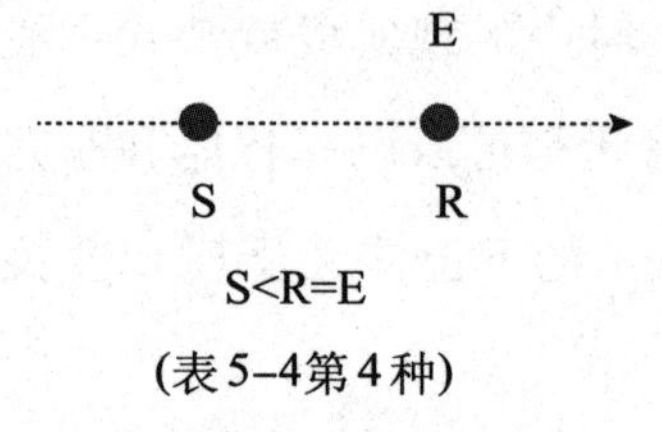

c. 将来时+完整体—将完成体

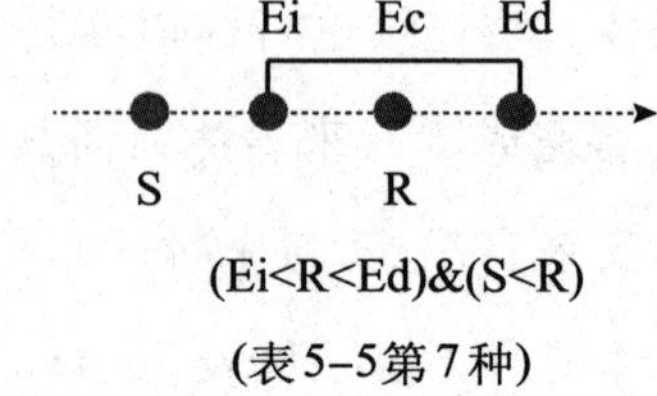

d. 将来时+非完整体—将持续体/将进行体

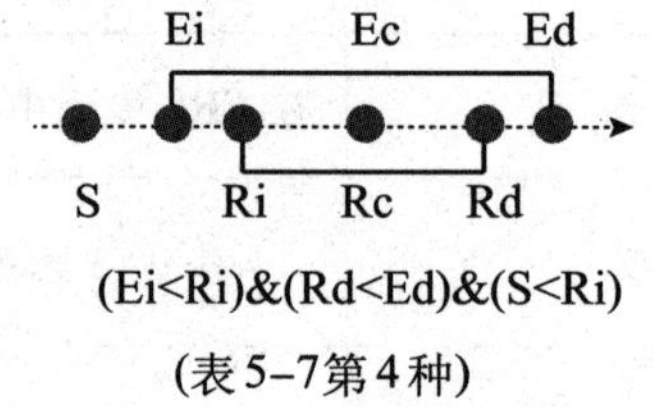

e. 将来时+非完整体—将反复体/将惯常体

图5－34 “将来时—非完整体/完整体”表达的时—体ERS关系

5.8 俄语体系统与英汉俄体类型差异及理据

至此我们建立了空间视点体类型语言俄语的基本ERS时—体结构，从而俄语的时—体系统也得以呈现。俄语具有过去时、现在时以及将来时三个时，其体系统较为复杂，上位以完整体与非完整体为最高对立范畴，它们均具有各自的下位体义，如图5－35所示。

通过上一节的讨论，我们还得出三个方面的结论。其一，俄语的时—体ERS关系全部出现在ERS逻辑模型中，证明了ERS逻辑模型对空间视点体

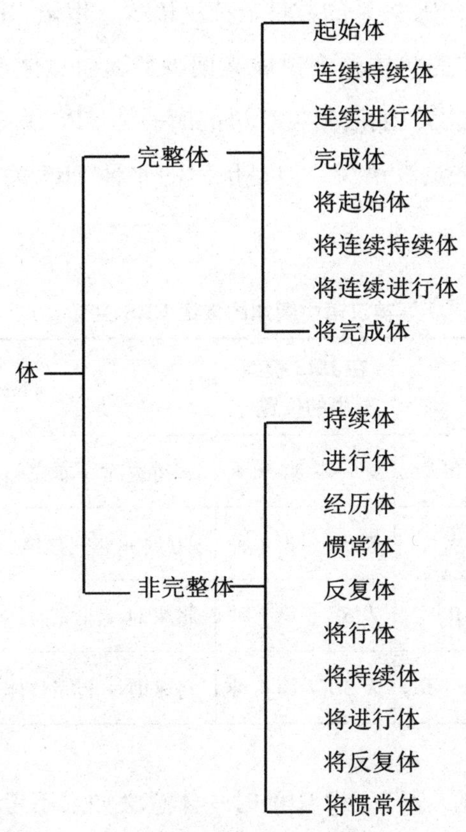

图5－35　“完整体与非完整体”对立的体系统

类型语言的时—体表征也适用。其二，对表5－16、5－17以及表5－18进行统计后得出，俄语基本时—体组配数量与实现的ERS关系数量的比例为22∶13，与英语的36∶33和汉语的34∶33差别较大。无论时—体组配数量还是实现的ERS关系数量，俄语均比英汉语偏少。其实主要原因在于，英汉语现实体与非现实体的对立与SE关系有关，但现实体与非现实体各自的下位体义由RE关系决定，反过来讲，RE关系只影响下位体义，起着单一限制作用；而俄语完整体、非完整体以及各自下位体义的表达均由RE关系决定，与SE关系无关，可以说，RE关系会同时影响上位体义和下位体义的表达，起着双重限制作用。负载下位单一体义限制功能的RE关系显然要比负载上下位双重体义限制功能的RE关系更自由，不符合上下位双重体义限制功能的RE关系就被排除，因此俄语 RE 关系的数量较英汉语少，俄语 RE 关系的数量少同时也导致了完整体与非完整体的下位体义偏少，因而总体上俄语的时—体组配数量较英汉语少。其三，俄语和英汉语的时—体 ERS 关系不一致。尽管俄语的时—体 ERS 关系较英汉语少，但是俄语的 4 种 ERS 关系在英汉语中阙如，见表 5 - 19。

表 5 - 19　　英汉语中阙如的俄语 ERS 关系

ERS 关系	在 ERS 模型中的位置	时—体意义
(Ei < Ri)&(Rd < Ed)&(Rd < S)	表 5 - 7 第 56 种	过去时 + 非完整体—反复体/惯常体
Ei < R = S < Ed	表 5 - 5 第 8 种	现在时 + 非完整体—持续体/进行体/反复体
(Ei < R < Ed)&(S < R)	表 5 - 5 第 7 种	将来时 + 非完整体—将持续体/将进行体
(Ei < Ri)&(Rd < Ed)&(S < Ri)	表 5 - 7 第 4 种	将来时 + 非完整体—将反复体/将惯常体

通过对比可发现，表 5 - 19 中的时—体意义如果不考虑上位的非完整体，俄语的 4 种下位体义在英汉语中都存在，那么可以说是上位的非完整体导致了这个结果，非完整体体现在 ERS 关系限制上。表中的 4 种 “时 + 上/下位体” 不允许出现 “$E \subseteq R$” 的情况，因此英汉语表达上表中下位体的 “E = R” 的情况在俄语中不允许。对于俄语的时—体 ERS 关系，还有一点值得注意，ERS 逻辑模型表 5 - 6 中 E 为时点，而 R 为有定时段的 25 种 ERS 关系中并没有出现俄语的时—体 ERS 关系，原因在于两个方面：首先，E 为时点而 R 为有定时段无法表达非完整体；其次，即使表达完整体，当 E 为时点时，只需将 R 设定为时点即可，R 为有定时段就成了一个费力的参照视点。

由于时间可看作现实中事物的发展进程，时间也就可看作一种空间，那么 ERS 的时间关系也就是一种空间关系，ERS 时间关系与负载该时间关系的事物空间关系是同构的，这是 ERS 关系可对时间视点体和空间视点体语言的时—体进行解读的原因。Kruisinga（1931：221）曾将体定义为“说

话者是否从完整性或特定部分性来看待一个动作行为”；Johnson（1981：152）则将体定义为“事件在时间进程中的不同时间阶段”，这两个定义分别代表了斯拉夫语与非斯拉夫语不同的体类型，前者如俄语、波兰语及捷克语等基于空间视点的体类型，后者如英语、汉语及缅甸语等基于时间视点的体类型。现在问题是：是什么因素导致了这种体类型的跨语言差异？为何空间视点体类型语言遵守“现在时蕴含非完整体”的逻辑蕴含关系，而时间视点体类型语言却遵守“将来时蕴含非现实体”的逻辑蕴含关系？下面我们尝试给出解释。

在以往对时间认知的研究文献中，有学者提出“时间移动模式”（moving－time model）和“自我移动模式”（moving－ego model）两种人类对时间的认知模式（Fleischman，1982；Anderson、Keenan，1990），时间移动模式是将现实世界（包括说话者本身）看作静态的恒量，而将时间看作动态的变量，时间的移动方向是从将来向过去流动，时间流动过程中必经过现实中静态的一切事物；自我移动模式是将时间看作静态的恒量，而将现实世界（包括说话者本身）看作动态的变量，自我移动的方向是从过去走向将来，移动过程中必经过静态时轴上的一切时点和时段。这两种时间认知模式如图5－36所示（Fleischman，1982：323—324）。

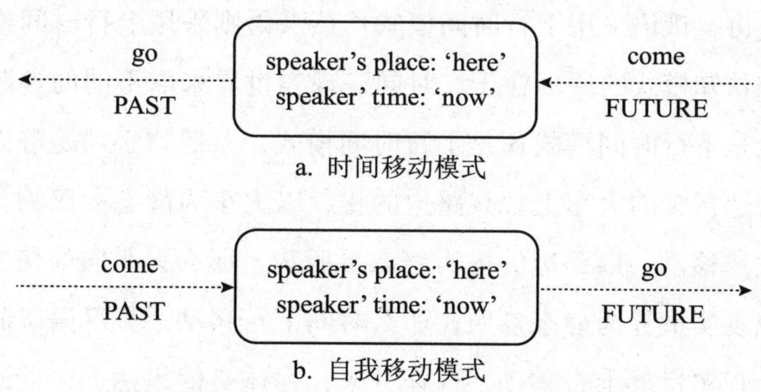

图5－36　时间移动模式和自我移动模式

假如我们将时间记作 t，包括说话者在内的现实世界记作 w，那么时间移动模式中 t 为动态而 w 为静态，自我移动模式中 w 为动态而 t 为静态。俄语属于时间移动模式语言。英汉语则属于自我移动模式语言。需说明的是，这种时间认知区分只是从体意义构建的角度来讲的，是一种总体上的时间认知倾向，而非绝对的。比如在不涉及体意义的语言编码中，时间移动模式语言中会有自我移动模式的编码，自我移动模式语言中也会有时间移动模式的编码，如英语具有时间移动模式“the coming week”和自我移动模式“the week ahead”两种模式的语言表达。Guillaume（1990：141—142）（转引自 Hewson，2012：513）将以时间移动模式来认知的时间称为“下行时间”（Descending Time，DT），以自我移动模式来认知的时间称为“上行时间”（Ascending Time，AT）。下行时间是人们对时间进行认知的客观意象。而上行时间则是对时间进行认知的主观意象。换言之，前者是客观时间，后者是主观时间，后者是一种主观上静止的无限通向未来的时间，它们的区别如图 5 –37 所示。

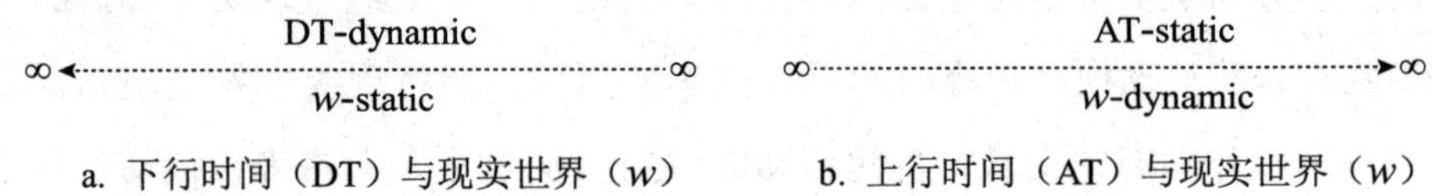

a. 下行时间（DT）与现实世界（*w*）　b. 上行时间（AT）与现实世界（*w*）

图 5 –37　下行时间和上行时间与现实世界的关系

大致来讲，俄语采用下行时间模式，英汉语则采用上行时间模式。造成这两种时间认知模式的原因在于，对同一现实世界采取不同的参照物或观察视点，无论是下行时间模式还是上行时间模式，参照物必须是静态的。犹如观察者在快速行驶的火车上观察路边的树，以火车为静态参照物，那么路边的树向后快速移动；以路边的树为静态参照物，那么火车向前快速行驶。同理，俄语以现实世界为静态参照，那么时间下行移动；英汉语以时间为静态参照，那么现实世界上行移动。这样一来，在体义的表达上，俄语以现实世界（空间）中的点或段为参照，即空间视点体；英汉语以时轴上的点或段为参照，即时间视点体，因而静态参照物的选择是造成这两种体类型的主要原因。

对于俄语和英汉语的两种不同时—体蕴含关系，俄语以静态空间为参照，而时间下行过程是瞬间即逝的，一般情况下在说话时间上很难观察到一个完整的情状，时点性情状也很难恰好发生在说话时间上，这是俄语中现在时不能与完整体搭配的原因；英汉语以静态时间为参照，现实情状对于说话者来讲，已经发生的（过去）和说话时间上（现在）正发生的情状一定是现实的，而尚未发生（将来）的情状一定是非现实的，这是英汉语中将来时不能与现实体搭配的原因。英汉俄在体义表达中参照点（或段）的位置如图 5－38 所示。

（w_R＝空间参照点或段；t_R＝时间参照点或段；$w_1/w_2/w_3$＝现实中的不同情状；t＝时间轴）

a. 俄语的空间参照　　b. 英汉语的时间参照

图 5－38　英汉俄在体义表达中的参照点（或段）位置

需说明的是，为便于讨论，我们在刻画英汉俄的基本时—体 ERS 关系时，时轴均假设为静态的。图 5－38a 中的 $w_1/w_2/w_3/w_R$ 都是静态的，w_R 和 $w_1/w_2/w_3$ 之间的关系原型是基于空间的完整/非完整（上位体义），完整/非完整的关系再映射到假设为静态的时轴上，那么时轴上的各种 ERS 关系则是从空间到时间的关系。这是一种抽象的隐喻关系。因此俄语的下位体义实际上是抽象体义，这种抽象体义必然受到空间原型体义的制约，即我们上一节所言的俄语时—体 ERS 关系受到双重限制。图 5－38b 中的 t_R 是静态的，而 $w_1/w_2/w_3$ 是动态的，由于 t_R 本身位于时轴上，那么 $w_1/w_2/w_3$ 首先映射到静态时轴上，即 $E_1/E_2/E_3$，与 t_R（或 R）形成各种位置关系（下位体义），而上位体义则是我们抽象出来的体义，因而英汉语中的原型体义是下位体义。因此可以说，尽管英汉俄中都具有上下位的体义关系，但俄语和英汉语的原型体义和抽象体义是不同的，如图 5－39。

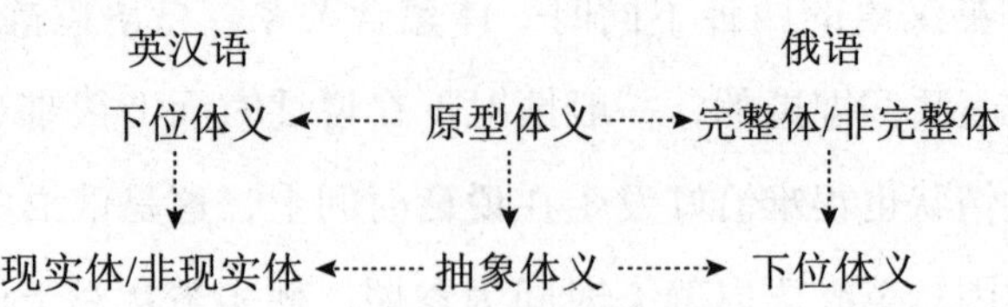

图 5-39　英汉俄中的原型体义和抽象体义

5.9　小结

本章基于事件时间 E 和参照时间 R 均可为时点和时段，建立了一个 ERS 逻辑模型，并用英汉语的基本时一体 ERS 结构、英汉语时间状语的 ERS 关联以及俄语的基本时一体 ERS 结构对模型进行了检验，结果表明，该 ERS 逻辑模型具有可靠性和普适性。在检验 ERS 模型的同时，也得出了以下四个方面的结论。

首先，英语和汉语在时一体意义组配数量方面有细微差异，汉语比英语少"过去时+将持续体"和"过去时+将进行体"两种，但具有相同数量的 ERS 时一体关系，即 33 种 ERS 关系，它们全部出现在模型的 125 种 ERS 逻辑关系中，这也是英汉语时一体表达的一种语义共性。英汉语在现实体和非现实体对立中的时一体意义组配数量相当，但现实体和非现实体对立中的 ERS 关系数量有倾向性，现实体的 ERS 关系远远少于非现实体的 ERS 关系。其主要原因在于，在"过去时+非现实体"和"将来时+非现实体"中，说话时间 S 和时段性参照时间 R 的位置关系有多种可能，即需考虑 S 和 Ri、Rd 之间的关系。

其次，英汉语简单句中的时间状语与时没有直接关系，其本质上是一个修饰参照时间 R 或者修饰事件时间 E 的修饰语，不允许出现空修饰现象。英汉时间状语所修饰的参照时间 R 与句子的时所触发的参照时间 R 在时轴上发生位置冲突均会生成不合法语句；英语时间状语修饰 R 还是 E 会导致句子歧义，而在含有句首时间状语和助词"过"的汉语歧义句中，"过"约束还是引入一个情状变量是句子歧义和时间状语修饰 R 或 E 的决定性因素。从句法

上看，修饰R的时间状语嫁接在AspP上，修饰E的则嫁接在VP或vP上。英语句首时间状语倾向于修饰R，而句尾的则可修饰R或E；汉语由于语序限制，句首时间状语可修饰R或E。汉语是话题优先型语言，时间状语不允许处于句尾，无论是修饰R还是修饰E的时间状语，只要位于句首，都可以认为是话题化驱动的移位。对于时—体算子及其辖域等级，时算子、句子体算子和动词体算子的辖域总会构成一个从宽域到窄域的等级，这与自然语言的时—体标志规律相吻合；辖域等级上的相邻算子需遵守"语义兼容性原则"，相邻算子或者它们所约束的变量之间不允许发生语义冲突，相邻算子或它们所约束的变量之间的语义兼容性是逻辑式和语句均合法的必要条件。

再次，通过对俄语中动词行为类型对状态、活动、单活动、达成以及成就五种现实情状的编码考察，建立了俄语的基本ERS时—体结构，完整体/非完整体是上位体义范畴，两者均包含下位体义。俄语的时—体ERS关系数量远远少于英汉语，原因在于，英汉语现实体/非现实体的对立与RE关系无关，RE关系只对下位体义起着单一限制作用；而俄语完整体/非完整体以及各自下位体义均由RE关系决定，RE关系同时影响上位体义和下位体义，起着双重限制作用，从而使不符合要求的ERS关系被排除了。

最后，俄语和英汉语的体类型差异以及时—体蕴含关系可归因于不同的时间认知模式。俄语属于时间移动模式或下行时间语言，英汉语属于自我移动模式或上行时间语言，但两种模式的共同点是均选择静态参照物，俄语以静态现实世界（空间）中的点或段为参照，即空间视点体；英汉语以静态时轴上的点或段为参照，即时间视点体。尽管英汉俄中都具有上下位的体义关系，但俄语和英汉语的原型体义和抽象体义不同，俄语的原型体义是上位的完整体/非完整体，抽象体义是下位体义；而英汉语的原型体义是下位体义，抽象体义是上位的现实体/非现实体。

总之，时—体的ERS逻辑模型一方面可以细致地刻画自然语言中的时—体表达，另一方面为不同语言中时—体表达的个性和共性研究提供了理论框架。

第6章 ERS的应用：个案分析

6.0 引言

ERS时间理论一方面有助于我们理解时范畴与体范畴的差异，从而解释语言中时—体表达在ERS上的关联；另一方面由于时与体本质上是语义范畴，ERS组配不仅有助于挖掘具有显性形态标记语言的时—体表达规律，还可明晰缺乏显性形态标记语言中时—体范畴的语义本质。

本章运用ERS理论阐释三个方面的问题。6.1节探讨汉语时间词“刚刚/刚/刚才”的时间语义差异及其隐性时—体表征功能；6.2节讨论基于ERS的组合—映射模型构建与“V了/过+数量名”结构的时—体意义；6.3节是本章的小结。

6.1 汉语时间词“刚刚/刚/刚才”的隐性时—体表征

6.1.1 问题的提出

在第4章我们曾提到时间副词“刚刚”在不含其他时间词的简单句中具有表“现在时”的功能，本节将其与另一时间词“刚才”进行详细比较。现代汉语中含有时间词“刚刚”“刚”及“刚才”的简单句其意义及合法性有差异，如下列英汉句子互译的情况。

（1）a. 他刚刚遇见了玛丽。

He met Mary just now. /He has just met Mary.

b. 他刚才遇见了玛丽。

He met Mary just now.

c. 他刚遇见了玛丽。

He has just met Mary.

（2）a. 他昨天刚刚遇见了玛丽。

He just met Mary yesterday. / * He has just met Mary yesterday.

b. * 他昨天刚才遇见了玛丽。

* He met Mary just now yesterday.

c. 他昨天刚遇见了玛丽。

He just met Mary yesterday.

（1a）有（1b）与（1c）两种解读，译成英语用一般过去时，“刚刚”等同于“刚才”，即“just now”，此时“刚刚”为时间名词，表示说话时间前不久发生了某事；译成英语用现在完成时，“刚刚”可替换为“刚”，即“just”，此时“刚刚”为时间副词，表示说话时间前不久发生的事件对现在有影响。(2a）只有（2c）一种解读，“刚刚”等同于“刚”，相对应的英语句子只能用一般过去时；在（2b）中，表过去时的“昨天”与“刚才”不兼容，对应的英语句子也不合法，显然两个时间词在时间定位上发生冲突。

以往对汉语“刚刚”“刚”“刚才”三个时间词的研究主要集中在词性、句法分布、语义以及语用功能等方面（冯成林，1981；邢福义等，1990；周晓冰，1993；周小兵，1996；聂建军、尚秀妍，1998；王还，1998；谢成名，2009)。但有三个问题值得继续深究。

首先，邢福义等（1990）认为“刚刚”的指称点都处在事件时间的始发点上，事件时间的始发点处于某时点前不久，而“刚才”用来确定事件发生的时间位置，不具有表示事件始发点的功能。问题是“刚刚”表时点还是时段，在ERS关系上“刚刚”和“刚才”有何差异？

其次，尽管“刚”和“刚刚”在用法上略有差异，但在ERS三者关系上无差异，然而谢成名（2009）提出“刚”没有固定的参照点，“刚才”以说话时间为固定参照点，后一观点与邢福义等（1990）认为的“刚才”总是以说话时间为参照时间一致。此处的“参照点”和“参照时间”实际上相当于“指示中心”（deictic center），与ERS理论中的参照时间不是同一概念。就ERS时—体表达来讲，“刚刚”和“刚才”的参照时间确定需在ERS关系上进行验证。

最后，学者们对“刚刚”“刚”“刚才”能否与体助词“了”同现在句法分布上作了描写（聂建军、尚秀妍，1998；谢成名，2009）。但在合法句子中，当它们与“了”共现或不共现时，分别扮演什么角色，表达何种时—体意义？需说明的是，本节的“刚刚”均为时间副词，而非可替换为“刚才”的时间名词；另外，“刚刚”“刚”“刚才”的指称时间与参照时间是不同的概念，前者指它们所表示的时间，后者指发话者使用它们时所采取的视点在时轴上的位置，本质上属于“视点时间”①。

6.1.2 “刚刚”“刚”的参照时间和指称时间

现代汉语在缺乏时—体助词“了”“着”“过”的情况下，时间副词也可表示特定的时—体意义，但不容易判断，需从时间语义上进行分析确认，如例（3）含有“刚刚”的句子。

（3）张三刚刚到车站。

---

① 需特别说明的是，解释时间概念时，常用“参照点/参照时间”等概念，这些概念与ERS理论中的参照时间R或视点时间不是同一概念。比如，“昨天”的意义是以说话时间为“参照点/参照时间”，表示说话时间当天的前一天，“参照点/参照时间”相当于“指示中心”，以说话时间作为“参照点/参照时间”来表达其他时间是默认的；而当说话者表达“昨天”的某一事件时，实际上其视点时间或参照时间R已经放到了“昨天”的时间位置上。以说话时间作为“指示中心/参照点/参照时间”属于元语言，是解释其他时间概念的概念，而视点时间或参照时间R则是影响时（其与说话时间的关系）与体（其与事件时间的关系）的决定性时间。

也许有人会认为（3）表过去时—完成体，给出的原因或许是，句中“刚刚”以说话时间S为参照，表示说话时间前不久并且事件已经完成。这就产生了一个逻辑谬误，既然以说话时间为参照，那么参照时间R与说话时间S一定重叠（R = S）；但在ERS理论中，过去时必须将参照时间置于说话时间之前（R < S）。究竟是R = S还是R < S？其实完成体也有E = R和E < R两种刻画，因而例（3）的ERS可能组配共有2 ×2 =4种模式。

（4）a.（R = S）&（E = R），即E = R = S，（现在时—惯常体或现在时—进行体）

b.（R = S）&（E < R），即E < R = S，（现在时—完成体）

c.（R < S）&（E = R），即E = R < S，（过去时—完成体或过去时—进行体）

d.（R < S）&（E < R），即E < R < S，（过去时—完成体）

上述ERS组配都出现在Reichenbach的时模型中，我们给出的时—体名称是针对例（3）的。（4a）现在时—惯常体、（4b）现在时—完成体、（4c）过去时—完成体以及（4d）过去时—完成体分别对应于Reichenbach的一般现在、现在已行、一般过去以及过去已行，而（4a）现在时—进行体与（4c）过去时—进行体是Reichenbach所遗漏的。进行体要求E = R或者E真包含R，E = R有两种解读：其一，E和R均为时段，如英语传统语法的现在完成进行、过去完成进行、将来完成进行以及过去将来完成进行，它们不允许绝对时点性状语修饰，如“＊he has been running at six o' clock”；其二，R为时点，而实际为时段的E也被看作时点，如“he was running at six o' clock”，此时也可说E真包含R。再来看（4a）—（4d）中哪种是例（3）的刻画模式。（4a）的两种时—体搭配和（4c）的过去时—进行体显然可以排除，（4d）的R在E和S之间，是刻画“过去的过去”的典型模式，也排除。只剩下（4b）的现在时—完成体（E < R = S）和（4c）的过去时—完成体（E = R < S）两种可能。假设（3）表示过去时—完成体，即R与E重叠且前于S，也

就是发话者将观察视点放在说话时间之前事件瞬间结束的时点上。这样一来，因为重叠的E和R一定是时点，而该时点又发生在S之前的短暂时段内，那么（3）从逻辑上讲可添加过去绝对时点性状语对完结事件进行时间限定，假如S是早晨六点半，如（5）。

（5）张三六点刚刚到车站。

（5）是一个歧义句，有三种意义解读。其一，“刚刚”表“正好、恰好”，这种情况与讨论的话题无关，可以排除。其二，表达“张三在六点之前的短暂时段内到了车站”，而不是在“六点或六点之后到的”，“六点”与参照时间R关联。从ERS关系上讲，表示为$E<R<S$，R=六点，E在R之前，E和R之间很短暂。由于R位于S之前，那么表达过去时。然而这个过去时与前文我们假设的过去时在ER关系上不一致，即在此处的过去时中，过去绝对时点状语反而使E和R不能重叠（$E<R<S$）。如果要求E和R一定重叠在S之前不久的一个时点上，只能是删除“刚刚”后的“张三六点到了车站”。这与前文的逻辑推理“当$E=R<S$时，可添加过去绝对时点状语对完结事件进行时间限定”相悖，这说明“刚刚”不是表示过去不久某一时点。其三，例（5）可表达“张三在六点整到达车站”，六点相对于说话时间S来讲很近，也就是S充任了参照时间R，而“六点”与事件时间E关联，从ERS关系上看，表示为$E<R=S$，E=六点，R与S重叠，E和R之间很短暂。由于$R=S$，因而这种意义解读时例（5）表示现在时。

以上分析进一步验证了5.4节和5.5节中得出的两个结论：一是时间状语修饰E还是R会导致歧义句，二是时间状语与时没有直接关系。再来看前文将例（3）假设为过去时—完成体时与例（5）的关系。例（5）做第三种意义解读时表示现在时，显然与例（3）的假设相矛盾；当例（5）做第二种意义解读时表示过去时，在时表达上虽然一致，但ERS关系不同，例（3）假设为过去时—完成体时其ERS关系为$E=R<S$，而例（5）做第二种意义解读时的ERS关系为$E<R<S$。这说明，当R和E重叠且前于S时（$E=R<$

S)，逻辑上可用过去绝对时点对完结事件加以限定，但“刚刚”却强制使 R 移位于 E 之后、S 之前（E≠R < S)，这显然是一个逻辑悖论。

以上推理表明，例（5）做以上第二和第三两种意义解读时的 ERS 关系均与例（3）假设为过去时—完成体时的 ERS 关系相矛盾。因而我们可以得出结论，例（3）假设为过去时—完成体（E = R < S）错误，那么例（3）只有现在时—完成体一个选择，即 R 与 S 重叠且位于 E 之后（E < R = S)。因此例（3）中的“刚刚”以说话时间 S 为参照时间 R，指称事件时间 E 和参照时间 R 之间的短暂时段，而不是时点。下例（6）也可验证例（3）的 ERS 关系是 E < R = S。

（6）＊a. 张三刚刚正去车站。

＊b. 张三刚刚正在写作业。

c. 张三刚刚到车站五分钟。

d. 张三刚刚到美国两天。

“刚刚”如果是时间名词，（6a）与（6b）都合法，但做时间副词都不合法，原因在于，“刚刚”要求 E < R，而表进行体的“正/正在”则要求 E = R，一个单句中出现两个参照时间，这在单句的 ERS 关系中是不允许的。也可以说，现在时—进行体表时点，而“刚刚”表时段，两者相冲突。正因为“刚刚”指称时段，其允许表完结事件的动宾短语后添加表少量的时量成分，如（6c）与（6d)。需说明的是，“刚刚”的“时量小”是说话者的主观概念，如“张三刚刚毕业半年”，其中“刚刚”隐含事件完结后持续了不长时间，而不是指事件本身。对于例（3）来讲，“刚刚”是以说话时间为参照时间，表达说话时间之前很短时间内“张三到了车站”，其实过去时—完成体是“张三到了车站”的时—体意义（E = R < S)，即 R 在 S 之前，如“张三六点到了车站”就合法，但再添加“刚刚”就改变了 R 的位置。“现在时—完成体”如图 6 – 1 所示，“过去时—完成体”如图 6 – 2 所示。

至此可验证前言中有关“刚刚”的指称点都处在事件时间的始发点上的

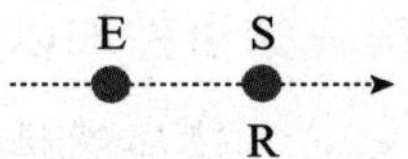

图6-1　现在时—完成体

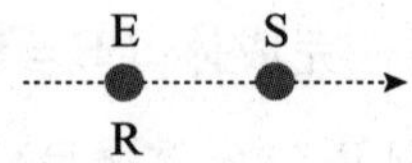

图6-2　过去时—完成体

观点（邢福义等，1990）。“刚刚”指称时段，不指称事件时间的始发点，始发点只能是时点。在不含其他时间词的单句中，“刚刚”的参照时间与说话时间重叠，表现在时，指称事件时间到说话时间之间的主观性短暂时段。认为“刚刚”指称时点的问题在于，将参照时间放在与事件时间重叠的位置上，即认为类似例（3）的句子表过去时。情状可分为时点性情状和时段性情状，用成就动词表时点性情状时，“刚刚”可出现在如例（3）的现在时—完成体中，也可出现在如例（5）的过去时—完成体中，还可出现在将来时—完成体中，如复句“明天你去接张三时，他会刚刚到车站”。在时段性情状中，“刚刚”可表达“起始行”，如复句“我刚刚采访张三，他晕倒了”，其中“刚刚”以“他晕倒了”为参照时间，指称“从开始采访到晕倒”之间的短暂时段，因此“起始行”也并非绝对的起始时点。

对于另一时间副词“刚”，尽管在语用及句法分布上与“刚刚”略有差异，但涉及ERS语义关系，我们认为两者相同，不再专门探讨。目前分析结果支持周小兵（1996）的结论，即在“刚+V+M”（V为谓语动词，M为时量宾语）结构中，M的终点与叙述时点重合，如（6c）、（6d）中可将“刚刚”替换为“刚”，这也说明在不含其他时间词的单句中，“刚”的参照时间R也与说话时间S重叠。对于周文的另一结论“在‘刚才+V+M’中M的终点只能在叙述时点前不久”，我们在考察过“刚才”的ERS关系后才能判断其是否正确。

6.1.3 “刚才”的参照时间和指称时间

王还（1998）将时间名词“刚才”与时间副词“刚刚（刚）”比作英语的“just now”和“just”，尽管在互译中不一定完全对等，但体现了它们之间的时间差异。

（7）a. 张三刚刚到车站。

b. Zhangsan has just arrived at the station.

c. 张三刚才到了车站。

d. Zhangsan arrived at the station just now.

巧合的是，英语（7b）也是现在时—完成体（E < R = S），并且不允许过去绝对时点状语修饰，如“＊Zhangsan has just arrived at the station at six o'clock”；而汉语在添加过去绝对时点状语后改变了参照时间的位置。原因在于，英语有显性时标记，强制要求R与S重叠，R不允许位于过去的“six o'clock”时点上（R < S）；而汉语没有显性时标记，需从语义上解读。英语（7d）从标记上看是过去时—完成体（E = R < S），那么汉语（7c）是否和英语（7d）表达相同的时—体意义？（7c）中的动词词尾完成体标记“了”不允许删除。至此还不能说“刚才”就表过去时，“刚刚”的分析已经给了一个启示。如果（7c）表过去时，需证明参照时间位于说话时间之前（R < S）。为方便对比，将上一节部分例子的“刚刚”替换为“刚才”，如（8）。

（8）＊a. 张三刚才到车站。

＊b. 张三刚才到车站五分钟。

c. 张三刚才正去车站。

d. 张三刚才正在写作业。

可发现，含有“刚刚”的合法句子替换为“刚才”后不合法，而不合法的替换后却合法。聂建军、尚秀妍（1998）发现“刚才”的功能相当于“上午、昨天”，指过去某一时段，谢成名（2009）则提出“刚”表达一种时间关系，“刚才”表达绝对时间概念。先看表进行体的合法句子（8c）、（8d），进行体要求事件时间和参照时间重叠（E = R）。假设决定时意义的 SR 关系为 R < S，正好组成 E = R < S，即过去时—进行体。上一节提到，这种情况是将现实中实际体现为时段的 E 也看作时点，为避免与图 6 - 2 的过去时—完成体混淆，可将过去时—进行体刻画如图 6 - 3 所示。

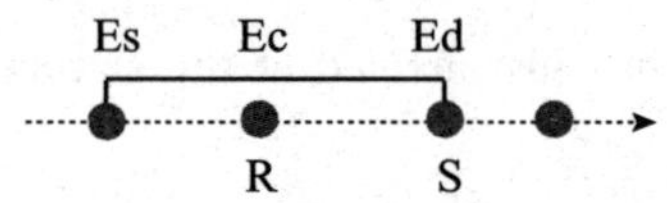

图 6 - 3　过去时—进行体

过去时—进行体的 ERS 关系实际上应为 R ⊂E < S（“⊂”表“真包含于”），参照时间 R 可以在事件时间的始发点 E_s 和终结点 E_d 之间随意移动。图 6 - 3 中假设 R 与 S 重叠，事件时间内就缺乏观察视点，进行体无法表达，或者产生如“ * 张三刚刚正去车站”中两个不同 R 的情况。（8a）不合法是因缺少体标记，但（8b）为何不合法？其实（8b）不合法与“刚才”无关，因为删除“刚才”后的“张三到车站五分钟”仍不合法。周小兵（1996）发现，在“刚才 + V + M”中，谓语不能是光杆动词，后面一定带体标记“了、过”。但“ * 张三刚才到了车站五分钟”仍不合法，而“张三刚才到过车站五分钟”却合法，原因何在？这与“到了车站”和“到过车站”的参照时间 R 有关，“到了车站”的 R 是时点，无法与表持续的时量补语搭配。“到过车站”的 R 是时段，可与表持续的时量补语搭配，意思是“到达车站”这个瞬间动作实现后又持续了一段时间，但在说话时间上“已不在车站”。这也验证了周小兵（1996）关于在“刚才 + V + M”中 M 的终点只能在叙述时点前不久的观点。参照时间前于说话时间的思路（R < S）既可解释合法句子（8c）、（8d）的过去时—进行体（R ⊂E < S），也可断定合法句子（7c）为过去时—完成体（E = R < S），实际上还可刻画过去时—将行体（R < E < S），如“张三刚才将要去车站”，但不能刻画现在时（R = S）和将来时（S < R），如

“＊张三此时刚才到了车站”与“＊明天你去接张三时，他会刚才到车站”。这说明“刚才”倾向于是一个表时意义的时间名词，即它的SR关系是固定的。换言之，R的位置被锁定在S之前的时段“刚才”内，但R的具体位置要看发话者采取何种观察视点，即RE关系反而不固定。

现在可验证前言中的第二个问题，即谢成名（2009）提出的“刚”没有固定参照点，“刚才”以说话时间为固定参照点的观点。尽管“固定参照点”与我们所言的参照时间不是同一概念，但就ERS时—体表达来讲，很有必要进一步澄清。在时—体表达的ERS三个时间概念上，“刚刚”或“刚”在不含其他时间词的单句中以说话时间为参照时间，在复句中通常以另一事件发生的时间为参照时间，其参照时间相对固定；“刚才”不能以说话时间为参照时间，必须将参照时间置于说话时间之前不久，参照时间的位置以“刚才”为框架，相对自由。“刚才”指称说话时间之前客观性的短暂时段，“刚才”无法与表现在和将来的时间名词兼容，本质上是由于不同位置的参照时间R产生了冲突。

6.1.4 “刚刚”“刚才”与情状变量

本节采用情状与情状变量两个术语，以便对句子所表达的时—体意义和说话时间上的情状作出区分。时—体意义无须再论，情状是现实中一切静态与动态的客观情形。客观情状如果采用二分法可分为时段性情状和时点性情状，时段性情状包括静态持续情状（statically durative situation）和动态进行情状（dynamically progressive situation），而时点性情状就是我们所言的情状变量，指静态持续情状和动态进行情状两者之间相互转换时的分界点。对于时—体和说话时间上情状的区别，比如“张三去过美国”表“过去时—经历体”，但说话时间上的情状是“张三不在美国”。时间副词“刚刚”和时间名词“刚才”除了表不同时—体意义外，包含这两个词的句子所反映的情状有时也有差异。先考察“刚刚”和“刚才”与“了”共现的情况，如例（9）。

（9）a. 张三去了车站。

b. 张三去车站了。

（9a）可解读为“张三已到达车站”，词尾“了”表过去时—完成体[①]，而（9b）则为“张三处在去车站的过程中，发话者不知道是否到达”，句尾“了”表过去时—起始体，其实一情状起始也就隐含了该情状持续。尽管两例表不同体意义，但都隐含相同情状“张三在说话时间上还没回来”。给（9a）与（9b）分别添加“刚刚”和“刚才”得到例（10）。

（10）a. 张三刚刚去了车站。 c. 张三刚才去了车站。

b. 张三刚刚去车站了。 d. 张三刚才去车站了。

需说明的是，（10a）与（10b）都有歧义，其一仅指“事件时间与说话时间之间的时段短暂”；其二可表明发话者的主观情态，“事件实际发生时间晚于发话者心理预期的事件发生时间，并且事件时间与说话时间之间的时段短暂”，第二种意义“刚刚”需重读，我们只讨论第一种。（10a）与（10b）都隐含“张三在说话时间上还没回来”，但词尾“了”和句尾“了”却表达不同的体意义。（10c）与（10d）都有两种解读：其一，与（10a）与（10b）相似，也隐含“张三在说话时间上还没回来”；其二，不受词尾“了”和句尾“了”的影响，均隐含“张三在说话时间上不在车站”。第二种解读显然是由于添加“刚才”引发的，可以说是“刚才”引入了情状变量，即隐含一个表示情状改变意义的分界点，同时表达经历体。类似例子还有（11）。

（11）a. 张三刚刚爬上了树。 e. 张三刚才爬上了树。

b. 张三刚刚爬上树了。 f. 张三刚才爬上树了。

---

① 需说明的是，在体的研究中，词尾“了”的完成体义只与情状有关，与动作对象或目标是否完成无关。“去了车站”如果表达“已经到达车站”，则表示“去车站”的情状终结；“去了车站”如果表达“还没到达车站”，则表示“没去车站”到“去车站”的情状改变，即“没去车站”的情状终结。句尾“了”通常表达新信息或新情况的出现，即起始体（金立鑫，2003；金立鑫、于秀金，2013）。

c. 张三刚刚进了教室。 g. 张三刚才进了教室。

d. 张三刚刚进教室了。 h. 张三刚才进教室了。

（11a）、（11b）都隐含“张三在说话时间上还在树上”，这一点与（10a）、（10b）不同，是因为（11a）、（11b）又增加了一个动词后结果性补语成分“上”而引起的。而（11e）、（11f）仍有两种情状解读，“张三在说话时间上还在树上”和“张三在说话时间上不在树上”。（11c）、（11d）与（11g）、（11h）的对立同样如此。但例（12）所表示的情状却没有差异。

（12）a. 张三刚刚吃了饭。 e. 张三刚才吃了饭。

b. 张三刚刚吃饭了。 f. 张三刚才吃饭了。

c. 张三刚刚认识了李四。 g. 张三刚才认识了李四。

d. 张三刚刚认识李四了。 h. 张三刚才认识李四了。

（12e）—（12h）中的“刚才”并没有引入一个情状变量，所隐含的情状与（12a）—（12d）相似。通过以上分析，“刚刚”和“刚才”与词尾“了”或句尾“了”在单句中共现时是否引入情状变量以及句子所表达的体意义可总结见表6－1。

表6－1 “刚刚”和“刚才”与“了”共现

<table>
<tr><th></th><th>引入情状变量</th><th>句子体义</th></tr>
<tr><td>“刚刚”句</td><td>否</td><td>完成体（词尾“了”）
起始体（句尾“了”）</td></tr>
<tr><td rowspan="2">“刚才”句</td><td>否</td><td>完成体（词尾“了”）
起始体（句尾“了”）</td></tr>
<tr><td>是</td><td>经历体</td></tr>
</table>

表6－1描述为，“刚刚”如果与词尾“了”或句尾“了”共现，“体”意义由“了”的类型决定，“刚刚”只表达事件时间E和说话时间S之间的

时间段短暂，不引入情状变量。“刚才”如果与词尾“了”或句尾“了”共现，有两种解读：其一，当“刚才”给句子引入一个情状变量时则表示经历体，虽然词尾“了”或句尾“了”优先约束了另一变量，但整个句子的体义由“刚才”决定；其二，当“刚才”不给句子引入情状变量时则不表示经历体，体义由词尾“了”或句尾“了”决定。

下面再看“刚刚”和“刚才”与“了”不共现的情况。前文探讨与“了”共现时，由于词尾“了”和句尾“了”的语法位置固定，“刚刚”和“刚才”是否引入情状变量以及句子所表达的时—体意义容易把握，但“刚刚”与“刚才”与“了”不共现时，可与它们搭配的语法成分很多，我们尝试将客观情状作一个简单分类，然后在情状的不同位置嵌入参照时间 R，考察“刚刚”与“刚才”与其他语法成分组配时所能表达的体义以及是否引入情状变量。前文提到，客观情状可分为时段性情状和时点性情状，时段情状不隐含情状变量，而时点情状隐含情状变量，我们曾在图 4 -6 中展示了二分情状与体义的关系，为方便讨论，再次列出，如图 6 -4 所示。

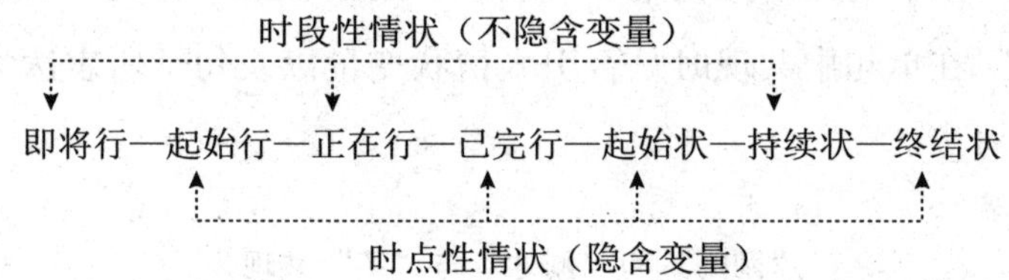

图 6 -4　二分情状与情状变量

在图 6 -4 中，“正在行”是动态进行，“持续状”是静态持续。体义由左向右依次为将行体、动态起始体、进行体、动态完成体、静态起始体、持续体、静态完成体。首先看时间副词“刚刚”的情况。在探讨参照时间时已提及，“刚刚”不能用于“正在行”和“持续状”，如（13a）、（13b），但可用于“即将行、起始行、已完行、起始状、终结状”，如（14a）、（14e）。对（14a）、（14e）分别作删除“刚刚”测试，删除“刚刚”后的结构所表达的情状假设是［＋Sit］，如果“刚刚”引入变量记作［－Sit］，不引入变量仍为［＋Sit］。

（13）＊a. 张三刚刚正在读书。（正在行）

＊b. 张三的脸刚刚很红。（持续状）

（14）a. 张三刚刚准备去车站。（即将行，[－Sit]）

b. 张三刚刚去车站。　　（起始行，[－Sit]）

c. 张三刚刚到车站。　　（已完行，[＋Sit]）

d. 张三的脸刚刚红。　　（起始状，[－Sit]）

e. 张三的头疼刚刚好。（终结状，[－Sit]）

在（14）中，删除“刚刚”后的结构有的能成句，有的不能。可发现，如果初始结构表时段性情状，即不隐含情状变量，“刚刚”都能给其引入一个变量，如（14a）、（14b）和（14d）、（14e）；如果初始结构表时点性情状，即隐含一个情状变量，“刚刚”不再引入情状变量，如（14c）。如果将动词分为状态、活动、单活动、成就以及达成五类情状类型，其中成就动词隐含一个情状变量，“刚刚”不再引入，如果初始结构隐含由“开始”及结果补语“完、上”引入的变量，“刚刚”也不再引入，如（15）；但“刚刚”能给不隐含情状变量的状态、活动、单活动以及达成的光杆动词引入一个变量，如（16）。

（15）a. 张三刚刚出现。　　　　（成就动词，[＋Sit]）

b. 张三刚刚爱上李四。　　（状态动词，[＋Sit]）

c. 张三刚刚跑完步。　　　（活动动词，[＋Sit]）

d. 张三刚刚开始敲门。　　（单活动动词，[＋Sit]）

e. 张三刚刚建完一栋房子。（达成动词，[＋Sit]）

（16）a. 张三刚刚认识我。　　（状态动词，[－Sit]）

b. 张三刚刚跑步。　　　　（活动动词，[－Sit]）

c. 张三刚刚敲门。　　　　（单活动动词，[－Sit]）

d. 张三刚刚写信。　　　　（达成动词，[－Sit]）

综合例（14）和（16），“刚刚”能引入情状变量时可表达将行体、动态和静态起始体以及静态完成体，而不能引入变量时的体义不确定，由其他语法成分负载。再看时间名词“刚才”对图6-4中不同情状的表达可能性，采用与“刚刚”同样的测试方法，初始结构的情状假设是［+Sit］，如果“刚才”引入变量记作［-Sit］，不引入变量仍为［+Sit］，如（17）。

（17）a. 张三刚才将要去车站。　　（即将行，［+Sit］）
　　b. 张三刚才六点开始跑步。　（起始行，［+Sit］）
　　c. 张三刚才正在写信。　　　（正在行，［+Sit］）
　　d. 张三刚才到过车站。　　　（已完行，［+Sit］）
　　e. 张三的脸刚才突然变红。　（起始状，［+Sit］）
　　f. 张三刚才脸很红。　　　　（持续状，［+Sit］）
　　g. 张三的头疼刚才才好。　　（终结状，［+Sit］）

可发现，无论初始句中是否隐含情状变量，“刚才”都不引入变量，那么再用五类不同情状类型的动词测试如（18）。

（18）*a. 张三刚才认识我。（状态动词）
　　*b. 张三刚才跑步。　（活动动词）
　　*c. 张三刚才敲门。　（单活动动词）
　　*d. 张三刚才出现。　（成就动词）
　　*e. 张三刚才写信。　（达成动词）

在（18）中，“刚才”并不能给任何动词引入情状变量，并且句子均不合法。因此，在没有词尾“了”或句尾“了”的单句中，“刚才”不能引入情状变量，只具有时间定位的功能，体义不确定，由其他语法成分负载。最后，“刚刚”和“刚才”与词尾“了”或句尾“了”在单句中不共现时，是否引入情状变量以及句子所表达的体义可总结见表6-2。

表 6-2　　“刚刚”和“刚才”与“了”不共现

	引入情状变量	句子体义
“刚刚”句	否	不确定(其他语法成分)
	是	将行体、动态和静态起始体以及静态完成体
“刚才”句	否	不确定(其他语法成分)

本节利用 ERS 时—体理论重新审视了“刚刚/刚/刚才”的时间语义差异，得出了与以往研究不同的结论。时间副词“刚刚”与“刚”在 ERS 语义方面无差异，但与时间名词“刚才”的差异很大。在不含其他时间词的单句中，“刚刚”是一个表现在时的时间副词，指称 E 与 S 之间主观意义的短暂时段，不能指称时点，其 R 与 S 重叠，R 相对固定。“刚才”是一个表过去时的时间名词，指称 S 之前客观意义的短暂时段，在单句中以 S 之前短暂时段内的任意点为 R，R 位置相对自由，R 与 S 不能重叠。与体助词“了”共现时，“刚才”引入情状变量时句子表经历体，“刚刚”不能引入；与体助词“了”不共现时，“刚刚”引入情状变量时句子表将行体、动态和静态起始体以及静态完成体，“刚才”不能引入。现代汉语除时—体助词外，一些时间副词也对时—体表达有贡献，但有时仅仅依赖语感很容易做出不妥的结论，这说明汉语的时—体表达很大程度上是隐性的，需从时间语义及句法分布上进行验证。

6.2　组合—映射模型与汉语“V 了/过 + 数量名”结构

6.2.1　问题的提出

本节将讨论对象局限于汉语“V 了/过 + 数量名”结构中的词尾“了”和“过”，探讨其时—体意义差异以及相关合法与不合法结构形成的原因。有时同一情状类型的动词出现在“V 了/过 + 数量名”结构中，句子合法性有差异，如下例（19）。

（19）a. 他认识了一个姑娘。

*b. 他认识过一个姑娘。

*c. 他爱了一个姑娘。

d. 他爱过一个姑娘。

不同的动词具有不同的时间特征，“爱”相对于“认识”在时轴上还是具有相对的潜在定点（telic）特征，即终结点，因而（19d）合法而（19b）不合法，但是为何（19c）不合法？其与动词有关还是与“了”和“过”有关？“了”和“过”是否也与定点性（telicity）相关？显然只考察光杆“了”和“过”无法找到答案。英语谓语、句子或其所表达的情状是否定点可分别用表完结的“in some time”和表持续的“for some time”时间状语来测试，而汉语则依据时量短语在动词的前后位置来表达是否定点，如下例（20）。

（20）a. He ate apples for ten minutes.

他吃了十分钟（的）苹果。　（非定点）

b. He ate the apples in ten minutes.

他十分钟吃了这些苹果。　（定点）

c. He ate an apple in ten minutes.

他十分钟吃了（一）个苹果。　（定点）

*d. He ate apples in ten minutes.

*他十分钟吃了苹果。　（不合法）

根据 Verkuyl（1993：22），（20a）—（20c）是否定点与体的语义组合有关，（20d）不合法可归因于谓语或句子的无界持续或非定点情状与完结性时间状语“in ten minutes”的错位搭配，但是这一方法仍然无法解释（21）

中的汉语现象。

（21）a. 他十分钟吃了一个苹果。

b. 他十分钟吃了个苹果。

c. 他吃过一个苹果。

＊d. 他吃过个苹果。

＊e. 他十分钟吃过一个苹果。

＊f. 他十分钟吃过个苹果。

合法句子（21a）—（21c）都是定点的，但为何（21d）—（21f）不合法？我们拟基于语法成分的时间特征，构建一个跨时空组合—映射语义模型，以期对以上相关问题做出解释。

6.2.2　语法成分的时间特征

世界语言分为量词语言和非量词语言，英语是非量词语言，汉语是量词语言。Chierchia（1998）用语义参数区分了两类名词短语，具有［+pred，-arg］特征的为谓词，而具有［-pred，+arg］特征的为论元，汉语名词短语属于后者，汉语所有名词都是不可数名词（mass noun），需要一个量词系统对名词加以量化或个体化，因而汉语名词本质上是复数的，不需要特定的复数标记。但汉语名词与英语名词在复数概念上不同，非量词语言的复数名词可直接用数词加以个体化，如“apples”中可有“one apple”，而量词语言的所谓复数名词由于缺乏［数］的个体化特征，则不可直接用数词修饰（顾阳，2008），如“＊一苹果”。从本质上讲，英语复数名词的个体是有界的（bounded），汉语所谓复数名词的个体是无界的（unbounded）。汉语名词的有界性特征由量词承载，因此汉语的名词相当于英语的不可数名词。名词的有界性是人类对空间实体作格式塔完形识解的产物，数词则是实体有界性的衍生物，这里的数词指离散的自然数，实数中的小数则是非离散的。从时间属性来看，静态实体是恒定非定点的，一般认为不具有时间属性（标示为［－T］），而数词具有时间属性，带有时点特征，但这种时间属性需要其他相关数词作为背景方可被激活，比赛中的“一、二、三”计时是最好的例证。动词具有时间属性，但不同情状类型的动词隐含不同的时间结构，(22)—(25）是状态、活动、成就以及达成四类动词在“V了/过＋数量名”结构中的合法性情况。

(22) *a. 他爱了一个姑娘。　　c. 他爱过一个姑娘。

*b. 他爱了个姑娘。　　*d. 他爱过个姑娘。

(23) a. 他读了一本书。　　c. 他读过一本书。

b. 他读了本书。　　*d. 他读过本书。

(24) a. 他看见（了）一个苹果。　　c. 他看见过一个苹果。

b. 他看见（了）个苹果。　　*d. 他看见过个苹果。

(25) a. 他吃了一个苹果。　　c. 他吃过一个苹果。

b. 他吃了个苹果。　　*d. 他吃过个苹果。

“爱”“读”“吃”是持续非定点的，具有时段特征（标示为［＋T^I］）；“看见”则为定点非持续的，具有时点特征（标示为［＋T^P］）；“爱”是静态的，而“读”“看见”“吃”是动态的。常用的情状类型参数无法解释上述不合法的句子。Pan（1993）认为，“了”是一个只约束情状变量的选择性约束语，只有阶段谓词（stage－level predicate）可引入情状变量，而个体谓词（individual－level predicate）则不可。在（22)—(25）中，“读”“看见”“吃”是阶段谓词，“爱”是个体谓词，因而“了”在（22a）与（22b）中无法找到可约束的情状变量，因此不合法，但仍然无法解释为何（22d)—(25d）同样不合法。个体谓词和阶段谓词的区分实际涉及动词的均质性问题，(23)—(25）中的合法句子都表示事件结束，事件结束可解读为一种状态的改变。成就动词“看见”本身隐含状态的改变，体现为非均质性和离散性。活动动词“读”和达成动词“吃”在持续时段上并非具有绝对均质性，是离散的，在时间和空间中均具有“间隙”。而心态动词（“爱”“恨”等）在持

续时段上具有绝对均质性和非离散性，不容忍任何“间隙”的存在，“他爱过一个姑娘”则不同，表达心理状态的完结，即处于“不再爱”的状态。

动词的定点性和均质性只体现了不同类型动词具有不同的时间特征，但动词的时间特征差异仍不是（22d）—（25d）不合法的原因。金立鑫（2002：42）发现助词“了”与其他句子成分（动词、主语、动词后的时段定语/宾语）共同作用于汉语句子的体，表达事件结束、行为延续及状态延续的体意义，但无法解释非定点的“他吃了苹果”以及不合法的“＊他十分钟吃了苹果”，后者是引言中的（20d），不合格已经解释，也可理解为完结性时间状语与汉语“苹果”的无界性相冲突。如果换个视角，“了”带有时点特征，可引入状态改变的体意义，那么“他吃了苹果”体现为“没吃苹果”到“吃了苹果”的瞬间状态改变，与事件的定点性无关；同理，“他去了北京”也得以解释。“过”的时间特征显然与“了”不同，“过”具有时段特征，如“他一小时前吃过苹果”，但时段“一小时前”与事件“吃苹果”本身的时间结构无关，而与说话时点有关。但“了”和“过”的时间特征差异至此仍无法解释“＊他吃过个苹果”不合法。

6.2.3　基于 ERS 的组合—映射模型构建

Krifka（1992）运用格理论（lattice）定义了受事名词和事件之间的动态同构关系，“一个苹果”可看作由其真包含的“苹果的各部分”组成，事件“吃了一个苹果”则由各子事件构成，物量和事件量之间具有渐变同质性，渐变同质性是渐变事件的特征，非渐变事件则不具有该特征。Krifka（1992：39、42）认为渐变受事与事件之间的同构关系涉及实体的映射和事件的映射，即“吃了一个苹果”的事件量与实体“一个苹果”的消耗量是同构的，但该同构关系只涉及事件与事件中的受事，仍局限于空间域，与时间域无关。时间是非离散的，但为方便研究，假设存在一系列的离散时间点。

我们在构建语句时通常设法将空间域的情状置于以说话者为核心的时间

域中，即空间域情状的语言表达必须进行时空定位，否则语言表达只是一个非现实句或一个命题（顾阳，2008）。下面以“吃了/过一个苹果”为例建立一个语义模型，模型涉及从空间情状结构到时间结构的映射，即语言编码需要表征情状结构从空间域到时间域的定点或非定点特征方可合法，但映射前空间域中带有不同时间特征的语法成分首先组合，即组合—映射语义模型 M。需说明的是，语法成分的组合是一个事实，因为语法成分只有实现组合才能构成句子，而映射则是语法成分在组合后向时间域的映射，如图 6-6 所示。另外，由于“了”具有时点性，而“过”具有时段性，它们与动词组合后语法成分的时间特征仍体现为“了”和“过”的时间特征，即“V 了”和“V 过”的时间特征不受动词时间特征的影响，因而“V 了”和“V 过”在组合中分别作为独立的语法成分，即集合中的单一元素。我们将带有界性特征的量词设为算子 Q，即映射函数，空间定义域为 L，时间值域为 T，T 中包含事件时间 E、参照时间 R 以及说话时间 S 三个参数，那么模型 M =〈L，T，Q〉，定义如下：

（26）a. 在空间定义域 L 中：

V_{+T} = {吃}，Par_{+T} = {了，过}，N_{-T} = {苹果}，$Numn_{+T}$ = {1，2，3，…，n}，那么空间定义域 L = {$VPar_{+T}$，N_{-T}，($Num1_{+T}$，$Num2_{+T}$，…，$Numn_{+T}$)}；

b. 在时间值域 T 中：

时间点 t_1，t_2，t_3，…，$t_n \in I$，E_i，E_{c1}，E_{c2}，E_{c3}，…，E_d，S，R $\in$ I，那么时间值域 T = {t_1，t_2，…，E_i，E_{c1}，E_{c2}，E_{c3}，…，E_d，S，R，…，t_n}；

c. Q = {$个_{+B}$}；

d. Q(L) = T^P 当且仅当 L 中任一元素具有［$+T^P$］特征；

e. Q(L) ≠ T^P 当且仅当 L 中任何元素均不具有［$+T^P$］特征。

有界性特征是函数空间上算子的基本属性，可以假设，起初量词作为名词的谓词，由于其具有界性特征（标示为［+B］），发生了算子Q移位现象，即从名词的谓词位置移至空间域的谓词位置。空间定义域中任何带时点特征的自变量均可通过带界性特征的算子Q映射到时间值域中，生成时点因变量。数词的映射体现为数词与时点之间的单射，如图6-5所示；空间域到时间域的映射则体现为先组合后映射的过程，如图6-6所示。

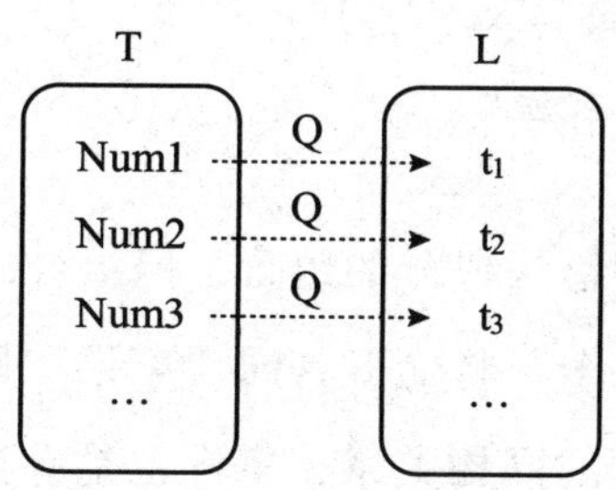

图6-5　数词与时点间的单射

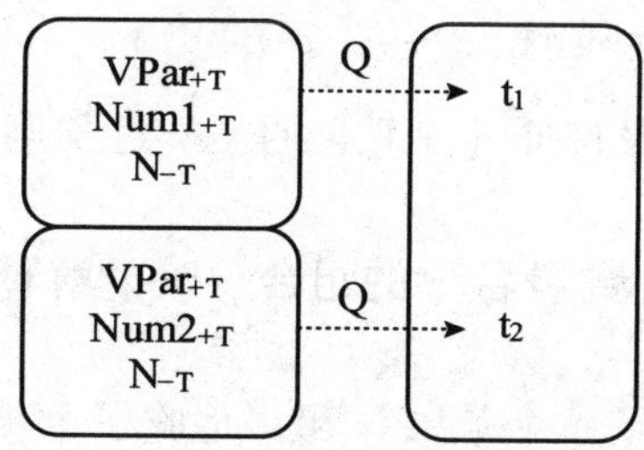

图6-6　空间域到时间域的组合—映射

根据（26）中的定义和图6-6中从空间域到时间域的组合—映射过程，则有：

（27）Q（$VPar_{+T}$ & $Numn_{+T}$ & N_{-T}）= T

设“苹果”（带［-T］特征）为常量，“吃了/过”和“数词”为变量，那么（27）可分别生成：

（28）a. Q（$VPar_{+T}{}^{p}$ & $Numn_{+T}{}^{p}$ & N_{-T}）= T^{p}

吃了一个苹果。

b. Q（$VPar_{+T}{}^{P}$ & N_{-T}）= T^{P}

吃了个苹果。

c. Q（$VPar_{+T}{}^{I}$ & $Numn_{+T}{}^{P}$ & N_{-T}）= T^{P}

吃过一个苹果。

d. Q（$VPar_{+T}{}^{I}$ & N_{-T}）≠ T^{P}

＊吃过个苹果。

句子的生成也就是各语法成分的组合，但组合后还必须实现时间上的映射。在句子层面，量词“个”将受事名词“苹果”限定为有界，那么在空间域中由于事件与受事名词的同构关系，事件也是有界的，因而在向时间域映射时必须实现定点映射，即要求空间域语法成分中必须有一个元素具有时点属性，量词“个”已经充任了映射算子 Q，不属于空间域中的元素。这样一来，算子 Q 允许带时点属性［+T^{P}］的“V 了”和“数词”映射，如(28a)—(28c)；而带时段特征［+T^{I}］的“V 过”则被禁止，如（28d）。

6.2.4 “V 了/过＋数量名”的组合—映射解释

根据（28），“他吃了一个苹果”和“他吃了个苹果”均合法，事件结构在空间域中的格局以及说话时间 S、参照时间 R 及事件时间 E 在时轴上的分布如图 6－7 所示。

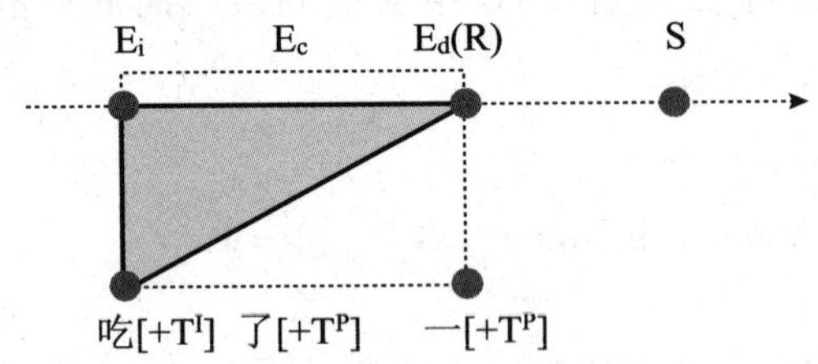

图 6－7　他吃了一个苹果

图 6－7 展示了两个层面的属性：一是空间域中“一个苹果”和“吃了一

个苹果”的同构关系，二是空间域中事件结构与时间域中时间结构的映射关系。动词“吃”具有时间段特征 [+ T^I]，由于“吃”是一个非均质动词，可添加带时点特征 [+ T^P] 的“了”以引入状态变化的意义，即实现从“没吃苹果”到“吃了苹果”的状态改变。这种理解可解释“ * 没吃了苹果”为何不合法，“没”否定过去或现在的状态。词尾“了”表状态变化，“状态”和“状态变化”相冲突，或者说时段和时点相冲突。“吃苹果”是一个累积性事件，从事件的起始点到事件的终结点之间均存在“吃了苹果”的状态。也就是说，在事件的始末之间都可用“吃了苹果”来表达，带时点特征的“了”的功能是使“吃了”带上了时点特征。由于“苹果”的空间无界特征，“吃了苹果”实际体现为由无数个动作点组成的过程段，在这一点上与均质性动词“爱”“想”“恨”等不同。数词“一”虽然具有时点特征 [+ T^P]，但其时点特征只有在以其他数词作为潜在背景时方可被激活，这也是“？他正吃着一个苹果”可接受度较低的原因之一。

无界名词无法用数词来衡量，在量词语言中，从来源上应该先有量词后有数词；而在非量词语言中，名词在词库中已具有界性特征，那么先有界性特征后有数词，这一点可从英语“one apple”得以验证，实体的有界性是比其可数性更内在的属性。因而“ * 他吃了一苹果”不合法是由于数词与光杆“苹果”的无界性相冲突。这里需说明的是，类似“一流氓”等少数结构在汉语特定语境中也可接受，但其本质上是焦点凸显而导致的量词省略，受语境因素的影响，属特殊情况。因此量词“个”的功能是实现从实体的有界到时间定点的映射，充当算子 Q。由于“吃了”与“一”的时间特征相似，也具有潜在时点特征，算子 Q 也允许“吃了”直接映射到时间域中，从而生成“他吃了个苹果”，而“他吃了一个苹果”则是数词“一”以其他数词作为潜在背景而被激活的结果，在映射方式上前者是比后者更内在的映射。

算子 Q 一方面引入了空间域中实体和事件的有界性，并将实体和事件的有界性在时间域中映射为事件的终结时点 E_d；另一方面，空间的有界视点被映射为时间的参照时点 R，因此，在时间域中，事件的终止时点 E_d 与参照时间 R 重合，相对于说话时间点 S，$E_d = R < S$，时意义由 $R < S$ 体现，而体意义则由 $E_d = R$ 承载，因而“他吃了（一）个苹果”表达“过去时—完成体”意义。“了”在该结构中对过去时起了决定作用，但完成体并非由“了”独立决定，算子 Q 起了关键作用，这也是“他吃了苹果”在时间域中体现为非定点的原因（＊他十分钟吃了苹果）。在空间域中，“他吃了苹果”则是无界的，但这种无界性又是相对的，因为“一个苹果”是有界的，因而“吃了”在“一个苹果”的辖域内，算子 Q 移位前的空间域结构可表示如（29）。

（29）$\exists y\ [\forall T^P \exists x\ [P\ (T^P,\ x,\ y)\ \&\ Q\ (y)]]$

从映射合法性来讲，算子 Q 发生移位后，只允许空间域中带时点特征的元素作为自变量，以生成时间域中的时点因变量，（30）中句子不合法或在时间域中体现为非定点都有各自的原因。

（30）?a. 他吃苹果。（缺少参照时间 R、自变量和算子 Q）

＊b. 他吃一苹果。（缺少参照时间 R 和算子 Q）

＊c. 他吃了一苹果。（缺少算子 Q）

？d. 他吃一个苹果。（缺少参照时间 R）

？e. 他吃个苹果。（缺少参照时间 R 和自变量）

f. 他吃了苹果。（非定点，缺少算子 Q）

下面再看“过”的时—体意义。根据（28）中的组合—映射，可得到（31）中的两个句子。

（31）a. 他吃过一个苹果。

＊b. 他吃过个苹果。

为什么（31a）合法而（31b）不合法？“他吃一个苹果”是非现实句，

没有表达任何时—体意义，而添加助词“过”同时也增加了时—体意义。从语义上讲，（31a）表示“过去时—经历体”，根据说话时间S、事件时间E及参照时间R的顺序关系，（31a）如图6－8所示。

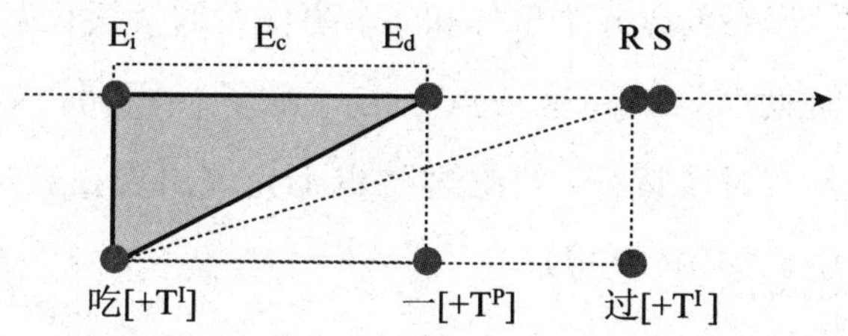

图6－8　他吃过一个苹果

在图6－8中，$E_d<R<S$，过去时由$R<S$承载，而经历体则由$E_d<R$体现。“吃过”在空间域中表现为事件与状态两部分，一部分是事件“吃了一个苹果”，另一部分是“吃了一个苹果后”的状态。可以说，“吃了一个苹果”是“吃过一个苹果”的真子集，或者说“过”在过去时中的主要功能是引入一个状态。“吃过”隐含的事件过程与事件后的持续状态体现为前于说话时间S的一个时段。因为在空间域中，“吃过苹果”是无界的，“吃过苹果”潜在隐含“吃过n个苹果”。既然“吃过”表现为一个事件与状态的持续混合体，那么界性算子Q需要一个具有时点特征的空间域元素才能实现映射，即空间定义域中需要存在一个带时点特征的自变量，才能生成时间值域中的因变量。带时点特征的数词“一”在潜在“n个苹果”的情况下被激活，从而被映射为时间域中的事件终止点E_d。但是在“＊他吃过个苹果”中，“吃过”具有时段特征［$+T^I$］，“苹果”不具有时间属性，即［－T］特征，对于算子Q来讲，缺乏空间域中的自变量，显然时间值域中也无法生成因变量，出现了算子Q被悬空的现象，因此“＊他吃过个苹果”无法在时轴上实现定点。这表明，情状的定点解读不允许算子Q的空映射，即定点情状要求算子Q必须约束一个带时点特征的自变量，该情况类似于“空约束禁止律”（Kratzer，1991；de Swart，1993；胡建华、石定栩，2006），即一个算子必须约束一变量。在“吃过一个苹果中”，从辖域上看，“一个苹果”在“吃过”的辖域

内，算子 Q 移位前的空间域结构可表示为（32）。

（32）$\exists T^I\ [\forall y\ \exists x\ [P\ (T^I,\ x,\ y)\ \&\ Q\ (T^I,\ y)]]$

由于“吃过”潜在隐含 n 个事件和 n 个事件后的持续状态，“吃过”句中无法添加完结性时间状语，在这一点上与“吃了”不同，如例（33b）；同理，由于“过”具有时段特征，“吃过”也不允许出现在表达事件具有定点性的“把”字句中，如例（33d）。

（33）a. 他十分钟吃了一个苹果。　　c. 他把一个苹果吃了。

　　*b. 他十分钟吃过一个苹果。　*d. 他把一个苹果吃过。

通过以上讨论，（34）中句子非定点或不合法也有各自的原因。

（34）a. 他吃过苹果。（非定点，缺少自变量和算子 Q）

　　*b. 他吃过一苹果。（缺少算子 Q）

　　*c. 他吃过个苹果。（缺少自变量）

　　*d. 他十分钟吃过一个苹果。（情状［$+T^P$］特征与“吃过”［$+T^I$］特征相冲突）

可看出，在“他吃了/过一个苹果”中，“了”和“过”引入过去时，但在情状表达上有差异，“了”引入时点属性的状态改变，“过”引入时段属性的状态。句子体意义与其所表达的情状类型有密切关系，如果按照二元划分法，现实情状可划分为“状态”和“状态的改变”，而状态又分为静态状态和动态状态，那么逻辑上的情状只有四种：静态状态、动态状态、静态状态变化、动态状态变化。从时意义来看，“了”可出现在过去时、现在时及将来时结构中，而“过”可用于过去时和将来时结构，见表 6－3。需说明的是，“了”和“过”在将来时结构中不具有表达时的功能，只具有表达体意义的功能，所谓“将来时”是句子的时意义。

表6-3　　“了”与“过”的情状表达和句子的时

	情状意义	句子的时	ERS参数	例子
词尾“了”	动态状态的改变	过去	$E=R<S$	他吃了一个苹果。
	静态状态的改变	现在	$E=R=S$	墙上挂了一幅画。
	动态状态的改变	将来	$S<E_1=R<E_2$	他吃了苹果去学校。
词尾“过”	静态状态	过去	$E<R<S$	他吃过一个苹果。
	动态状态的改变	将来	$S<E_1=R<E_2$	他吃过苹果去学校。

综上所述，在“V了/过+数量名”结构中，界性算子Q允许时点属性的“V了”和“数词”映射，而时段特征的“V过”则被禁止，“V了”和“V过”的时间属性受制于“了”和“过”的时间属性。映射允准与否与动词的情状类型无关，而与空间域自变量的时间特征有关，空间域中如果缺少带时点特征的自变量，无法在时间域中映射为时点因变量。本节研究也说明，语言表达需进行时空定位，具体地讲，合法句子既需反映空间域中情状的有界或无界特征，也需反映该情状在时间域中的定点或非定点特征。映射过程也就是句子的时空定位过程，合法句子的生成包括词汇语义的组合和时间语义的组合—映射，词汇语义的组合需合理反映空间域中的情状结构，而时间语义的组合—映射则需将各语法成分的时间特征在组合后映射到时间域中，空间域情状结构的有界性与时间域的定点性具有对应关系。

6.3　小结

本章运用ERS时间理论解释了两个问题：单句中汉语时间词“刚刚/刚/刚才”的时间语义差异以及基于ERS的组合—映射假设，得出了以下结论。

第一，在时意义方面，“刚刚/刚”指称事件时间和参照时间之间主观性的短暂时段，其参照时间相对固定，在不含其他时间词的单句中以说话时间为参照时间，表现在时。“刚才”指称说话时间之前客观性的短暂时段，其参照时间相对自由，在单句中不能以说话时间为参照时间，表过去时。在体意义方面，与体助词“了”共现时，“刚才”表经历体可引入情状变量，“刚刚”不能引入；与体助词“了”不共现时，“刚刚”表将行体、动态和静态起始体以及静态完成体时可引入情状变量，“刚才”不能引入。对于汉语这种形态不发达的语言来讲，时—体范畴牵扯到很多因素。除了时—体助词外，一些时间副词也对时—体表达有贡献，但有时仅仅依赖语感很容易作出不妥的结论，这说明汉语的时—体表达很大程度上是隐性的，需要从时间语义以及句法分布上进行验证。

第二，我们基于 ERS 提出了从空间域到时间域的语义组合—映射假设，并将汉语“V 了/过 + 数量名”结构中的量词处理为界性算子 Q。在“V 了/过 + 数量名”中，带时点特征的“了”和带时段特征的“过”对时表达起了决定作用，但在体表达上均体现为隐性体标记，算子 Q 充当了空间有界与时间定点的接口。“了”和“过”的时间特征差异触发了算子 Q 允准“V 了”从空间域到时间域的映射，但禁止“V 过”的映射，类似“ * 吃过个苹果”结构的不合法性可归因于定点情状在组合—映射中不允准算子 Q 的空映射。

第 7 章　结论

本书在阐释世界语言时与体编码方式的基础上，明晰了时与体的语义范畴本质，立足英、汉、俄中的语言事实，以朴素的眼光和类型学的视野，以 ERS 关系为描写工具，对英、汉、俄三种语言中的基本 ERS 时—体结构进行了描写。

7.1　本研究的主要发现和创新点

本书获得了一些发现和创新点，体现为以下几点。

第一，基于 10 个语系的 27 种随机语言样本考察，时—体的跨语言编码方式包括词缀、功能词、助动词、音调、非词缀语素以及逆被动态，词缀具有压倒性倾向，而词缀又倾向于后缀，由于功能词涉及副词、助词、介词以及冠词等词类，在世界语言中的使用比助动词更普遍。跨语言时范畴在逻辑上存在单分时、二分时、三分时以及多分时四种类型，英语和汉语均是非典型的二分时和三分时，但都有过去时、现在时和将来时的表达手段。英汉客观/主观时间距离与时表征均没有关联，即没有必要区分远时和近时。

第二，从语法化程度的角度看，英语的时是“过去”与“非过去”的对立，汉语的时是“将来”与“非将来”的对立，但英汉语的体都是基于时间视点的“现实体”与“非现实体”的对立，时—体表达均需遵守“将来时蕴含非现实体”的蕴含关系，这一蕴含关系也适用于汉藏语系的缅甸语和曼尼普尔语以及南岛语系的图康伯西语。印欧语系斯拉夫语族的俄语、波兰语以及捷克语中的体是基于空间视点的“完整体”与“非完整体”的对立，在时—体关系上都遵守“现在时蕴含非完整体”的蕴含关系。英汉语和俄语的时—体蕴含关系可归因于不同的时间认知模式。英汉语属于自我移动模式或上行时间语言，俄语属于时间移动模式或下行时间语言。

第三，英语、汉语及俄语都具有基本的 ERS 时—体结构，为考察三种语言之间的个性和共性，基于事件时间 E 和参照时间 R 均可为时点和时段，建立了一个时—体的 ERS 逻辑模型，模型中包含 125 种 ERS 逻辑关系，该 ERS 逻辑模型具有可靠性和跨语言普适性。

第四，英语和汉语在时—体意义组配数量方面有细微差异，汉语比英语少“过去时—将持续体”和“过去时—将进行体”两种，但英汉语时—体意义所实现的 ERS 关系均为 33 种，这是英汉语时—体表达的一种语义共性。俄语的时—体组配数量与时—体 ERS 关系数量远远少于英汉语，原因在于，英汉语现实体与非现实体的对立与 RE 关系无关，而俄语完整体与非完整体以及各自下位体义均由 RE 关系决定，RE 关系同时影响上位体义和下位体义，起着双重限制作用，排除了不符合要求的 ERS 关系。

第五，英语和汉语简单句中的时间状语在 ERS 上有共性也有差异。在语义共性方面，英汉时间状语与时均无直接关系，时间状语本质上是一个修饰参照时间 R 或事件时间 E 的修饰语；英汉时间状语所修饰的参照时间 R 与句子的时所触发的参照时间 R 发生冲突均会生成不合法语句。在语义差异方面，英语句首时间状语倾向于修饰 R，句尾的则可修饰 R 或 E，而汉语由于语序限制，句首时间状语可修饰 R 或 E。“结构同构原则”不是汉语中制约算子取域的绝对普适性原则，因为逆序辖域的解读在汉语中有时也是允许的。

第六，英语非频率性时间状语（或汉语时量补语）是一种非选择性变量约束算子，时算子和否定算子属于简单命题变量约束算子，而体算子则是选择性变量约束算子，它们都有各自的辖域。当不同类型的算子在同一逻辑式中共现时，逻辑式有两个限制：一是时算子、句子体算子和动词体算子的辖域总会构成一个从宽域到窄域的等级；二是对于辖域等级上的不同算子来讲，相邻算子需遵守“语义兼容性原则”，相邻算子或者所约束的变量之间不允许在语义上发生冲突。

第七，时与体的ERS关系具有较强的解释力，对汉语时间词“刚刚/刚/刚才”的时间语义差异分析说明，汉语的时—体牵扯到很多因素，有时仅仅依赖语感很容易作出不妥的结论，汉语的时—体表达很大程度上是隐性的。对汉语“V了/过+数量名”结构的时—体意义研究表明，语言表达需进行时空定位，合法句子既要反映空间域中情状的有界或无界特征，也需反映该情状在时间域中的定点或非定点特征。

7.2　本研究的局限性及研究前景

本书对类型学视野下英汉语时与体系统的研究只是初步的和尝试性的，考察结论和研究结果难免会存在局限性，主要体现为以下几点。

第一，在对世界语言时与体编码的个性和共性探讨中，囿于笔者对语料掌握的局限性，语料只是采取了随机取样的方式，并没有考虑语言选取的地理位置、语系归属和语序类型的均衡性，所得出的时—体编码方式与时—体意义的关系只是粗略性的，如果在考虑到这三个方面的同时扩大语料，应该会有更多发现。

第二，本书由于着重英汉时与体系统的构建以及受写作时间与篇幅限制，汉语的时—体意义与其语法表现形式的讨论尚不精细。俄语基本ERS时—体结构的建立目的只是验证ERS逻辑模型的普适性，俄语的体系统包括上位完整体/非完整体和各种下位体义，而下位体义其实是指不同行为类型的动词所负载的时间语义，不同行为类型的动词在表达下位体义时应该有规律可循。也就是说，动词的前缀或异干与其所表示的下位体义是有密切关系的，若进一步深究，或许会发现某种体编码形式与下位体意义的对应关系。

第三，本书对英汉语的基本 ERS 时—体结构作了较充分的定性描写，并辅以定量分析，然而定性描写不一定全面，对汉语中的时—体表达手段或形式难免会有所遗漏，而定量分析也只是局限于比例统计，因而，今后的研究可在大规模平衡语料库的支持下，对汉语时—体表达手段以及相关数据统计方面做更精细的探讨。此外，由于作者目前对自然语言的形式语义研究尚处在尝试阶段，时与体的 ERS 关系描写以及 ERS 逻辑模型的建立尚不太经济和简洁，在今后的研究中，笔者将对时—体的 ERS 描写以及 ERS 逻辑模型尝试进一步形式化。

参考文献

陈立民：《汉语的时态和时态成分》，《语言研究》2002 年第 3 期。

陈前瑞：《句尾“了”将来时间用法的发展》，《语言教学与研究》2005 年第 1 期。

陈前瑞：《汉语体貌研究的类型学视野》，商务印书馆 2008 年版。

陈前瑞、王继红：《从完成体到最近将来时——类型学的罕见现象与汉语的常见现象》，《世界汉语教学》2012 年第 2 期。

陈平：《论现代汉语时间系统的三元结构》，《中国语文》1988 年第 6 期。

陈望道：《文法简论》，上海教育出版社 1978 年版。

戴维·克里斯特尔编著：《现代语言学词典》，沈家煊译，商务印书馆 2000 年版。

戴耀晶：《现代汉语时—体系统研究》，浙江教育出版社 1997 年版。

房玉清：《动态助词“了”“着”“过”的语义特征及其用法比较》，《汉语学习》1992 年第 1 期。

冯成林：《试论汉语时间名词和时间副词的划分标准——从“刚才”和“刚”“刚刚”的词性谈起》，《陕西师范大学学报》1981 年第 3 期。

高名凯：《汉语语法论》，商务印书馆 1986 年版。

龚千炎：《谈现代汉语的时制表示和时态表达系统》，《中国语文》1991 年第 4 期。

龚千炎：《汉语的时相时制时态》，商务印书馆 1995 年版。

顾阳：《时态、时制理论与汉语时间参照研究》，沈阳、冯胜利《当代语言学理论和汉语研究》，商务印书馆2008年版，第97—119页。

郭锐：《汉语动词的过程结构》，《中国语文》1993年第6期。

郭锐：《过程和非过程——汉语谓词性成分的两种外在时间类型》，《中国语文》1997年第3期。

胡建华、石定栩：《量化副词与动态助词“了”和“过”》，中国语文杂志社《语法研究和探索（十三）》，商务印书馆2006年版，第185—195页。

胡建华：《否定、焦点与辖域》，《中国语文》2007年第2期。

蒋严、潘海华：《形式语义学引论》，中国社会科学出版社2005年版。

金理新：《上古汉语形态研究》，黄山书社2005年版。

金立鑫：《试论“了”的时—体特征》，《语言教学与研究》1998年第1期。

金立鑫：《词尾“了”的时—体意义及其句法条件》，《世界汉语教学》2002年第1期。

金立鑫：《“S了”的时—体意义及其句法条件》，《语言教学与研究》2003年第2期。

金立鑫：《汉语时—体表现的特点及其研究方法》，竟成《汉语时—体系统国际研讨会论文集》，百家出版社2004年版，第54—66页。

金立鑫：《对Reichenbach时—体理论的一点补充》，《中国语文》2008a年第5期。

金立鑫：《试论行为类型、情状类型及其与体的关系》，《语言教学与研究》2008b年第4期。

金立鑫：《“时”“体”范畴的本质特征及其蕴含共性》，程工、刘丹青《汉语的形式与功能研究》，商务印书馆2009年版，第322—345页。

金立鑫、邵菁：《Charles N. Li等“论汉语完成体标记词‘了’的语用驱动因素”中某些观点商榷》，《当代语言学》2010年第4期。

金立鑫：《什么是语言类型学》，上海外语教育出版社2011年版。

金立鑫、于秀金:《左右分枝结构配置的功能分析》,《外语教学与研究》2012 年第 4 期。

金立鑫、于秀金:《“就/才”句法结构与“了”的兼容性问题》,《汉语学习》2013 年第 3 期。

竟成:《关于动态助词“了”的语法意义》,《语文研究》1993 年第 1 期。

李临定:《现代汉语动词》,中国社会科学出版社 1990 年版。

李明晶:《现代汉语体貌系统的二元分析:动貌和视点体》,北京大学出版社 2013 年版。

李仕春、艾红娟:《山东莒县方言动词的合音变调》,《语言科学》2008 年第 4 期。

李铁根:《现代汉语时制研究》,辽宁大学出版社 1999 年版。

李铁根:《“了”“着”“过”与汉语时制的表达》,《语言研究》2002 年第 3 期。

李莹、徐杰:《形式句法框架下的现代汉语体标记研究》,《现代外语》2010 年第 4 期。

李志岭:《汉英语时间标记系统语法化对比研究》,北京大学出版社 2010 年版。

黎锦熙:《新著国语文法》,商务印书馆 1992 年版。

刘丹青:《论元分裂式话题结构初探》,范开泰《语言问题再认识:庆祝张斌先生从教五十周年暨八十华诞》,上海教育出版社 2001 年版,第 146—147 页。

刘公望:《现代汉语的时—体助词“的”》,《汉语学习》1988 年第 4 期。

刘勋宁:《现代汉语词尾“了”的语法意义》,《中国语文》1988 年第 5 期。

刘勋宁:《现代汉语句尾“了”的语法意义及其与词尾“了”的联系》,《世界汉语教学》1990 年第 2 期。

刘勋宁:《现代汉语句尾“了”的语法意义及其解说》,《世界汉语教学》

2002年第3期。

刘一之：《北京话中的“着（.zhe）”字新探》，北京大学出版社2001年版。

刘月华：《动态助词“过$_2$过$_1$了$_1$”用法比较》，《语文研究》1988年第1期。

陆丙甫：《从语义、语用看语法形式的实质》，《中国语文》1998年第5期。

陆俭明、沈阳：《汉语和汉语研究十五讲》，北京大学出版社2003年版。

吕叔湘：《中国文法要略》，商务印书馆1982年版。

吕叔湘主编：《现代汉语八百词》，商务印书馆1984年版。

马希文：《关于动词“了”的弱化形式》，《中国语言学报》1983年第1期。

聂建军、尚秀妍：《说“刚”和“刚才”》，《汉语学习》1998年第2期。

彭家法：《附加语句法语义研究》，安徽大学出版社2009年版。

尚新：《英汉体范畴对比研究——语法体的内部对立与中立化》，上海人民出版社2007年版。

沈家煊：《怎样对比才有说服力——以英汉名动对比为例》，《现代外语》2012年第1期。

石毓智：《论现代汉语的“体”范畴》，《中国社会科学》1992年第6期。

宋玉柱：《关于时间副词“的”和“来着”》，《中国语文》1981年第4期。

孙英杰：《现代汉语体系统研究》，博士学位论文，北京语言大学，2006年。

陶寰：《论吴语的时间标记》，博士学位论文，复旦大学，1995年。

王还：《也说“刚”和“刚才”》，《汉语学习》1998年第5期。

王力：《中国现代语法》，商务印书馆1985年版。

王维贤：《“了”字补议》，中国语文杂志社《语法研究和探索（五）》，商务印书馆1991年版，第197—214页。

王媛:《现代汉语动结式的进行体》,《语言科学》2011 年第 1 期。

吴安其:《汉藏语使动和完成体前缀的残存与同源的动词词根》,《民族语文》1997 年第 6 期。

吴安其:《汉藏语同源研究》,中央民族大学出版社 2002 年版。

吴道平:《为何形式主义?》,《外国语》2012 年第 5 期。

吴福祥:《汉语体标记“了、着”为什么不能强制性使用》,《当代语言学》2005 年第 3 期。

谢成名:《从语义范畴的角度看“刚”和“刚才”的区别》,《世界汉语教学》2009 年第 1 期。

邢福义、丁力、汪国胜、张邱林:《时间词“刚刚”的多角度考察》,《中国语文》1990 年第 1 期。

熊仲儒:《生成句法学中的时制》,《外语学刊》2004 年第 1 期。

熊仲儒:《时制、时—体与完成式》,《外国语言文学》2005 年第 4 期。

徐烈炯:《语法学》,中国大百科全书出版社编辑部《中国大百科全书·语言文字》,中国大百科全书出版社 1988 年版,第 467—475 页。

徐烈炯、刘丹青:《话题的结构与功能》(增订本),上海教育出版社 2007 年版。

徐通锵:《语言论——语义型语言的结构原理和研究方法》,东北师范大学出版社 1997 年版。

杨伯峻:《古汉语虚词》,中华书局 1981 年版。

杨国文:《“动词 + 结果补语”和“动词重叠式”的非时态性质》,《当代语言学》2011 年第 3 期。

易仲良:《论英语动词过去时态的实质》,《外国语》1987 年第 1 期。

张斌、胡裕树:《汉语语法》,中国大百科全书出版社编辑部《中国大百科全书·语言文字》,中国大百科全书出版社 1988 年版,第 177—183 页。

张济卿:《论现代汉语的时制与体结构》(上),《语文研究》1998a 年第 3 期。

张济卿：《论现代汉语的时制与体结构》（下），《语文研究》1998b 年第 4 期。

张家骅：《现代俄语体学》，高等教育出版社 2004 年版。

张黎：《“界变”论——关于现代汉语“了”及其相关现象》，《汉语学习》2003 年第 1 期。

赵国栋：《动词体整合研究》，科学出版社 2008 年版。

中国大百科全书出版社编辑部编：《中国大百科全书 · 语言文字》，中国大百科全书出版社 1988 年版。

中国社会科学院语言研究所词典编辑室编：《现代汉语词典》（第 5 版），商务印书馆 2009 年版。

周晓冰：《充当状语的“刚”和“刚才”》，《汉语学习》1993 年第 1 期。

周小兵：《篇章 · 语义 · 句法——汉语语法综合研究》，广东高等教育出版社 1996 年版。

朱德熙：《语法讲义》，商务印书馆 1982 年版。

邹崇理：《自然语言逻辑研究》，北京大学出版社 2000 年版。

左思民：《现代汉语体的再认识》，博士学位论文，上海师范大学，1997 年。

左思民：《现代汉语中“体”的研究》，《语文研究》1999 年第 1 期。

左思民：《普通话动词的“动相”结构与体标记的焦点选择》，第十四次现代汉语语法学术讨论会论文，上海，2006 年 10 月。

左思民：《动词的动相分类》，《华东师范大学学报》（哲学社会科学版）2009 年第 1 期。

Alexiadou, A. *Adverb Placement*. Amsterdam: John Benjamins, 1997.

Allott, A. J. Categories for the description of the verbal syntagma in Burmese. In G. B. Milner and E. é. J. A. Henderson (eds.), *Indo – Pacific linguistic studies*, Vol. 2. New York: North Holland Publishing Company, 1965, 283 – 309.

Anderson, S. R. and E. L. Keenan. Deixis. In T. Shopen (ed.), *Language*

Typology and Syntactic Description, Vol. 3. Cambridge: Cambridge University Press, 1990, 259 -309.

Aoun, J. and Y. H. Li. *Syntax of Scope*. Cambridge, MA: MIT Press, 1993.

Bach, E. The algebra of events. *Linguistics and Philosophy*, 1986 (9): 5 -16.

Bache, C. *Verbal Aspect: A General Theory and Its Application to Present - day English*. Odense: Odense University Press, 1985.

Bennett, M and B. Partee. *Toward the Logic of Tense and Aspect in English*. Bloomington, Indiana: Indiana University Linguistic Club, 1972.

Bhat, D. N. S. *The Prominence of Tense, Aspect and Mood*. Amsterdam/Philadelphia: John Benjamins, 1999.

Binnick, R. I. *Time and the Verbs: A guide to Tense and Aspect*. Oxford: Oxford University Press, 1991.

Binnick, R. I. (ed.) *The Oxford Handbook of Tense and Aspect*. Oxford: Oxford University Press, 2012.

Borik, O. *Aspect and Reference Time*. Utrecht, Netherlands: Utrecht University, 2002.

Borik, O. and T. Reinhart. Telicity and perfectivity: two independent systems. In L. Hunyadi, G. Rákosi, and E. Tóth (eds.), *The Eighth Symposium on Logic and Language: Preliminary Papers*. Debrecen: The Organizing Committee of LoLa, 2004, 12 -33.

Botne, R. Remoteness Distinctions. InR. I. Binnick (ed.), *The Oxford Handbook of Tense and Aspect*. Oxford: Oxford University Press, 2012, 536 -562.

Bott, O. Doing It Again and Again May Be Difficult, But It Depends on What You Are Doing. In N. Abner & J. Bishop (eds.), *Proceedings of the 27th West Coast Conference on Formal Linguistics*. Somerville, MA, 2008, 63 -71.

Brown, K. *Encyclopedia of Language and Linguistics*, 2nd edition. Oxford: Elsevier, 2006.

Bybee, J. L. *Morphology: A Study of the Relation between the Meaning and Form.* Amsterdam/Philadelphia: John Benjamins, 1985a.

Bybee, J. L. Diagrammatic iconicity in stem – inflection relations. In J. Haiman (ed.), *Iconicity in Syntax.* Amsterdam: John Benjamins, 1985b, 11 – 48.

Bybee, J. L., R. Perkins and W. Pagliuca. *The Evolution of Grammar: Tense, Aspect, and Modality in the Languages of the World.* Chicago and London: The University of Chicago Press, 1994.

Bybee, J. L. Markedness: Iconicity, Economy, and Frequency. In J. J. Song (ed.), *The Oxford Handbook of Linguistic Typology.* Oxford: Oxford University Press, 2011, 131 – 147.

Carlson, G. *Reference to kinds in English.* Amherst: University of Massachusetts, 1977.

Chierchia, G. Plurality of mass nouns and the notion of semantic parameter. In S. Rothstein (ed.), *Events and Grammar.* Dordrecht: Kluwer, 1998, 53 – 103.

Chomsky, N. *Knowledge of Language: Its Nature, Origin, and Use.* New York: Praeger, 1986.

Chomsky, N. *The Minimalist Program.* Cambridge, MA: MIT Press, 1995.

Chung, S. and A. Timberlake. Tense, aspect, and mood. In T. Shopen (ed.), *Language Typology and Syntactic Description*, Vol. 3: *Grammatical Categories and the Lexicon.* Cambridge: Cambridge University Press, 1990, 202 – 259.

Chvany, C. V. Verbal aspect, discourse saliency, and the so – called "Perfect of result" in modern Russian. In N. B. Thelin (ed.), *Verbal aspect in discourse: contributions to the semantics of time and temporal perspective in slavic and non – slavic languages.* Amsterdam/Philadelphia: John Benjamins, 1990, 213 – 235.

Cinque, G. *Adverbs and Functional Heads: A Cross – Linguistic Perspective.* New York: Oxford University Press, 1999.

Comrie, B. *Tense.* Cambridge: Cambridge University Press, 1985.

Comrie, B. *Aspect.* Cambridge: Cambridge University Press, 1976.

Costa, J. On the Behavior of Adverbs in Sentence – Final Context. *The Linguistic Review*, 1997 (14): 43 – 68.

Croft, W. *Radical Construction Grammar: Syntactic Theory in Typological Perspective.* Oxford: Oxford University Press, 2001.

Croft, W. *Verbs: Aspect and Causal Structure.* New York: Oxford University Press, 2012.

Cygan, J. 1972. Tense and aspect in English and Slavic. *Anglica Wratislaviensia*, 1972 (2): 5 – 12.

Dahl, Ö. On the definition of the telic – atelic (bounded – unbounded) distinction. In P. Tedeschi and A. Zaenen (eds.), *Syntax and Semantics*, Vol. 14: *Tense and Aspect.* New York: Academic Press, 1981, 79 – 90.

Dahl, Ö. Temporal distance: remoteness distinctions in tense – aspect systems. In B. Butterworth, B. Comrie, and Ö. Dahl (eds.), *Explanations for Language Universals.* Berlin & New York: Mouton, 1984, 105 – 122.

Dahl, Ö. *Tense and Aspect System.* Bath, UK.: The Bath Press, 1985.

Dahl, Ö. The tense – aspect systems of European languages in a typological perspective. In Ö. Dahl (ed.), *Tense and Aspect in the Languages of Europe.* Berlin/New York: Mouton de Gruyter, 2000, 3 – 25.

Davidson, D. The Logical Form of Action Sentences. In N. Rescher (ed.), *The Logic of Decision and Action.* Pittsburgh: Pittsburgh University Press, 1967, 81 – 95.

Declerck, R. *Tense in English: Its structure and use in discourse.* London and New York: Routledge, 1991.

Declerck, R. *The Grammar of the English Verb Phrase*, Vol. 1: *The Grammar of the English Tense System.* Berlin/London: Mouton de Gruyter, 2006.

Depraetere, I. (A) telicity and intentionality. *Linguistics*, 2007 (45): 243 – 269.

Dickey, S. M. *Parameters of Slavic Aspect*. Stanford, California: CSLI Publications, 2000.

Dik, S. C. *The Theory of Functional Grammar, Part 1: The Structure of the Clause*, 2nd edition. Berlin/New York: Mouton de Gruyter, 1997.

Dixon, R. M. W. *The Dyirbal language of North Queensland*. Cambridge: Cambridge University Press, 1972.

Dölling, J. Aspectual Coercion and Eventuality Structure. To appear in K. Robering and V. Engerer (eds.), *Verbal Semantics*. http://www.uni – leipzig.de/~doelling/pdf/aspectual_ coercion.pdf, 2011.

Donohue, M. *A Grammar of Tukang Besi*. Berlin: Mouton de Gruyter, 1999.

Dowing, A. and P. Locke. *A University Course in English Grammar*. London: Routledge, 2002.

Dowty, D. Towards a semantic analysis of verb aspect and the English imperfective progressive. *Linguistics and Philosophy*, 1977 (1): 45 – 77.

Dowty, D. R. *Word Meaning and Montague Grammar*. Dordrecht: D. Reidel Publishing Company, 1979.

Dryer, M. S. The Greenbergian word order correlations. *Language*, 1992 (68): 81 – 138.

Dryer, M. S. The branching direction theory revisited. In S. Scalise, E. Magni and A. Bisetto (eds.), *Universals of Language Today*. Berlin: Springer, 2009, 185 – 207.

Enc, M. Anchoring conditions for tense. *Linguistic Inquiry*, 1987 (18): 633 – 657.

Ernst, T. *The Syntax of Adjuncts*. Cambridge: Cambridge University Press, 2004.

Evans, V. and M. Green. *Cognitive Linguistics: An Introduction*. Edinburgh:

Edinburgh University Press, 2006.

Filip, H. Aspect and the semantics of noun phrases. InVet, C. and C. Vetters (eds.), *Tense and Aspect in Discourse*. Berlin: Mouton de Gruyter, 1994, 227-256.

Filip, H. *Aspect, Eventuality Types and Nominal Reference*. New York: Routledge, Taylor and Francis Group, 1999.

Fleischman, S. *The future in Thought and Language: Diachronic Evidence from Romance*. Cambridge: Cambridge University Press, 1982.

Fleischman, S. The past and the future: Are they coming or going? . In M. Macaulay *et al.* (eds.), *Proceedings of the eighth annual meeting of the Berkeley Linguistic Society*. Berkeley: Berkeley Linguistics Society, 1982, 322-334.

Fleischman, S. Temporal distance: A basic linguistic metaphor. *Studies in Language*, 1989 (13): 1-50.

Forsyth, J. *A Grammar of Aspect: Usage and Meaning in the Russian Verb*. Cambridge: Cambridge University Press, 1970.

Guajardo, G. *The Syntax of Temporal Interpretation in Embedded Clauses*. Missoula, MT: The University of Montana, 2010.

Haegeman, L. Be going to and will: a pragmatic account. *Journal of Linguistics*, 1989 (25): 291-317.

Haider, H. Adverb placement: convergence of structure and licensing. *Theoretical Linguistics*, 2000 (26): 95-134.

Hale, K. The Passive and Ergative in Language Change: The Australian case. In S. A. Wurm and D. Laycock (eds.), *Pacific linguistic studies in honor of Arthur Capell*. Canberra: ANU, 1970, 757-781.

Haspelmath, M. *From Space to Time: Temporal Adverbials in the World's Languages*. München/Newcastle: Lincom Europa, 1997.

Haspelmath, M. Universals of word order. http://email.eva.mpg.de/~

haspelmt/6. WordOrder. pdf, 2006.

Heim, I. *The Semantics of Definites and Indefinites*. Amherst: University of Massachusetts, 1982.

Hengeveld, K. Layers and operators in Functional Grammar. *Journal of Linguistics*, 1989 (25): 127 – 157.

Hengeveld, K. The grammaticalization of tense and aspect. In H. Narrog and B. Heine (eds.), *The Oxford Handbook of Grammaticalization*. Oxford: Oxford University Press, 2011, 577 – 591.

Hewson, J. and V. Bubenik. *Tense and Aspect in Indo – European Languages: Theory, Typology, Diachrony*. Amsterdam and Philadelphia: John Benjamins, 1997.

Hewson, J. Tense. In R. I. Binnick (ed.), *The Oxford Handbook of Tense and Aspect*. Oxford: Oxford University Press, 2012, 507 – 535.

Higginbotham, J. The anaphoric theory of tense. In M. Gibson & J. Howell (eds.), *Prodeedings from Semantics and Linguistic Theory* 16. CLC Publications, Cornell University, Ithaca, NY, 2006, 59 – 76.

Higginbotham, J. *Tense, Aspect, and Indexicality*. New York: Oxford University Press, 2009.

Hinrichs, E. *A Compositional Semantics for Aktionsarten and NP Reference in English*. Columbus: Ohio State University, 1985.

Hopper, P. J. Aspect and foregrounding in discourse. In T. Givón (ed.), *Discourse and Syntax*, Vol. 12. New York: Academic Press, 1979, 213 – 241.

Hopper, P. J. Aspect between Discourse and Grammar: An Introductory Essay for the Volume. In P. J. Hopper (ed.), *Tense – Aspect: Between Semantics & Pragmatics*. Amsterdam/Philadelphia: John Benjamins, 1982, 3 – 18.

Hornstein, N. The Study of meaning in natural language: Three approaches to tense. In N. Hornstein and D. Lightfoot (eds.), *Explanation in Linguistics*. London: Longman, 1981, 116 – 151.

Hornstein, N. *As Time Goes By: Tense and Universal Grammar*. The MIT Press: Cambridge MA, 1993.

Hu, J. , H. Pan, and L. Xu. Is there a finite – nonfinite distinction in Chinese. *Linguistics*, 2001 (39): 1117 – 1148.

Huang, C. T. *Logical Relations in Chinese and the Theory of Grammar*. Cambridge, MA: MIT, 1982.

Huddleston, R. *Introduction to the Grammar of English*. Cambridge: Cambridge University Press, 1984.

Hymes, D. From space to time in Kiksht. *International Journal of Applied Linguistics*, 1975 (41): 313 – 329.

Jackendoff, R. S. *The Architecture of the Language Faculty*. Cambridge, MA: MIT Press, 1997.

Johnson, M. A unified temporal theory of tense and aspect. In P. J. Tedeschi & A. Zeanen (eds.), *Syntax and Semantics*, Vol. 14. New York: Academic Press, 1981, 145 – 171.

Joos, M. *The English Verb: form and meaning*. Madison: The University of Wisconsin Press, 1964.

Kibort, A. Modelling 'the perfect', a category between tense and aspect. In *Current Issues in Unity and Diversity of Languages: Collection of the papers selected from the CIL* 18*th*. Seoul: The Linguistic Society of Korea, 2009.

Kiparsky, P. Tense and Mood in Indo – European Syntax. *Foundations of Language*, 1968 (4): 30 – 57.

Klein, W. *Time in Language*. London/New York: Routledge, 1994.

Kratzer, A. An investigation into the lumps of thought. *Linguistics and Philosophy*, 1989 (12): 607 – 653.

Kratzer, A. The representation of focus. In A. von Stechow and D. Wunderlich (eds.), *Semantik/Semantics: An International Handbook of Contemporary*

Research. Berlin/New York: Mouton de Gruyter, 1991, 825 - 834.

Krämer, M. and Wunderlich, D. Transitivity alternations in Yucatec and the correlation between aspect and argument roles. *Linguistics*, 1999 (37): 431 - 479.

Krifka, M. Nominal Reference, Temporal Constitution and Quantification in Event Semantics. In R. Bartsch, J. van Benthem, and P. van Emde Boas (eds.), *Semantics and Contextual Expression*. Dordrecht: Foris Publication, 1989, 75 - 115.

Krifka, M. Thematic Relations as Links between Nominal Reference and Temporal Constitution. In I. A. Sag and A. Szabolsci (eds.), *Lexical Matters*. Stanford: CSLI, 1992, 29 - 53.

Kruisinga, E. A. *A Handbook of Present - day English*, 5th edition. Groningen: Noordhoff, 1931.

Landman, F. *Events and Plurality: the Jerusalem Lectures*. Dordrecht: Kluwer, 2000.

Landman, F. and S. Rothstein. Incremental homogeneity in the semantics of aspectual for - phrases. In M. R. Hovav, E. Doron, and I. Sichel (eds.), *Lexical Semantics, Syntax, and Event Structure*. New York: Oxford University Press, 2010, 229 - 251.

Langacker, R. W. *Foundations of Cognitive Grammar: Theoretical prerequisites*. Stanford: Stanford University Press, 1987.

Langacker, R. W. *Grammar and Conceptualization*. Berlin; New York: Mouton de Gruyter, 2000.

Langacker, R. W. *Concept, Image, Symbol: The Cognitive Basis of Grammar*, 2nd edition. Berlin: Mouton de Gruyter, 2002.

Langacker, R. W. *Cognitive Grammar: A Basic Introduction*. Oxford: Oxford University Press, 2008.

Larson, R. K. On the Double Object Construction. *Linguistic Inquiry*, 1988

(19): 335 -391.

Leinonen, M. *Russian aspect, "temporal' naja lokalizacija", and definiteness/indefiniteness.* Helsinki, 1982.

Li, C. N. and S. A. Thompson. *Mandarin Chinese: A Functional Reference Grammar.* Berkeley and Los Angeles: University of California Press, 1981.

Lin, J. W. Temporal reference in Mandarin Chinese. *Journal of East Asian Linguistics*, 2003 (12): 254 -311.

Lindenlaub, J. *How to talk about the future: A study of future time reference with particular focus on the Hocąk language.* Erfurt: University of Erfurt, 2006.

Lyons, J. *Introduction to Theoretical Linguistics.* Cambridge: Cambridge University Press, 1968.

Lyons, J. *Semantics.* Cambridge: Cambridge University Press, 1977.

Mani, I., J. Pustejovsky and R. Gaizauskas. *The language of time: a reader.* New York: Oxford University Press, 2005.

Matthews, G. H. *Hidatsa Syntax.* The Hague: Mouton, 1965.

McConnell - Ginet, S. Adverbs and Logical Form: A Linguistically Realistic Theory. *Language*, 1982 (58): 144 -184.

McGilvray, J. A. *Tense, Reference, and Worldmaking.* Montreal and Kingston: McGill - Queen's University Press, 1991.

Michaelis, L. A. *Aspectual Grammar and Past - time Reference.* London/New York: Routledge, 1998.

Moens, M. *Tense, Aspect and Temporal Reference.* Edinburgh: University of Edinburgh, 1987.

Noonan, M. Complementation. In T. Shopen (ed.), *Language Typology and Syntactic Description*, Vol. 2: *Complex Constructions.* Cambridge: Cambridge University Press, 2007, 52 -150.

Nurse, D. *Tense and Aspect in Bantu.* Oxford: Oxford University Press, 2008.

Olsen, M. B. *A semantic and pragmatic model of lexical and grammatical aspect*. Evanston, Illinois: Northwestern University, 1994.

Palmer, F. R. *The English Verb*. London: Longman Group Limited, 1974.

Pan, Haihua. Interaction between adverbial quantification and perfective aspect. In L. S. Stvan (ed.), *Proceedings of the Third Annual Formal Linguistics Society of Mid – America Conference, Northwestern University. Bloomington*. Indiana University Linguistics Club Publications, 1993, 188 – 204.

Parsons, T. *Events in the Semantics of English: A Study in Subatomic Semantics*. Cambridge: The MIT Press, 1990.

Partee, B. H., A. G. B. ter Meulen and R. E. Wall. *Mathematical Methods in Linguistics*. Dordrecht; Boston: Kluwer Academic, 1993. 吴道平等译，《语言研究的数学方法》，商务印书馆2012年版。

Primus, B. Case – Marking Typology. In J. J. Song (ed.), *The Oxford Handbook of Linguistic Typology*. Oxford: Oxford University Press, 2011, 303 – 321.

Pustejovsky, J. *The Generative Lexicon*. Cambridge: The MIT Press, 1995.

Rappaport Hovav, M. and B. Levin. Building verb meanings. In M. Butt and W. Geuder (eds.), *The Projection of Arguments: Lexical and Compositional Factors*. Stanford: Center for the Study of Language and Information, 1998, 97 – 134.

Reichenbach, H. *Elements of Symbolic Logic*. New York: Macmillan Co., 1947.

Rothstein, S. *Structuring Events*. Malden/Oxford: Blackwell, 2004.

Smith, C. S. *The Parameter of Aspect*. Dordrecht: Kluwer, 1991.

Smith, C. S. Time with and without tense. *The International Round Table on Tense and Modality*, Paris, 2005.

Soga, M. *Tense and Aspect in Modern Colloquial Japanese*. Vancouver: University of British Columbia Press, 1983.

Spreng, B. *Viewpoint Aspect in Inuktitut: The Syntax and Semantics of Antipassives*. Toronto: University of Toronto, 2012.

de Swart, H. *Adverbs of Quantification: A Generalized Quantifier Approach.* New York and London: Garland Publishing, INC., 1993.

de Swart, H. Aspect shift and coercion. *Natural Language and Linguistic Theory*, 1998 (16): 347 -385.

de Swart, H. and Verkuyl, H. *Tense and Aspect in Sentence and Discourse.* Utrecht, Netherlands: Utrecht University, 1999.

Thelin, N. B. (ed.) *Verbal aspect in discourse: contributions to the semantics of time and temporal perspective in slavic and non - slavic languages.* Amsterdam/Philadelphia: John Benjamins, 1990.

Thompson, E. *Time in Natural Language: Syntactic Interfaces with Semantics and Discourse.* Berlin/New York: Mouton de Gruyter, 2005.

Timberlake, A. Tense, aspect and mood. In T. Shopen (ed.), *Language Typology and Syntactic Description*, Vol. 3: *Grammatical Categories and the lexicon.* Cambridge: Cambridge University Press, 2007, 280 -333.

Trask, R. L. *Language: The Basics*, 2nd edition. London: Routledge, 1999.

Travis, L. Inner aspect and the structure of VP. Paper presented at NELS 22. McGill University, Toronto, Canada, 1991.

Van Valin Jr., R. D. *Exploring the Syntax - semantics Interface.* Cambridge: Cambridge University Press, 2005.

Vendler, Z. Verbs and times. In Z. Vendler (ed.), *Linguistics in philosophy.* Ithaca: Cornell University Press, 1967, 199 -220.

Verkuyl, H. J. *On the Compositional Nature of the Aspects.* Dordrecht, Holland: D. Reidel Publishing Co., 1972.

Verkuyl, H. J. *A Theory of Aspectuality: The Interaction between Temporal and Atemporal Structure.* Cambridge: Cambridge University Press, 1993.

Verkuyl, H. J. *Binary Tense.* Stanford, CA: CSLI Publications, 2008.

Vet, C. & C. Vetters (eds.). *Tense and Aspect in Discourse.* Berlin: Mouton de Gruyter, 1994.

Vet, C. The descriptive inadequacy of Reichenbach's tense system: a new proposal. In L. de Saussure, J. Moeschler, & G. Puskas (eds.), *Cahiers Chronos* Vol. 17: *Tense, mood and aspect: Theoretical and descriptive issues*. New York: Rodopi, 2007, 7 – 26.

Wallace, S. Figure and Ground: The Interrelationships of Linguistic Categories. In P. J. Hopper (ed.), *Tense – Aspect: Between Semantics & Pragmatics*. Amsterdam/Philadelphia: John Benjamins, 1982, 201 – 223.

Whiteley, W. H. and M. G. Muli. *Practical Introduction to Kamba*. Nairobi and London: Oxford University Press, 1962.

Yule, G. *Explaining English Grammar*. Oxford: Oxford University Press, 2004.

Zandvoort, R. W. Is aspect an English verbal category. In F. Behre (ed.), *Contributions to English Syntax and Phonology*. Stockholm: Almqvist and Wiksell, 1962, 1 – 20.